普通高等院校"十三五"规划教材

税 法

SHUI FA

公 韬　樊春燕　罗云芳　孙学辉　　王红妮◎主　编
　　　　　　　　　　　　　　　　　　王艳利◎副主编
　　　　　　　　　　　　　　　　　　张小靓◎参　编

清华大学出版社
北京

内 容 简 介

本书以最新税法为依据，主要介绍企业实际工作所必需的各税种的纳税义务人、征税范围、计税依据、税率、应纳税额的计算及征收管理。根据中国税收的相关基础知识以及不同税种日常核算的基本要求，整合作为主要教学内容。本书充分遵循相关岗位业务能力培养规律，将"教、学、做"融为一体，使真实的纳税申报工作任务及其过程在整个课程内容、教学环节中得到体现，充分体现课程的岗位性、实践性、开放性和规律性要求。

本书适合作为高等院校会计、财务管理、审计等专业的教材，也可以作为继续教育学习指导用书，对从事企业纳税的实际工作者也有一定的参考价值。

本书封面贴有清华大学出版社防伪标签，无标签者不得销售。
版权所有，侵权必究。举报：010-62782989，beiqinquan@tup.tsinghua.edu.cn。

图书在版编目(CIP)数据

税法 / 王红妮主编. —北京：清华大学出版社，2018(2024.3重印)
(普通高等院校"十三五"规划教材)
ISBN 978-7-302-50562-4

Ⅰ.①税… Ⅱ.①王… Ⅲ.①税法-中国-高等学校-教材 Ⅳ.①D922.22

中国版本图书馆 CIP 数据核字(2018)第 140937 号

责任编辑：刘志彬
封面设计：汉风唐韵
责任校对：宋玉莲
责任印制：刘海龙

出版发行：清华大学出版社
网　　址：https://www.tup.com.cn，https://www.wqxuetang.com
地　　址：北京清华大学学研大厦 A 座　　　邮　编：100084
社 总 机：010-83470000　　　　　　　　　邮　购：010-62786544
投稿与读者服务：010-62776969，c-service@tup.tsinghua.edu.cn
质量反馈：010-62772015，zhiliang@tup.tsinghua.edu.cn

印 装 者：三河市龙大印装有限公司
经　　销：全国新华书店
开　　本：185mm×260mm　　　印　张：17.75　　　字　数：416 千字
版　　次：2018 年 8 月第 1 版　　　　　　　　　印　次：2024 年 3 月第 5 次印刷
定　　价：49.80 元

产品编号：080194-02

前　言

本书以最新税法和会计准则为依据，主要介绍企业实际工作所必需的各税种的纳税义务人、征税范围、计税依据、税率、应纳税额的计算及征收管理。

本书在课程内容上，遵循相关岗位业务能力培养规律，将"教、学、做"融为一体，使真实的纳税申报工作任务及其过程在整个课程内容、教学环节中得到体现，充分体现课程的岗位性、实践性、开放性和规律性的要求。

本书具有以下特点：

(1) 在教学内容设计上灵活运用企业纳税案例进行教学，促进学生感性认识，加强学生动手操作能力的培养。

(2) 注重理论与实务相结合，论述由浅入深、循序渐进，可操作性强。完成"从实践到理论、从具体到抽象、从个别到一般"和"提出问题、分析问题、解决问题、归纳总结"的教学程序。

(3) 正文中穿插了大量的例题和知识拓展，增加了阅读的趣味性，帮助学生加深对所学知识的理解和记忆。

本书适合作为高等院校会计、财务管理、审计等专业的教材，也可以作为继续教育学习指导用书，对从事企业纳税的实际工作者也有一定的参考价值。

在本书的编写过程中，参阅和借鉴了大量的相关书刊和网络资料，同时引用了部分文献资料和案例，在此谨向这些书籍、案例及其他资料的作者表示诚挚的谢意！同时，感谢清华大学出版社的大力支持！

由于编者水平有限，加之编写时间仓促，书中难免有疏漏和不足之处，恳请各位专家、读者批评指正。

目　录

第一章	税法概论	1
	第一节　税法在我国法律体系中的地位	1
	第二节　税收法定原则和税收实体法	7
第二章	增值税法	19
	第一节　增值税法规	19
	第二节　一般计税方法应纳增值税的计算	39
	第三节　简易计税方法应纳增值税的计算	58
	第四节　进口货物征税和出口货物的退（免）税	64
	第五节　增值税征收管理	74
第三章	消费税法	79
	第一节　消费税法规	79
	第二节　消费税计算	86
	第三节　消费税征税环节的特殊规定	94
	第四节　进口、出口应税消费品的税收政策及管理	97
	第五节　消费税征收管理	101
第四章	关税法	105
	第一节　关税法规	105
	第二节　关税计算	109
	第三节　关税征收管理	113
第五章	城市维护建设税法及其附加	115
	第一节　城市维护建设税法	115
	第二节　教育费附加和地方教育费附加	118
第六章	企业所得税法	121
	第一节　企业所得税法规	121
	第二节　应纳税所得额	130
	第三节　企业所得税计算	145

第四节	企业所得税征收管理	151

第七章　个人所得税法　155

第一节	个人所得税法规	155
第二节	个人所得税计算	166
第三节	个人所得税征收管理	182

第八章　其他税种　187

第一节	土地增值税法	187
第二节	资源税法	197
第三节	房产税法	213
第四节	契税法	219
第五节	城镇土地使用税法	228
第六节	车辆购置税法	233
第七节	印花税法	238

第九章　税收征收管理法　249

第一节	税收征收管理法概述	249
第二节	税务管理	251
第三节	税款征收	262
第四节	税务检查	273

参考文献　277

第一章 税法概论

> **学习目标**
> 1. 掌握税收法定原则、税法要素、税收实体法。
> 2. 了解税法的概念、目标、税法的建立和发展。

第一节 税法在我国法律体系中的地位

一、税收与现代国家治理

税收是政府为了满足社会公共需要,凭借政治权力,强制、无偿地取得财政收入的一种形式。把握税法的概念必须在深入理解税收的基础上进行。理解税收的内涵需要从税收的分配关系本质、国家税权和税收目的三个方面来把握。

▶ 1. 税收是国家取得财政收入的一种重要工具,其本质是一种分配关系

国家要行使职能必须有一定的财政收入作为保障。取得财政收入的手段多种多样,如征税、发行货币、发行国债、收费、罚没等,其中税收是大部分国家取得财政收入的主要形式。我国自1994年税制改革以来,税收收入占财政收入的比重大多数年份都维持在90%以上,近几年随着非税收入(如土地拍卖收入等)的增加,税收收入占财政收入总额的比重有时也低于90%。在社会再生产过程中,分配是连接生产与消费的必要环节,在市场经济条件下,分配主要是对社会产品价值的分割。税收解决的是分配问题,是国家参与社会产品价值分配的法定形式,处于社会再生产的分配环节,因而它体现的是一种分配关系。

▶ 2. 国家征税的依据是政治权力,它有别于按要素进行的分配

国家通过征税,将一部分社会产品由纳税人所有转变为国家所有,因此征税的过程实

际上是国家参与社会产品的分配过程。国家与纳税人之间形成的这种分配关系与社会再生产中的一般分配关系不同。分配问题涉及两个基本问题：一是分配的主体；二是分配的依据。税收分配是以国家为主体进行的分配，而一般分配则是以各生产要素的所有者为主体进行的分配；税收分配是国家凭借政治权力进行的分配，而一般分配则是基于生产要素进行的分配。

税收是凭政治权力进行的分配，是马克思主义经典著作的基本观点，也是我国税收理论界长期以来的主流认识。正如马克思指出的"赋税是政府机器的经济基础，而不是其他任何东西"。恩格斯在《家庭、私有制和国家起源》中也指出："为了维持这种公共权力，就需要公民缴纳费用——捐税"。关于国家征税的依据，即国家为什么可以对公民征税这个问题，从税收思想史来看有多种观点，如公需说、保险说、交换说、社会政策说等。随着市场经济的发展，我国税收理论界也有一些学者认为用交换说更能说明政府和纳税人之间的关系，即国家依据符合宪法的税收法律对公民和法人行使一种请求权，体现的关系即为类似公法上的债权债务关系，即政府依据税法拥有公民和法人某些财产或收入的债权，公民或法人则对政府承担了债务，这种债务即是税收。公民或法人缴纳税收即偿还了债务以后就拥有了享受政府提供的公共产品的权利，此时税收相当于一种价格，公民和法人与政府应该具有某种等价交换的关系，国家行使请求权的同时，负有向纳税人提供高质有效的公共产品的义务；从纳税人这方面来讲，在享受政府提供的公共产品的同时，也依法负有纳税的义务。在这种等价交换中，税收体现了一种平等性，即国家和纳税人之间的对等和平等。

▶ 3. 国家课征税款的目的是满足社会公共需要

国家在履行其公共职能的过程中必然要有一定的公共支出。公共产品提供的特殊性决定了公共支出一般情况下不可能由公民个人、企业采取自愿出价的方式，而只能采用由国家(政府)强制征税的方式，由经济组织、单位和个人来负担。国家征税的目的是满足提供社会公共产品的需要，以及弥补市场失灵、促进公平分配等的需要。同时，国家征税也要受到所提供公共产品规模和质量的制约。

党的十八届三中全会审议通过的《中共中央关于全面深化改革若干重大问题的决定》提出了"现代国家治理"理念，具体表述为"国家治理体系和治理能力的现代化"。这一理念合乎逻辑地联结着文件中多次出现的"构建现代市场体系"的制度建设要求，进而又联系到"建立现代财政制度"的制度建设要求。文件中高度强调了财税体制的重要性，提出"财政是国家治理的基础和重要支柱""科学的财税体制是促进社会公平、实现国家长治久安的制度保障""建立现代财政制度""落实税收法定原则"。尽管文件中对税收的表述涉及了比较具体的方面，但在论述"财政是国家治理的基础和重要支柱"时无疑也将税收在现代国家治理中的作用进行了充分肯定。我们知道，现代财政活动基本上由收入阶段(征税为主)、支出阶段(预算)、收支划分(财税体制)等几大部分组成，税收作为财政收入的最主要来源，为保证财政支出、维持政府实现职能，为社会提供公共产品需要提供财力保障。

■ 二、税法的概念

税法是国家制定的用以调整国家与纳税人之间在征纳税方面的权利及义务关系的法律

规范的总称。税法构建了国家及纳税人依法征税、依法纳税的行为准则体系，其目的是保障国家利益和纳税人的合法权益，维护正常的税收秩序，保证国家的财政收入。税法体现为法律这一规范形式，是税收制度的核心内容。一国税收制度是在税收分配活动中税收征纳双方所应遵守的行为规范的总和。其内容主要包括各税种的法律法规以及为了保证这些税法得以实施的税收征管制度和税收管理体制。

税法具有义务性法规和综合性法规的特点。首先，从法律性质上看，税法属于义务性法规，以规定纳税人的义务为主。税法属于义务性法规，并不是指税法没有规定纳税人的权利，而是指纳税人的权利是建立在其纳税义务的基础之上，处于从属地位。税法属于义务性法规的这一特点是由税收的无偿性和强制性特点所决定的。税法的义务性、强制性，不仅有国家权力作为后盾，而且有一系列的制度措施作保障；税法作为强制性规范，即对于一切满足税收要素的纳税人，均应根据税法缴纳税款，而不允许行政机关与纳税人之间达成默契变动法定纳税义务的内容。其次，税法的另一特点是具有综合性，它是由一系列单行税收法律法规及行政规章制度组成的体系，其内容涉及课税的基本原则、征纳双方的权利和义务、税收管理规则、法律责任、解决税务争议的法律规范等。税法的综合性特点是由税收制度所调整的税收分配关系即税收法律关系的复杂性所决定的。

税法的本质是正确处理国家与纳税人之间因税收而产生的税收法律关系和社会关系，既要保证国家税收收入，也要保护纳税人的权利，两者缺一不可。片面强调国家税收收入或纳税人权利都不利于社会的和谐发展。如果国家征收不到充足的税款，就无法履行其公共服务的职能，无法提供公共产品，最终也不利于保障纳税人的利益，从这个意义上讲，税法的核心在于兼顾和平衡纳税人权利，在保障国家税收收入稳步增长的同时，也保证对纳税人权利的有效保护，这是税法的核心要义。

三、税法的目标

税法调整的对象涉及社会经济活动的各个方面，与国家的整体利益及企业、单位、个人的直接利益有着密切的关系。正确认识税法的目标和本身应具有的功能价值，对于我们在实际工作中准确地把握税法的基本价值取向，促进税收法制水平，推动税收事业各项工作，具有重要的意义。我国税法的目标和功能主要体现在以下几个方面。

▶ **1. 为国家组织财政收入提供法律保障**

为了维护国家机器的正常运转以及促进国民经济健康发展，必须筹集大量的资金，即组织国家财政收入。为了保证税收组织财政收入职能的发挥，必须通过制定税法，以法律的形式确定企业、单位和个人履行纳税义务的具体项目、数额和纳税程序，惩治偷、逃税款的行为，防止税款流失，保证国家依法征税，及时足额地取得税收收入。针对我国税费并存（政府收费）的宏观分配格局，今后一段时期，我国实施税制改革一个重要的方向还是要逐步提高税收占财政收入的比重，以规范和保障财政收入。

▶ **2. 为国家调控宏观经济提供一种经济法律手段**

我国建立和发展社会主义市场经济体制一个重要的改革目标，就是国家从过去主要运用行政手段直接管理经济，向主要运用法律、经济的手段宏观调控经济转变。税收作为国家宏观调控的重要手段，通过制定税法，以法律的形式确定国家与纳税人之间的利益分配关系，调节社会成员的收入水平，调整产业结构和社会资源的优化配置，使之符合国家的宏观经济政策；同时，以法律的平等原则，公平纳税人的税收负担，鼓励平等竞争，为市场经济的发展创造良好的条件。例如，1994年实施的增值税和消费税暂行条例，对于调整产业结构，促进商品的生产、流通，适应市场竞争机制的要求，都发挥了积极的作用。

▶ 3. 维护和促进现代市场经济秩序

由于税法的贯彻执行，涉及从事生产经营活动的每个单位和个人，一切经营单位和个人通过办理税务登记、建账建制、纳税申报，其各项经营活动都将纳入税法的规范制约和管理范围，都将较全面地反映出纳税人的生产经营情况。这样，税法就确定了一个规范有效的纳税秩序和经济秩序，监督经营单位和个人依法经营，加强经济核算，提高经营管理水平；同时，税务机关按照税法规定对纳税人进行税务检查，严肃查处偷、逃税款及其他违反税法规定的行为，也将有效地打击各种违法经营活动，为现代市场经济发展提供公正、健康良好、稳定的市场环境和秩序。

▶ 4. 规范税务机关合法征税，有效保护纳税人的合法权益

由于国家征税直接涉及纳税人的切身利益，如果税务机关随意征税，就会侵犯纳税人的合法权益，影响纳税人的正常经营，这是法律所不允许的。税务机关不仅是收税的机关，最重要的是它必须是依法征税的机关。税法严格规定了对税务机关执法行为的监督制约制度。例如，进行税收征收管理必须按照法定的权限和程序行事，造成纳税人合法权益损失的要负赔偿责任等。因此，税法在确定税务机关征税权力和纳税人履行纳税义务的同时，相应规定了税务机关必尽的义务和纳税人享有的权利，如纳税人享有延期纳税权、申请减税免税权、缴税款要求退还权、不服税务机关的处理决定申请复议或提起诉讼权等。所以，税法不仅是税务机关征税的法律依据，同时也是纳税人保护自身合法权益的重要法律依据。

四、税法是我国法律体系的重要组成部分

税法属于国家法律体系中一个重要部门法，它是调整国家与各个经济单位及公民个人间分配关系的基本法律规范。法的调整对象是具有某一性质的社会关系，它是划分各法律部门的基本因素，也是一个法律部门区别于其他法律部门的基本标志和依据。税法以税收关系为自己的调整对象，正是这一社会关系的特定性把税法同其他法律部门划分开来。因此，税法主要以维护公共利益而非个人利益为目的，在性质上属于公法。不过与宪法、行政法、刑法等典型公法相比，税法仍具有一些私法的属性，如课税依据私法化、税收法律关系私法化、税法概念范畴私法化等。

税法是我国法律体系的重要组成部分。税法在我国法律体系中的地位是由税收在国家经济活动中的重要性决定的。税收收入是政府取得财政收入的基本来源，而财政收入是维持国家机器正常运转的经济基础。同时税收还是国家宏观调控的重要手段。因为它是调整国家与企业和公民个人分配关系的最基本、最直接的方式。特别是在市场经济条件下，税

收的上述作用表现得非常明显。税收与法密不可分，有税必有法，无法不成税。现代国家大多奉行立宪征税、依法治税的原则，即政府的征税权由宪法授予，税收法律须经议会批准，税务机关履行职责必须依法办事，税务争讼要按法定程序解决。简而言之，国家的一切税收活动，均以法定方式表现出来。因此，税收在国家经济活动中的重要性决定了税法在法律体系中的重要地位。

五、税法与其他法律的关系

涉及税收征纳关系的法律规范，除税法本身直接在税收实体法、税收程序法、税收争讼法、税收处罚法中规定外，在某种情况下也援引一些其他法律。深入辨析税法与其他法律间的关系属性，是解决税法适用范围的基础，同时对于增强税法与整个法制体系的协调性也是十分必要的。

▶ 1. 税法与宪法的关系

宪法在现代法治社会中具有最高的法律效力，是立法的基础。税法是国家法律的组成部分，当然也是依据宪法的原则制定的。在我国，作为国家的根本大法，《中华人民共和国宪法》（以下简称《宪法》）是制定所有法律、法规的依据和章程。

《宪法》第五十六条规定："中华人民共和国公民有依照法律纳税的义务。"这里一是明确了国家可以向公民征税；二是明确了向公民征税要有法律依据。因此，《宪法》的这一条规定是立法机关制定税法并据以向公民征税以及公民必须依照税法纳税的最直接的法律依据。

《宪法》还对国家要保护公民的合法收入、财产所有权和保护公民的人身自由不受侵犯做出了规定。因此，在制定税法时，就要规定公民应享受的各项权利以及国家税务机关行使征税权的约束条件，同时要求税务机关在行使征税权时，不能侵犯公民的合法权益。

《宪法》第三十三条规定："中华人民共和国公民在法律面前一律平等"，即凡是中国公民都应在法律面前处于平等的地位。在制定税法时也应遵循这个原则，对所有的纳税人平等对待，不能因为纳税人的种族、性别、出身、年龄等不同而在税收上给予不平等的待遇。

▶ 2. 税法与民法的关系

税法与民法间有明显的区别。民法是调整平等主体之间，也就是公民之间、法人之间、公民与法人之间财产关系和人身关系的法律规范，故民法调整方法的主要特点是平等、等价和有偿。而税法的本质是国家依据政治权力向公民课税，是调整国家与纳税人关系的法律规范，这种税收征纳关系不是商品的关系，明显带有国家意志和强制的特点，其调整方法要采用命令和服从的方法，这是由税法与民法的本质区别所决定的。

税法与民法间又有内在的联系。当税法的某些规范同民法的规范基本相同时，税法一般援引民法条款。在征税过程中，经常涉及大量的民事权利和义务问题。例如，印花税中有关经济合同关系的成立，房产税中有关房屋的产权认定等，而这些在民法中已予以规定，所以税法就不再另行规定。

当涉及税收征纳关系的问题时，一般应以税法的规范为准则。例如，两个关联企业之间，一方以高进低出的价格与对方进行商业交易，然后再以其他方式从对方取得利益补偿，以达到避税的目的。虽然上述交易符合民法中规定的"民事活动应遵循自愿、公平、等价有偿、诚实信用"的原则，但是违反了税法规定，在确定纳税义务时应该按照税法的规定对此种交易的法律属性做相应调整。

▶ 3. 税法与刑法的关系

税法与刑法有本质区别。刑法是关于犯罪、刑事责任与刑罚的法律规范的总和。税法则是调整税收征纳关系的法律规范，其调整的范围不同。两者也有着密切的联系，因为税法和刑法对于违反税法都规定了处罚条款。但应该指出，违反了税法，并不一定就是犯罪，例如，《中华人民共和国刑法》（以下简称《刑法》）第二百零一条规定："纳税人采取伪造、变造、隐匿、擅自销毁账簿、记账凭证，在账簿上多列支出或者不列、少列收入，经税务机关通知申报而拒不申报或者进行虚假的纳税申报的手段，不缴或者少缴应纳税款，偷税数额占应纳税额的 10% 以上不满 30% 并且偷税数额在 1 万元以上不满 10 万元的，或者因偷税被税务机关给予二次行政处罚又偷税的，处 3 年以下有期徒刑或者拘役……"而《中华人民共和国税收征收管理法》（以下简称《税收征收管理法》）第六十三条规定："纳税人采取伪造、变造、隐匿、擅自销毁账簿、记账凭证，在账簿上多列支出或者不列、少列收入，或者经税务机关通知申报而拒不申报或者进行虚假的纳税申报，不缴或者少缴应纳税款的，是偷税。对纳税人偷税的，由税务机关追缴其不缴或少缴的税款、滞纳金，并处不缴或少缴的税款 50% 以上 5 倍以下的罚款；构成犯罪的，依法追究刑事责任。"从上面规定可以看出，两者之间的区别就在于情节是否严重，轻者给予行政处罚，重者则要承担刑事责任，给予刑事处罚。从 2009 年 2 月 28 日起，"偷税"将不再作为一个刑法概念存在。十一届全国人大常委会第七次会议表决通过了《刑法修正案（七）》，修订后的《刑法》对第二百零一条关于不履行纳税义务的定罪量刑标准和法律规定中的相关表述方式进行了修改。用"逃避缴纳税款"取代了"偷税"。但目前我国的《税收征收管理法》中还没有做出相应修改。

▶ 4. 税法与行政法的关系

税法与行政法有十分密切的联系，主要表现在税法具有行政法的一般特性。税收实体法和税收程序法中都有大量内容是对国家机关之间、国家机关与法人或自然人之间的法律关系的调整。而且税收法律关系中居于领导地位的一方总是国家，体现国家单方面意志，不需要征纳双方意思表示完全一致。另外，税收法律关系中争议的解决一般按照行政复议程序和行政诉讼程序进行。

税法与行政法也有一定区别。与一般行政法所不同的是，税法具有经济分配的性质，并且经济利益由纳税人向国家无偿单方面转移，这是一般行政法所不具备的。社会再生产的几乎每一个环节都有税法的参与和调节，在广度和深度上是一般行政法所不能比的。另外，行政法大多为授权性法规，所含的少数义务性规定也不像税法那样涉及货币收益的转移，而税法则是一种义务性法规。

第二节 税收法定原则和税收实体法

税法的原则反映税收活动的根本属性，是税收法律制度建立的基础。税法原则包括税法基本原则和税法适用原则。

一、税收法定原则是税法基本原则的核心

党的十八届三中全会审议通过的《中共中央关于全面深化改革若干重大问题的决定》中提出了"落实税收法定原则"。这是我国在党的文件中首次明确提出税法原则中这一最根本原则。

税法基本原则是统领所有税收规范的根本准则，为包括税收立法、执法、司法在内的一切税收活动所必须遵守。其中税收法定原则是税法基本原则中的核心。

税收法定原则又称为税收法定主义，是指税法主体的权利义务必须由法律加以规定，税法的各类构成要素皆必须且只能由法律予以明确。如果没有相应法律作前提，国家则不能征税，公民也没有纳税的义务。税收法定主义贯穿税收立法和执法的全部领域，其内容包括税收要件法定原则和税务合法性原则。

税收要件法定原则是指有关纳税人、课税对象、课税标准等税收要件必须以法律形式做出规定，且有关课税要素的规定必须尽量明确。具体来说它要求：

（1）国家对其开征的任何税种都必须由法律对其进行专门确定才能实施。

（2）国家对任何税种征税要素的变动都应当按相关法律的规定进行。

（3）征税的各个要素不仅应当由法律做出专门的规定，这种规定还应当尽量明确。如果规定得不明确则定会产生漏洞或者歧义，在税收的立法过程中对税收的各要素加以规定之后还应当采用恰当准确的用语，使之明确化，尽量避免使用模糊性的文字。

税务合法性原则是指税务机关按法定程序依法征税，不得随意减征、停征或免征，无法律依据不征税。

（1）要求立法者在立法的过程中要对各个税种征收的法定程序加以明确规定，既可以使纳税得以程序化，提高工作效率，节约社会成本，又尊重并保护了税收债务人的程序性权利，促使其提高纳税的意识。

（2）要求征税机关及其工作人员在征税过程中，必须按照税收程序法和税收实体法律的规定来行使自己的职权，履行自己的职责，充分尊重纳税人的各项权利。

税收法定主义起源于欧洲中世纪时期的英国。当时王室及其政府支出的费用由国王负担，国王的收入主要来自王室地产的收入、贡金等。但后来由于战争、王室不断增加的支出等因素的影响，这些收入难以维持需要。故国王开始在上述收入之外采取借款、征税等手段来增加自己的收入，此问题就出现了议会与国王之间的矛盾，矛盾的核心是课税权的问题，即体现为封建贵族和新兴资产阶级与国王争夺课税权的斗争。在长期的斗争中英国

于13世纪初出台了《大宪章》。该宪章对国王征税问题做出了明确的限制，其历史意义在于宣告国王征税也必须服从法律。此为税收法定主义的起源。

二、税法的其他基本原则

▶ 1. 税收公平原则

一般认为税收公平原则包括税收横向公平和纵向公平，即税收负担必须根据纳税人的负担能力分配，负担能力相等，税负相同；负担能力不等，税负不同。税收公平原则源于法律上的平等性原则，所以许多国家的税法在贯彻税收公平原则时，都特别强调"禁止不平等对待"的法理，禁止对特定纳税人给予歧视性对待，也禁止在没有正当理由的情况下对特定纳税人给予特别优惠。

▶ 2. 税收效率原则

税收效率原则包含两方面：一是经济效率；二是行政效率。前者要求税法的制定要有利于资源的有效配置和经济体制的有效运行；后者要求提高税收行政效率，节约税收征管成本。

▶ 3. 实质课税原则

实质课税原则指应根据客观事实确定是否符合课税要件，并根据纳税人的真实负担能力决定纳税人的税负，而不能仅考虑相关形式。

三、税法的适用原则

税法适用原则是指税务行政机关和司法机关运用税收法律规范解决具体问题所必须遵循的准则。税法适用原则并不违背税法基本原则，而且在一定程度上体现着税法基本原则。与税法基本原则相比，税法适用原则含有更多的法律技术性准则，更为具体化。

▶ 1. 法律优位原则

其基本含义为法律的效力高于行政立法的效力。法律优位原则在税法中的作用主要体现在处理不同等级税法的关系上。法律优位原则明确了税收法律的效力高于税收行政法规的效力，对此还可以进一步推论为税收行政法规的效力优于税收行政规章的效力。效力低的税法与效力高的税法发生冲突，效力低的税法即是无效的。

▶ 2. 法律不溯及既往原则

法律不溯及既往原则是绝大多数国家所遵循的法律程序技术原则。其基本含义为：一部新法实施后，对新法实施之前人们的行为不得适用新法，而只能沿用旧法。在税法领域内坚持这一原则，目的在于维护税法的稳定性和可预测性，使纳税人能在知道纳税结果的前提下做出相应的经济决策，税收的调节作用才会较为有效。

▶ 3. 新法优于旧法原则

新法优于旧法原则也称后法优于先法原则，其含义为：新法、旧法对同一事项有不同规定时，新法的效力优于旧法。其作用在于避免因法律修订带来新法、旧法对同一事项有不同的规定而引起法律适用的混乱，为法律的更新与完善提供法律适用上的保障。新法优于旧法原则在税法中普遍适用，但是当新税法与旧税法处于普通法与特别法的关系时，以及某些程序性税法引用"实体从旧，程序从新原则"时，可以例外。

▶ 4. 特别法优于普通法原则

其含义为对同一事项两部法律分别定有一般和特别规定时，特别规定的效力高于一般规定的效力。特别法优于普通法原则打破了税法效力等级的限制，即居于特别法地位的级别较低的税法，其效力可以高于作为普通法的级别较高的税法。

▶ 5. 实体从旧、程序从新原则

这一原则的含义包括两个方面：一是实体税法不具备溯及力，即在纳税义务的确定上，以纳税义务发生时的税法规定为准，实体性的税法规则不具有向前的溯及力；二是程序性税法在特定条件下具备一定的溯及力，即对于新税法公布实施之前发生，却在新税法公布实施之后进入税款征收程序的纳税义务，原则上新税法具有约束力。

▶ 6. 程序优于实体原则

程序优于实体原则是关于税收争讼法的原则，其基本含义为，在诉讼发生时税收程序法优于税收实体法。适用这一原则，是为了确保国家课税权的实现，不因争议的发生而影响税款的及时、足额入库。

四、税收实体法

税收实体法是规定税收法律关系主体的实体权利、义务的法律规范的总称。其主要内容包括纳税主体、征税客体、计税依据、税目、税率、减税、免税等，是国家向纳税人行使征税权和纳税人负担纳税义务的要件，只有具备这些要件时，纳税人才负有纳税义务，国家才能向纳税人征税。税收实体法直接影响国家与纳税人之间权利、义务的分配，是税法的核心部分。没有税收实体法，税法体系就不能成立。

知识拓展：
税法的建立与发展

税收实体法的结构具有规范性和统一性的特点，主要表现在：一是税种与税收实体法的一一对应性，一税一法。由于各税种的开征目的不同，国家一般按单个税种立法，使征税有明确的、可操作的标准和法律依据。二是税收要素的固定性。虽然各单行税种法的具体内容有别，但就每一部单行税种法而言，税收的基本要素（如纳税人、课税对象、税率、计税依据等）是必须予以规定的。我国税收实体法内容主要包括：流转税法，是调整以流转额为课税对象的税收关系的法律规范的总称，具体指增值税、消费税、关税等；所得税法，是调整所得额的税收关系的法律规范总称，即以纳税人的所得额或收益额为课税对象的一类税，具体指个人所得税、企业所得税等；财产税法，是调整财产税关系的法律规范的总称，财产税是以法律规定的纳税人的某些特定财产的数量或价值额为课税对象的税，具体指房产税、契税等；行为税法，是以某种特定行为的发生为条件，对行为人加以课税的一类税，具体指印花税、车船税等。本部分主要介绍税收实体法的构成要素。

税收实体法要素主要包括以下内容。

（一）纳税义务人

纳税义务人简称"纳税人"，是税法中规定的直接负有纳税义务的单位和个人，也称

"纳税主体"。无论征收什么税，其税负总要由有关的纳税人来承担。每一种税都有关于纳税义务人的规定，通过规定纳税义务人落实税收任务和法律责任。纳税义务人一般分为自然人和法人两种。

自然人，指依法享有民事权利，并承担民事义务的公民个人。例如，在我国从事工商业活动的个人，以及工资和劳务报酬的获得者等，都是以个人身份来承担法律规定的民事责任及纳税义务。

法人，指依法成立，能够独立地支配财产，并能以自己的名义享受民事权利和承担民事义务的社会组织。例如，我国的国有企业、集体企业、合资企业等，都是以其社会组织的名义承担民事责任的，称为法人。法人同自然人一样，负有依法向国家纳税的义务。

实际纳税过程中，与纳税义务人相关的概念如下。

▶ 1. 负税人

纳税人与负税人是两个既有联系又有区别的概念。纳税人是直接向税务机关缴纳税款的单位或个人，负税人是实际负担税款的单位或个人。纳税人如果能够通过一定途径把税款转嫁或转移出去，纳税人就不再是负税人；否则，纳税人同时也是负税人。造成纳税人与负税人不一致主要是由于价格和价值背离，引起税负转移或转嫁造成的。我国出现价格与价值背离有两种情况：一种情况是国家为了调节生产、调节消费，有计划地使一些商品的价格与价值背离，把一部分税收负担转移到消费者身上。例如，对烟、酒、化妆品等采取的高价高税政策即属于这种情况。另一种情况是在市场经济条件下，商品价格随着市场供求关系的变化而自由波动，当某些商品供不应求时，纳税人可以通过提高价格把税款转嫁给消费者，从而使纳税人与负税人不一致。

▶ 2. 代扣代缴义务人

代扣代缴义务人是指有义务从持有的纳税人收入中扣除其应纳税款并代为缴纳的企业、单位或个人。对税法规定的扣缴义务人，税务机关应向其颁发代扣代缴证书，明确其代扣代缴义务。代扣代缴义务人必须严格履行扣缴义务。对不履行扣缴义务的，税务机关应视情节轻重予以适当处置，并责令其补缴税款。如《个人所得税法》规定："个人所得税以所得人为纳税义务人，以支付所得的单位或个人为扣缴义务人。"增值税法、资源税法等税法中都有扣缴义务人的相关规定。

▶ 3. 代收代缴义务人

代收代缴义务人是指有义务借助与纳税人的经济交往而向纳税人收取应纳税款并代为缴纳的单位，如消费税税法规定："委托加工的应税消费品，除受托方为个人外，由受托方在向委托方交货时代收代缴税款。"

代收代缴义务人不同于代扣代缴义务人。代扣代缴义务人直接持有纳税人的收入，可以从中扣除纳税人的应纳税款；代收代缴义务人不直接持有纳税人的收入，只能在与纳税人的经济往来中收取纳税人的应纳税款并代为缴纳。

▶ 4. 代征代缴义务人

代征代缴义务人是指因税法规定，受税务机关委托而代征税款的单位和个人。通过由代征代缴义务人代征税款，不仅便利了纳税人税款的缴纳，有效地保证了税款征收的实现,而且对于强化税收征管,有效地杜绝和防止税款流失,有明显作用。

▶ 5. 纳税单位

纳税单位是指申报缴纳税款的单位,是纳税人的有效集合。所谓"有效",就是为了征管和缴纳税款的方便,可以允许在法律上负有纳税义务的同类型纳税人作为一个纳税单位,填写一份申报表纳税。例如,个人所得税,可以单个人为纳税单位,也可以夫妇俩为一个纳税单位,还可以一个家庭为一个纳税单位;企业所得税可以每个分公司为一个纳税单位,也可以总公司为一个纳税单位。纳税单位的大小通常要根据管理上的需要和国家政策来确定。

(二)课税对象

课税对象又称征税对象,是税法中规定的征税的目的物,是国家据以征税的依据。通过规定课税对象,解决对什么征税这一问题。

每一种税都有自己的课税对象,否则这一税种就失去了存在的意义。被列为课税对象的,就属于该税种的征收范围;未被列为课税对象的,就不属于该税种的征收范围。例如,我国增值税的课税对象是货物和应税劳务在生产、流通过程中的增值额;所得税的课税对象是企业利润和个人工资、薪金等项所得;房产税的课税对象是房屋,等等。总之,每一种税首先要选择确定它的课税对象,因为它体现着不同税种征税的基本界限,决定着不同税种名称的由来以及各个税种在性质上的差别,并对税源、税收负担问题产生直接影响。

课税对象随着社会生产力的发展变化而变化。自然经济中,土地和人丁是主要的课税对象。商品经济中,商品的流转额、企业利润和个人所得成为主要的课税对象。在可以作为课税对象的客体比较广泛的情况下,选择课税对象一般应遵循有利于保证财政收入、有利于调节经济和适当简化的原则。要保证财政收入就必须选择经常而普遍存在的经济活动及其成果作为课税对象。要调节国民经济中生产、流通、分配和消费,课税对象就不能是单一的,而应该多样化;但为了节省税收成本和避免税收负担的重复,又必须注意适当的简化。

课税对象是构成税收实体法诸要素中的基础性要素。这是因为:第一,课税对象是一种税区别于另一种税的最主要标志。也就是说,税种的不同最主要是起因于课税对象的不同。正是由于这一原因,各种税的名称通常都是根据课税对象确定的。例如,增值税、所得税、房产税、车船税等。第二,课税对象体现着各种税的征税范围。第三,其他要素的内容一般都是以课税对象为基础确定的。例如,国家开征一种税,之所以要选择这些单位和个人作为纳税人,而不选择其他单位和个人作为纳税人,其原因是这些单位和个人拥有税法或税收条例中规定的课税对象,或者是发生了规定的课税行为。可见,纳税人同课税对象相比,课税对象是第一性的。凡拥有课税对象或发生了课税行为的单位和个人,才有可能成为纳税人。又如,税率这一要素,也是以课税对象为基础确定的。税率本身表示对课税对象征税的比率或征税数额,没有课税对象,也就无从确定税率。此外,纳税环节、减税免税等,也都是以课税对象为基础确定的。

▶ 1. 计税依据

计税依据又称税基,是指税法中规定的据以计算各种应征税款的依据或标准。正确掌握计税依据，是税务机关贯彻执行税收政策、法令，保证国家财政收入的重要工作，也是纳税人正确履行纳税义务，合理负担税收的重要标志。

不同税种的计税依据是不同的。我国增值税的计税依据一般都是货物和应税劳务的增值额；所得税的计税依据是企业和个人的利润、工资或薪金所得额；消费税的计税依据是应税产品的销售额，等等。需要注意的是，计税依据在表现形态上一般有两种：一种是价值形态，即以征税对象的价值作为计税依据，在这种情况下，课税对象和计税依据一般是一致的，如所得税的课税对象是所得额，计税依据也是所得额。另一种是实物形态，就是以课税对象的数量、重量、容积、面积等作为计税依据，在这种情况下，课税对象和计税依据一般是不一致的，如我国的车船税，它的课税对象是各种车辆、船舶，而计税依据则是车船的吨位。

课税对象与计税依据的关系是：课税对象是指征税的目的物，而计税依据则是在目的物已经确定的前提下，对目的物据以计算税款的依据或标准；课税对象是从质的方面对征税所作的规定，而计税依据则是从量的方面对征税所作的规定，是课税对象量的表现。

▶ 2. 税源

税源是指税款的最终来源，或者说税收负担的最终归宿。税源的大小体现着纳税人的负担能力。纳税人缴纳税款的直接来源是一定的货币收入，而一切货币收入都是由社会产品价值派生出来的。在社会产品价值中，能够成为税源的只能是国民收入分配中形成的各种收入，如工资、奖金、利润、利息等。当某些税种以国民收入分配中形成的各种收入为课税对象时，税源和课税对象就是一致的，如对各种所得课税。但是，很多税种其课税对象并不是或不完全是国民收入分配中形成的各种收入，如消费税、房产税等。可见，只有在少数的情况下，课税对象同税源才是一致的。对于大多数税种来说两者并不一致，税源并不等于课税对象。课税对象是据以征税的依据，税源则表明纳税人的负担能力。

▶ 3. 税目

税目是在税法中对征税对象分类规定的具体的征税项目，反映具体的征税范围，是对课税对象质的界定。设置税目的目的首先是明确具体的征税范围，凡列入税目的即为应税项目，未列入税目的，则不属于应税项目。其次，划分税目也是贯彻国家税收调节政策的需要，国家可根据不同项目的利润水平以及国家经济政策等为依据制定高低不同的税率，以体现不同的税收政策。并非所有税种都需规定税目，有些税种不分课税对象的具体项目，一律按照课税对象的应税数额采用同一税率计征税款，因此一般无须设置税目，如企业所得税。有些税种具体课税对象比较复杂，需要规定税目，如消费税等，一般都规定有不同的税目。

税目一般可分为列举税目和概括税目。

(1) 列举税目。列举税目就是将每一种商品或经营项目采用一一列举的方法，分别规定税目，必要时还可以在税目之下划分若干细目。制定列举税目的优点是界限明确，便于征管人员掌握；缺点是税目过多，不便于查找，不利于征管。

在我国现行税法中，列举税目的方法也可分为两类：一类是细列举，即在税法中按每一产品或项目设计税目，本税目的征税范围仅限于列举的产品或项目，属于本税目列举的产品或项目，则按照本税目适用的税率征税；否则，就不能按照本税目适用的税率征税，如消费税中的"粮食、白酒"等税目。另一类是粗列举，即在税种中按两种以上产品设计税目，本税目的征税范围不体现为单一产品，而是列举的两种以上产品都需按本税目适用的税率征税，如消费税中的"鞭炮、焰火"税目。

(2) 概括税目。概括税目就是按照商品大类或行业采用概括方法设计税目。制定概括税目的优点是税目较少，查找方便；缺点是税目过粗，不便于贯彻合理负担政策。

(三) 税率

税率是对征税对象的征收比例或征收额度。税率是计算税额的尺度，也是衡量税负轻重与否的重要标志。我国现行的主要税率如下。

▶ **1. 比例税率**

比例税率即对同一征税对象，不分数额大小，规定相同的征收比例。我国的增值税、城市维护建设税、企业所得税等采用的是比例税率。比例税率在适用中又可分为单一比例税率、差别比例税率和幅度比例税率三种具体形式。

(1) 单一比例税率，是指对同一征税对象的所有纳税人都适用同一比例税率。

(2) 差别比例税率，是指对同一征税对象的不同纳税人适用不同的比例征税。我国现行税法又分别按产品、行业和地区的不同将差别比例税率划分为两种类型：一是产品差别比例税率，即对不同产品分别适用不同的比例税率，同一产品采用同一比例税率，如消费税、关税等；二是地区差别比例税率，即对不同地区分别适用不同的比例税率，同一地区采用同一比例税率，如我国城市维护建设税等。

(3) 幅度比例税率，是指对同一征税对象，税法只规定最低税率和最高税率，各地区在该幅度内确定具体的适用税率。

比例税率具有计算简单、税负透明度高、有利于保证财政收入、有利于纳税人公平竞争、不妨碍商品流转额或非商品营业额扩大等优点，符合税收效率原则；但比例税率不能针对不同的收入水平实施不同的税收负担，在调节纳税人的收入水平方面难以体现税收的公平原则。

▶ **2. 超额累进税率**

超额累进税率是分别以课税对象数额超过前级的部分为基础计算应纳税的累进税率。采用超额累进税率征税的特点如下。

(1) 计算方法比较复杂，征税对象数量越大，包括等级越多，计算步骤也越多。

(2) 累进幅度比较缓和，税收负担较为合理。特别在征税对象级次分界点上下，只就超过部分按高一级税率计算，一般不会发生增加的税额超过增加的征税对象数额的不合理现象，有利于鼓励纳税人增产增收。

(3) 边际税率和平均税率不一致，税收负担的透明度较差。

目前，我国仅对个人所得项目的工资薪金所得、个体工商户的生产经营所得、企事业单位的承包经营、承租经营所得实行超额累进税率。为解决超额累进税率计算税款比较复杂的问题，在实际工作中引进了"速算扣除数"这个概念，通过预先计算出的速算扣除数，即可直接计算应纳税额，不必再分级分段计算。采用速算扣除数计算应纳税额的公式为

应纳税额＝应税所得额×适用税率－速算扣除数

速算扣除数是为简化计税程序而按全额累进税率计算超额累进税额时所使用的扣除数额。反映的具体内容是按全额累进税率和超额累进税率计算的应纳税额的差额。采用速算扣除数方法计算的应纳税额同分级分段计算的应纳税额，其结果完全一样，但方法简便得多。通常，速算扣除数事先计算出来后，附在税率表中，并与税率表一同颁布。

▶ 3. 定额税率

定额税率又称固定税额，是根据课税对象计量单位直接规定固定的征税数额。课税对象的计量单位可以是重量、数量、面积、体积等自然单位，也可以是专门规定的复合单位。例如，现行税制中的土地使用税、耕地占用税分别以"平方米"和"亩"这些自然单位为计量单位；消费税中的汽油、柴油分别以"升"为计量单位。按定额税率征税，税额的多少只同课税对象的数量有关，同价格无关。当价格普遍上涨或下跌时，仍按固定税额计税。定额税率适用于从量计征的税种。

定额税率在表现形式上可分为单一定额税率和差别定额税率两种。在同一税种中只采用一种定额税率的，为单一定额税率；同时采用几个定额税率的，为差别定额税率。差别定额税率，又有以下几种形式。

(1) 地区差别定额税率，即对同一课税对象按照不同地区分别规定不同的征税数额。该税率具有调节地区之间级差收入的作用。现行税制中的资源税、城镇土地使用税、车船税、耕地占用税等都属于这种税率。其中，城镇土地使用税和耕地占用税又是有幅度的地区差别税率。

(2) 分类分项定额税率，即首先按某种标志把课税对象分为几类，每一类再按一定标志分为若干项，然后对每一项分别规定不同的征税数额。

▶ 4. 超率累进税率

超率累进税率即以征税对象数额的相对率划分若干级距，分别规定相应的差别税率，相对率每超过一个级距的，对超过的部分就按高一级的税率计算征税。目前我国税收体系中采用这种税率的是土地增值税。

▶ 5. 其他形式的税率

(1) 名义税率与实际税率。名义税率与实际税率是分析纳税人负担时常用的概念。名义税率是指税法规定的税率。实际税率是指实际负担率，即纳税人在一定时期内实际缴纳税额占其课税对象实际数额的比例。由于某些税种中计税依据与征税对象不一致，税率存在差异，减免税手段的使用以及偷逃税和错征等因素的实际存在，实际税率常常低于名义税率。这时，区分名义税率和实际税率，确定纳税人的实际负担水平和税负结构，为设计合理可行的税制提供依据是十分必要的。

(2) 边际税率与平均税率。边际税率是指再增加一些收入时，增加的这部分收入所纳税额同增加收入之间的比例。在这里，平均税率是相对于边际税率而言的，是指全部税额与全部收入之比。

在比例税率条件下，边际税率等于平均税率。在累进税率条件下，边际税率往往要大于平均税率。边际税率的提高还会带动平均税率的上升。边际税率上升的幅度越大，平均税率提高就越多,调节收入的能力也就越强,但对纳税人的反激励作用也越大。因此,通过两者的比较易于表明税率的累进程度和税负的变化情况。

(3) 零税率与负税率。零税率是以零表示的税率,是免税的一种方式,表明课税对象的持有人负有纳税义务,但无须缴纳税款。通常适用于两种情况:一是在所得课税中,对所得中的免税部分规定税率为零,目的是保证所得少者的生活和生产需要;二是在商品税中,对出口商品规定税率为零,即退还出口商品的产、制和流转环节已缴纳的商品税,使商品以不含税价格进入国际市场,以增强商品在国际市场上的竞争力。

负税率是指政府利用税收形式对所得额低于某一特定标准的家庭或个人予以补贴的比例。负税率主要用于负所得税的计算。所谓负所得税,是指现代一些西方国家把所得税和社会福利补助制度结合的一种主张和试验,即对那些实际收入低于维持一定生活水平所需费用的家庭或个人,按一定比例付给所得税。负税率的确定是实施负所得税计划的关键。西方经济学家一般认为:负税率的设计必须依据社会愿意加以运用的社会福利函数来衡量。百分之百的负税率,将会严重削弱人们对于工作的积极性,成为阻碍工作的因素。因此,确定负税率必须适度,应使其对工作的阻碍作用降到最低点。

(四) 减税、免税

减税、免税是对某些纳税人或课税对象的鼓励或照顾措施。减税是从应征税款中减征部分税款;免税是免征全部税款。减税、免税规定是为了解决按税制规定的税率征税时所不能解决的具体问题而采取的一种措施,是在一定时期内给予纳税人的一种税收优惠,同时也是税收的统一性和灵活性相结合的具体体现。正确制定并严格执行减免税规定,可以更好地贯彻国家的税收政策,发挥税收调节经济的作用。按照《税收征管法》的规定,减税、免税依照法律的规定执行,法律授权国务院的,依照国务院制定的行政法规的规定执行。

▶ 1. 减免税的基本形式

(1) 税基式减免,这是通过直接缩小计税依据的方式实现的减税、免税。具体包括起征点、免征额、项目扣除以及跨期结转等。

(2) 税率式减免,即通过直接降低税率的方式实行的减税、免税。具体包括重新确定税率、选用其他税率、零税率等形式。

(3) 税额式减免,即通过直接减少应纳税额的方式实行的减税、免税。具体包括全部免征、减半征收、核定减免率、抵免税额以及另定减征税额等。

在上述三种形式的减税、免税中,税基式减免使用范围最广泛,从原则上说它适用于所有生产经营情况;税率式减免比较适合于对某个行业或某种产品这种"线"上的减免,所以流转税中运用最多;税额式减免适用范围最窄,它一般仅限于解决"点"上的个别问题,往往仅在特殊情况下使用。

▶ 2. 减免税的分类

(1) 法定减免,凡是由各种税的基本法规定的减税、免税都称为法定减免。它体现了该种税减免的基本原则规定,具有长期的适用性。法定减免必须在基本法规中明确列举减免税项目、减免税的范围和时间。

(2) 临时减免，又称"困难减免"，是指除法定减免和特定减免以外的其他临时性减税、免税，主要是为了照顾纳税人的某些特殊的暂时的困难，而临时批准的一些减税、免税。它通常是定期的减免税或一次性的减免税。

(3) 特定减免，是根据社会经济情况发展变化和发挥税收调节作用的需要，而规定的减税、免税。

国家之所以在税法中要规定减税、免税，是因为各税种的税收负担是根据经济发展的一般情况的社会平均负担能力来考虑的，税率基本上是按平均销售利润率来确定的，而在实际经济生活中，不同的纳税人之间或同一纳税人在不同时期，由于受各种主、客观因素的影响，在负担能力上会出现一些差别，在有些情况下这些差别比较悬殊。因此，在统一税法的基础上，需要有某种与这些差别相适应的灵活的调节手段，即减税、免税政策来加以补充，以解决一般规定所不能解决的问题，照顾经济生活中的某些特殊情况，从而达到调节经济和促进生产发展的目的。

▶3. 税收附加与加成

减税、免税是减轻税负的措施。与之相对应，税收附加和税收加成是加重纳税人负担的措施。无论是税收附加还是税收加成，都增加了纳税人的负担。但这两种加税措施的目的是不同的。实行地方附加是为了给地方政府筹措一定的机动财力，用于发展地方建设事业；实行税收加成则是为了调节和限制某些纳税人获取的过多的收入或者是对纳税人违章行为进行的处罚措施。

（五）纳税环节

纳税环节主要指税法规定的征税对象在从生产到消费的流转过程中应当缴纳税款的环节。例如，流转税在生产和流通环节纳税，所得税在分配环节纳税等。纳税环节有广义和狭义之分。广义的纳税环节指全部课税对象在再生产中的分布情况。例如，资源税分布在资源生产环节，商品税分布在生产或流通环节，所得税分布在分配环节等。狭义的纳税环节特指应税商品在流转过程中纳税的环节。商品从生产到消费要经历诸多流转环节，各环节都存在销售额，都可能成为纳税环节。但考虑到税收对经济的影响、财政收入的需要以及税收征管的能力等因素，国家常常对在商品流转过程中所征税种规定不同的纳税环节。按照某种税征税环节的多少，可以将税种划分为一次课征制或多次课征制。合理选择纳税环节，对加强税收征管、有效控制税源、保证国家财政收入的及时、稳定、可靠，方便纳税人生产经营活动和财务核算，灵活机动地发挥税收调节经济的作用，具有十分重要的理论和实践意义。

（六）纳税期限

纳税期限是指税法规定的关于税款缴纳时间方面的限定。税法关于纳税时限的规定包括以下三个概念。

(1) 纳税义务发生时间。纳税义务发生时间，是指应税行为发生的时间。例如，增值税条例规定采取预收货款方式销售货物的，其纳税义务发生时间为货物发出的当天。

(2) 纳税期限，纳税人每次发生纳税义务后，不可能马上去缴纳税款。税法规定了每种税的纳税期限，即每隔固定时间汇总一次纳税义务的时间。例如，增值税条例规定，增值税的具体纳税期限分别为1日、3日、5日、10日、15日、1个月或者1个季度。纳税人的具体纳税期限，由主管税务机关根据纳税人应纳税额的大小分别核定；不能按照固定期限纳税的，可以按次纳税。

（3）缴库期限，即税法规定的纳税期满后，纳税人将应纳税款缴入国库的期限。例如，增值税暂行条例规定，纳税人以1个月或者1个季度为1个纳税期的，自期满之日起15日内申报纳税；以1日、3日、5日、10日或者15日为1个纳税期的，自期满之日起5日内预缴税款，于次月1日起15日内申报纳税并结清上月应纳税款。

五、税收在现代国家治理中的作用

随着现代国家治理复杂性越来越高，需要税收在其中发挥更大的作用。税收已经不仅仅纯粹是经济领域的问题，而是政治领域、社会领域的大问题。税收在现代国家治理中的作用主要包括以下方面。

▶ 1. 为国家治理提供最基本的财力保障

随着国际竞争的日益加剧，各种经济和政治、文化因素的渗透，一国政治体制、经济实力和文化社会环境等决定了一国在国际上的竞争能力，也决定了一国政府受民众欢迎的程度，以及政权的稳固、社会的安定。而为提供更好的公共产品，更大程度地满足民众对美好生活的向往，政府必须有一定的财力作支持，这种支持在现代国家主要通过税收来解决。从这个意义上来说，税收是真正的"国家治理的基础和重要支柱"。没有科学的税收制度，没有完善的税收法律作保障，就无法发挥税收的这种基础性和支柱性作用。

▶ 2. 税收是确保经济效率、政治稳定、政权稳固、不同层次政府正常运行的重要工具

正如《中共中央关于全面深化改革若干重大问题的决定》中指出的"科学的财税体制是促进社会公平、实现国家长治久安的制度保障"。税收收入在不同政府层级之间的科学合理划分、税收负担的合理、税收政策的科学决定了经济运行的效率，政府运行的有效性和科学化，也直接关乎政府运行的正常化和政权稳定。

▶ 3. 税收是促进现代市场体系构建、促进社会公平正义的重要手段

现代市场体系要求市场的公开、公正和有效，我国传统经济体制下政府对宏观经济过多的干预，影响了市场的公正性，其中税收是一个重要的经济手段。为适应现代市场经济要求，税收应以不影响市场主体的正常经营决策为前提，尽量保持"中性"。当然，要通过税收的再分配功能，纠正国民收入初次分配中的不平衡，才能有助于实现分配的公平化也是税收的重要社会功能。

▶ 4. 税收是促进依法治国、促进法治社会建立、促进社会和谐的重要载体

当今，一个国家的政府和公民或法人的最基本的关系是税收法律关系。政府根据税法征税，公民和法人依照税法纳税，由此形成的税收法律关系是政府和公民的最基本关系之一。因为税收涉及了公民的基本利益，征税直接影响了公民和法人可直接支配的收入；税收的使用即通过预算进行的财政支出也直接影响到公民和法人的公共需要的满足。在现代国家治理中，税收的开征、征收过程和税款的使用过程，无一不直接受到公民和法人的强

烈关注，因此税收也直接影响一国法治的进程。如果在税收征纳和税款使用过程中最大限度地公开、透明、高效，则税收会成为推进社会和谐的重要载体，否则将会成为影响社会稳定的直接因素。

▶ 5. 税收是国际经济和政治交往中的重要政策工具，也是维护国家权益的重要手段

近几年国际贸易领域纷争不断，各国除了通过正常的国际贸易争端解决机制外，还运用了包括惩罚性关税等在内的经济手段。在国际税收领域，通过税收协定的签订也是促进国际交往的重要方式。

第二章 增值税法

> **学习目标**
>
> 1. 掌握增值税的征收范围、一般纳税人和小规模纳税人、一般计税方法应纳税额的计算、增值税的退（免）税。
> 2. 了解纳税人和扣缴义务人、简易征税方法应纳税额的计算、进口环节增值税的征收、税收优惠、征收管理。

第一节 增值税法规

增值税是以商品（含应税劳务和应税服务）在流转过程中产生的增值额作为征税对象而征收的一种流转税。按照我国增值税法的规定，增值税是对在我国境内销售货物或者提供加工、修理修配劳务（以下简称"应税劳务"），交通运输业、邮政业、电信业、部分现代服务业服务（以下简称"应税服务"），以及进口货物的企业单位和个人，就其销售货物、提供应税劳务、提供应税服务的增值额和货物进口金额为计税依据而课征的一种流转税。

增值税之所以能够在世界上众多国家推广，是因为其可以有效地防止商品在流转过程中的重复征税问题，并使其具备保持税收中性、普遍征收、税收负担由最终消费者承担、实行税款抵扣制度、实行比例税率、实行价外税制度等特点。我国于1979年引进增值税，并在部分城市试行。1982年财政部制定了《增值税暂行办法》，自1983年1月1日开始在全国试行。1984年第二步利改税和全面工商税制改革时，在总结经验的基础上国务院发布了《中华人民共和国增值税条例（草案）》并于当年10月试行。1993年税制改革，增值税成为改革的重点。国务院于1993年12月发布了《中华人民共和国增值税暂行条例》，并于1994年1月1日起在全国范围内全面推行增值税。此时的增值税属于生产型增值税。为了进一步完善税收制度，国家决定实行增值税转型试点，并于2004年7月1日开始在东北、中部等部分地区实行，试点工作运行顺利，达到了预期目标。为此，国务院决定全面实施增值税转型改革，修订了《中华人民共和国增值税暂行条例》（以下简称《增值税暂行条例》），2008年11月经国务院第34次常务会议审议通过，于2009年1月1日起在全国范围内实行消费型增值税。为促进第三产业发展，自2012年1月1日起在部分地区和行业开展深化增值税制度改革试点，自2016年5月1日起，在全国范围内全面推开营业税改征增值税试点，建筑业、房地产业、金融业、生活服务业纳入试点范围，由缴纳营业税改为缴纳增值税。至此，营业税全部改征增值税，营业税成为我国税收制度发展史的组成部分，流通环节由增值税全覆盖。

一、纳税义务人和扣缴义务人

（一）纳税义务人

根据《增值税暂行条例》及《营业税改征增值税试点实施办法》（财税〔2016〕36号）的规定，凡在中华人民共和国境内销售货物或者提供加工、修理修配劳务、销售服务、无形资产或者不动产，以及进口货物的单位和个人，为增值税的纳税人。

单位是指一切从事销售或进口货物、提供劳务、销售服务、无形资产或不动产的单位，包括企业、行政单位、事业单位、军事单位、社会团体及其他单位。

个人是指从事销售或进口货物、提供应税劳务、销售应税服务、无形资产或不动产的个人，包括个体工商户和其他个人。

单位租赁或承包给其他单位或者个人经营的，以承租人或承包人为纳税人。

对报关进口的货物，以进口货物的收货人或办理报关手续的单位和个人为进口货物的纳税人。对代理进口货物，以海关开具的完税凭证上的纳税人为增值税纳税人。即对报关进口货物，凡是海关的完税凭证开具给委托方的，对代理方不征增值税；凡是海关的完税凭证开具给代理方的，对代理方应按规定征收增值税。

资管产品运营过程中发生的增值税应税行为，以资管产品管理人为增值税纳税人。

建筑企业与发包方签订建筑合同后，以内部授权或者三方协议等方式，授权集团内其他纳税人（以下称第三方）为发包方提供建筑服务，并由第三方直接与发包方结算工程款的，由第三方缴纳增值税，与发包方签订建筑合同的建筑企业不缴纳增值税。

（二）扣缴义务人

境外的单位或个人在境内提供应税劳务，在境内未设有经营机构的，其应纳税款以境内代理人为扣缴义务人；在境内没有代理人的，以购买者为扣缴义务人。

中华人民共和国境外（以下简称境外）单位或个人在境内销售服务、无形资产或者不动产，在境内未设有经营机构的，以购买方为增值税扣缴义务人。财政部和国家税务总局另有规定的除外。

在中华人民共和国境内（以下简称境内）销售货物或提供加工、修理修配劳务是指销售货物的起运地或所在地在境内；提供的应税劳务发生地在境内。

在境内销售服务、无形资产或者不动产，是指：

(1) 服务（租赁不动产除外）或者无形资产（自然资源使用权除外）的销售方或者购买方在境内。

(2) 所销售或者租赁的不动产在境内。

(3) 所销售自然资源使用权的自然资源在境内。

(4) 财政部和国家税务总局规定的其他情形。

(三) 合并纳税

两个或者两个以上的纳税人，经财政部和国家税务总局批准可以视为一个纳税人合并纳税。具体办法由财政部和国家税务总局另行规定。

二、一般纳税人和小规模纳税人的认定和管理

(一) 增值税纳税人的分类

1. 增值税纳税人分类的依据

根据《增值税暂行条例》及其实施细则的规定，划分一般纳税人和小规模纳税人的基本依据是纳税人的会计核算是否健全，以及企业规模的大小。衡量企业规模的大小一般以年销售额为依据，因此，现行增值税制度是以纳税人年应税销售额的大小，会计核算健全是指能够按照国家统一的会计制度规定设置账簿，根据合法、有效凭证核算。

2. 划分一般纳税人与小规模纳税人的目的

对增值税纳税人进行分类，主要是为了适应纳税人经营管理规模差异大、财务核算水平不一的实际情况。分类管理有利于税务机关加强重点税源管理，简化小型企业的计算缴纳程序，也有利于对专用发票正确使用与安全管理要求的落实。

这两类纳税人在税款计算方法、适用税率以及管理办法上都有所不同。对一般纳税人实行凭发票扣税的计税方法，对小规模纳税人规定简便易行的计税方法和征收管理办法。

(二) 小规模纳税人的标准和管理

小规模纳税人是指年销售额在规定标准以下，并且会计核算不健全，不能按规定报送有关税务资料的增值税纳税人。会计核算不健全是指不能正确核算增值税的销项税额、进项税额和应纳税额。

根据《增值税暂行条例》及其实施细则和《营业税改征增值税试点实施办法》(财税〔2016〕36号)及相关文件规定，小规模纳税人的标准如下。

1. 一般规定

从事货物生产或提供应税劳务的纳税人，以及以从事货物生产或提供应税劳务为主，并兼营货物批发或零售的纳税人，年应税销售额在50万元(含)以下的。

其他纳税人年应税销售额在80万元(含)以下的。

以从事货物生产或者提供应税劳务为主，是指纳税人的年货物生产或者提供应税劳务的销售额占年应税销售额的比重在50%以上。

营业税改征增值税应税行为的年应征增值税销售额标准为500万元(含本数)以下的。

2. 特殊规定

年应税销售额超过小规模纳税人标准的其他个人按小规模纳税人纳税；年应税销售额超过规定标准但不经常发生应税行为的单位和个体工商户，以及非企业性单位、不经常发生应税行为的企业，可选择按照小规模纳税人纳税。

旅店业和饮食业纳税人销售非现场消费的食品，属于不经常发生增值税应税行为，自2013年5月1日起，可以选择按小规模纳税人缴纳增值税。

兼有销售货物、提供加工修理修配劳务以及应税服务，且不经常发生应税行为的单位

和个体工商户可选择按小规模纳税人纳税。

小规模纳税人的标准由国务院财政、税务主管部门规定。

小规模纳税人实行简易办法征收增值税,一般不得使用增值税专用发票。

(三)一般纳税人的登记及管理

按照《国务院关于取消和调整一批行政审批项目等事项的决定》(国发〔2015〕11号)精神,国家税务总局对增值税一般纳税人管理有关事项进行了调整。增值税一般纳税人资格实行登记制,登记事项由增值税纳税人向其主管税务机关办理。

▶ 1. 一般纳税人资格登记

增值税纳税人,年应税销售额超过财政部、国家税务总局规定的小规模纳税人标准的,除另有规定外,应当向主管税务机关申请一般纳税人资格登记。

上述所称年应税销售额,是指纳税人在连续不超过12个月的经营期内累计应征增值税销售额,包括纳税人申报销售额、稽查查补销售额、纳税评估调整销售额、税务机关代开发票销售额和免税销售额。

经营期是指在纳税人存续期内的连续经营期间,含未取得销售收入的月份。

▶ 2. 营业税改征增值税试点增值税一般纳税人资格认定

1)一般规定

除试点实施前已取得增值税一般纳税人资格并兼有应税服务的试点纳税人外,营业税改征增值税(以下简称"营改增")试点实施前"营改增"应税行为年销售额超过500万元的试点纳税人,应向主管税务机关申请办理增值税一般纳税人资格登记,具体登记办法由国家税务总局制定。

试点纳税人试点实施前的应税行为年销售额按以下公式换算:

$$应税行为年销售额 = 连续不超过12个月应税行为营业额合计 \div (1+3\%)$$

按照现行营业税规定差额征收营业税的试点纳税人,其应税行为营业额按未扣除之前的营业额计算。

试点实施前已取得增值税一般纳税人资格并兼有"营改增"应税行为的试点纳税人,不需要重新申请登记,由主管税务机关制作、送达《税务事项通知书》,告知纳税人。

试点实施后,试点纳税人应按照相关规定,办理增值税一般纳税人资格登记。按"营改增"有关规定,在确定销售额时可以差额扣除的试点纳税人,其应税行为年销售额按未扣除之前的销售额计算。

2)例外规定

应税服务年销售额超过规定标准的其他个人不属于一般纳税人。

不经常提供应税服务的非企业性单位、企业和个体工商户可选择按照小规模纳税人纳税。

增值税小规模纳税人偶然发生的转让不动产的销售额,不计入应税行为年应税销售额。

年应税销售额未超过规定标准的纳税人,会计核算健全,能够提供准确税务资料的,可以向主管税务机关办理一般纳税人资格登记,成为一般纳税人。

会计核算健全,是指能够按照国家统一的会计制度规定设置账簿,根据合法、有效凭证核算。

符合一般纳税人条件的纳税人，应当向主管税务机关申请一般纳税人资格登记。

试点纳税人在办理增值税一般纳税人资格登记后，发生增值税偷税、骗取出口退税和虚开增值税扣税凭证等行为的，主管国税机关可以对其实行6个月的纳税辅导期管理。

除国家税务总局另有规定外，一经登记为一般纳税人后，不得转为小规模纳税人。

3）特殊规定

兼有销售货物、提供加工修理修配劳务以及应税服务的纳税人，应税货物及劳务销售额与应税服务销售额分别计算，分别适用增值税一般纳税人资格登记标准。

4）其他规定

年应税销售额未超过财政部、国家税务总局规定的小规模纳税人标准以及新开业的纳税人，可以向主管税务机关申请一般纳税人资格登记。

对提出申请并且能够按照国家统一的会计制度设置账簿，根据合法、有效凭证核算，能够提供准确税务资料的纳税人，主管税务机关应当为其办理一般纳税人资格登记。

5）不办理资格登记的情形

下列纳税人不办理一般纳税人资格登记。

(1) 个体工商户以外的其他个人。其他个人指自然人。

(2) 选择按照小规模纳税人纳税的非企业性单位。非企业性单位是指行政单位、事业单位、军事单位、社会团体和其他单位。

(3) 选择按照小规模纳税人纳税的不经常发生应税行为的企业。不经常发生应税行为的企业是指非增值税纳税人；不经常发生应税行为是指其偶然发生增值税应税行为。

（四）一般纳税人纳税辅导期管理

▶ 1. 纳税辅导期的管理范围

《增值税一般纳税人资格认定管理办法》（国家税务总局令第22号，以下简称《认定办法》）第十三条规定主管税务机关可以在一定期限内对下列一般纳税人实行纳税辅导期管理。

1）按照认定办法规定新认定为一般纳税人的小型商贸批发企业

"小型商贸批发企业"是指注册资金在80万元以下（含80万元）、职工人数在10人以下（含10人）的批发企业。只从事出口贸易，不需要使用增值税专用发票的企业除外。

批发企业按照国家统计局颁发的《国民经济行业分类》中有关批发的行业划分方法界定。

2）国家税务总局规定的其他一般纳税人

"其他一般纳税人"，是指具有下列情形之一的一般纳税人。

(1) 增值税偷税数额占应纳税额的10%以上，并且偷税数额在10万元以上的。

(2) 骗取出口退税的。

(3) 虚开增值税扣税凭证的。

(4) 国家税务总局规定的其他情形。

▶ 2. 纳税辅导期管理的期限

新认定为一般纳税人的小型商贸批发企业实行纳税辅导期管理的期限为3个月；其他一般纳税人实行纳税辅导期管理的期限为5个月。

对新办小型商贸批发企业，主管税务机关应在认定办法规定的《税务事项通知书》内，告知纳税人对其实行纳税辅导期管理,纳税辅导期自主管税务机关制作《税务事项通知书》的当月起执行;对其他一般纳税人,主管税务机关应自稽查部门做出《税务稽查处理决定书》后40个工作日内,制作、送达《税务事项通知书》,告知纳税人对其实行纳税辅导期管理,纳税辅导期自主管税务机关制作《税务事项通知书》的次月起执行。

▶ 3. 纳税辅导期进项税额的抵扣

辅导期纳税人取得的增值税专用发票(以下简称"专用发票")抵扣联、海关进口增值税专用缴款书以及运输费用结算单据应当在交叉稽核比对无误后,方可抵扣进项税额。

三、我国现行增值税征税范围的一般规定

增值税征税范围包括货物的生产、批发、零售和进口4个环节。2016年5月1日以后,伴随营业税改征增值税试点实施办法以及相关配套政策的实施,"营改增"试点行业扩大到销售服务、无形资产或者不动产(以下称"应税行为"),增值税的征税范围覆盖第一产业、第二产业和第三产业。

(一) 销售货物

"货物"是指有形动产,包括电力、热力和气体在内。销售货物是指有偿转让货物的所有权。"有偿"不仅指从购买方取得货币,还包括取得货物或其他经济利益。

(二) 提供加工和修理修配劳务

"加工"是指接收来料承做货物,加工后的货物所有权仍属于委托者的业务,即通常所说的委托加工业务。"委托加工业务"是指由委托方提供原料及主要材料,受托方按照委托方的要求制造货物并收取加工费的业务。"修理修配"是指损伤和受托丧失功能的货物进行修复,使其恢复原状和功能的业务。这里的"提供加工和修理修配劳务"都是指有偿提供加工和修理修配劳务。但单位或个体工商户聘用的员工为本单位或雇主提供加工、修理修配劳务则不包括在内。

(三) 销售服务

销售服务,是指提供交通运输服务、邮政服务、电信服务、建筑服务、金融服务、现代服务、生活服务。

▶ 1. 交通运输服务

交通运输服务,是指使用运输工具将货物或者旅客送达目的地,使其空间位置得到转移的业务活动。包括陆路运输服务、水路运输服务、航空运输服务和管道运输服务。

(1) 陆路运输服务,是指通过陆路(地上或者地下)运送货物或者旅客的运输业务活动,包括铁路运输服务和其他陆路运输服务。

铁路运输服务,是指通过铁路运送货物或者旅客的运输业务活动。

其他陆路运输服务,是指铁路运输以外的陆路运输业务活动,包括公路运输、缆车运输、索道运输、地铁运输、城市轻轨运输等。

出租车公司向使用本公司自有出租车的出租车司机收取的管理费用,按陆路运输服务征收增值税。

(2) 水路运输服务,是指通过江、河、湖、川等天然、人工水道或者海洋航道运送货物或者旅客的运输业务活动。

水路运输的程租、期租业务,属于水路运输服务。

程租业务,是指运输企业为租船人完成某特定航次的运输任务并收取租赁费的业务。期租业务,是指运输企业将配备有操作人员的船舶承租给他人使用一定期限,承租期内听候承租方调遣,不论是否经营,均按天向承租方收取租赁费,发生的固定费用均由船东负担的业务。

(3) 航空运输服务,是指通过空中航线运送货物或者旅客的运输业务活动。

航空运输的湿租业务,属于航空运输服务。湿租业务,是指航空运输企业将配备有机组人员的飞机承租给他人使用一定期限,承租期内听候承租方调遣,不论是否经营,均按一定标准向承租方收取租赁费,发生的固定费用均由承租方承担的业务。

航天运输服务按照航空运输服务征收增值税。航天运输服务是指利用火箭等载体将卫星、空间探测器等空间飞行器发射到空间轨道的业务活动。

(4) 管道运输服务,是指通过管道设施输送气体、液体、固体物质的运输业务活动。

无运输工具承运业务,按照交通运输服务缴纳增值税。无运输工具承运业务,是指经营者以承运人身份与托运人签订运输服务合同,收取运费并承担承运人责任,然后委托实际承运人完成运输服务的经营活动。

▶ 2. 邮政服务

邮政服务,是指中国邮政集团公司及其所属邮政企业提供邮件寄递、邮政汇兑和机要通信等邮政基本服务的业务活动。包括邮政普遍服务、邮政特殊服务和其他邮政服务。

(1) 邮政普遍服务,是指函件、包裹等邮件寄递,以及邮票发行、报刊发行和邮政汇兑等业务活动。

函件,是指信函、印刷品、邮资封片卡、无名址函件和邮政小包等。

包裹,是指按照封装上的地址寄送给特定个人或者单位的独立封装的物品,其重量不超过50千克,任何一边的尺寸不超过150厘米,长、宽、高合计不超过300厘米。

(2) 邮政特殊服务,是指义务兵平常信函、机要通信、盲人读物和革命烈士遗物的寄递等业务活动。

(3) 其他邮政服务,是指邮册等邮品销售、邮政代理等业务活动。

中国邮政速递物流股份有限公司及其子公司(含各级分支机构),不属于中国邮政集团公司所属邮政企业。

▶ 3. 电信服务

电信服务,是指利用有线、无线的电磁系统或者光电系统等各种通信网络资源,提供语音通话服务,传送、发射、接收或者应用图像、短信等电子数据和信息的业务活动,包括基础电信服务和增值电信服务。

(1) 基础电信服务,是指利用固网、移动网、卫星、互联网,提供语音通话服务的业务活动,以及出租或者出售带宽、波长等网络元素的业务活动。

(2) 增值电信服务,是指利用固网、移动网、卫星、互联网、有线电视网络,提供短信和彩信服务、电子数据和信息的传输及应用服务、互联网接入服务等业务活动。

卫星电视信号落地转接服务,按照增值电信服务计算缴纳增值税。

根据国家税务总局公告2015年第90号的规定,自2016年2月1日起,纳税人通过楼宇、隧道等室内通信分布系统,为电信企业提供的语音通话和移动互联网等无线信号室分系统传输服务,分别按照基础电信服务和增值电信服务缴纳增值税。

▶4. 建筑服务

建筑服务，是指各类建筑物、构筑物及其附属设施的建造、修缮、装饰，线路、管道、设备、设施等的安装以及其他工程作业的业务活动，包括工程服务、安装服务、修缮服务、装饰服务和其他建筑服务。

(1) 工程服务，是指新建、改建各种建筑物、构筑物的工程作业，包括与建筑物相连的各种设备或者支柱、操作平台的安装或者装设工程作业，以及各种窑炉和金属结构工程作业。

(2) 安装服务，是指生产设备、动力设备、起重设备、运输设备、传动设备、医疗实验设备以及其他各种设备、设施的装配、安置工程作业，包括与被安装设备相连的工作台、梯子栏杆的装设工程作业，以及被安装设备的绝缘、防腐、保温、油漆等工程作业。

固定电话、有线电视、宽带、水、电、燃气、暖气等经营者向用户收取的安装费、初装费、开户费、扩容费以及类似收费，按照安装服务缴纳增值税。

(3) 修缮服务，是指对建筑物、构筑物进行修补、加固、养护、改善，使之恢复原来的使用价值或者延长其使用期限的工程作业。

(4) 装饰服务，是指对建筑物、构筑物进行修饰装修，使之美观或者具有特定用途的工程作业。

(5) 其他建筑服务，是指上列工程作业之外的各种工程作业服务，如钻井(打井)、拆除建筑物或者构筑物、平整土地、园林绿化、疏浚(不包括航道疏浚)、建筑物平移、搭脚手架、爆破、矿山穿孔、表面附着物(包括岩层、土层、沙层等)剥离和清理等工程作业。

物业服务企业为业主提供的装修服务，按照"建筑服务"缴纳增值税。

纳税人将建筑施工设备出租给他人使用并配备操作人员的按照"建筑服务"缴纳增值税。

▶5. 金融服务

金融服务，是指经营金融保险的业务活动，包括贷款服务、直接收费金融服务、保险服务和金融商品转让。

(1) 贷款服务。贷款，是指将资金贷予他人使用而取得利息收入的业务活动。

各种占用、拆借资金取得的收入，包括金融商品持有期间(含到期)利息(保本收益、报酬、资金占用费、补偿金等)收入、信用卡透支利息收入、买入返售金融商品利息收入、融资融券收取的利息收入，以及融资性售后回租、押汇、罚息、票据贴现、转贷等业务取得的利息及利息性质的收入，按照贷款服务缴纳增值税。

保本收益、报酬、资金占用费、补偿金，是指合同中明确承诺到期本金可全部收回的投资收益。金融商品持有期间(含到期)取得的非保本的上述收益，不属于利息或利息性质的收入，不征收增值税。

融资性售后回租，是指承租方以融资为目的，将资产出售给从事融资性售后回租业务的企业后，从事融资性售后回租业务的企业将该资产出租给承租方的业务活动。

以货币资金投资收取的固定利润或者保底利润，按照贷款服务缴纳增值税。

(2) 直接收费金融服务，是指为货币资金融通及其他金融业务提供相关服务并且收取费用的业务活动，包括提供货币兑换、账户管理、电子银行、信用卡、信用证、财务担保、资产管理、信托管理、基金管理、金融交易场所(平台)管理、资金结算、资金清算、金融支付等服务。

(3) 保险服务，是指投保人根据合同约定，向保险人支付保险费，保险人对于合同约定的可能发生的事故，因其发生所造成的财产损失承担赔偿保险金责任，或者当被保险人死亡、伤残、疾病或者达到合同约定的年龄、期限等条件时承担给付保险金责任的商业保险行为，包括人身保险服务和财产保险服务。

人身保险服务，是指以人的寿命和身体为保险标的的保险业务活动。

财产保险服务，是指以财产及其有关利益为保险标的的保险业务活动。

(4) 金融商品转让，是指转让外汇、有价证券、非货物期货和其他金融商品所有权的业务活动。其他金融商品转让，包括基金、信托、理财产品等各类资产管理产品和各种金融衍生品的转让。

纳税人购入基金、信托、理财产品等各类资产管理产品持有至到期，不属于金融商品转让。

▶ 6. 现代服务

现代服务，是指围绕制造业、文化产业、现代物流产业等提供技术性、知识性服务的业务活动，包括研发和技术服务、信息技术服务、文化创意服务、物流辅助服务、租赁服务、鉴证咨询服务、广播影视服务、商务辅助服务和其他现代服务。

1) 研发和技术服务

研发和技术服务包括研发服务、合同能源管理服务、工程勘察勘探服务、专业技术服务。

(1) 研发服务，也称技术开发服务，是指就新技术、新产品、新工艺或者新材料及其系统进行研究与实验开发的业务活动。

(2) 合同能源管理服务，是指节能服务公司与用能单位以契约形式约定节能目标，节能服务公司提供必要的服务，用能单位以节能效果支付节能服务公司投入及其合理报酬的业务活动。

(3) 工程勘察勘探服务，是指在采矿、工程施工前后，对地形、地质构造、地下资源蕴藏情况进行实地调查的业务活动。

(4) 专业技术服务，是指气象服务、地震服务、海洋服务、测绘服务、城市规划、环境与生态监测服务等专项技术服务。

2) 信息技术服务

信息技术服务，是指利用计算机、通信网络等技术对信息进行生产、收集、处理、加工、存储、运输、检索和利用，并提供信息服务的业务活动，包括软件服务、电路设计及测试服务、信息系统服务和业务流程管理服务和信息系统增值服务。

(1) 软件服务，是指提供软件开发服务、软件维护服务、软件测试服务的业务行为。

(2) 电路设计及测试服务，是指提供集成电路和电子电路产品设计、测试及相关技术支持服务的业务行为。

(3) 信息系统服务，是指提供信息系统集成、网络管理、桌面管理与维护、信息系统应用、基础信息技术管理平台整合、信息技术基础设施管理、数据中心、托管中心、信息安全服务、在线杀毒、虚拟主机等业务行为，包括网站对非自有的网络游戏提供的网络运营服务。

根据国家税务总局公告 2015 年第 90 号的规定，自 2016 年 2 月 1 日起，纳税人通过蜂窝数字移动通信用塔（杆）及配套设施，为电信企业提供的基站天线、馈线及设备环境控制、动环监控、防雷消防、运行维护等塔类站址管理业务按照"信息技术基础设施管理服务"缴纳增值税。

（4）业务流程管理服务，是指依托计算机信息技术提供的人力资源管理、财务经济管理、审计管理、税务管理、物流信息管理、经营信会管理和呼叫中心等服务的活动。

（5）信息系统增值服务，是指利用信息系统资源为用户附加提供的信息技术服务，包括数据处理、分析和整合、数据库管理、数据备份、数据存储、容灾服务、电子商务平台等。

3）文化创意服务

文化创意服务，包括设计服务、知识产权服务、广告服务和会议展览服务。

（1）设计服务，是指把计划、规划、设想通过视觉、文字等形式传递出来的业务活动，包括工业设计、造型设计、服装设计、环境设计、平面设计、包装设计、动漫设计、网游设计、展示设计、网站设计、机械设计、工程设计、广告设计、创意策划、文印晒图等。

（2）知识产权服务，是指处理知识产权事务的业务活动，包括对专利、商标、著作权、软件、集成电路布图设计的登记、鉴定、评估、认证、检索服务。

（3）广告服务，是指利用图书、报纸、杂志、广播、电视、电影、幻灯、路牌、招贴、橱窗、霓虹灯、灯箱、互联网等各种形式为客户的商品、经营服务项目、文体节目或者通告、声明等委托事项进行宣传和提供相关服务的业务活动，包括广告代理和广告的发布、播映、宣传、展示等。

（4）会议展览服务，是指为商品流通、促销、展示、经贸洽谈、民间交流、企业沟通、国际往来等举办或者组织安排的各类展览和会议的业务活动。

宾馆、旅馆、旅社、度假村和其他经营性住宿场所提供会议场地及配套服务的活动，按照"会议展览服务"缴纳增值税。

4）物流辅助服务

物流辅助服务，包括航空服务、港口码头服务、货运客运场站服务、打捞救助服务、装卸搬运服务、仓储服务和收派服务。

（1）航空服务，包括航空地面服务和通用航空服务。

航空地面服务，是指航空公司、飞机场、民航管理局、航站等向在境内航行或者在境内机场停留的境内外飞机或者其他飞行器提供的导航等劳务性地面服务的业务活动，包括旅客安全检查服务、停机坪管理服务、机场候机厅管理服务、飞机清洗消毒服务、空中飞行管理服务、飞机起降服务、飞行通信服务、地面信号服务、飞机安全服务、飞机跑道管理服务、空中交通管理服务等。

通用航空服务，是指为专业工作提供飞行服务的业务活动，包括航空摄影、航空培训、航空测量、航空勘探、航空护林、航空吊挂播撒、航空降雨、航空气象探测、航空海洋监测、航空科学实验等。

（2）港口码头服务，是指港务船舶调度服务、船舶通信服务、航道管理服务、航道疏浚服务、灯塔管理服务、航标管理服务、船舶引航服务、理货服务、系解缆服务、停泊和移泊服务、海上船舶溢油清除服务、水上交通管理服务、船只专业清洗消毒检测服务和防止船只漏油服务等为船只提供服务的业务活动。

港口设施经营人收取的港口设施保安费按照"港口码头服务"征收增值税。

(3) 货运客运场站服务，是指货运客运场站提供的货物配载服务、运输组织服务、中转换乘服务、车辆调度服务、票务服务、货物打包整理、铁路线路使用服务、加挂铁路客车服务、铁路行包专列发送服务、铁路到达和中转服务、铁路车辆编解服务、车辆挂运服务、铁路接触网服务、铁路机车牵引服务等业务活动。

(4) 打捞救助服务，是指提供船舶人员救助、船舶财产救助、水上救助和沉船沉物打捞服务的业务活动。

(5) 装卸搬运服务，是指使用装卸搬运工具或人力、畜力将货物在运输工具之间、装卸现场之间或者运输工具与装卸现场之间进行装卸和搬运的业务活动。

(6) 仓储服务，是指利用仓库、货场或者其他场所代客贮放、保管货物的业务活动。

(7) 收派服务，是指接受寄件人委托，在承诺的时限内完成函件和包裹的收件、分拣、派送服务的业务活动。

① 收件服务，是指从寄件人收取函件和包裹，并运送到服务提供方同城的集散中心的业务活动；

② 分拣服务，是指服务提供方在其集散中心对函件和包裹进行归类、分发的业务活动；

③ 派送服务，是指服务提供方从其集散中心将函件和包裹送达同城的收件人的业务活动。

5) 租赁服务

租赁服务包括融资租赁服务和经营租赁服务。

(1) 融资租赁服务，是指具有融资性质和所有权转移特点的租赁业务活动，即出租人根据承租人所要求的规格、型号、性能等条件购入有形动产或者不动产租赁给承租人，合同期内设备所有权属于出租人，承租人只拥有使用权，合同期满付清租金后，承租人按照残值购入租赁物，以拥有其所有权。不论出租人是否将租赁物按照残值销售给承租人，均属于融资租赁。

按照标的物的不同，融资租赁服务可分为有形动产融资租赁服务和不动产融资租赁服务。

融资性售后回租不按照本税目缴纳增值税。

(2) 经营性租赁服务，是指在约定时间内将有形动产或者不动产转让他人使用且租赁物所有权不变更的业务活动。按照标的物的不同，经营性租赁服务可分为有形动产经营租赁服务和不动产经营租赁服务。

将建筑物、构筑物等不动产或者飞机、车辆等有形动产的广告位出租给其他单位或者个人用于发布广告，按照经营租赁服务缴纳增值税。

车辆停放服务、道路通行服务(包括过路费、过桥费、过闸费等)等按照不动产经营租赁服务缴纳增值税。

水路运输的光租业务、航空运输的干租业务，属于经营性租赁。

光租业务，是指运输企业将船舶在约定的时间内出租给他人使用，不配备操作人员，不承担运输过程中发生的各项费用，只收取固定租赁费的业务活动。

干租业务，是指航空运输企业将飞机在约定的时间内出租给他人使用，不配备机组人员，不承担运输过程中发生的各项费用，只收取固定租赁费的业务活动。

6) 鉴证咨询服务

鉴证咨询服务包括认证服务、鉴证服务和咨询服务。

(1) 认证服务，是指具有专业资质的单位利用检测、检验、计量等技术，证明产品、服务、管理体系符合相关技术规范、相关技术规范的强制性要求或者标准的业务活动。

(2) 鉴证服务，是指具有专业资质的单位受托对相关事项进行鉴证发表具有证明力的意见的业务活动，包括会计鉴证、税务鉴证、法律鉴证、职业技能鉴定、工程造价鉴证、工程监理、资产评估、环境评估、房地产土地评估、建筑图纸审核、医疗事故鉴定等。

(3) 咨询服务，是指提供信息、建议、策划、顾问等服务的活动，包括金融、软件、技术、财务、税收、法律、内部管理、业务运作、流程管理、健康等方面的咨询。

翻译服务和市场调查服务按照咨询服务缴纳增值税。

7) 广播影视服务

广播影视服务包括广播影视节目(作品)的制作服务、发行服务和播映(含放映，下同)服务。

(1) 广播影视节目(作品)制作服务，是指进行专题(特别节目)、专栏、综艺、体育、动画片、广播剧、电视剧、电影等广播影视节目和作品制作的服务，包括与广播影视节目和作品相关的策划、采编、拍摄、录音、音视频文字图片素材制作、场景布置、后期的剪辑、翻译(编译)、字幕制作、片头、片尾、片花制作、特效制作、影片修复、编目和确权等业务活动。

(2) 广播影视节目(作品)发行服务，是指以分账、买断、委托等方式，向影院、电台、电视台、网站等单位和个人发行广播影视节目(作品)以及转让体育赛事等活动的报道及播映权的业务活动。

(3) 广播影视节目(作品)播映服务，是指在影院、剧院、录像厅及其他场所播映广播影视节目(作品)，以及通过电台、电视台、卫星通信、互联网、有线电视等无线或有线装置播映广播影视节目(作品)的业务活动。

8) 商务辅助服务

商务辅助服务包括企业管理服务、经纪代理服务、人力资源服务、安全保护服务。

(1) 企业管理服务，是指提供总部管理、投资与资产管理、市场管理、物业管理、日常综合管理等服务的业务活动。

(2) 经纪代理服务，是指各类经纪、中介、代理服务，包括金融代理、知识产权代理、货物运输代理、报关代理、法律代理、房地产中介、职业中介、婚姻中介、代理记账、拍卖等。

货物运输代理服务，是指接受货物收货人、发货人、船舶所有人、船舶承租人或者船舶经营人的委托，以委托人的名义，为委托人办理货物运输、装卸、仓储和船舶进出港口、引航、靠泊等相关手续的业务活动。

报关代理服务，是指接受进出口货物的收、发货人委托，代为办理报关手续的业务活动。

(3) 人力资源服务，是指提供公共就业、劳务派遣、人才委托招聘、劳动力外包等服务的业务活动。

(4) 安全保护服务，是指提供保护人身安全和财产安全，维护社会治安等的业务活动，包括场所住宅保安、特种保安、安全系统监控以及其他安保服务。

纳税人提供武装守护押运服务，按照"安全保护服务"缴纳增值税。

9) 其他现代服务

其他现代服务，是指除研发和技术服务、信息技术服务、文化创意服务、物流辅助服务、租赁服务、鉴证咨询服务、广播影视服务和商务辅助服务以外的现代服务。

纳税人对安装运行后的电梯提供的维护保养服务，按照"其他现代服务"缴纳增值税。

▶ 7. 生活服务

生活服务，是指为满足城乡居民日常生活需求所提供的各类服务活动，包括文化体育服务、教育医疗服务、旅游娱乐服务、餐饮住宿服务、居民日常服务和其他生活服务。

1) 文化体育服务

文化体育服务，包括文化服务和体育服务。

(1) 文化服务，是指为满足社会公众文化生活需求提供的各种服务，包括文艺创作、文艺表演、文化比赛，图书馆的图书和资料借阅，档案馆的档案管理，文物及非物质遗产保护，组织举办宗教活动、科技活动、文化活动，提供游览场所。

(2) 体育服务，是指组织举办体育比赛、体育表演、体育活动，以及提供体育训练、体育指导、体育管理的业务活动。

纳税人在游览场所经营索道、摆渡车、电瓶车、游船等取得的收入，按照"文化体育服务"缴纳增值税。

2) 教育医疗服务

教育医疗服务，包括教育服务和医疗服务。

(1) 教育服务，是指提供学历教育服务、非学历教育服务、教育辅助服务的业务活动。

学历教育服务，是指根据教育行政管理部门确定或者认可的招生和教学计划组织教学，并颁发相应学历证书的业务活动，包括初等教育、初级中等教育、高级中等教育、高等教育等。

非学历教育服务，包括学前教育、各类培训、演讲、讲座、报告会等。

教育辅助服务，包括教育测评、考试、招生等服务。

(2) 医疗服务，是指提供医学检查、诊断、治疗、康复、预防、保健、接生、计划生育、防疫服务等方面的服务，以及与这些服务有关的提供药品、医用材料器具、救护车、病房住宿和伙食的业务。

3) 旅游娱乐服务

旅游娱乐服务，包括旅游服务和娱乐服务。

(1) 旅游服务，是指根据旅游者的要求，组织安排交通、游览、住宿、餐饮、购物、文娱、商务等服务的业务活动。

(2) 娱乐服务，是指为娱乐活动同时提供场所和服务的业务，包括歌厅、舞厅、夜总会、酒吧、台球、高尔夫球、保龄球、游艺（包括射击、狩猎、跑马、游戏机、蹦极、卡丁车、热气球、动力伞、射箭、飞镖)。

4) 餐饮住宿服务

餐饮住宿服务,包括餐饮服务和住宿服务。

(1) 餐饮服务,是指通过同时提供饮食和饮食场所的方式为消费者提供饮食消费服务的业务活动。提供餐饮服务的纳税人销售的外卖食品,按照"餐饮服务"缴纳增值税。

(2) 住宿服务,是指提供住宿场所及配套服务等的活动,包括宾馆、旅馆、旅社、度假村和其他经营性住宿场所提供的住宿服务。纳税人以长(短)租形式出租酒店式公寓并提供配套服务的,按照住宿服务缴纳增值税。

5) 居民日常服务

居民日常服务,是指主要为满足居民个人及其家庭日常生活需求提供的服务,包括市容市政管理、家政、婚庆、养老、殡葬、照料和护理、救助救济、美容美发、按摩、桑拿、氧吧、足疗、沐浴、洗染、摄影扩印等服务。

6) 其他生活服务

其他生活服务,是指除文化体育服务、教育医疗服务、旅游娱乐服务、餐饮住宿服务和居民日常服务之外的生活服务。

(四) 销售无形资产

销售无形资产,是指有偿转让无形资产,是转让无形资产所有权或者使用权的业务活动。

无形资产,是指不具实物形态,但能带来经济利益的资产,包括技术、商标、著作权、商誉、自然资源使用权和其他权益性无形资产。

(1) 技术,包括专利技术和非专利技术。

(2) 自然资源使用权,包括土地使用权、海域使用权、探矿权、采矿权、取水权和其他自然资源使用权。

(3) 其他权益性无形资产,包括基础设施资产经营权、公共事业特许权、配额、经营权(包括特许经营权、连锁经营权、其他经营权)、经销权、分销权、代理权、会员权、席位权、网络游戏虚拟道具、域名、名称权、肖像权、冠名权、转会费等。

(五) 销售不动产

销售不动产,是指有偿转让不动产,是转让不动产所有权的业务活动。

不动产,是指不能移动或者移动后会引起性质、形状改变的财产,包括建筑物、构筑物等。其中,建筑物包括住宅、商业营业用房、办公楼等可供居住、工作或者进行其他活动的建造物;构筑物包括道路、桥梁、隧道、水坝等建造物。

转让建筑物有限产权或者永久使用权的,转让在建的建筑物或者构筑物所有权的,以及在转让建筑物或者构筑物时一并转让其所占土地的使用权的,按照销售不动产缴纳增值税。

有偿,是指取得货币、货物或者其他经济利益。

(六) 进口货物

进口货物,是指申报进入我国海关境内的货物。确定一项货物是否属于进口货物,必须看其是否办理了报关进口手续。通常,境外产品要输入境内,必须向我国海关申报进口,并办理有关报关手续。只要是报关进口的应税货物,均属于增值税征税范围,在进口环节缴纳增值税(享受免税政策的货物除外)。

(七) 相关政策

▶ 1. 非营业活动的界定

销售服务、无形资产或者不动产,是指有偿提供服务、有偿转让无形资产或者不动产,但属于下列非经营活动的情形除外。

(1) 行政单位收取的同时满足以下条件的政府性基金或者行政事业性收费。

由国务院或者财政部批准设立的政府性基金,由国务院或者省级人民政府及其财政、价格主管部门批准设立的行政事业性收费;收取时开具省级以上(含省级)财政部门监(印)制的财政票据;所收款项全额上缴财政。

(2) 单位或者个体工商户聘用的员工为本单位或者雇主提供取得工资的服务。

(3) 单位或者个体工商户为员工提供应税服务。

(4) 财政部和国家税务总局规定的其他情形。

各党派、共青团、工会、妇联、中科协、青联、台联、侨联收取党费、团费、会费以及政府间国际组织收取会费,属于非经营活动,不征收增值税。

▶ 2. 境内销售服务或无形资产的界定

在境内销售服务或无形资产,是指销售服务或无形资产的提供方或者接受方在境内。

(1) 下列情形不属于在境内提供销售服务或无形资产。

① 境外单位或者个人向境内单位或者个人销售完全在境外发生的服务。

② 境外单位或者个人向境内单位或者个人销售完全在境外使用的无形资产。

③ 境外单位或者个人向境内单位或者个人出租完全在境外使用的有形动产。

④ 财政部和国家税务总局规定的其他情形。

(2) 境外单位或者个人发生的下列行为不属于在境内销售服务或者无形资产。

① 为出境的函件、包裹在境外提供的邮政服务、收派服务。

② 向境内单位或者个人提供的工程施工地点在境外的建筑服务、工程监理服务。

③ 向境内单位或者个人提供的工程、矿产资源在境外的工程勘察勘探服务。

④ 向境内单位或者个人提供的会议展览地点在境外的会议展览服务。

四、对征税范围的其他规定

(一) 对视同销售货物行为的征税规定

单位或个体工商户的下列行为,视同销售货物,征收增值税。

(1) 将货物交付其他单位或者个人代销。

(2) 销售代销货物。

(3) 设有两个以上机构并实行统一核算的纳税人,将货物从一个机构移送其他机构用于销售,但相关机构设在同一县(市)的除外。

用于销售是指收货机构发生以下情形之一的经营行为。

① 向购货方开具发票。

② 向购货方收取货款。

收货机构的货物移送行为有上述两项情形之一的,应当向所在地税务机关缴纳增值税;未发生上述两项情形的,则应由总机构统一缴纳增值税。

如果收货机构只就部分货物向购买方开具发票或收取货款，则应当区别不同情况计算并分别向总机构所在地或分支机构所在地税务机关缴纳税款。

（4）自产或委托加工的货物用于非增值税应税项目。

（5）将自产、委托加工的货物用于集体福利或个人消费。

（6）将自产、委托加工或购进的货物作为投资，提供给其他单位或个体工商户。

（7）将自产、委托加工或购进的货物分配给股东或投资者。

（8）将自产、委托加工或购进的货物无偿赠送给其他单位或者个人。

（9）"营改增"试点规定的视同销售服务、无形资产或者不动产。

根据《营业税改征增值税试点实施办法》（财税〔2016〕36号）第十四条的规定，下列情形视同销售服务、无形资产或者不动产。

（1）单位或者个体工商户向其他单位或者个人无偿提供服务，但用于公益事业或者以社会公众为对象的除外。

（2）单位或者个人向其他单位或者个人无偿转让无形资产或者不动产，但用于公益事业或者以社会公众为对象的除外。

（3）财政部和国家税务总局规定的其他情形。

对上述行为视同销售货物或提供应税劳务，按规定计算销售额并征收增值税。一是为了防止通过这些行为逃避纳税，造成税基被侵蚀，税款流失；二是为了避免税款抵扣链条的中断，导致各环节间税负的不均衡，形成重复征税。

（二）对混合销售行为的征税规定

1994年流转税制改革时，由于对货物销售全面实行了增值税，而对服务业除加工和修理修配外仍实行营业税，以及企业为适应市场经济需要开展多种经营等情况，出现了混合销售、兼营非增值税应税劳务或应税服务行为和混业经营等税收概念。2016年"营改增"后，保留了混合销售和兼营行为，混业经营不复存在。

如果一项销售行为既涉及货物又涉及服务，则为混合销售。从事货物的生产、批发或者零售的单位和个体工商户的混合销售行为，按照销售货物缴纳增值税；其他单位和个体工商户的混合销售行为，按照销售服务缴纳增值税。

上述从事货物的生产、批发或者零售的单位和个体工商户，包括以从事货物的生产、批发或者零售为主，并兼营销售服务的单位和个体工商户在内。

自2017年5月1日起，纳税人销售活动板房、机器设备、钢结构件等自产货物的同时提供建筑、安装服务，不属于混合销售，应分别核算货物和建筑服务的销售额，分别适用不同的税率或者征收率。

（三）对兼营的征税规定

▶ 1. 兼营的含义

兼营非应税项目，是指纳税人的经营范围既包括销售货物和加工修理修配劳务，又包括销售服务、无形资产或者不动产，但是销售货物、加工修理修配劳务、销售服务、无形资产或者不动产不同时发生在同一项销售行为中。

▶ 2. 兼营的税务处理

根据《增值税暂行条例实施细则》和《营业税改征增值税试点有关事项的规定》（财税〔2016〕36号），纳税人销售货物、加工修理修配劳务、服务、无形资产或者不动产适用不同税率或者征收率的，应当分别核算适用不同税率或者征收率的销售额，未分别核算销售额的，按照以下方法适用税率或者征收率。

（1）兼有不同税率的销售货物、加工修理修配劳务、销售服务、无形资产或者不动产，从高适用税率。

（2）兼有不同征收率的销售货物、加工修理修配劳务、销售服务、无形资产或者不动产从高适用征收率。

（3）兼有不同税率和征收率的销售货物、加工修理修配劳务、销售服务、无形资产或者不动产，从高适用税率。

（四）混合销售与兼营的异同点及其税务处理的规定

混合销售与兼营，两者有相同的方面，又有明显的区别。相同点是：两种行为的经营范围都有销售货物和提供劳务这两类经营项目。区别是：混合销售强调的是在同一项销售行为中存在着两类经营项目的混合，销售货款及劳务价款是同时从一个购买方取得的；兼营强调的是在同一纳税人的经营活动中存在着两类经营项目，但这两类经营项目不是在同一项销售行为中发生。

混合销售与兼营是两个不同的税收概念，因此在税务处理上的规定也不同。混合销售的纳税主要原则是按"经营主业"划分，分别按照"销售货物"或"销售服务"征收增值税。兼营的纳税原则是分别核算、分别按照适用税率征收增值税；对兼营行为不分别核算的，从高适用税率征收增值税。

五、征税范围的具体规定

（一）货物性期货

货物期货（包括商品期货和贵金属期货），在期货的实物交割环节纳税。

交割时由期货交易所开具发票的，以期货交易所为纳税人。期货交易所纳增值税按次计算，其进项税额为该货物交割时供货会员单位开具的增值税专用发票上注明的销项税额，期货交易所发生的各种进项不得抵扣。

交割时由供货的会员单位直接将发票开给购货会员单位的，以供货会员单位为纳税人。

（二）执罚部门和单位查处的商品

执罚部门和单位查处属于一般商业部门经营的商品，具备拍卖条件的，由执罚部门或单位协商同级财政部门同意后，公开拍卖。其拍卖收入作为罚没收入由执罚部门和单位如数上缴财政，不予征税。对经营单位购入拍卖物品再销售的应照章征收增值税。

执罚部门和单位查处的属于一般商业部门经营的商品，不具备拍卖条件的由执罚部门、财政部门、国家指定销售单位会同有关部门按质论价，并由国家指定销售单位正常销售渠道变价处理。执罚部门按商定价格所取得的变价收入作为罚没收入如数上缴财政，不予征税。国家指定销售单位将罚没物品纳入正常销售渠道销售的应照章征收增值税。

执罚部门和单位查处的属于专管机关管理或专管企业经营的财物，如金银（不包括金银首饰）、外币、有价证券、非禁止出口文物应交由专管机关或专营企业收兑或收购。执罚部门和单位按收兑或收购价所取得的收入作为罚没收入如数上缴财政，不予征税。专管机关或专营企业经营上述物品中属于应征增值税的货物，应照章征收增值税。

（三）电力系统的有关收费

（1）电力公司向发电企业收取的过网费，应当征收增值税。

（2）供电企业利用自身输变电设备对并入电网的企业自备电厂生产的电力产品进行电压调节，属于提供加工劳务。根据《增值税暂行条例》的有关规定，对于上述供电企业进行电力调压并按照电量向电厂收取的并网服务费，应当征收增值税。

（四）印刷企业增值税规定

印刷企业接受出版单位委托自行购买纸张印刷有统一刊号（CN）以及采用国际标准书号编序的图书、报纸和杂志，按货物销售征收增值税。

（五）转让土地使用权或销售不动产的同时一并销售的固定资产的政策

纳税人转让土地使用权或者销售不动产的同时一并销售的附着于土地或者不动产上的固定资产中，凡属于增值税应税货物的，应按照《财政部国家税务总局关于部分货物适用增值税低税率和简易办法征收增值税政策的通知》（财税〔2009〕9号）第二条有关规定计算缴纳增值税；凡属于不动产的，应按照《营业税暂行条例》"销售不动产"税目计算缴纳营业税。

自2016年5月1日起纳税人发生上述业务，凡属于不动产的应根据《营业税改征增值税试点实施办法》（财税〔2016〕36号）及相关规定计算缴纳增值税。

纳税人应分别核算增值税应税货物和不动产的销售额，未分别核算或核算不清，从高适用税率（征收率），计算缴纳增值税。

六、不征收增值税的项目

（1）基本建设单位和从事建筑安装业务的企业附设工厂、车间在建筑现场制造的预制构件，凡直接用于本单位或本企业建筑工程的。

（2）供应或开采未经加工的天然水（如水库供应农业灌溉用水、工厂自采地下水用于生产），不征收增值税。

（3）对国家管理部门行使其管理职能，发放的执照、牌照和有关证书等取得的工本费收入，不征收增值税。

（4）对增值税纳税人收取的会员费收入不征收增值税。

（5）计算机软件产品征收增值税问题。纳税人销售软件产品并随同销售一并收取的软件安装费、维护费、培训费等收入，应按照增值税混合销售的有关规定征收增值税，并可享软件产品增值税即征即退政策。

（6）纳税人资产重组有关增值税问题。自2011年3月1日起纳税人在资产重组中，通过合并、分立、出售、置换等方式，将全部或者部分、实物资产以及与其相关联的债权，经多次转让后，最终的受让方与劳动力接收方为同一单位和个人的不属于增值税的征税范围，其中货物的多次转让，不征收增值税。资产的出让方需将资产重组方案由文件资料报其主管税务机关。自2016年5月1日起，在资产重组过程中，涉及的不动产、土地使用权转让行为按照《营业税改征增值税试点实施办法》（财税〔2016〕36号）及有关规定执行。

（7）纳税人取得中央财政补贴有关增值税问题。自2013年2月1日起，纳税人取得的中央财政补贴，不属于增值税应税收入，不征收增值税。燃油电厂从政府财政专户取得的发电补贴不属于增值税规定的价外费用，不计入应税销售额，不征收增值税。

(8) 试点纳税人根据国家指令无偿提供的铁路运输服务、航空运输服务,属于《营业税改征增值税试点实施办法》(财税〔2016〕36号)第十四条规定的以公益活动为目的的服务不征收增值税。

(9) 存款利息。

(10) 被保险人获得的保险赔付。

(11) 房地产主管部门或者其指定机构、公积金管理中心、开发企业以及物业管理单位代收的住宅专项维修资金。

七、增值税的税率

2018年3月28日,国务院常务会议决定,从2018年5月1日起,制造业等行业增值税税率从17%降低至16%,交通运输、建筑、基础电信服务等行业及农产品等货物的增值税的税率从11%降至10%。

(一) 基本税率

一般纳税人销售或者进口货物,提供应税劳务,发生应税行为,除适用低税率和零税率的范围外,税率一律为16%。

(二) 低税率

▶ 1. 10%税率

下列项目适用10%税率。

(1) 增值税一般纳税人提供交通运输业服务、邮政服务、基础电信服务、建筑服务、不动产租赁服务(包括经营性租赁和融资性租赁),销售不动产,转让土地使用权。

(2) 粮食、食用植物油。

(3) 自来水、暖气、冷气、石油液化气、天然气、沼气、热水、煤气、居民用煤炭制品。

(4) 图书、报纸、杂志。

(5) 饲料、化肥、农药、农机、农膜。

(6) 国务院及其有关部门规定的其他货物,包括:农产品、音像制品、电子出版物、二甲醚、密集型烤房设备、频振式杀虫灯、自动虫情测报灯、粘虫板、卷帘机;农用挖掘机、养鸡设备系列、养猪设备系列产品,国内印刷企业承印的经新闻出版主管部门批准印刷且采用国际标准书号编序的境外图书,动物骨粒。

▶ 2. 6%税率

提供现代服务业服务(有形动产和不动产租赁除外)、增值电信服务、金融服务、生活服务、销售无形资产(转让土地使用权除外),税率为6%。

(三) 零税率

出口货物、劳务或者境内单位和个人发生的跨境应税行为税率为零。

▶ 1. 零税率的适用范围

(1) 国际运输服务是指:在境内载运旅客或者货物出境;在境外载运旅客或者货物入境;在境外载运旅客或者货物。

(2) 航天运输服务。

(3) 向境外单位提供的完全在境外消费的服务：研发服务；合同能源管理服务；设计服务；广播电视节目（作品）的制作和发行服务；软件服务；电路设计及测试服务；信息系统服务；业务流程管理服务；离岸服务外包业务，包括信息技术外包服务（ITO）、技术性业务流程外包服务（BPO）、技术性知识流程外包服务（KPO），其所涉及的具体业务活动，按照《销售服务、无形资产、不动产注释》（财税〔2016〕36号）相对应的业务活动执行；转让技术。

(4) 财政部和国家税务总局规定的其他服务。按照国家有关规定应取得相关资质的国际运输服务项目，纳税人取得相关资质的，适用增值税零税率政策，未取得的，适用增值税免税政策。

(5) 程租业务零税率的适用。境内的单位或个人提供程租服务，如果租赁的交通工具用于国际运输服务和港澳台地区运输服务，由出租方按规定申请适用增值税零税率。

(6) 期租和湿租业务零税率的适用。境内的单位和个人向境内单位或个人提供期租、湿租服务，如果承租方利用租赁的交通工具，向其他单位或个人提供国际运输服务和港澳台运输服务，由承租方适用增值税零税率。

境内的单位或个人向境外单位或个人提供期租、湿租服务，由出租方适用增值税零税率。

境内单位和个人以无运输工具承运方式提供的国际运输服务，由境内实际承运人适用增值税零税率；无运输工具承运业务的经营者适用增值税免税政策。

(7) 中国香港、澳门、台湾地区有关应税行为零税率的适用。境内单位和个人发生的与香港、澳门、台湾有关的应税行为，除另有规定外，参照上述规定执行。

▶ 2. 关于完全在境外消费的界定

完全在境外消费，是指：
(1) 服务的实际接受方在境外，且与境内的货物和不动产无关。
(2) 无形资产完全在境外使用，且与境内的货物和不动产无关。
(3) 财政部和国家税务总局规定的其他情形。

▶ 3. 放弃零税率的规定

境内的单位和个人销售适用增值税零税率的服务或无形资产的，可以放弃适用增值税零税率，选择免税或按规定缴纳增值税。放弃适用增值税零税率后，36个月内不得再申请适用增值税零税率。

▶ 4. 销售适用零税率的服务或者无形资产的征收管理

境内的单位和个人提供适用增值税零税率的服务或者无形资产，属于适用简易计税方法的，实行免征增值税办法。

属于适用增值税一般计税方法的，生产企业实行免抵退税办法，外贸企业外购服务或者无形资产出口实行免退税办法，外贸企业直接将服务或自行研发的无形资产出口，视同生产企业连同其出口货物统一实行免抵退税办法。

服务和无形资产的退税率为其适用的增值税税率。

实行退（免）税办法的服务和无形资产，主管税务机关认定出口价格偏高的，有权按照核定的出口价格计算退（免）税，核定的出口价格低于外贸企业购进价格的，低于部分对应的进项税额不予退税，转入成本。

境内的单位和个人销售适用增值税零税率的服务或无形资产,按月向主管退税的税务机关申报办理增值税退(免)税手续。具体管理办法由国家税务总局和财政部另行制定。

八、增值税征收率

(一) 3%征收率的适用范围

由于小规模纳税人会计核算不健全,无法准确核算进项税额和销项税额,在增值税征收管理中,采用简便方式,按照其销售额与规定的征收率计算缴纳增值税,不准许抵扣进项税,也不允许自行开具增值税专用发票。

(1) 小规模纳税人在中华人民共和国境内销售货物、销售服务、无形资产或不动产,适用简易方法计税增值税征收率为3%(适用5%征收率的除外),征收率的调整由国务院决定。

小规模纳税人(除其他个人外,下同)销售自己使用过的固定资产,减按2%的征收率征收增值税,并且只能开具普通发票,不得由税务机关代开增值税专用发票。

(2) 小规模纳税人销售自己使用过的除固定资产以外的物品,应按3%的征收率征收增值税。

(3) 纳税人销售旧货,按照简易办法依照3%征收率减按2%征收增值税。

(4) 对于一般纳税人生产销售的特定货物和应税服务,可以选择适用简易计税方法计税,增值税征收率为3%。

(二) 5%征收率的适用范围

(1) 一般纳税人销售不动产,选择适用简易计税方法,征收率为5%。

(2) 房地产开发企业的一般纳税人销售自行开发的房地产老项目,选择适用简易计税方法,征收率为5%。

(3) 小规模纳税人销售不动产,适用5%征收率。

(4) 一般纳税人出租其2016年4月30日前取得的不动产,选择按简易方法计税,征收率为5%。

小规模纳税人销售不动产、出租不动产,征收率为5%。

(三) 个人出租住房的征收率

个人出租住房,按照5%的征收率减按1.5%计算纳税。

第二节 一般计税方法应纳增值税的计算

一、增值税计税方法

增值税的计税方法,包括一般计税方法、简易计税方法和扣缴计税方法。

(一) 一般纳税人适用的计税方法

一般纳税人销售货物或者提供应税劳务和应税服务适用一般计税方法计税。其计算公

式为

$$当期应纳增值税税额＝当期销项税额－当期进项税额$$

但是一般纳税人销售或提供财政部和国家税务总局规定的特定的货物、应税劳务、应税服务，可以选择适用简易计税方法计税，一经选择36个月内不得变更。

(二) 小规模纳税人适用的计税方法

小规模纳税人销售货物、提供应税劳务和应税服务适用简易计税方法计税。但是上述一般纳税人销售或提供财政部和国家税务总局规定的特定的货物、应税劳务、应税服务，也可以选择适用简易计税方法计税。简易计税方法的公式为

$$当期应纳增值税额＝当期销售额(不含增值税)×征收率$$

(三) 扣缴义务人适用的计税方法

境外单位或者个人在境内提供应税服务，在境内未设有经营机构的，扣缴义务人按照下列公式计算应扣缴税额：

$$应扣缴税额＝接受方支付的价款÷(1＋税率)×税率$$

二、一般计税方法应纳税额的计算

我国目前对一般纳税人采用的一般计税方法是国际上通行的购进扣税法，即先按当期销售额和适用税率计算出销项税额（这是对销售额的征税），然后对当期购进项目向对方支付的税款进行抵扣，从而间接计算出当期增值额部分的应纳税额。

增值税一般纳税人销售货物或者提供应税劳务和应税服务的应纳税额，应该等于当期销项税额抵扣当期进项税额后的余额。其计算公式如下：

$$当期应纳税额＝当期销项税额－当期进项税额$$
$$＝当期销售额×适用税率－当期进项税额$$

增值税一般纳税人当期应纳税额的多少，取决于当期销项税额和当期进项税额这两个因素。而当期销项税额的确定关键在于确定当期销售额。对当期进项税额的确定在税法中也作了一些具体的规定。纳税人在分别确定销项税额和进项税额的情况下，就不难计算出应纳税额。下面就按照这个逻辑进行介绍。

三、销项税额的计算

(一) 销售额的规定

销项税额是指纳税人销售货物提供应税劳务和应税服务，按照销售额或提供应税劳务和应税服务收入与规定的税率计算并向购买方收取的增值税税额。销项税额的计算公式为

$$销项税额＝销售额×适用税率$$

从销项税额的定义和公式可以知道，它是由购买方在购买货物或者应税劳务和应税服务支付价款时，一并向销售方支付的税额。对于属于一般纳税人的销售方来说，在没有抵扣其进项税额前，销售方收取的销项税额还不是其应纳增值税税额。销项税额的计算取决于销售额和适用税率两个因素。在适用税率既定的前提下，销项税额的大小主要取决于销售额的大小。增值税适用税率的选择是比较简单的，因而销项税额计算的关键就是如何准确确定作为增值税计税依据的销售额。

▶ 1. 销售额的一般规定

在增值税税率一定的情况下，计算销项税额的关键在于正确、合理地确定销售额。

《增值税暂行条例》第六条规定，销售额为纳税人销售货物或提供应税劳务向购买方收取的全部价款和价外费用，但是不包括收取的销项税额。具体来说，应税销售额包括：销售货物或提供应税劳务取自于购买方的全部价款；向购买方收取的各种价外费用，具体包括手续费、补贴、基金、集资费、返还利润、奖励费、违约金、延期付款利息、滞纳金、赔偿金、包装费、包装物租金、储备费、优质费、运输装卸费、代收款项、代垫款项及其他各种性质的价外收费。

上述价外费用无论其会计制度如何核算，都应并入销售额计税，但不包括以下费用。

（1）受托加工应征消费税的货物，而由受托方向委托方代收代缴的消费税。这是因为代收代缴消费税只是受托方履行法定义务的一种行为，此项税金虽然构成委托加工货物售价的一部分，但它同受托方的加工业务及其收取的应税加工费没有内在关联。

（2）同时符合以下两个条件的代垫运费：承运部门的运费发票开具给购买方，并且由纳税人将该项发票转交给购买方的。在这种情况下，纳税人仅仅是为购货人代办运输业务，而未从中收取额外费用。

（3）同时符合以下条件代为收取的政府性基金或者行政事业性费用。

① 由国务院或者财政部批准设立的政府性基金，由国务院或者省级人民政府及其财政、价格主管部门批准设立的行政事业性收费；收取时开具省级以上（含省级）财政部门监（印）制的财政票据。

② 所收款项全额上缴财政。

（4）销售货物的同时代办保险等而向购买方收取的保险费，以及向购买方收取的代购买方缴纳的车辆购置税、车辆牌照费。

税法规定，纳税人销售货物和提供应税劳务时向购买方收取的各种价外费用，均要并入计税销售额计算征税，目的是防止纳税人以各种名目的收费减少计税销售额逃避纳税。同时应注意，根据国家税务总局的规定，纳税人向购买方收取的价外费用和包装物押金，应视为含税收入，在并入销售额征税时，应将其换算为不含税收入再并入销售额征税。

（5）消费税税金。由于消费税属于价内税，因此，凡征收消费税的货物在计征增值税额时其应税销售额应包括消费税税金。

▶ 2. 特殊销售方式销售额的确定

在市场竞争过程中纳税人会采取某些特殊、灵活的销售方式销售货物、销售服务、无形资产或者不动产，以求扩大销售、占领市场。这些特殊销售方式销售额的确定方法如下。

（1）以折扣方式销售货物。折扣销售是指销售方在销售货物、提供应税劳务，销售服务、无形资产或者不动产时，因购买方需求量大等原因，而给予的价格方面的优惠。按照现行税法规定，纳税人采取折扣方式销售货物，如果销售额和折扣额在同一张发票上分别注明，可以按折扣后的销售额征收增值税。销售额和折扣额在同一张发票上分别注明，是指销售额和折扣额在同一张发票上的"金额"栏分别注明。未在同一张发票"金额"栏注明折扣额而仅在发票的"备注"栏注明折扣额的，折扣额不得从销售额中减除。如果将折扣额另开发票，不论其在财务上如何处理，均不得从销售额中减除折扣额。

在这里应该注意以下几点。

① 税法中所指的折扣销售有别于现金折扣,现金折扣通常是为了鼓励购货方及时偿还货款而给予的折扣优待。现金折扣发生在销售之后,而折扣销售则是与实现销售同时发生的,销售折扣不得从销售额中减除。

② 销售折扣与销售折让是不同的,销售折让通常是指由于货物的品种或质量等原因引起销售额的减少,即销货方给予购货方未予退货状况下的价格折让。销售折让可以通过开具红字专用发票从销售额中减除,来按规定开具红字增值税专用发票的,不得扣减销项税额或销售额。

根据《国家税务总局关于纳税人折扣折让行为开具红字增值税专用发票问题的通知》(国税函〔2006〕1279号)对于纳税人销售货物并向购买方开具增值税专用发票后,由于购货方在一定时期内累计购买货物达到一定数量,或者由于市场价格下降等原因,销货方给予购货方相应的价格优惠或补偿等折扣、折让行为,销货方可按现行《增值税专用发票使用规定》开具红字增值税专用发票。

需要着重说明的是,税法中对纳税人采取折扣方式销售货物销售额的核定,之所以强调销售额与折扣额必须在同一张发票上注明,主要是从保证增值税征收管理的需要即征税、扣税相一致考虑的。如果允许对销售额开一张销货发票,对折扣额再开一张退款红字发票,就可能造成销货方按减除折扣额后的销售额计算销项税额,而购货方却按未减除折扣额的销售额及其进项税额进行抵扣,显然会造成增值税计算征收上的混乱。

(2) 以旧换新方式销售货物。以旧换新销售,是纳税人在销售过程中,折价收回同类旧货物,并以折价款部分冲减货物价款的一种销售方式。税法规定,纳税人采取以旧换新方式销售货物的(金银首饰除外)应按新货物的同期销售价格确定销售额。例如,某商场(小规模纳税人)2018年2月采取"以旧换新"方式销售无氟电冰箱,开出普通发票25张,收到货款5万元,并注明已扣除旧货折价2万元,则本月计税销售额=(50 000+20 000)/(1+3%)=67 961.17(元)。

(3) 还本销售方式销售货物。还本销售指销货方将货物出售之后,按约定的时间,一次或分次将购货款部分或全部退还给购货方,退还的货款即为还本支出。纳税人采取还本销售货物的,不得从销售额中减除还本支出。

(4) 采取以物易物方式销售。以物易物是一种较为特殊的购销活动,是指购销双方不是以货币结算,而是以同等价款的货物相互结算,实现货物购销的一种方式。在实际工作中,有的纳税人认为以物易物不是购销行为,销货方收到购货方抵顶货款的货物,认为自己不是购物,购货方发出抵顶货款的货物,认为自己不是销货。这两种认识都是错误的。正确的方法应当是:以物易物双方都应作购销处理,以各自发出的货物核算销售额并计算销项税额,以各自收到的货物核算购货额及进项税额。需要强调的是,在以物易物活动中,双方应各自开具合法的票据,必须计算销项税额,但如果收到货物不能取得相应的增值税专用发票或者其他增值税扣税凭证,不得抵扣进项税额。

▶ 3. 直销企业增值税销售额的确定

直销企业的经营模式主要有两种:一种是直销员按照批发价向直销企业购买货物,再按照零售价向消费者销售货物;另一种是直销员仅起到中介作用,直销企业按照零售价向直销员介绍的消费者销售货物并另外向直销员支付报酬。根据直销企业的经营模式直销企业增值税的销售额的确定分以下两种。

（1）直销企业先将货物销售给直销员，直销员再将货物销售给消费者的，直销企业的销售额为其向直销员收取的全部价款和价外费用。直销员将货物销售给消费者时，应按照现行规定缴纳增值税。

（2）直销企业通过直销员向消费者销售货物，直接向消费者收取货款，直销企业的销售额为其向消费者收取的全部价款和价外费用。

以上规定自 2013 年 3 月 1 日起执行。

纳税人发生"营改增"有关应税行为，开具增值税专用发票后，发生开票有误或者销售折让、中止、退回等情形的，应当按照规定开具红字增值税专用发票；未按照规定开具红字增值税专用发票的，不得按照扣减销项税额或者销售额。

▶ 4. 包装物押金计税问题

包装物是指纳税人包装本单位货物的各种物品。为了促使购货方尽早退回包装物以便周转使用，一般情况下，销货方向购货方收取包装物押金，购货方在规定的期限内返回包装物，销货方再将收取的包装物押金返还。根据税法规定，纳税人为销售货物而出租出借包装物收取的押金，单独记账、时间在 1 年内又未过期的，不并入销售额征税；但对逾期未收回不再退还的包装物押金应按所包装货物的适用税率计算纳税。这里需要注意两个问题：一是"逾期"的界定，"逾期"是以 1 年（1 个月）为期限；二是押金属于含税收入，应先将其换算为不含税销售额再并入销售额征税。另外，包装物押金与包装物租金不能混淆，包装物租金属于价外费用，在收取时便并入销售额征税。

对销售除啤酒、黄酒以外的其他酒类产品收取的包装物押金，无论是否返还以及会计上如何核算，均应并入当期销售额征税。

（二）视同销售行为销售额的确定

视同销售行为是增值税税法规定的特殊销售行为。由于视同销售行为一般不以资金形式反映出来，因而会出现视同销售而无销售额的情况。另外，有时纳税人销售货物或提供应税劳务的价格明显偏低且无正当理由。在上述情况下，主管税务机关有权按照下列顺序核定其计税销售额。

（1）按纳税人最近时期同类货物的平均销售价格确定。
（2）按其他纳税人最近时期同类货物的平均销售价格确定。
（3）用以上两种方法均不能确定其销售额的情况下，可按组成计税价格确定销售额，公式为

$$组成计税价格 = 成本 \times (1 + 成本利润率)$$

属于应征消费税的货物其组成计税价格应加计消费税税额。计算公式为

$$组成计税价格 = 成本 \times (1 + 成本利润率) + 消费税税额$$

或

$$组成计税价格 = 成本 \times (1 + 成本利润率) / (1 - 消费税税率)$$

式中，"成本"分为两种情况：属于销售自产货物的为实际生产成本；属于销售外购货物的为实际采购成本。

"成本利润率"为 10%，但属于应从价定率征收消费税的货物，其组成计税价格公式中的成本利润率，为《消费税若干具体问题的规定》（国税发〔1993〕156 号）中规定的成本利

润率。

根据《营业税改征增值税试点实施办法》(财税〔2016〕36号)规定,纳税人发生应税行为价格明显偏低或者偏高且不具有合理商业目的的,或者发生文件第十四条所列行为而无销售额的,主管税务机关有权按照下列顺序确定销售额。

① 按照纳税人最近时期销售同类服务、无形资产或者不动产的平均价格确定。
② 按照其他纳税人最近时期销售同类服务、无形资产或者不动产的平均价格确定。
③ 按照组成计税价格确定。组成计税价格的公式为

$$组成计税价格 = 成本 \times (1 + 成本利润率)$$

成本利润率由国家税务总局确定。

不具有合理商业目的,是指以谋取税收利益为主要目的,通过人为安排,减少、免除、推迟缴纳增值税税款,或者增加退还增值税税款。

纳税人发生《增值税暂行条例实施细则》第四条规定的固定资产视同销售行为,对已使用过的固定资产无法确定销售额的,以固定资产净值为销售额。固定资产净值是指纳税人按照财务会计制度计提折旧后计算的固定资产净值。

(三) 含税销售额的换算

现行增值税实行价外税,即纳税人向购买方货物销售或应税劳务所收取的价款中不应包含增值税税款,价款和税款在增值税专用发票上分别注明。根据税法规定,有些一般纳税人,如商品零售企业或其他企业将货物或应税劳务出售给消费者、使用单位或小规模纳税人,只能开具普通发票,而不开具增值税专用发票。这样,一部分纳税人(包括一般纳税人和小规模纳税人)在销售货物或提供应税劳务时就会将价款和税款合并定价发生销售额和增值税额合并收取的情况。

在这种情况下就必须将开具在普通发票上的含税销售额换算成不含税销售额作为增值税的税基。其换算公式为

$$不含税销售额 = 含税销售额 / (1 + 税率)$$

(四) "营改增"试点行业的销售额

"营改增"纳税人销售服务、无形资产或者不动产的销售额,是指纳税人发生应税行为取得的全部价款和价外费用,财政部和国家税务总局另有规定的除外。

价外费用,是指价外收取的各种性质的收费,但不包括代为收取并符合《营业税改征增值税试点实施办法》第十条规定的政府性基金或者行政事业性收费和以委托方名义开具发票代委托方收取的款项。

根据《营业税改征增值税试点实施办法》,"营改增"各项业务的销售额按照以下规定确定。

▶ **1. 贷款服务**

贷款服务以提供贷款服务取得的全部利息及利息性质的收入为销售额。

银行提供贷款服务按期计收利息的,结息日当日计收的全部利息收入,均应计入结息日所属期的销售额,按照现行规定计算缴纳增值税。

证券公司、保险公司、金融租赁公司、证券基金管理公司、证券投资基金以及其他经人民银行、银监会、证监会、保监会批准成立且经营金融保险业务的机构发放贷款后,自结息日起90天内发生的应收未收利息,按现行规定缴纳增值税;自结息日起90天后发生

的应收未收利息，暂不缴纳增值税，待实际收到利息时按规定缴纳增值税。

▶ 2. 直接收费金融服务

直接收费金融服务，以提供直接收费金融服务收取的手续费、佣金、酬金、管理费、服务费、经手费、开户费、过户费、结算费、转托管费等各类费用为销售额。

自2017年5月1日起，发卡机构、清算机构和收单机构提供银行卡跨机构资金清算服务，按照以下规定执行。

（1）发卡机构以其向收单机构收取的发卡行服务费为销售额，并按照此销售额向清算机构开具增值税发票。

（2）清算机构以其向发卡机构、收单机构收取的网络服务费为销售额并按照发卡机构支付的网络服务费向发卡机构开具增值税发票，按照收单机构支付的网络服务费向收单机构开具增值税发票。

清算机构从发卡机构取得的增值税发票上记载的发卡行服务费，一并计入清算机构的销售额并由清算机构按照此销售额向收单机构开具增值税发票。

（3）收单机构以其向商户收取的收单服务费为销售额，并按照此销售额向商户开具增值税发票。

▶ 3. 金融商品转让

金融商品转让，按照卖出价扣除买入价后的余额为销售额。

单位将其持有的限售股在解禁流通后对外转让的，按照以下规定确定买入价。

（1）上市公司实施股权分置改革时，在股票复牌之前形成的原非流通股股份以及股票复牌首日至解禁日期间，由上述股份滋生的送、转股，以该上市公司完成股权分置改革后，股票复牌首日的开盘价为买入价。

（2）公司首次公开发行股票并上市形成的限售股，以及上市首日至解禁日期间，由上述股份滋生的送、转股，以该上市公司股票首次公开发行（IPO）的发行价为买入价。

（3）因上市公司实施重大资产重组形成的限售股，以及股票复牌首日至解禁日期间，由上述股份滋生的送、转股，以该上市公司因重大资产重组股票停牌前一交易日的收盘价为买入价。

转让金融商品出现的正负差，按盈亏相抵后的余额为销售额。若相抵后出现负差，可结转下一纳税期与下期转让金融商品销售额相抵，但年末时仍出现负差的，不得转入下一个会计年度。

纳税人2016年1—4月转让金融商品出现的负差，可结转下一纳税期，与2016年5—12月转让金融商品销售额相抵。

金融商品的买入价，可以选择按照加权平均法或者移动加权平均法进行核算，选择后36个月内不得变更。

金融商品转让，不得开具增值税专用发票。

▶ 4. 经纪代理服务

经纪代理服务，以取得的全部价款和价外费用，扣除向委托方收取并代为支付的政府性基金或者行政事业性收费后的余额为销售额。向委托方收取的政府性基金或者行政事业性收费不得开具增值税专用发票。

▶ 5. 融资租赁和融资性售后回租业务

(1) 经人民银行、银监会或者商务部批准从事融资租赁业务的试点纳税人,提供融资租赁服务,以取得的全部价款和价外费用扣除支付的借款利息(包括外汇借款和人民币借款利息)、发行债券利息和车辆购置税后的余额为销售额。

(2) 经人民银行、银监会或者商务部批准从事融资租赁业务的试点纳税人,提供融资性售后回租服务以取得的全部价款和价外费用(不含本金)扣除对外支付的借款利息(包括外汇借款和人民币借款利息)、发行债券利息后的余额作为销售额。

(3) 试点纳税人根据2016年4月30日前签订的有形动产融资性售后回租合同,在合同到期前提供的有形动产融资性售后回租服务,可继续按照有形动产融资租赁服务缴纳增值税。

继续按照有形动产融资租赁服务缴纳增值税的试点纳税人,经人民银行、银监会或者商务部批准从事融资租赁业务的,根据2016年4月30日前签订的有形动产融资性售后回租合同,在合同到期前提供的有形动产融资性售后回租服务,可以选择以下方法之一计算销售额:

① 以向承租方收取的全部价款和价外费用,扣除向承租方收取的价款本金,以及对外支付的借款利息(包括外汇借款和人民币借款利息)、发行债券利息后的余额为销售额。

纳税人提供有形动产融资性售后回租服务,计算当期销售额时可以扣除的价款本金,为书面合同约定的当期应当收取的本金。无书面合同或者书面合同没有约定的,为当期实际收取的本金。

试点纳税人提供有形动产融资性售后回租服务,向承租方收取的有形动产价款本金,不得开具增值税专用发票,可以开具普通发票。

② 以向承租方收取的全部价款和价外费用扣除支付的借款利息(包括外汇借款和人民币借款利息)、发行债券利息后的余额为销售额。

(4) 经商务部授权的省级商务主管部门和国家经济技术开发区批准的从事融资租赁业务的试点纳税人2016年5月1日后实收资本达到1.7亿元的,从达到标准的当月起按照上述第(1)(2)(3)点规定执行;2016年5月1日后实收资本未达到1.7亿元但注册资本达到1.7亿元的,在2016年7月31日前仍可按照上述第(1)(2)(3)点规定执行;2016年8月1日后开展的融资租赁业务和融资性售后回租业务不得按照上述(1)(2)(3)点规定执行。

▶ 6. 航空运输服务

航空运输企业的销售额,不包括代收的机场建设费和代售其他航空运输企业客票而代收转付的价款。

▶ 7. 客运场站服务

试点纳税人中的一般纳税人提供客运场站服务,以其取得的全部价款和价外费用,扣除支付给承运方运费后的余额为销售额。

▶ 8. 旅游服务

试点纳税人提供旅游服务可以选择以取得的全部价款和价外费用扣除向旅游服务购买方收取并支付给其他单位或者个人的住宿费、餐饮费、交通费、签证费、门票费和支付给其他接团旅游企业的旅游费用后的余额为销售额。

纳税人提供旅游服务,将火车票、飞机票等交通费发票原件交付给旅游服务购买方而无法收回的,以交通费发票复印件作为差额扣除凭证。

选择上述办法计算销售额的试点纳税人,向旅游服务购买方收取并支付的上述费用,不得开具增值税专用发票,可以开具普通发票。

▶ 9. 建筑服务

试点纳税人提供建筑服务适用简易计税方法的,以取得的全部价款和价外费用扣除支付的分包款后的余额为销售额。

纳税人提供建筑服务,被工程发包方从应支付的工程款中扣押的质押金、保证金,未开具发票的,以纳税人实际收到质押金、保证金的当天为纳税义务发生时间。

▶ 10. 房地产开发企业的销售额

房地产开发企业中的一般纳税人销售其开发的房地产项目(选择简易计税方法的房地产老项目除外),以取得的全部价款和价外费用扣除受让土地时向政府部门支付的土地价款后的余额为销售额。"向政府部门支付的土地价款",包括土地受让人向政府部门支付的征地和拆迁补偿费用、土地前期开发费用和土地出让收益等。

房地产开发企业中的一般纳税人销售其开发的房地产项目(选择简易计税方法的房地产老项目除外),在取得土地时向其他单位或个人支付的拆迁补偿费用也允许在计算销售额时扣除。纳税人按上述规定扣除拆迁补偿费用时,应提供拆迁协议、拆迁双方支付和取得拆迁补偿费用凭证等能够证明拆迁补偿费用真实性的材料。

房地产开发企业(包括多个房地产开发企业组成的联合体)受让土地向政府部门支付土地价款后,设立项目公司对该受让土地进行开发,同时符合下列条件的,可由项目公司按规定扣除房地产开发企业向政府部门支付的土地价款。

(1)房地产开发企业、项目公司、政府部门三方签订变更协议或补充合同将土地受让人变更为项目公司。

(2)政府部门出让土地的用途、规划等条件不变的情况下,签署变更协议或补充合同时,土地价款总额不变。

(3)项目公司的全部股权由受让土地的房地产开发企业持有。

房地产老项目,是指《建筑工程施工许可证》注明的合同开工日期在2016年4月30日前的房地产项目。

▶ 11. 扣除价款的有效凭证

试点纳税人按照上述第4~9款的规定从全部价款和价外费用中扣除的价款,应当取得符合法律、行政法规和国家税务总局规定的有效凭证;否则,不得扣除。

上述凭证是指:

(1)支付给境内单位或者个人的款项,以发票为合法有效凭证。

(2)支付给境外单位或者个人的款项,以该单位或者个人的签收单据为合法有效凭证,税务机关对签收单据有疑义的,可以要求其提供境外公证机构的确认证明。

(3)缴纳的税款以完税凭证为合法有效凭证。

(4)扣除的政府性基金、行政事业性收费或者向政府支付的土地价款,以省级以上(含省级)财政部门监(印)制的财政票据为合法有效凭证。

(5)国家税务总局规定的其他凭证。

纳税人取得的上述凭证属于增值税扣税凭证的,其进项税额不得从销项税额中抵扣。

▶12. 建筑服务的预缴税款

一般纳税人跨县(市)提供建筑服务,适用一般计税方法计税的,应以取得的全部价款和价外费用为销售额计算应纳税额。纳税人应以取得的全部价款和价外费用扣除支付的分包款后的余额,按照2%的预征率在建筑服务发生地预缴税款。

▶13. 一般纳税人销售其2016年5月1日后取得(不含自建)的不动产

一般纳税人销售其2016年5月1日后取得(不含自建)的不动产,应适用一般计税方法,以取得的全部价款和价外费用为销售额计算应纳税额。纳税人应以取得的全部价款和价外费用减去该项不动产购置原价或者取得不动产时的作价后的余额,按照5%的预征率在不动产所在地预缴税款。

▶14. 一般纳税人销售其2016年5月1日后自建的不动产

一般纳税人销售其2016年5月1日后自建的不动产,应适用一般计税方法以取得的全部价款和价外费用为销售额计算应纳税额。纳税人应以取得的全部价款和价外费用,按照5%的预征率在不动产所在地预缴税款。

▶15. 一般纳税人出租其2016年5月1日后取得的、与机构所在地不在同一县(市)的不动产

一般纳税人出租其2016年5月1日后取得的、与机构所在地不在同一县(市)的不动产,应按照3%的预征率在不动产所在地预缴税款。

▶16. 一般纳税人销售其2016年4月30日前取得的不动产(不含自建)

一般纳税人销售其2016年4月30日前取得的不动产(不含自建),适用一般计税方法计税的,以取得的全部价款和价外费用为销售额计算应纳税额。上述纳税人应以取得的全部价款和价外费用减去该项不动产购置原价或者取得不动产时的作价后的余额,按照5%的预征率在不动产所在地预缴税款。

▶17. 房地产开发企业中的一般纳税人销售房地产老项目,以及一般纳税人出租其2016年4月30日前取得的不动产

房地产开发企业中的一般纳税人销售房地产老项目,以及一般纳税人出租其2016年4月30日前取得的不动产,适用一般计税方法计税的,应以取得的全部价款和价外费用,按照3%的预征率在不动产所在地预缴税款。

▶18. 一般纳税人销售其2016年4月30日前自建的不动产

一般纳税人销售其2016年4月30日前自建的不动产,适用一般计税方法计税的,应以取得的全部价款和价外费用为销售额计算应纳税额。纳税人应以取得的全部价款和价外费用,按照5%的预征率在不动产所在地预缴税款。

▶19. 非企业性单位中的一般纳税人提供的无形资产

非企业性单位中的一般纳税人提供的研发和技术服务、信息技术服务、鉴证咨询服务,以及销售技术、著作权等无形资产,可以选择简易计税方法,按照3%征收率计算缴纳增值税。

非企业性单位中的一般纳税人提供"技术转让、技术开发和与之相关的技术咨询、技术服务",可以选择简易计税方法,按照3%征收率计算缴纳增值税。

一般纳税人提供教育辅助服务,可以选择简易计税方法,按照3%征收率计算增值税。

▶20. 境外单位通过教育部考试中心及其直属单位在境内开展考试

境外单位通过教育部考试中心及其直属单位在境内开展考试,应以取得的考试费收入扣除支付给境外单位考试费后的余额为销售额,按提供"教育辅助服务"缴纳增值税。

教育部考试中心及其直属单位代为收取并支付给境外单位的考试费,应统一扣缴增值税,不得开具增值税专用发票,可以开具增值税普通发票。

▶21. 纳税人提供签证代理服务

纳税人提供签证代理服务,以取得的全部价款和价外费用,扣除向服务接受方收取并代为支付给外交部和外国驻华使(领)馆的签证费、认证费后的余额为销售额。

向服务接受方收取并代为支付的签证费、认证费,不得开具增值税专用发票,可以开具增值税普通发票。

▶22. 纳税人代理进口按规定免征进口增值税的货物

纳税人代理进口按规定免征进口增值税的货物,其销售额不包括向委托方收取并代为支付的货款。向委托方收取并代为支付的款项,不得开具增值税专用发票,可以开具增值税普通发票。

▶23. 劳务派遣服务税收政策

(1) 一般纳税人提供劳务派遣服务,以取得的全部价款和价外费用为销售额,按照一般计税方法计算缴纳增值税;也可以选择差额纳税,以取得的全部价款和价外费用,扣除代用工单位支付给劳务派遣员工的工资、福利和为其办理社会保险及住房公积金后的余额为销售额,按照简易计税方法,依照5%的征收率计算缴纳增值税。

(2) 小规模纳税人提供劳务派遣服务,可以以取得的全部价款和价外费用为销售额,按照简易计税方法,依照3%的征收率计算缴纳增值税;也可以选择差额纳税,以取得的全部价款和价外费用,扣除代用工单位支付给劳务派遣员工的工资、福利和为其办理社会保险及住房公积金后的余额为销售额,按照简易计税方法,依照5%的征收率计算缴纳增值税。

选择差额纳税的纳税人,向用工单位收取用于支付给劳务派遣员工工资、福利和为其办理社会保险及住房公积金的费用,不得开具增值税专用发票,可以开具普通发票。

劳务派遣服务,是指劳务派遣公司为了满足用工单位对于各类灵活用工的需求,将员工派遣至用工单位,接受用工单位管理并为其工作的服务。

▶24. 收费公路通行费收入税收政策

一般纳税人收取试点前开工的一级公路、二级公路、桥、闸通行费,可以选择适用简易计税方法,按照5%的征收率计算缴纳增值税。

试点前开工,是指相关施工许可证注明的合同开工日期在2016年4月30日前。

▶25. 人力资源外包业务收入税收政策

纳税人提供人力资源外包服务,按照经纪代理服务缴纳增值税,其销售额不包括受客户单位委托代为向客户单位员工发放的工资和代理缴纳的社会保险、住房公积金。向委托方收取并代为发放的工资和代理缴纳的社会保险、住房公积金,不得开具增值税专用发票,可以开具普通发票。

一般纳税人提供人力资源外包服务,可以选择适用简易计税方法,按照5%的征收率计算缴纳增值税。

▶ 26. 与海洋工程结构物有关的销售

自2017年1月1日起，生产企业销售自产的海洋工程结构物，或者融资租赁企业及其设立的项目子公司、金融租赁公司及其设立的项目子公司购买并以融资租赁方式出租的国内生产企业生产的海洋工程结构物，应按规定缴纳增值税，不再适用《财政部国家税务总局关于出口货物劳务增值税和消费税政策的通知》（财税〔2012〕39号）或者《财政部海关总署国家税务总局关于在全国开展融资租赁货物出口退税政策试点的通知》（财税〔2014〕62号）规定的增值税出口退税政策，但购买方或者承租方为按实物征收增值税的中外合作油（气）田开采企业的除外。

2017年1月1日前签订的海洋工程结构物销售合同或者融资租赁合同，在合同到期前，可继续按现行相关出口退税政策执行。

四、进项税额计算

进项税额，是指纳税人购进货物、加工修理修配劳务、服务、无形资产或者不动产，支付或者负担的增值税额。

进项税额与销项税额是相互对应的两个概念。在购销业务中，对于销货方而言，在收回货款的同时收回销项税额；对于购货方而言在支付货款的同时，支付进项税额。也就是说，销货方收取的销项税额就是购货方支付的进项税额。

对于任何一个增值税一般纳税人，在其经营过程中，都会同时以卖方和买方的身份存在，既会发生销售货物、提供应税劳务、销售服务、无形资产或者不动产，又会发生购进货物、接受应税劳务、服务、无形资产或不动产。因此，每一个增值税一般纳税人都会有收取的销项税额和支付的进项税额。增值税一般纳税人当期应纳增值税额采用购进扣除法计算即以当期的销项税额扣除当期进项税额，其余额为应纳增值税额。这样，增值税一般纳税人应纳税额的大小取决于两个因素：销项税额和进项税额。进项税额的大小影响纳税人实际应缴纳的增值税。需要注意的是，并不是购进货物、接受应税劳务、服务、无形资产或不动产所支付或者负担的增值税都可以在销项税额中抵扣，税法对哪些进项税额可以抵扣、哪些进项税额不能抵扣做了严格的规定。

一般而言，准予抵扣的进项税额可以根据以下两种方法来确定：一是进项税额体现支付或者负担的增值税额，直接在销货方开具的增值税专用发票和海关完税凭证上注明的税额，不需要计算；二是购进某些货物或者接受应税劳务时，其进项税额是根据支付金额和法定的扣除率计算出来的。

正确审定进项税额，严格按照税法规定计算可抵扣的进项税额，是保证增值税贯彻实施和国家财政收入的重要环节。在确定增值税进项税额抵扣时，必须按增值税规定依法计算应抵扣税额。为此，《增值税暂行条例》及其实施细则以及《营业税改征增值税试点实施办法》对进项税额的抵扣范围、条件、数额及方法做了专门规定。

（一）准予从销项税额中抵扣的进项税额

▶ 1. 从销售方或提供方取得的增值税专用发票上注明的增值税额

从销售方或提供方取得的增值税专用发票上注明的增值税额（含税控机动车销售统一发票，下同），是指增值税一般纳税人在购进、接受应税劳务、服务、无形资产或不动时，取得对方的增值税专用发票已注明的增值税税额。

▶ 2. 从海关取得的海关进口增值税专用缴款书上注明的增值税额

从海关取得的海关进口增值税专用缴款书上注明的增值税额，是指进口货物报关进口时海关代征进口环节增值税，从海关取得进口增值税专用缴款书上已注明增值税额。

增值税一般纳税人进口货物时应准确填报企业名称，确保海关缴款书上的企业名称与税务登记的企业名称一致。税务机关将进口货物取得的，属于增值税抵扣范围的海关缴款书信息与海关采集的缴款信息进行稽核比对。经稽核比对相符后，海关缴款书上注明的增值税额，可作为进项税额在销项税额中抵扣。稽核比对不相符，所列税额暂不得抵扣，待核查确认海关缴款书票面信息与纳税人实际进口业务一致后，海关缴款书上注明的增值税额可作为进项税额在销项税额中抵扣。

上述增值税额不需要纳税人计算，但要注意其增值税专用发票及海关进口增值税专用缴款书的合法性，对不符合规定的扣税凭证一律不准抵扣。

▶ 3. 购进农产品

购进农产品，除取得增值税专用发票或者海关进口增值税专用缴款书外，按照农产品收购发票或者销售发票上注明的农产品买价和13%的扣除率计算的进项税额。计算公式为

进项税额＝买价×扣除率

买价包括纳税人购进农产品在农产品收购发票或者销售发票上注明的价款和按规定缴纳的烟叶税。

烟叶收购单位收购烟叶时按照国家有关规定以现金形式直接补贴烟农的生产投入补贴（以下简称价外补贴），属于农产品买价，为"价款"的一部分。烟叶收购单位，应将价外补贴与烟叶收回价格在同一张农产品收购发票或者销售发票上分别注明；否则，价外补贴不得计算增值税进项税额进行抵扣。

购进农产品按照《农产品增值税进项税额核定扣除试点实施办法》（财税〔2012〕38号）抵扣进项税额的除外。

餐饮行业增值税一般纳税人购进农业生产者自产农产品，可以使用国税机关监制的农产品收购发票，按照现行规定计算抵扣进项税额。

注：从2017年7月1日起，纳税人购进农产品，按下列规定抵扣进项税额：

（1）营业税改征增值税试点期间，纳税人购进用于生产销售或委托受托加工16%税率货物的农产品维持原扣除力度不变。

（2）除第（1）项规定外，纳税人购进农产品取得一般纳税人开具的增值税专用发票或海关进口增值税专用缴款书的，以增值税专用发票或海关进口增值税专用缴款书上注明的增值税额为进项税额；按照简易计税方法，依照3%征收率计算缴纳增值税的小规模纳税人取得增值税专用发票的，以增值税专用发票上注明的金额和10%的扣除率计算进项税额；取得（开具）农产品销售发票或收购发票的，以农产品销售发票或收购发票上注明的农产品买价和10%的扣除率计算进项税额。

（3）纳税人从批发、零售环节购进适用免征增值税政策的蔬菜、部分鲜活肉蛋而取得的普通发票，不得作为计算抵扣进项税额的凭证。

（4）纳税人购进农产品既用于生产销售或委托受托加工16%税率货物，又用于生产销售其他货物服务的，应当分别核算用于生产销售或委托受托加工16%税率货物和其他货物

服务的农产品进项税额。未分别核算的，统一以增值税专用发票或海关进口增值税专用缴款书上注明的增值税额为进项税额，或以农产品收购发票或销售发票上注明的农产品买价和10％的扣除率计算进项税额。

销售发票，是指农业生产者销售自产农产品适用免征增值税政策而开具的普通发票。

▶ 4. 不动产进项税额的抵扣

（1）抵扣范围规定。适用一般计税方法的试点纳税人，2016年5月1日后取得并在会计制度上按固定资产核算的不动产，以及2016年5月1日后发生的不动产在建工程，其进项税额分2年从销项税额中抵扣，第一年抵扣比例为60％，第二年抵扣比例为40％。

取得不动产，包括以直接购买、接受捐赠、接受投资入股、自建以及抵债等各种形式取得不动产，不包括房地产开发企业自行开发的房地产项目。

纳税人新建、改建、扩建、修缮、装饰不动产，属于不动产在建工程。

房地产开发企业自行开发的房地产项目，融资租入的不动产，以及在施工现场修建的临时建筑物、构筑物，其进项税额不适用上述分2年抵扣的规定。

纳税人2016年5月1日后购进货物和设计服务、建筑服务，用于新建不动产或者用于改建、扩建、修缮、装饰不动产并增加不动产原值超过50％的，其进项税额依照上述有关规定分2年从销项税额中抵扣。

不动产原值，是指取得不动产时的购置原价或作价。

分2年从销项税额中抵扣的购进货物，是指构成不动产实体的材料和设备包括建筑装饰材料和给排水、采暖、卫生、通风、照明、通信、煤气、消防、中央空调、电梯、电气、智能化楼宇设备及配套设施。

（2）抵扣时间具体规定。纳税人按照规定从销项税额中抵扣进项税额，应取得2016年5月1日后开具的合法有效的增值税扣税凭证。

上述进项税额中，60％的部分于取得扣税凭证的当期从销项税额中抵扣；40％的部分为待抵扣进项税额，于取得扣税凭证的当月起第13个月从销项税额中抵扣。

购进时已全额抵扣进项税额的货物和服务，转用于不动产在建工程的，其已抵扣进项税额的40％部分，应于转用的当期从进项税额中扣减，计入待抵扣进项税额，并于转用的当月起第13个月从销项税额中抵扣。

纳税人销售其取得的不动产或者不动产在建工程时，尚未抵扣完毕的待抵扣进项税额，允许于销售的当期从销项税额中抵扣。

（3）按照规定不得抵扣进项税额的不动产，发生用途改变，用于允许抵扣进项税额项目的，按照下列公式在改变用途的次月计算可抵扣进项税额。

可抵扣进项税额＝增值税扣税凭证注明或计算的进项税额×不动产净值率

依照规定计算的可抵扣进项税额，应取得2016年5月1日后开具的合法有效的增值税扣税凭证。

按照规定计算的可抵扣进项税额，60％的部分于改变用途的次月从销项税额中抵扣；40％的部分为待抵扣进项税额，于改变用途的次月起第13个月从销项税额中抵扣。

纳税人注销税务登记时，其尚未抵扣完毕的待抵扣进项税额于注销清算的当期从销项税额中抵扣。

待抵扣进项税额记入"应交税费——待抵扣进项税额"科目核算，并于可抵扣当期转入

"应交税费——应交增值税(进项税额)"科目。

对不同的不动产和不动产在建工程,纳税人应分别核算其待抵扣进项税额。

纳税人分期抵扣不动产的进项税额,应据实填报增值税纳税申报表附列资料。

纳税人应建立不动产和不动产在建工程台账,分别记录并归集不动产和不动产在建工程的成本、费用、扣税凭证及进项税额抵扣情况,留存备查。

用于简易计税方法计税项目、免征增值税项目、集体福利或者个人消费的不动产和不动产在建工程,也应在纳税人建立的台账中记录。

▶5. 从境外单位或者个人购进服务、无形资产或者不动产自税务机关或者扣缴义务人取得的解缴税款的完税凭证上注明的增值税额

增值税扣税凭证,是指增值税专用发票、海关进口增值税专用缴款书、农产品收购发票、农产品销售发票和完税凭证。

▶6. 原增值税纳税人准予抵扣的进项税额

原增值税纳税人(指按照《增值税暂行条例》缴纳增值税的纳税人)准予抵扣的进项税额按照以下规定执行。

(1)原增值税一般纳税人购进服务、无形资产或者不动产,取得的增值税专用发票上注明的增值税额为进项税额,准予从销项税额中抵扣。

2016年5月1日后取得并在会计制度上按固定资产核算的不动产或者2016年5月1日后取得的不动产在建工程,其进项税额应自取得之日起分2年从销项税额中抵扣,第一年抵扣比例为60%,第二年抵扣比例为40%。

融资租入的不动产以及在施工现场修建的临时建筑物、构筑物,其进项税额不适用上述分2年抵扣的规定。

(2)原增值税一般纳税人自用的应征消费税的摩托车、汽车、游艇其进项税额准予从销项税额中抵扣。

(3)原增值税一般纳税人从境外单位或者个人购进服务、无形资产或者不动产,按照规定应当扣缴增值税的,准予从销项税额中抵扣的进项税额为自税务机关或者扣缴义务人取得的解缴税款的完税凭证上注明的增值税额。

纳税人凭完税凭证抵扣进项税额的,应当具备书面合同、付款证明和境外单位的对账单或者发票。资料不全的,其进项税额不得从销项税额中抵扣。

(4)原增值税一般纳税人购进货物或者接受加工修理修配劳务,用于《销售服务、无形资产或者不动产注释》所列项目的,不属于《增值税暂行条例》第十条所称的用于非增值税应税项目,其进项税额准予从销项税额中抵扣。

▶7. 关于项目运营方利用信托资金融资过程中增值税进项税额抵扣问题

项目运营方利用信托资金融资进行项目建设开发,是指项目运营方与经批准成立的信托公司合作进行项目建设开发,信托公司负责筹集资金并设立信托计划,项目运营方负责项目建设与运营,项目建设完成后,项目资产归项目运营方所有。该经营模式下,项目运营方在项目建设期内取得的增值税专用发票和其他抵扣凭证,允许其按现行增值税有关规定予以抵扣。

上述规定自2010年10月1日起施行。此前未抵扣的进项税额允许其抵扣,已抵扣的不作进项税额转出。

▶8. 进口环节进项税额的抵扣

增值税税法对进口环节进项税额抵扣条件作了如下特殊规定。

对海关代征进口环节增值税开具的增值税专用缴款书上标明有两个单位名称,既有代理进口单位名称,又有委托进口单位名称的,只准予其中取得专用缴款书原件的一个单位抵扣税款。申报抵扣税款的委托进口单位,必须提供相应的海关代征增值税专用缴款书原件、委托代理合同及付款凭证;否则,不予抵扣进项税额。

▶9. 蜂窝数字移动通信用塔(杆)的增值税进项税额的抵扣

蜂窝数字移动通信用塔(杆)属于《固定资产分类与代码》(GB/T 14885—1994)中的"其他通信设备"(代码699),其增值税进项税额可以按照现行规定从销项税额中抵扣。

▶10. 煤炭采掘企业增值税进项税额抵扣有关事项

自2015年11月1日起,煤炭采掘企业增值税进项税额抵扣的有关政策如下。

《财政部国家税务总局关于煤炭采掘企业增值税进项税额抵扣有关事项的通知》(财税〔2015〕117号)指出:

(1)煤炭采掘企业购进的下列项目其进项税额允许从销项税额中抵扣。

①巷道附属设备及其相关的应税货物、劳务和服务。

②用于除开拓巷道以外的其他巷道建设和掘进,或者用于巷道回填、露天煤矿生态恢复的应税货物、劳务和服务。

(2)所称的巷道,是指为采矿提升、运输、通风、排水、动力供应、瓦斯治理等而掘进的通道,包括开拓巷道和其他巷道。其中,开拓巷道,是指为整个矿井或一个开采水平(阶段)服务的巷道。所称的巷道附属设备,是指以巷道为载体的给排水、采暖、降温、卫生、通风、照明、通信、消防、电梯、电气、瓦斯油扫塔设备。

▶11. 纳税人认定或登记为一般纳税人前进项税额抵扣问题

(1)纳税人自办理税务登记至认定或登记为一般纳税人期间,未取得生产经营收入,未按照销售额和征收率简易计算应纳税额申报缴纳增值税的,其在此期间取得的增值税扣税凭证,可以在认定或登记为一般纳税人后抵扣进项税额。

(2)上述增值税扣税凭证按照现行规定无法办理认证或者稽核比对的,按照以下规定处理:

①购买方纳税人取得的增值税专用发票,按照《国家税务总局关于推行增值税发票系统升级版有关问题的公告》(国家税务总局公告2014年第73号)规定的程序,由销售方纳税人开具红字增值税专用发票后,重新开具蓝字增值税专用发票。

购买方纳税人按照国家税务总局公告2014年第73号规定,填《开具红字增值税专用发票信息表》或《开具红字货物运输业增值税专用发票信息表》时,选择"所购货物或劳务、服务不属于增值税扣税项目范围"或"所购服务不属于增值税扣税项目范围"。

②纳税人取得的海关进口增值税专用缴款书,按照《国家税务总局关于逾期增值税扣税凭证抵扣问题的公告》(国家税务总局公告2011年第50号)规定的程序经国家税务总局稽核比对相符后抵扣进项税额。

(3)上述政策自2015年8月19日起施行,此前未处理的事项,按照2014年73号公告规定执行。

▶ 12. 增值税一般纳税人支付的道路、桥、闸通行费的进项税额抵扣

自2016年8月1日起,增值税一般纳税人支付的道路、桥、闸通行费,暂凭取得的通行费发票(不含财政票据,下同)上注明的收费金额按照下列公式计算可抵扣的进项税额:

高速公路通行费可抵扣进项税额=高速公路通行费发票上注明的金额
$$\div(1+3\%)\times3\%$$

一级公路、二级公路、桥、闸通行费可抵扣进项税额=一级公路、二级公路、桥、闸通行费发票上注明的金额$\div(1+5\%)\times5\%$

通行费,是指有关单位依法或者依规设立并收取的过路、过桥和过闸费用。

▶ 13. 建筑业进项税额抵扣的特殊规定

建筑企业与发包方签订建筑合同后,以内部授权或者三方协议等方式,授权集团内其他纳税人(以下称第三方)为发包方提供建筑服务,并由第三方直接与发包方结算工程款的,由第三方向发包方开具增值税发票,发包方可凭实际提供建筑服务的纳税人开具的增值税专用发票抵扣进项税额。

(二) 不得从销项税额中抵扣的进项税额

下列项目的进项税额不得从销项税额中抵扣。

(1) 用于简易计税方法计税项目、免征增值税项目、集体福利或者个人消费的购进货物、加工修理修配劳务、服务、无形资产和不动产。其中涉及的固定资产、无形资产、不动产,仅指专用于上述项目的固定资产、无形资产(不包括其他权益性无形资产)、不动产。

纳税人的交际应酬消费属于个人消费。

(2) 非正常损失的购进货物,以及相关的加工修理修配劳务和交通运输服务。

(3) 非正常损失的在产品、产成品所耗用的购进货物(不包括固定资产)、加工修理修配劳务和交通运输服务。

(4) 非正常损失的不动产,以及该不动产所耗用的购进货物、设计服务和建筑服务。

(5) 非正常损失的不动产在建工程所耗用的购进货物、设计服务和建筑服务。

纳税人新建、改建、扩建、修缮、装饰不动产,均属于不动产在建工程。

(6) 购进的旅客运输服务、贷款服务、餐饮服务、居民日常服务和娱乐服务。

(7) 财政部和国家税务总局规定的其他情形。

上述第(4)项、第(5)项所称货物,是指构成不动产实体的材料和设备,包括建筑装饰材料和给水排水、采暖、卫生、通风、照明、通信、煤气、消防、中央空调、电梯、电气、智能化楼宇设备及配套设施。

不动产、无形资产的具体范围按照《营业税改征增值税试点实施办法》(财税〔2016〕36号)所附的《销售服务、无形资产或者不动产注释》执行。

固定资产,是指使用期限超过12个月的机器、机械、运输工具以及其他与生产经营有关的设备、工具、器具等有形动产。

非正常损失,是指因管理不善造成货物被盗、丢失、霉烂变质,以及因违反法律法规造成货物或者不动产被依法没收、销毁、拆除的情形。

(8) 适用一般计税方法的纳税人,兼营简易计税方法计税项目、免征增值税项目而无法划分不得抵扣的进项税额,按照下列公式计算不得抵扣的进项税额:

不得抵扣的进项税额＝当期无法划分的全部进项税额×(当期简易计税方法计税项目销售额＋免征增值税项目销售额)÷当期全部销售额

主管税务机关可以按照上述公式依据年度数据对不得抵扣的进项税额进行清算。

纳税人取得的增值税扣税凭证不符合法律、行政法规或者国家税务总局有关规定的,其进项税额不得从销项税额中抵扣。

纳税人凭完税凭证抵扣进项税额的,应当具备书面合同、付款证明和境外单位的对账单或者发票。资料不全的,其进项税额不得从销项税额中抵扣。

(9) 原增值税一般纳税人购进服务、无形资产或者不动产,下列项目的进项税额不得从销项税额中抵扣。

① 用于简易计税方法计税项目、免征增值税项目、集体福利或者个人消费。其中涉及的无形资产、不动产仅指专用于上述项目的无形资产(不包括其他权益性无形资产)、不动产。

纳税人的交际应酬消费属于个人消费。

② 非正常损失的购进货物,以及相关的加工修理修配劳务和交通运输服务。

③ 非正常损失的在产品、产成品所耗用的购进货物(不包括固定资产)、加工修理修配劳务和交通运输服务。

④ 非正常损失的不动产,以及该不动产所耗用的购进货物、设计服务和建筑服务。

⑤ 非正常损失的不动产在建工程所耗用的购进货物、设计服务和建筑服务。

纳税人新建、改建、扩建、修缮、装饰不动产,均属于不动产在建工程。

⑥ 购进的旅客运输服务、贷款服务、餐饮服务、居民日常服务和娱乐服务。

⑦ 财政部和国家税务总局规定的其他情形。

上述第④、第⑤项所称货物,是指构成不动产实体的材料和设备,包括建筑装饰材料和给水排水、采暖、卫生、通风、照明、通信、煤气、消防、中央空调、电梯、电气、智能化楼宇设备及配套设施。

(10) 原增值税一般纳税人购进服务、无形资产或者不动产已抵扣进项税额的购进服务发生上述第(5)项规定情形(简易计税方法计税项目、免征增值税项目除外)的应当将该进项税额从当期进项税额中扣减;无法确定该进项税额的按照当期实际成本计算应扣减的进项税额。

(11) 原增值税一般纳税人购进服务、无形资产或者不动产已抵扣进项税额的无形资产或者不动产,发生上述第(5)项规定情形的,按照下列公式计算不得抵扣进项税额:

不得抵扣的进项税额＝无形资产或者不动产净值×适用税率

(12) 按照《增值税暂行条例》第十条和上述第(5)项不得抵扣且未抵扣进项税额的固定资产、无形资产、不动产,发生用途改变,用于允许抵扣进项税额的应税项目,可在用途改变的次月按照下列公式，依据合法有效的增值税扣税凭证，计算可以抵扣的进项税额：

可以抵扣的进项税额＝固定资产、无形资产、不动产净值/(1＋适用税率)×适用税率

上述可以抵扣的进项税额应取得合法有效的增值税扣税凭证。

（13）纳税人接受贷款服务向贷款方支付的与该笔贷款直接相关的投融资顾问费、手续费、咨询费等费用，其进项税额不得从销项税额中抵扣。

（14）有下列情形之一者，应按销售额依照增值税税率计算应纳税额，不得抵扣进项税额，也不得使用增值税专用发票。

① 一般纳税人会计核算不健全，或者不能够提供准确税务资料的。

② 除另有规定的外，纳税人销售额超过小规模纳税人标准，未申请办理一般纳税人认定手续的。

上述所称的"不得抵扣进项税额"，是指纳税人在停止抵扣进项税额期间发生的全部进项税额，包括在停止抵扣期间取得的进项税额、上期留抵税额以及经批准允许抵扣的期初存货已征税款。纳税人经税务机关核准恢复抵扣进项税额资格后，其在停止抵扣进项税额期间发生的全部进项税额不得抵扣。

（三）增值税期末留抵税额

原增值税一般纳税人兼有销售服务、无形资产或者不动产的，截至纳入"营改增"试点之日前的增值税期末留抵税额，不得从销售服务、无形资产或者不动产的销项税额中抵扣。

五、应纳税额计算实例

【例 2-1】 某生产企业为增值税一般纳税人，适用增值税税率 16%，2018 年 7 月的有关生产经营业务如下：

（1）销售甲产品给某大商场，开具增值税专用发票，取得不含税销售额 80 万元；另外，取得销售甲产品的送货运输费收入 5.85 万元（含增值税价格，与销售货物不能分别核算）。

（2）销售乙产品，开具普通发票，取得含税销售额 29.25 万元。

（3）将试制的一批应税新产品用于本企业基建工程，成本价为 20 万元，国家税务总局规定成本利润率为 10%，该新产品无同类产品市场销售价格。

（4）销售 2013 年 10 月购进作为固定资产使用过的进口摩托车 5 辆，开具增值税专用发票，上面注明每辆取得销售额 1 万元。

（5）购进货物取得增值税专用发票，注明支付的货款 60 万元、进项税额 10.2 万元；另外支付购货的运输费用 6 万元，取得运输公司开具的货物运输业增值税专用发票。

（6）向农业生产者购进免税农产品一批（不适用进项税额核定扣除办法），支付收购价 30 万元，支付给运输单位的运费 5 万元，取得相关的合法票据。本月下旬将购进的农产品的 20% 用于本企业职工福利。

以上相关票据均符合税法的规定。请按下列顺序计算该企业 7 月应缴纳的增值税税额。

(1) 计算销售甲产品的销项税额；
(2) 计算销售乙产品的销项税额；
(3) 计算自用新产品的销项税额；
(4) 计算销售使用过的摩托车应纳税额；
(5) 计算外购货物应抵扣的进项税额；
(6) 计算外购免税农产品应抵扣的进项税额；
(7) 计算该企业7月合计应缴纳的增值税额。

【答案】
(1) 销售甲产品的销项税额=80×16％+5.8÷(1+16％)×16％=13.61(万元)
(2) 销售乙产品的销项税额=31.32÷(1+16％)×16％=4.32(万元)
(3) 自用新产品的销项税额=20×(1+10％)×16％=3.52(万元)
(4) 销售使用过的摩托车应纳税额=1×16％×5=0.8(万元)
(5) 外购货物应抵扣的进项税额=9.6+6×10％=10.2(万元)
(6) 该企业7月应缴纳的增值税额=13.61+4.32+3.52+0.8-10.2=12.05(万元)

第三节 简易计税方法应纳增值税的计算

一、应纳税额的计算公式

纳税人销售货物或者提供应税劳务和应税服务适用按简易计税方法的，按照销售额和征收率计算应纳税额，并不得抵扣进项税额。其应纳税额计算公式为

$$应纳税额＝销售额×征收率$$

这里需要解释两点：第一，按简易计税方法取得的销售额与本章第五节讲述的销售额所包含的内容是一致的，都是销售货物或提供应税劳务和应税服务向购买方收取的全部价款和价外费用，但是不包括按3％的征收率收取的增值税税额；第二，按简易计税方法不得抵扣进项税额，这是因为，实行简易计税办法；其《增值税暂行条例》规定的3％的征收率，是结合增值税多档税率的货物或应税劳务和应税服务的环节税收负担水平而设计的，其税收负担与一般纳税人基本一致，因此不能再抵扣进项税额。

根据"营改增"的规定，一般纳税人应该按照一般计税方法计算缴纳增值税，但是下列情形属于可在两种方法中选择的范畴。

(1) 试点纳税人中的一般纳税人提供的公共交通运输服务（不包括铁路旅客运输服务），可以选择按照简易计税方法计算缴纳增值税。公共交通运输服务，包括轮客渡、公交客运、轨道交通（含地铁、城市轻轨）、出租车、长途客运、班车。其中，班车是指按固定路线、固定时间运营并在固定站点停靠的运送旅客的陆路运输。

(2) 试点纳税人中的一般纳税人，以该地区试点实施之日前购进或者自制的有形动产

为标的物提供的经营租赁服务,试点期间可以选择适用简易计税方法计算缴纳增值税。

(3) 自本地区试点实施之日起至 2017 年 12 月 31 日,被认定为动漫企业的试点纳税人中的一般纳税人,为开发动漫产品提供的动漫脚本编撰、形象设计、背景设计、动画设计、分镜、动画制作、摄制、描线、上色、画面合成、配音、配乐、音效合成、剪辑、字幕制作、压缩转码(面向网络动漫、手机动漫格式适配)服务,以及在境内转让动漫版权(包括动漫品牌、形象或者内容的授权及再授权),可以选择按照简易计税方法计算缴纳增值税。

(4) 试点纳税人中的一般纳税人提供的电影放映服务(含城市电影放映服务)、仓储服务、装卸搬运服务和收派服务,可以选择按照简易计税办法计算缴纳增值税。

(5) 试点纳税人中的一般纳税人兼有销售货物、提供应税劳务的,凡未规定可以选择按照简易计税方法计算缴纳增值税的,其全部销售额一并按照一般计税方法计算缴纳增值税。

(6) 在 2015 年 12 月 31 日以前,境内单位中的一般纳税人通过卫星提供的语音通话服务、电子数据和信息的传输服务,可以选择按照简易计税方法计算缴纳增值税。

二、含税销售额的换算

由于小规模纳税人销售货物自行开具的发票是普通发票,发票上列示的是含税销售额,因此在计税时需要将其换算为不含税销售额。换算公式为

销售额＝含税销售额÷(1＋征收率)

纳税人提供的适用简易计税方法计税的应税服务,因服务中止或者折让而退还给接受方的销售额,应当从当期销售额中扣减。扣减当期销售额后仍有余额造成多缴的税款,可以从以后的应纳税额中扣减。

三、主管税务机关为小规模纳税人代开发票应纳税额的计算

小规模纳税人销售货物或提供应税劳务,可以申请由主管税务机关代开发票。主管税务机关为小规模纳税人(包括小规模纳税人中的企业、企业性单位及其他小规模纳税人,下同)代开专用发票应在专用发票"单价"栏和"金额"栏分别填写不含增值税税额的单价和销售额,因此其应纳税额按销售额依照征收率计算。

主管税务机关为小规模纳税人代开专用发票后,发生退票的,可比照增值税一般纳税人开具专用发票后作废或开具红字发票的有关规定处理,由销售方到税务机关办理。对于重新开票的,应同时进行新开票税额与原开票税额的清算,多退少补;对无须重新开票的,退还其已征的税款或抵下期正常申报税款。

四、小规模纳税人购进税控收款机的进项税额抵扣

自 2004 年 12 月 1 日起,增值税小规模纳税人购置税控收款机,经主管税务机关审核批准后,可凭购进税控收款机取得的增值税专用发票,按照发票上注明的增值税额,抵免当期应纳增值税。或者按照购进税控收款机取得的普通发票上注明的价款,依下列公式计

算可抵免的税额：

$$可抵免的税额 = 价款 \div (1+16\%) \times 16\%$$

当期应纳税额不足抵免的，未抵免的部分可在下期继续抵免。

【例2-2】某企业为增值税小规模纳税人，主要从事汽车修理和装潢业务。2018年9月提供汽车修理业务取得收入21万元，销售汽车装饰用品取得收入15万元；购进的修理用配件被盗，账面成本0.6万元，计算该企业应纳增值税。

应纳增值税 $= (21+15) \div (1+3\%) \times 3\% = 1.05$（万元）

五、小规模纳税人销售自己使用过的固定资产

小规模纳税人（除其他个人外）销售自己使用过的固定资产，减按2%征收增值税。

$$销售额 = 含税销售额 \div (1+3\%)$$

$$应纳税额 = 销售额 \times 2\%$$

简易计税方法的销售额不包括其应纳的增值税税额，纳税人采用销售额和应纳增值税税额合并定价方法的，按照下列公式计算销售额：

$$销售额 = 含税销售额 \div (1+征收率)$$

纳税人提供的适用简易计税方法计税的应税服务，因服务中止或者折让而退还给接受方的销售额，应当从当期销售额中扣减。扣减当期销售额后仍有余额造成多缴的税款，可以从以后的应纳税额中扣减。

六、"营改增"试点小规模纳税人缴纳增值税相关政策

（1）试点纳税人中的小规模纳税人跨县（市）提供建筑服务，应以取得的全部价款和价外费用扣除支付的分包款后的余额为销售额，按照3%的征收率计算应纳税额。

（2）小规模纳税人销售其取得（不含自建）的不动产（不含个体工商户销售购买的住房和其他个人销售不动产），应以取得的全部价款和价外费用，减去该项不动产购置原价或者取得不动产时的作价后的余额为销售额，按照5%的征收率计算应纳税额。

（3）小规模纳税人销售其自建的不动产，应以取得的全部价款和价外费用为销售额，按照5%的征收率计算应纳税额。

（4）房地产开发企业中的小规模纳税人，销售自行开发的房地产项目，按照5%的征收率计税。

（5）其他个人销售其取得（不含自建）的不动产（不含其购买的住房），应以取得的全部价款和价外费用，减去该项不动产购置原价或者取得不动产时的作价后的余额为销售额，按照5%的征收率计算应纳税额。

（6）小规模纳税人出租其取得的不动产（不含个人出租住房），应按照5%的征收率计算应纳税额。

（7）其他个人出租其取得的不动产（不含住房），应按照5%的征收率计算应纳税额。

（8）个人出租住房，应按照5%的征收率减按1.5%计算应纳税额。

七、"营改增"后一般纳税人按简易方法计税的规定

"营改增"一般纳税人发生下列应税行为,可以选择适用简易计税方法计税。

(一) 应税服务

(1) 公共交通运输服务,包括轮客渡、公交客运、地铁、城市轻轨、出租车、长途客运、班车。班车,是指按固定路线、固定时间运营并在固定站点停靠的运送旅客的陆路运输服务。

(2) 经认定的动漫企业为开发动漫产品提供的动漫脚本编撰、形象设计、背景设计、动画设计、分镜、动画制作、摄制、描线、上色、画面合成、配音、配乐、音效合成、剪辑、字幕制作、压缩转码(面向网络动漫、手机动漫格式适配)服务以及在境内转让动漫版权(包括动漫品牌、形象或者内容的授权及再授权)。

动漫企业和自主开发、生产动漫产品的认定标准和认定程序,按照《文化部财政部国家税务总局关于印发〈动漫企业认定管理办法(试行)〉的通知》(文市发〔2008〕51号)的规定执行。

(3) 电影放映服务、仓储服务、装卸搬运服务、收派服务和文化体育服务。

(4) 以纳入"营改增"试点之日前取得的有形动产为标的物提供的经营租赁服务。

(5) 在纳入"营改增"试点之日前签订的尚未执行完毕的有形动产租赁合同。

(6) 提供物业管理服务的纳税人,向服务接受方收取的自来水水费,以扣除其对外支付的自来水水费后的余额为销售额,按照简易计税方法依3%的征收率计算缴纳增值税。

上述规定自2016年8月19日起执行。2016年5月1日以后已发生并处理的事项,不再作调整;未处理的,按上述规定执行。

(二) 建筑服务

试点纳税人提供建筑服务适用简易计税方法的,以取得的全部价款和价外费用扣除支付的分包款后的余额为销售额。

(1) 一般纳税人以清包工方式提供的建筑服务,可以选择适用简易计税方法计税。

以清包工方式提供建筑服务,是指施工方不采购建筑工程所需的材料或只采购辅助材料,并收取人工费、管理费或者其他费用的建筑服务。

(2) 一般纳税人为甲供工程提供的建筑服务,可以选择适用简易计税方法计税。

甲供工程,是指全部或部分设备、材料、动力由工程发包方自行采购的建筑工程。

一般纳税人销售电梯的同时,提供安装服务,其安装服务可以按照甲供工程选择适用简易计税方法计税。

(3) 一般纳税人为建筑工程老项目提供的建筑服务,可以选择适用简易计税方法计税。

下列项目属于建筑工程老项目。

① 《建筑工程施工许可证》注明的合同开工日期在2016年4月30日前的建筑工程项目。

② 未取得《建筑工程施工许可证》的,建筑工程承包合同注明的开工日期在2016年4

月30日前的建筑工程项目。

(4) 一般纳税人跨县(市)提供建筑服务,选择适用简易计税方法计税的,应以取得的全部价款和价外费用扣除支付的分包款后的余额为销售额,按照3%的征收率计算应纳税额。

(三) 销售不动产

(1) 一般纳税人销售其2016年4月30日前取得(不含自建)的不动产,可以选择适用简易计税方法,以取得的全部价款和价外费用减去该项不动产购置原价或者取得不动产时的作价后的余额为销售额,按照5%的征收率计算应纳税额。

(2) 一般纳税人销售其2016年4月30日前自建的不动产,可以选择适用简易计税方法,以取得的全部价款和价外费用为销售额,按照5%的征收率计算应纳税额。纳税人应按照上述计税方法在不动产所在地预缴税款后向机构所在地主管税务机关进行纳税申报。

(3) 房地产开发企业中的一般纳税人,销售自行开发的房地产老项目,可以选择适用简易计税方法按照5%的征收率计税。

(4) 房地产开发企业采取预收款方式销售所开发的房地产项目,在收到预收款时按照3%的预征率预缴增值税。

(5) 个体工商户销售购买的住房,应按照《营业税改征增值税试点过渡政策的规定》第五条的规定征免增值税。纳税人应按照上述计税方法在不动产所在地预缴税款后,向机构所在地主管税务机关进行纳税申报。

(四) 不动产经营租赁服务

(1) 一般纳税人出租其2016年4月30日前取得的不动产,可以选择适用简易计税方法,按照5%的征收率计算应纳税额。纳税人出租其2016年4月30日前取得的与机构所在地不在同一县(市)的不动产,应按照上述计税方法在不动产所在地预缴税款后,向机构所在地主管税务机关进行纳税申报。

(2) 公路经营企业中的一般纳税人收取试点前开工的高速公路的车辆通行费,可以选择适用简易计税方法,减按3%的征收率计算应纳税额。

试点前开工的高速公路,是指相关施工许可证明上注明的合同开工日期在2016年4月30日前的高速公路。

(3) 一般纳税人出租其2016年5月1日后取得的、与机构所在地不在同一县(市)的不动产,应按照3%的预征率在不动产所在地预缴税款。

试点纳税人中的一般纳税人提供的铁路旅客运输服务,不得选择按照简易计税方法计算缴纳增值税。

(五) 不动产融资性租赁服务

一般纳税人2016年4月30日前签订的不动产融资租赁合同,或以2016年4月30日前取得的不动产提供的融资租赁服务,可以选择适用简易计税方法,按照5%的征收率计算缴纳增值税。

(六) 金融服务

(1) 农村信用社、村镇银行农村资金互助社、由银行业机构全资发起设立的贷款公司、法人机构在县(县级市、区、旗)及县以下地区的农村合作银行和农村商业银行提供金融服务收入,可以选择适用简易计税方法,按照3%的征收率计算缴纳增值税。

村镇银行,是指经中国银行业监督管理委员会依据有关法律、法规批准,由境内外金融机构、境内非金融机构企业法人、境内自然人出资,在农村地区设立的主要为当地农民、农业和农村经济发展提供金融服务的银行业金融机构。

农村资金互助社是指经银行业监督管理机构批准,由乡(镇)、行政村农民和农村小企业自愿入股组成,为社员提供存款、贷款、结算等业务的社区互助性银行业金融机构。

由银行业机构全资发起设立的贷款公司,是指经中国银行业监督管理委员会依据有关法律、法规批准,由境内商业银行或农村合作银行在农村地区设立的专门为县域农民、农业和农村经济发展提供贷款服务的非银行业金融机构。

县(县级市、区、旗)不包括直辖市和地级市所辖城区。

(2) 对中国农业银行纳入"三农金融事业部"改革试点的各省、自治区、直辖市、计划单列市分行下辖的县域支行和新疆生产建设兵团分行下辖的县域支行(也称县事业部),提供农户贷款、农村企业和农村各类组织贷款取得的利息收入,可以选择适用简易计税方法,按照3%的征收率计算缴纳增值税。

农户贷款,是指金融机构发放给农户的贷款,但不包括按照免征增值税的农户小额贷款。

(七) 其他应税行为及规定

(1) 增值税一般纳税人固定业户临时到外省、市销售货物的,必须向经营地税务机关出示"外出经营活动税收管理证明"回原地纳税,需要向购货方开具专用发票的,亦回原地补开。对未持"外出经营活动税收管理证明"的,经营地税务机关按3%的征收率征税。

(2) 一般纳税人销售自产的下列货物,可选择按照简易办法依3%征收率计算缴纳增值税。

① 县级及县级以下小型水力发电单位生产的电力。小型水力发电单位,是指各类投资主体建设的装机容量为5万千瓦以下(含5万千瓦)的小型水力发电单位。

② 建筑用和生产建筑材料所用的砂、土、石料。

③ 以自己采掘的砂、土、石料或其他矿物连续生产的砖、瓦、石灰(不含黏土实心砖、瓦)。

④ 用微生物、微生物代谢产物、动物毒素、人或动物的血液或组织制成的生物制品。

⑤ 自来水。

⑥ 商品混凝土(仅限于以水泥为原料生产的水泥混凝土)。

(3) 一般纳税人销售货物属于下列情形之一的,暂按简易办法依3%征收率计算缴纳增值税。

① 寄售商店代销寄售物品(包括居民个人寄售的物品在内)。

② 典当业销售死当物品。

③ 经国务院或国务院授权机关批准的免税商店零售的免税品。

(4) 对属于一般纳税人的自来水公司销售自来水按简易办法,依照3%征收率征收增值税,不得抵扣其购进自来水取得增值税扣税凭证上注明的增值税税款。

一般纳税人选择简易办法计算缴纳增值税后36个月内不得变更。

(5) 根据国家税务总局公告2015年第90号规定,自2016年2月1日起,纳税人销售自己使用过的固定资产,适用简易办法,依照3%征收率减按2%征收增值税政策的,可以放弃减税按照简易办法,依照3%征收率缴纳增值税,并可以开具增值税专用发票。

一般纳税人销售自己使用过的除固定资产以外的物品,应当按照适用税率征收增值税。

(6) 自2016年4月1日起,属于增值税一般纳税人的兽用药品经营企业销售兽用生物制品,可以选择简易办法,按照兽用生物制品销售额和3%的征收率计算缴纳增值税。

兽用药品经营企业,是指取得兽医行政管理部门颁发的《兽药经营许可证》,获准从事兽用生物制品经营的兽用药品批发和零售企业。

属于增值税一般纳税人的兽用药品经营企业销售兽用生物制品,选择简易办法计算缴纳增值税的,36个月内不得变更计税方法。

(7) 关于药品经营企业销售生物制品有关增值税问题。

自2012年7月1日起,属于增值税一般纳税人的药品经营企业销售生物制品,可选择简易办法,按照生物制品销售额和3%的征收率计算缴纳增值税。选择简易办法计算缴纳增值税后36个月内不得变更计税方法。

八、纳税人销售旧货适用征收率的规定

纳税人销售旧货,按照简易办法,依照3%征收率减按2%征收增值税。

所称旧货,是指进入二次流通的具有部分使用价值的货物(含旧汽车、旧摩托车和旧游艇)但不包括自己使用过的物品。

纳税人适用按照简易办法,依照3%征收率减按2%征收增值税政策的,按下列公式确定销售额和应纳税额:

$$销售额 = 含税销售额/(1+3\%)$$
$$应纳税额 = 销售额 \times 2\%$$

上述规定自2014年7月1日起执行。

第四节 进口货物征税和出口货物的退(免)税

一、进口货物的征收范围及纳税人

(一) 进口货物征税的范围

根据《增值税暂行条例》的规定,申报进入中华人民共和国海关境内的货物,均应缴纳

增值税。

确定一项货物是否属于进口货物，必须首先看其是否有报关进口手续。一般来说，境外产品要输入境内，都必须向我国海关申报进口，并办理有关报关手续。只要是报关进口的应税货物，不论其是国外产制还是我国已出口而转销国内的货物，是进口者自行采购还是国外捐赠的货物，是进口者自用还是作为贸易或其他用途等，均应按照规定缴纳进口环节的增值税。

国家在规定对进口货物征税的同时，对某些进口货物制定了减免税的特殊规定。如属于"来料加工、进料加工"贸易方式进口国外的原材料、零部件等在国内加工后复出口的，对进口的料、件按规定给予免税或减税，但这些进口免、减税的料件若不能加工复出口，而是销往国内的，就要予以补税。对进口货物是否减免税由国务院统一规定，任何地方、部门都无权规定减免税项目。

（二）进口货物的纳税人

进口货物的收货人或办理报关手续的单位和个人，为进口货物增值税的纳税义务人。也就是说，进口货物增值税纳税人的范围较宽，包括了国内一切从事进口业务的企业事业单位、机关团体和个人。

对于企业、单位和个人委托代理进口应征增值税的货物，鉴于代理进口货物的海关完税凭证，有的开具给委托方，有的开具给受托方的特殊性，对代理进口货物以海关开具的完税凭证上的纳税人为增值税纳税人。在实际工作中一般由进口代理者代缴进口环节增值税。纳税后，由代理者将已纳税款和进口货物价款费用等与委托方结算，由委托者承担已纳税款。

二、进口货物应纳税额的计算

纳税人进口货物，按照组成计税价格和《增值税暂行条例》规定的税率计算应纳税额。在计算增值税销项税额时直接用销售额作为计税依据或计税价格即可，但在进口产品计算增值税时不能直接得到类似销售额这个计税依据，而需要通过计算得到，即要计算组成计税价格。组成计税价格，是指在没有实际销售价格时，按照税法规定计算出作为计税依据的价格。进口货物计算增值税组成计税价格和应纳税额计算公式为

$$组成计税价格 = 关税完税价格 + 关税 + 消费税$$
$$应纳税额 = 组成计税价格 \times 税率$$

纳税人在计算进口货物的增值税时应该注意以下问题。

（1）进口货物增值税的组成计税价格中包括已纳关税税额，如果进口货物属于消费税应税消费品，其组成计税价格中还要包括进口环节已纳消费税税额。

（2）在计算进口环节的应纳增值税税额时不得抵扣任何税额，即在计算进口环节的应纳增值税税额时，不得抵扣发生在我国境外的各种税金。

以上两点实际上是贯彻了出口货物的目的地原则或称消费地原则。即对出口货物原则上在实际消费地征收商品或货物税。对进口货物而言，出口这些货物的出口国在出口时并没有征出口关税和增值税、消费税，到我国口岸时货物的价格基本就是到岸价格，即所谓

的关税完税价格。如果此时不征关税和其他税收则与国内同等商品的税负差异就会很大。因此在进口时首先要对之征进口关税。如果是应征消费税的商品则要征消费税。在这基础上才形成了增值税的计税依据即组成计税价格。这与国内同类商品的税基是一致的。

由于货物出口时出口国并没有征收过流转税,因此在进口时我们计算增值税时就不用进行进项税额抵扣。

(3) 按照《海关法》和《进出口关税条例》的规定,一般贸易下进口货物的关税完税价格,以海关审定的成交价格为基础的到岸价格作为完税价格。成交价格,是指一般贸易项下进口货物的买方为购买该项货物向卖方实际支付或应当支付的价格;到岸价格,包括货价,加上货物运抵我国关境内输入地点起卸前的包装费、运费、保险费和其他劳务费等费用构成的一种价格。特殊贸易下进口的货物,由于进口时没有"成交价格"可作依据,为此,《进出口关税条例》对这些进口货物制定了确定其完税价格的具体办法。

(4) 纳税人进口货物取得的合法海关完税凭证,是计算增值税进项税额的唯一依据,其价格差额部分以及从境外供应商取得的退还或返还的资金,不作进项税额转出处理。

三、进口货物的税收管理

进口货物的增值税由海关代征。个人携带或者邮寄进境自用物品的增值税,连同关税一并计征。具体办法由国务院关税税则委员会会同有关部门制定。

进口货物增值税纳税义务发生时间为报关进口的当天,其纳税地点应当由进口人或其代理人向报关地海关申报纳税,其纳税期限应当自海关填发海关进口增值税专用缴款书之日起15日内缴纳税款。

进口货物增值税的征收管理,依据《税收征收管理法》《海关法》《进出口关税条例》和《进出口税则》的有关规定执行。

【例2-3】某商场10月进口货物一批。该批货物在国外的买价40万元,另该批货物运抵我国海关前发生的包装费、运输费、保险费等共计20万元。货物报关后,商场按规定缴纳了进口环节的增值税,并取得了海关开具的海关进口增值税专用缴款书。假定该批进口货物在国内全部销售,取得不含税销售额80万元。

相关资料:货物进口关税税率15%,增值税税率16%。请按下列顺序回答问题:
(1) 计算关税的组成计税价格;
(2) 计算进口环节应纳的进口关税;
(3) 计算进口环节应纳增值税的组成计税价格;
(4) 计算进口环节应缴纳增值税的税额;
(5) 计算国内销售环节的销项税额;
(6) 计算国内销售环节应缴纳增值税税额。

【答案】
(1) 关税的组成计税价格=40+20=60(万元)
(2) 应缴纳进口关税=60×15%=9(万元)
(3) 进口环节应纳增值税的组成计税价格=60+9=69(万元)

(4) 进口环节应缴纳增值税的税额＝69×16％＝11.04（万元）

(5) 国内销售环节的销项税额＝80×16％＝12.8（万元）

(6) 国内销售环节应缴纳增值税税额＝12.8－11.04＝1.76（万元）

四、出口货物退（免）税基本政策

出口货物退（免）税是国际贸易中通常采用的并为世界各国普遍接受的，目的在于鼓励各国出口货物公平竞争的一种退还或免征间接税（目前我国主要包括增值税、消费税）的税收措施，即对出口货物已承担或应承担的增值税和消费税等间接税实行退还或者免征。由于这项制度比较公平合理，因此它已成为国际社会通行的惯例。

我国的出口货物退（免）税，是指在国际贸易业务中，对我国报关出口的货物退还或免征其在国内各生产和流转环节，按税法规定缴纳的增值税和消费税，即对增值税出口货物实行零税率，对消费税出口货物免税。

增值税出口货物的零税率，从税法上理解有两层含义：一是对本道环节生产或销售货物的增值部分免征增值税；二是对出口货物前道环节所含的进项税额进行退付。当然，由于各种货物出口前涉及征免税情况有所不同，且国家对少数货物有限制出口政策，因此，对货物出口的不同情况，国家在遵循"征多少、退多少""未征不退和彻底退税"基本原则的基础上，制定了不同的税务处理办法。

为进一步规范管理，准确执行出口货物劳务税收政策，2013年11月13日国家税务总局发布了第65号公告，即《关于出口货物劳务增值税和消费税有关问题的公告》。在2013年12月发布的"营改增"办法中，制定了"应税服务适用增值税零税率和免税政策的规定"。本节内容在原有内容的基础上，增加了"营改增"中涉及的应税服务的退（免）税规定。

世界各国为了鼓励本国货物出口，在遵循WTO基本规则的前提下，一般都采取优惠的税收政策。有的国家采取对该货物出口前所包含的税金在出口后予以退还的政策（即出口退税）；有的国家采取对出口的货物在出口前即予以免税的政策。我国则根据本国的实际，采取出口退税与免税相结合的政策。目前，我国的出口货物税收政策分为以下三种形式。

① 出口免税并退税（即《通知》中所说的"适用增值税退（免）税政策的范围"）。出口免税，是指对货物在出口销售环节不征增值税、消费税，这是把货物出口环节与出口前的销售环节都同样视为一个征税环节；出口退税，是指对货物在出口前实际承担的税收负担，按规定的退税率计算后予以退还。

② 出口免税不退税（即《通知》中所说的"适用增值税免税政策的范围"）。出口免税与上述第①项含义相同。出口不退税是指适用这个政策的出口货物因在前一道生产、销售环节或进口环节是免税的，因此，出口时该货物的价格中本身就不含税，也无须退税。

③ 出口不免税也不退税（即《通知》中所说的"适用增值税征税政策的范围"）。出口不免税，是指对国家限制或禁止出口的某些货物的出口环节视同内销环节，照常征税；出口不退税是指对这些货物出口不退还出口前其所负担的税款，出口退税率为零适用这一

政策。

五、出口货物和劳务及应税服务增值税退(免)税政策

对下列出口货物和劳务及应税服务,除适用《通知》第六条(适用增值税免税政策的出口货物和劳务)和第七条(适用增值税征税政策的出口货物和劳务)规定的外,实行免征和退还增值税[以下称增值税退(免)税]政策。

(一)出口企业出口货物

《通知》所称出口企业,是指依法办理工商登记、税务登记、对外贸易经营者备案登记,自营或委托出口货物的单位或个体工商户,以及依法办理工商登记、税务登记,但未办理对外贸易经营者备案登记,委托出口货物的生产企业。

《通知》所称出口货物,是指向海关报关后实际离境并销售给境外单位或个人的货物,分为自营出口货物和委托出口货物两类。

《通知》所称生产企业,是指具有生产能力(包括加工修理修配能力)的单位或个体工商户。

根据《关于企业出口集装箱有关退(免)税问题的公告》(国家税务总局公告2016年第59号),企业出口给外商的新造集装箱,交付到境内指定堆场,并取得出口货物报关单(出口退税专用),同时符合其他出口退(免)税规定的,准予按照现行规定办理出口退(免)税。

出口企业或其他单位视同出口货物,具体是指:

(1)出口企业对外援助、对外承包、境外投资的出口货物。

(2)出口企业经海关报关进入国家批准的出口加工区、保税物流园区、保税港区、综合保税区、珠澳跨境工业区(珠海园区)、中哈霍尔果斯国际边境合作中心(中方配套区域)、保税物流中心(B型)(以下统称特殊区域)并销售给特殊区域内单位或境外单位、个人的货物。

(3)免税品经营企业销售的货物(国家规定不允许经营和限制出口的货物、卷烟和超出免税品经营企业"企业法人营业执照"规定经营范围的货物除外)。具体是指:

① 中国免税品(集团)有限责任公司向海关报关运入海关监管仓库,专供其经国家批准设立的统一经营、统一组织进货、统一制定零售价格、统一管理的免税店销售的货物。

② 国家批准的除中国免税品(集团)有限责任公司外的免税品经营企业,向海关报关运入海关监管仓库,专供其所属的首都机场口岸海关隔离区内的免税店销售的货物。

③ 国家批准的除中国免税品(集团)有限责任公司外的免税品经营企业所属的上海虹桥、浦东机场海关隔离区内的免税店销售的货物。

国家规定不允许经营和限制出口的货物是指:《中华人民共和国禁止出境物品表》(海关总署令1993年第43号)所列的货物;《卫生部、对外经贸经济合作部、海关总署于进一步加强人体血液、组织器官管理有关问题的通知》(卫药发〔1996〕27号)规定的血液和血液制品、人体组织和器官(包括胎儿)以及利用人体组织和器官(包括胎儿)加工生产的制剂;

商务部会同有关部门公布的《禁止出口货物目录》所列的货物；《濒危野生动物国际贸易公约》所列的附录一、二、三级的动物、动物产品和植物、植物产品；林业部、农业部发布的《国家重点保护野生动物名录》所列的一、二级保护的野生动物及货物；国家食品药品监督管理局、公安部、卫生部发布的《精神药品管制品种目录》《麻醉药品管制品种目录》所列的货物；国家环保总局、海关总署发布的《中华人民共和国禁止或严格限制的有毒化学品目录》所列的货物。

（4）出口企业或其他单位销售给用于国际金融组织或外国政府贷款国际招标建设项目的中标机电产品（以下称中标机电产品）。上述中标机电产品，包括外国企业中标再分包给出口企业或其他单位的机电产品。

（5）生产企业向海上石油天然气开采企业销售的自产的海洋工程结构物。

（6）出口企业或其他单位销售给国际运输企业用于国际运输工具上的货物。上述规定暂仅适用于外轮供应公司、远洋运输供应公司销售给外轮、远洋国轮的货物，国内航空供应公司生产销售给国内和国外航空公司国际航班的航空食品。

（7）出口企业或其他单位销售给特殊区域内生产企业生产耗用，且不向海关报关而输入特殊区域的水（包括蒸汽）、电力、燃气（以下称输入特殊区域的水电气）。

（二）视同出口货物的范围

（1）持续经营以来从未发生骗取出口退税、虚开增值税专用发票或农产品收购发票、接受虚开增值税专用发票（善意取得虚开增值税专用发票除外）行为，且同时符合下列条件的生产企业出口的外购货物，可视同自产货物适用增值税退（免）税政策。

① 已取得增值税一般纳税人资格。
② 已持续经营2年及2年以上。
③ 纳税信用等级A级。
④ 上一年度销售额5亿元以上。
⑤ 外购出口的货物与本企业自产货物同类型或具有相关。

（2）持续经营以来从未发生骗取出口退税、虚开增值税专用发票或农产品收购发票、接受虚开增值税专用发票（善意取得虚开增值税专用发票除外）行为，但不能同时符合上述规定的条件的生产企业，出口的外购货物符合下列条件之一的，可视同自产货物申报适用增值税退（免）税政策。

① 同时符合下列条件的外购货物：
　A. 与本企业生产的货物名称、性能相同；
　B. 使用本企业注册商标或境外单位或个人提供给本企业使用的商标；
　C. 出口给进口本企业自产货物的境外单位或个人。

② 与本企业所生产的货物属于配套出口，且出口给进口本企业自产货物的境外单位或个人的外购货物，符合下列条件之一的：
　A. 用于维修本企业出口的自产货物的工具、零部件、配件；
　B. 不经过本企业加工或组装，出口后能直接与本企业自产货物组合成成套设备的货物。

③ 经集团公司总部所在地的地级以上国家税务局认定的集团公司，其控股的生产企业之间收购的自产货物以及集团公司与其控股的生产企业之间收购的自产货物。

④ 同时符合下列条件的委托加工货物：

A. 与本企业生产的货物名称、性能相同，或者是用本企业生产的货物再委托深加工的货物；

B. 出口给进口本企业自产货物的境外单位或个人；

C. 委托方与受托方必须签订委托加工协议，且主要原材料必须由委托方提供，受托方不垫付资金，只收取加工费，加工费(含代垫的辅助材料)的增值税专用发票。

⑤ 用于本企业中标项目下的机电产品。

⑥ 用于对外承包工程项目下的货物。

⑦ 用于境外投资的货物。

⑧ 用于对外援助的货物。

⑨ 生产自产货物的外购设备和原材料(农产品除外)。

(三) 出口企业对外提供加工修理修配劳务

对外提供加工修理修配劳务，是指对进境复出口货物或从事国际运输的运输工具进行的加工修理修配。

除上述规定外，根据《国家税务总局关于白银及其制品出口有关退税问题的通知》(国税函〔2008〕2号)的规定，对出口企业出口的白银及其初级制品(海关商品代码为7106、7107、71123010、71129910、7113119090、71141100)，出口企业所在地税务机关要向货源地税务机关进行函调。函调及回函的内容在函件的"其他需要说明的情况"栏中填写。对回函确认出口上述产品或生产产品的主要原材料(银)已足额纳税的予以退税。对回函确认上述产品或生产产品的主要原材料(银)享受增值税先征后返或其他增值税税收优惠政策以及其他纳税不足情形的不予退税，实行出口环节免税。

(四) 境内的单位和个人提供适用增值税零税率的应税服务

境内的单位和个人提供适用增值税零税率的应税服务，如果属于适用简易计税方法的，实行免征增值税办法。如果属于适用增值税一般计税方法的，生产企业实行"免、抵、退"税办法，外贸企业外购研发服务和设计服务出口实行免退税办法，外贸企业自己开发的研发服务和设计服务出口，视同生产企业连同其出口货物统一实行"免、抵、退"税办法。实行退(免)税办法的研发服务和设计服务，如果主管税务机关认定出口价格偏高的，有权按照核定的出口价格计算退(免)税，核定的出口价格低于外贸企业购进价格的，低于部分对应的进项税额不予退税，转入成本。

境内的单位和个人提供适用增值税零税率的应税服务，可以放弃适用增值税零税率，选择免税或按规定缴纳增值税。放弃适用增值税零税率后，36个月内不得再申请适用增值税零税率。

境内的单位和个人提供适用增值税零税率的应税服务，按月向主管退税的税务机关申报办理增值税"免、抵、退"税或免税手续。具体管理办法由国家税务总局商财政部另行制定。

六、增值税退(免)税办法和计税依据

(一)增值税退(免)税办法

适用增值税退(免)税政策的出口货物、劳务及服务,按照下列规定实行增值税"免、抵、退"税或免退税办法。

▶ 1."免、抵、退"税办法

生产企业出口自产货物和视同自产货物及对外提供加工修理修配劳务,以及列名的74家生产企业出口非自产货物,免征增值税,相应的进项税额抵减应纳增值税额(不包括适用增值税即征即退、先征后退政策的应纳增值税额),未抵减完的部分予以退还。

零税率应税服务提供者提供零税率应税服务,如果属于适用增值税一般计税方法的,免征增值税,相应的进项税额抵减应纳增值税额(不包括适用增值税即征即退、先征后退政策的应纳增值税额),未抵减完的部分予以退还。

▶ 2.免退税办法

不具有生产能力的出口企业(以下称外贸企业)或其他单位出口货物劳务,免征增值税,相应的进项税额予以退还。

外贸企业外购研发服务和设计服务免征增值税,其对应的外购应税服务的进项税额予以退还。

(二)增值税出口退税率

除财政部和国家税务总局根据国务院决定而明确的增值税出口退税率(以下称退税率)外,出口货物的退税率为其适用税率。

应税服务退税率为其按照"营改增"规定适用的增值税税率。

(三)增值税退(免)税的计税依据

出口货物、劳务及应税服务的增值税退(免)税的计税依据,按出口货物、劳务及应税服务的出口发票(外销发票)、其他普通发票或购进出口货物、劳务及应税服务的增值税专用发票、海关进口增值税专用缴款书确定。

(1)生产企业出口货物、劳务及应税服务(进料加工复出口货物除外)增值税退(免)税的计税依据,为出口货物、劳务及应税服务的实际离岸价(FOB)。实际离岸价应以出口发票上的离岸价为准,但如果出口发票不能反映实际离岸价,主管税务机关有权予以核定。

(2)生产企业进料加工复出口货物增值税退(免)税的计税依据,按出口货物的FOB扣除出口货物所含的海关保税进口料件的金额后确定。

"海关保税进口料件",是指海关以进料加工贸易方式监管的出口企业从境外和特殊区域等进口的料件,包括出口企业从境外单位或个人购买,并从海关保税仓库提取且办理海关进料加工手续的料件,以及保税区外的出口企业从保税区内的企业购进,并办理海关进料加工手续的进口料件。

(3)生产企业国内购进无进项税额且不计提进项税额的免税原材料加工后出口的货物的计税依据,按出口货物的FOB扣除出口货物所含的国内购进免税原材料的金额后确定。

(4)外贸企业出口货物(委托加工修理修配货物除外)增值税退(免)税的计税依据,为

购进出口货物的增值税专用发票注明的金额或海关进口增值税专用缴款书注明的完税价格。

(5) 外贸企业出口委托加工修理修配货物增值税退(免)税的计税依据,为加工修理修配费用增值税专用发票注明的金额。外贸企业应将加工修理修配使用的原材料(进料加工海关保税进口料件除外)作价销售给受托加工修理修配的生产企业,受托加工修理修配的生产企业应将原材料成本并入加工修理修配费用开具发票。

(四) 增值税"免、抵、退"税和免退税的计算

生产企业出口货物劳务增值税"免、抵、退"税,依下列公式计算。

▶ 1. 当期应纳税额的计算

当期应纳税额＝当期销项税额－(当期进项税额－当期不得免征和抵扣税额)

当期不得免征和抵扣税额＝当期出口货物离岸×外汇人民币折合率×(出口货物适用税率－出口货物退税率)－当期不得免征和抵扣税额抵减额

当期不得免征和抵扣税额抵减额＝当期免税购进原材料价格×(出口货物适用税率－出口货物退税率)

出口货物 FOB 以出口发票计算的离岸价为准。出口发票不能如实反映实际离岸价的,企业必须按照实际离岸价向主管国税机关申报,同时主管税务机关有权依照《税收征管法》《增值税暂行条例》等有关规定予以核定。

从上述计算公式看,出口退税在"销项税额"方面并非执行真正的零税率,而是一种"超低税率"即征税率与退税率(各货物不同)之差,即税法规定的出口退税"不得免征和抵扣税额"的计算比率。

▶ 2. 当期"免、抵、退"税额的计算

当期"免、抵、退"税额＝当期出口货物离岸价×外汇人民币折合率×出口货物退税率－当期"免、抵、退"税额抵减额

当期"免、抵、退"税额抵减额＝当期免税购进原材料价格×出口货物退税率

▶ 3. 当期应退税额和免抵税额的计算

(1) 若当期期末留抵税额≤当期"免、抵、退"税额,则

当期应退税额＝当期期末留抵税额

当期免抵税额＝当期"免、抵、退"税额－当期应退税额

(2) 若当期期末留抵税额＞当期"免、抵、退"税额,则

当期应退税额＝当期"免、抵、退"税额

当期免抵税额＝0

(五) 生产企业"免、抵、退"税计算实例

【例 2-4】某自营出口的生产企业为增值税一般纳税人,出口货物的征税税率为 16%,退税税率为 13%,2018 年 7 月的有关经营业务为:购进原材料一批,取得的增值税专用发票注明的价款 200 万元,外购货物准予抵扣的进项税额 32 万元通过认证。上月末留抵税款 3 万元,本月内销货物不含税销售额 100 万元,收款 116 万元存入银行,本月出口货

物的销售额折合人民币200万元。试计算该企业当期的"免、抵、退"税额。

(1) 当期"免、抵、退"税不得免征和抵扣税额=200×(16%-13%)=6(万元)

(2) 当期应纳税额=100×16%-(32-6)-3=16-26-3=-13(万元)

(3) 出口货物"免、抵、退"税额=200×13%=26(万元)

(4) 按规定，如当期末留抵税额≤当期"免、抵、退"税额时：
当期应退税额=当期期末留抵税额=13万元

(5) 当期免抵税额=当期免抵退税额-当期应退税额=26-13=13(万元)

七、适用增值税免税政策的出口货物劳务服务或无形资产

对符合条件的出口货物劳务，除适用本节"适用增值税征税政策的出口货物劳务"的规定外，按规定实行免征增值税政策。

下列为适用增值税免税政策的出口货物劳务。

(1) 出口企业或其他单位出口规定的货物。

① 增值税小规模纳税人出口的货物。

② 避孕药品和用具，古旧图书。

③ 软件产品。其具体范围是指海关税则号前四位为"9803"的货物。

④ 含黄金、铂金成分的货物，钻石及其饰品。

⑤ 国家计划内出口的卷烟。

⑥ 已使用过的设备，其具体范围是指购进时未取得增值税专用发票、海关进口增值税专用缴款书，但其他相关单证齐全的已使用过的设备。

⑦ 非出口企业委托出口的货物。

⑧ 非列名生产企业出口的非视同自产货物。

⑨ 农业生产者自产农产品。农产品的具体范围按照《农业产品征税范围注释》（财税字〔1995〕52号）的规定执行。

⑩ 油画、花生果仁、黑大豆等财政部和国家税务总局规定的出口免税的货物。

⑪ 外贸企业取得普通发票、废旧物资收购凭证、农产品收购发票、政府非税收入票据的货物。

⑫ 来料加工复出口的货物。

⑬ 特殊区域内的企业出口的特殊区域内的货物。

⑭ 以人民币现金作为结算方式的边境地区出口企业从所在省（自治区）的边境口岸出口到接壤国家的一般贸易和边境小额贸易出口货物。

⑮ 以旅游购物贸易方式报关出口的货物。

(2) 出口企业或其他单位视同出口货物劳务。

① 自2011年1月1日起国家批准设立的免税店销售的免税货物，包括进口免税货物和已实现退（免）税的货物。

② 特殊区域内的企业为境外的单位或个人提供加工修理修配劳务。

③ 同一特殊区域、不同特殊区域内的企业之间销售特殊区域内的货物。

(3) 自 2011 年 1 月 1 日起出口企业或其他单位未按规定申报或未补齐增值税退(免)税凭证的出口货物劳务。

① 未在国家税务总局规定的期限内申报增值税退(免)税的出口货物劳务。

② 未在规定期限内申报开具《代理出口货物证明》的出口货物劳务。

③ 已申报增值税退(免)税，却未在国家税务总局规定的期限内向税务机关补齐增值税退(免)税凭证的出口货物劳务。

对于适用增值税免税政策的出口货物劳务，出口企业或其他单位可以依照现行增值税有关规定放弃免税，并依照本节"适用增值税征税政策的出口货物劳务"的规定缴纳增值税。

第五节 增值税征收管理

一、增值税征收管理规定

(一) 纳税义务发生时间

《增值税暂行条例》和"营改增"明确规定了增值税纳税义务的发生时间。纳税义务发生时间，是纳税人发生应税行为应当承担纳税义务的起始时间。税法明确规定纳税义务发生时间的作用在于：正式确认纳税人已经发生属于税法规定的应税行为，应承担纳税义务；有利于税务机关实施税务管理，合理规定申报期限和纳税期限，监督纳税人切实履行纳税义务。

▶ 1. 销售货物或者提供应税劳务的纳税义务发生时间

(1) 纳税人销售货物或者提供应税劳务，其纳税义务发生时间为收讫销售款项或者取得索取销售款项凭据的当天；先开具发票的，为开具发票的当天。其中，收讫销售款项或者取得索取销售款项凭据的当天按销售结算方式的不同，具体为以下几种情况。

① 采取直接收款方式销售货物，不论货物是否发出，均为收到销售款或者取得索取销售款凭据的当天。

纳税人生产经营活动中采取直接收款方式销售货物，已将货物移送对方并暂估销售收入入账，但既未取得销售款或取得索取销售款凭据也未开具销售发票的，其增值税纳税义务发生时间为取得销售款或取得索取销售款凭据的当天；先开具发票的，为开具发票的当天。

② 采取托收承付和委托银行收款方式销售货物，为发出货物并办妥托收手续的当天。

③ 采取赊销和分期收款方式销售货物，为书面合同约定的收款日期的当天，无书面合同的或者书面合同没有约定收款日期的，为货物发出的当天。

④ 采取预收货款方式销售货物，为货物发出的当天，但生产销售生产工期超过 12 个月的大型机械设备、船舶、飞机等货物，为收到预收款或者书面合同约定的收款日期的当天。

⑤ 委托其他纳税人代销货物，为收到代销单位的代销清单或者收到全部或者部分货款的当天；未收到代销清单及货款的，为发出代销货物满 180 天的当天。

⑥ 销售应税劳务，为提供劳务同时收讫销售款或者取得索取销售款的凭据的当天。

⑦ 纳税人发生除将货物交付其他单位或者个人代销和销售代销货物以外的，视同销售货物行为，为货物移送的当天。

(2) 纳税人进口货物，其纳税义务发生时间为报关进口的当天。

(3) 增值税扣缴义务发生时间为纳税人增值税纳税义务发生的当天。

▶ 2. 提供应税服务的纳税义务发生时间

(1) 纳税人提供应税服务的纳税义务发生时间，为提供应税服务并收讫销售款项或者取得索取销售款项凭据的当天；先开具发票的，为开具发票的当天。

其中，收讫销售款项，是指纳税人提供应税服务过程中或者完成后收到款项；取得索取销售款项凭据的当天，是指书面合同确定的付款日期；未签订书面合同或者书面合同未确定付款日期的，为应税服务完成的当天。

(2) 纳税人提供建筑服务、租赁服务采取预收款方式的，其纳税义务发生时间为收到预收款的当天。

(3) 纳税人从事金融商品转让的，为金融商品所有权转移的当天。

(4) 纳税人发生视同销售服务、无形资产或者不动产情形的，其纳税义务发生时间为服务、无形资产转让完成的当天。

(5) 增值税扣缴义务发生时间，为纳税人增值税纳税义务发生的当天。

(二) 纳税期限

在明确了增值税纳税义务发生时间后，还需要掌握具体纳税期限，以保证按期缴纳税款。根据《增值税暂行条例》的规定，增值税的纳税期限分别为1日、3日、5日、10日、15日、1个月或者1个季度。

纳税人的具体纳税期限，由主管税务机关根据纳税人应纳税额的大小分别核定；不能按照固定期限纳税的，可以按次纳税。以1个季度为纳税期限的规定，仅适用于小规模纳税人以及财政部和国家税务总局规定的其他纳税人。小规模纳税人的具体纳税期限，由主管税务机关根据其应纳税额的大小分别核定。

纳税人以1个月或者1个季度为1个纳税期的，自期满之日起15日内申报纳税；以1日、3日、5日、10日或者15日为1个纳税期的，自期满之日起5日内预缴税款，于次月1日起15日内申报纳税并结清上月应纳税款。

扣缴义务人解缴税款的期限，依照前两款规定执行。

纳税人进口货物，应当自海关填发进口增值税专用缴款书之日起15日内缴纳税款。

纳税人出口货物适用退(免)税规定的，应当向海关办理出口手续，凭出口报关单等有关凭证，在规定的出口退(免)税申报期内，按月向主管税务机关申报办理该项出口货物的退(免)税。

出口货物办理退税后发生退货或者退关的，纳税人应当依法补缴已退的税款。

(三) 纳税地点

为了保证纳税人按期申报纳税，根据企业跨地区经营和搞活商品流通的特点及不同情况，税法还具体规定了增值税的纳税地点。

(1) 固定业户应当向其机构所在地的主管税务机关申报纳税。总机构和分支机构不在同一县(市)的,应当分别向各自所在地的主管税务机关申报纳税;但在同一省(区、市)范围内的,经省(区、市)财政厅(局)、国家税务局审批同意,可以由总机构汇总向总机构所在地的主管税务机关申报缴纳增值税。

(2) 固定业户到外县(市)销售货物或者应税劳务,应当向其机构所在地的主管税务机关申请开具外出经营活动税收管理证明,并向其机构所在地的主管税务机关申报纳税;未开具证明的,应当向销售地或者劳务发生地的主管税务机关申报纳税;未向销售地或者劳务发生地的主管税务机关申报纳税的,由其机构所在地的主管税务机关补征税款。

(3) 非固定业户销售货物或者应税劳务,应当向销售地或者劳务发生地的主管税务机关申报纳税;未向销售地或者劳务发生地的主管税务机关申报纳税的,由其机构所在地或者居住地的主管税务机关补征税款。

(4) 其他个人提供建筑服务,销售或者租赁不动产,转让自然资源使用权,应向建筑服务发生地、不动产所在地、自然资源所在地主管税务机关申报纳税。

(5) 纳税人跨县(市)提供建筑服务,在建筑服务发生地预缴税款后,向机构所在地主管税务机关进行纳税申报。

(6) 纳税人销售不动产,在不动产所在地预缴税款后,向机构所在地主管税务机关进行纳税申报。

(7) 进口货物,应当向报关地海关申报纳税。

(8) 扣缴义务人应当向其机构所在地或者居住地的主管税务机关申报缴纳其扣缴的税款。

(四) 营业税改征增值税后的征收机关

营业税改征的增值税,由国家税务局负责征收。

二、营业税改征增值税试点后增值税纳税申报

根据《国家税务总局关于全面推开营业税改征增值税试点后增值税纳税申报有关事项的公告》(国家税务总局公告2016年第13号),自2016年6月1日起,"营改增"试点后增值税纳税申报有关事项规定如下。

(一) 适用范围

中华人民共和国境内增值税纳税人均应按照公告的规定进行增值税纳税申报。

(二) 纳税申报资料

纳税申报资料包括纳税申报表及其附列资料和纳税申报其他资料。

▶ 1. 纳税申报表及其附列资料

(1) 增值税一般纳税人纳税申报表及其附列资料包括:

• 《增值税纳税申报表(一般纳税人适用)》。

• 《增值税纳税申报表附列资料(一)》(本期销售情况明细)。

• 《增值税纳税申报表附列资料(二)》(本期进项税额明细)。

• 《增值税纳税申报表附列资料(三)》(服务、不动产和无形资产扣除项目明细)。一般

纳税人销售服务、不动产和无形资产，在确定服务、不动产和无形资产销售额时，按照有关规定可以从取得的全部价款和价外费用中扣除价款的，须填报《增值税纳税申报表附列资料（三）》。其他情况不填写该附列资料。

- 《增值税纳税申报表附列资料（四）》（税额抵减情况表）。
- 《增值税纳税申报表附列资料（五）》（不动产分期抵扣计算表）。
- 《固定资产（不含不动产）进项税额抵扣情况表》。
- 《本期抵扣进项税额结构明细表》。
- 《增值税减免税申报明细表》。

(2) 增值税小规模纳税人纳税申报表及其附列资料包括：

- 《增值税纳税申报表（小规模纳税人适用）》。
- 《增值税纳税申报表（小规模纳税人适用）附列资料》。
- 《增值税减免税申报明细表》。

小规模纳税人销售服务，在确定服务销售额时，按照有关规定可以从取得的全部价款和价外费用中扣除价款的，须填报《增值税纳税申报表（小规模纳税人适用）附列资料》。其他情况不填写该附列资料。

▶ 2. 纳税申报其他资料

(1) 已开具的税控机动车销售统一发票和普通发票的存根联。

(2) 符合抵扣条件，且在本期申报抵扣的增值税专用发票（含税控机动车销售统一发票）的抵扣联。

(3) 符合抵扣条件，且在本期申报抵扣的海关进口增值税专用缴款书、购进农产品取得的普通发票的复印件。

(4) 符合抵扣条件，且在本期申报抵扣的税收完税凭证及其清单书面合同、付款证明和境外单位的对账单或者发票。

(5) 已开具的农产品收购凭证的存根联或报查联。

(6) 纳税人销售服务、不动产和无形资产，在确定服务、不动产和无形资产销售额时，按照有关规定，从取得的全部价款和价外费用中扣除价款的合法凭证及其清单。

(7) 主管税务机关规定的其他资料。

▶ 3. 相关要求

纳税申报表及其附列资料为必报资料。纳税申报其他资料的报备要求由各省、自治区、直辖市和计划单列市国家税务局确定。

(三) 其他资料要求

纳税人跨县（市）提供建筑服务、房地产开发企业预售自行开发的房地产项目、纳税人出租与机构所在地不在同一县（市）的不动产按规定需要在项目所在地或不动产所在地主管国税机关预缴税款的，须填写《增值税预缴税款表》。

三、征收管理机关

国内增值税由国家税务局负责征收。营业税改征的增值税，由国家税务局负责征收。

纳税人销售取得的不动产和其他个人出租不动产的增值税，国家税务局暂委托地方税务局代为征收。进口环节增值税由海关代征。

知识训练

第三章 消费税法

> **学习目标**
>
> 1. 掌握消费税的纳税义务人、征税范围、税目与税率、计税依据、生产销售环节应纳消费税的计算、委托加工环节应税消费品应纳税的计算。
> 2. 了解金银首饰零售环节征收消费税的规定、卷烟批发环节征收消费税的规定、超豪华小汽车零售环节征收消费税的规定、进口和出口环节应税消费品税收政策、征收管理。

第一节 消费税法规

消费税是指对消费品和特定的消费行为按消费流转额征收的一种商品税。广义上，消费税一般对所有消费品包括生活必需品和日用品普遍课税，一般概念上，消费税主要指对特定消费品或特定消费行为如奢侈品等课税。消费税主要以消费品为课税对象，在此情况下，税收随价格转嫁给消费者负担，消费者是实际的赋税人。消费税的征收具有较强的选择性，是国家贯彻消费政策、引导消费结构，从而引导产业结构的重要手段，因而在保证国家财政收入，体现国家经济政策等方面具有十分重要的意义。

我国现行消费税的特点如下。

(1) 征收范围具有选择性。我国消费税在征收范围上根据产业政策与消费政策仅选择部分消费品征税，而不是对所有消费品都征收消费税。

(2) 征税环节具有单一性。主要在生产和进口环节上征收。

(3) 平均税率水平比较高且税负差异大。消费税的平均税率水平一般定得比较高，并且不同征税项目的税负差异较大，对需要限制或控制消费的消费品，通常税负较重。

(4) 征收方法具有灵活性。既采用对消费品制定单位税额，以消费品的数量实行从量定额的征收方法，也采用对消费品制定比例税率，以消费品的价格实行从价定率的征收方法。

一、消费税的纳税义务人

在中华人民共和国境内生产、委托加工和进口消费税暂行条例规定的消费品的单位和个人,以及国务院确定的销售《消费税暂行条例》规定的消费品的其他单位和个人,为消费税的纳税人,应当依照《消费税暂行条例》缴纳消费税。

单位,是指企业、行政单位、事业单位、军事单位、社会团体及其他单位。

个人,是指个体工商户及其他个人。

在中华人民共和国境内,是指生产、委托加工和进口属于应当缴纳消费税的消费品的起运地或者所在地在境内。

二、消费税的征税范围

目前,消费税的征税范围分布于四个环节。

(一)生产应税消费品

生产应税消费品销售是消费税征收的主要环节,因为消费税具有单一环节征税的特点,在生产销售环节征税以后,货物在流通环节无论再转销多少次,不用再缴纳消费税。生产应税消费品除了直接对外销售应征收消费税外,纳税人将生产的应税消费品换取生产资料、消费资料、投资入股、偿还债务,以及用于继续生产应税消费品以外的其他方面都应缴纳消费税。

另外,工业企业以外的单位和个人的下列行为视为应税消费品的生产行为,按规定征收消费税。

(1)将外购的消费税非应税产品以消费税应税产品对外销售的。

(2)将外购的消费税低税率应税产品以高税率应税产品对外销售的。

(二)委托加工应税消费品

委托加工应税消费品,是指委托方提供原料和主要材料,受托方只收取加工费和代垫部分辅助材料加工的应税消费品。由受托方提供原材料或其他情形的一律不能视同加工应税消费品。委托加工的应税消费品收回后,再继续用于生产应税消费品销售且符合现行政策规定的,其加工环节缴纳的消费税款可以扣除。

(三)进口应税消费品

单位和个人进口货物属于消费税征税范围的,在进口环节要缴纳消费税。为了减少征税成本,进口环节缴纳的消费税由海关代征。

(四)零售应税消费品

经国务院批准,自1995年1月1日起,金银首饰消费税由生产销售环节征收改为零售环节征收。改在零售环节征收消费税的金银首饰仅限于金基、银基合金首饰以及金、银和金基、银基合金的镶嵌首饰,进口环节暂不征收,零售环节适用税率为5%,在纳税人销售金银首饰、钻石及钻石饰品时征收。其计税依据是不含增值税的销售额。

对既销售金银首饰,又销售非金银首饰的生产、经营单位,应将两类商品划分清楚,分别核算销售额。凡划分不清楚或不能分别核算的,在生产环节销售的,一律从高适用税率征收消费税;在零售环节销售的,一律按金银首饰征收消费税。金银首饰与其他产品组成成套消费品销售的,应按销售额全额征收消费税。

金银首饰连同包装物销售的,无论包装是否单独计价,也无论会计上如何核算,均应并入金银首饰的销售额,计征消费税。

带料加工的金银首饰,应按受托方销售同类金银首饰的销售价格确定计税依据征收消费税。没有同类金银首饰销售价格的,按照组成计税价格计算纳税。

纳税人采用以旧换新(含翻新改制)方式销售的金银首饰,应按实际收取的不含增值税的全部价款确定计税依据征收消费税。

三、消费税的税目、税率

(一) 税目

按照《消费税暂行条例》规定,2014年12月调整后,确定征收消费税的只有烟、酒、化妆品等15个税目,有的税目还进一步划分为若干子目。消费税属于价内税,一般在应税消费品的生产、委托加工和进口环节缴纳。

▶ 1. 烟

凡是以烟叶为原料加工生产的产品,不论使用何种辅料,均属于本税目的征收范围。包括卷烟(进口卷烟、白包卷烟、手工卷烟和未经国务院批准纳入计划的企业及个人生产的卷烟)、雪茄烟和烟丝。

在"烟"税目下分"卷烟"等子目,"卷烟"又分"甲类卷烟"和"乙类卷烟"。其中,甲类卷烟是指每标准条(200支,下同)调拨价格在70元(不含增值税)以上(含70元)的卷烟;乙类卷烟是指每标准条调拨价格在70元(不含增值税)以下的卷烟。

自2009年5月1日起,在卷烟批发环节加征一道从价税,在中华人民共和国境内从事卷烟批发业务的单位和个人,批发销售的所有牌号规格的卷烟,按其销售额(不含增值税)征收5%的消费税。纳税人应将卷烟销售额与其他商品销售额分开核算,未分开核算的,一并征收消费税。纳税人销售给纳税人以外的单位和个人的卷烟于销售时纳税。纳税人之间销售的卷烟不缴纳消费税。卷烟批发企业的机构所在地,总机构与分支机构不在同一地区的,由总机构申报纳税。卷烟消费税在生产和批发两个环节征收后,批发企业在计算纳税时不得扣除已含的生产环节的消费税税款。

▶ 2. 酒

酒是酒精度在1度以上的各种酒类饮料。酒类包括粮食白酒、薯类白酒、黄酒、啤酒和其他酒。

啤酒每吨出厂价(含包装物及包装物押金)在3 000元(含3 000元,不含增值税)以上的是甲类啤酒,每吨出厂价(含包装物及包装物押金)在3 000元(不含增值税)以下的是乙类啤酒。包装物押金不包括重复使用的塑料周转箱的押金。对饮食业、商业、娱乐业举办的啤酒屋(啤酒坊)利用啤酒生产设备生产的啤酒,应当征收消费税。果啤属于啤酒,按啤酒征收消费税。配制酒(露酒)是指以发酵酒、蒸馏酒或食用酒精为酒基,加入可食用或药食两用的辅料或食品添加剂,进行调配、混合或再加工制成的并改变了其原酒基风格的饮料酒。具体规定如下:

(1)以蒸馏酒或食用酒精为酒基,具有国家相关部门批准的国食健字或卫食健字文号并且酒精度低于38度(含)的配制酒,按消费税税目税率表"其他酒"10%适用税率征收消费税。

(2)以发酵酒为酒基,酒精度低于20度(含)的配制酒,按消费税税目税率表"其他酒"10%适用税率征收消费税。

(3)其他配制酒,按消费税税目税率表"白酒"适用税率征收消费税。

▶ 3. 高档化妆品

根据财税〔2016〕103号文件规定,自2016年10月1日起,原"化妆品"税目改为"高档化妆品"税目。

本税目征收范围包括高档美容、修饰类化妆品、高档护肤类化妆品和成套化妆品。

高档美容、修饰类化妆品和高档护肤类化妆品是指生产(进口)环节销售(完税)价格(不含增值税)在10元/毫升(克)或15元/片(张)及以上的美容、修饰类化妆品和护肤类化妆品。

▶ 4. 贵重首饰及珠宝玉石

贵重首饰及珠宝玉石包括凡以金、银、白金、宝石、珍珠、钻石、翡翠、珊瑚、玛瑙等高贵稀有物质以及其他金属、人造宝石等制作的各种纯金银首饰及镶嵌首饰和经采掘、打磨、加工的各种珠宝玉石。对出国人员免税商店销售的金银首饰征收消费税。

▶ 5. 鞭炮、焰火

鞭炮、焰火包括各种鞭炮、焰火。体育上用的发令纸、鞭炮药引线,不按本税目征收。

▶ 6. 成品油

本税目包括汽油、柴油、石油、溶剂油、航空煤油、润滑油、燃料油7个子目;航空煤油暂缓征收。

根据国家税务总局公告2012年第46号的规定,自2012年11月1日起,催化料、焦化料属于燃料油的征收范围,应当征收消费税。

▶ 7. 摩托车

摩托车包括轻便摩托车和摩托车两种。对最大设计车速不超过50千米/小时,发动机气缸总工作容量不超过50毫米的三轮摩托车不征收消费税。气缸容量250毫升(不含)以下的小排量摩托车取消消费税。

▶ 8. 小汽车

汽车是指由动力驱动,具有4个或4个以上车轮的非轨道承载的车辆。

本税目征收范围包括小汽车、中轻型商用客车、超豪华小汽车(财税〔2016〕129号文件规定,自2016年12月1日起,增设此税目)。

(1)小汽车。驾驶员座位在内最多不超过9个座位(含)的,在设计和技术特征上用于载运乘客和货物的各类乘用车。用排气量小于1.5升(含)的乘用车底盘(车架)改装、改制的车辆属于乘用车征收范围。用排气量大于1.5升的乘用车底盘(车架)或用中轻型商用客车底盘(车架)改装、改制的车辆属于中轻型商用客车征收范围。

对于购进乘用车或中轻型商用客车整车改装生产的汽车,应按规定征收消费税。

(2)中轻型商用客车。驾驶员座位在内的座位数在10~23座(含23座)的在设计和技术特性上用于载运乘客和货物的各类中轻型商用客车。车身长度大于7米(含),并且座位在10~23座(含)以下的商用客车，不属于中轻型商用客车征税范围，不征收消费税。含驾驶员人数(额定载客)为区间值的(如8~10人；17~26人)小汽车，按其区间值下限人数确定征收范围。

(3) 超豪华小汽车。为每辆零售价格130万元(不含增值税)及以上的乘用车和中轻型商用客车，即乘用车和中轻型商用客车子税目中的超豪华小汽车。

电动汽车、沙滩车、雪地车、卡丁车、高尔夫车不属于消费税征收范围，不征收消费税。根据国税函〔2008〕452号文件规定，企业购进货车或厢式货车改装生产的商务车、卫星通信车等专用汽车不属于消费税征收范围，不征收消费税。

▶ 9. 高尔夫球及球具

高尔夫球及球具是指从事高尔夫球运动所需的各种专用装备，包括高尔夫球、高尔夫球杆及高尔夫球包(袋)等。

高尔夫球是指重量不超过45.93克、直径不超过42.67毫米的高尔夫球运动比赛、练习用球；高尔夫球杆是指被设计用来打高尔夫球的工具，由杆头、杆身和握把三部分组成；高尔夫球包(袋)是指专用于盛装高尔夫球及球杆的包(袋)。

本税目征收范围包括高尔夫球、高尔夫球杆、高尔夫球包(袋)。高尔夫球杆的杆头、杆身和握把属于本税目的征收范围。

▶ 10. 高档手表

高档手表是指销售价格(不含增值税)每只在10 000元(含)以上的各类手表。

本税目征收范围包括符合以上标准的各类手表。

▶ 11. 游艇

游艇是指长度大于8米小于90米，船体由玻璃钢、钢、铝合金、塑料等多种材料制作，可以在水上移动的水上浮载体。按照动力划分，游艇分为无动力艇、帆艇和机动艇。

▶ 12. 木制一次性筷子

木制一次性筷子，又称卫生筷子，是指以木材为原料经过锯段、浸泡、旋切、刨切、烘干、筛选、打磨、倒角、包装等环节加工而成的各类供一次性使用的筷子。

本税目征收范围包括各种规格的木制一次性筷子。未经打磨、倒角的木制一次性筷子属于本税目征税范围。

▶ 13. 实木地板

实木地板是指以木材为原料，经锯割、干燥、刨光、截断、开榫、涂漆等工序加工而成的块状或条状的地面装饰材料。实木地板按生产工艺不同，可分为独板(块)实木地板、实木指接地板、实木复合地板三类；按表面处理状态不同，可分为未涂饰地板(白坯板、素板)和漆饰地板两类。

本税目征收范围包括各类规格的实木地板、实木指接地板、实木复合地板及用于装饰墙壁、天棚的侧端面为榫、槽的实木装饰板。未经涂饰的素板也属于本税目征税范围。

▶ 14. 电池

电池是一种将化学能、光能等直接转换为电能的装置，一般由电极、电解质、容器、极端，通常还有隔离层组成的基本功能单元，以及用一个或多个基本功能单元装配成的电池组。范围包括原电池、蓄电池、燃料电池、太阳能电池和其他电池。

自 2015 年 2 月 1 日起对电池（铅蓄电池除外）征收消费税；对无汞原电池、金属氢化物镍蓄电池（又称"氢镍蓄电池"或"镍氢蓄电池"）、锂原电池、锂离子蓄电池、太阳能电池、燃料电池、全钒液流电池免征消费税。2015 年 12 月 31 日前对铅蓄电池缓征消费税；自 2016 年 1 月 1 日起，对铅蓄电池按 4% 税率征收消费税。

▶ 15. 涂料

涂料是指涂于物体表面能形成具有保护、装饰或特殊性能的固态涂膜的一类液体或固体材料之总称。自 2015 年 2 月 1 日起对涂料消费税，施工状态下挥发性有机物（Volatile Organic Compounds，VOC）含量低于 420 克/升（含）的涂料免征消费税。

（二）税率

消费税采用比例税率和定额税率两种形式，以适应不同应税消费品的实际情况。消费税根据不同的税目或子目确定相应的税率或单位税额。例如，白酒税率为 20%，摩托车税率为 3% 等；黄酒、啤酒、汽油、柴油等分别按单位重量或单位体积确定单位税额。经整理汇总的消费税税目、税率如表 3-1 所示。

表 3-1 消费税税目和税率

税 目	税 率
一、烟	
1. 卷烟	
(1) 甲类卷烟（生产或进口环节）	56% 加 0.003 元/支
(2) 乙类卷烟（生产或进口环节）	36% 加 0.003 元/支
(3) 批发环节	11%
2. 雪茄烟	36%
3. 烟丝	30%
二、酒	
1. 白酒	20% 加 0.5 元/500 克（或者 500 毫升）
2. 黄酒	240 元/吨
3. 啤酒	
(1) 甲类啤酒	250 元/吨
(2) 乙类啤酒	220 元/吨
4. 其他酒	10%
三、高档化妆品	15%

续表

税 目	税 率
四、贵重首饰及珠宝玉石	
1. 金银首饰、铂金首饰和钻石及钻石饰品	5%
2. 其他贵重首饰和珠宝玉石	10%
五、鞭炮、焰火	15%
六、成品油	
1. 汽油	1.52元/升
2. 柴油	1.2元/升
3. 航空煤油	1.2元/升
4. 石脑油	1.52元/升
5. 溶剂油	1.52元/升
6. 润滑油	1.52元/升
7. 燃料油	1.2元/升
七、摩托车	
1. 气缸容量为250毫升的	3%
2. 气缸容量为250毫升以上的	10%
八、小汽车	
1. 乘用车	
(1) 气缸容量(排气量,下同)在1.0升(含1.0升)以下的	1%
(2) 气缸容量在1.0升以上至1.5升(含1.5升)的	3%
(3) 气缸容量在1.5升以上至2.0升(含2.0升)的	5%
(4) 气缸容量在2.0升以上至2.5升(含2.5升)的	9%
(5) 气缸容量在2.5升以上至3.0升(含3.0升)的	12%
(6) 气缸容量在3.0升以上至4.0升(含4.0升)的	25%
(7) 气缸容量在4.0升以上的	40%
2. 中轻型商用客车	5%
3. 高档小汽车(零售环节)	10%

续表

税 目	税 率
九、高尔夫球及球具	10%
十、高档手表	20%
十一、游艇	10%
十二、木制一次性筷子	5%
十三、实木地板	5%
十四、电池	4%
十五、涂料	4%

(三)适用税率的特殊规定

(1)进口卷烟消费税适用比例税率按以下办法确定。

① 每标准条进口卷烟(200支)确定消费税适用比例税率的价格=(关税完税价格+关税+消费税定额税率)÷(1-消费税税率)。其中,关税完税价格和关税为每标准条的关税完税价格及关税税额;消费税定额税率为每标准条(200支)0.6元(依据现行消费税定额税率折算而成);消费税税率固定为36%。

② 每标准条进口卷烟(200支)确定消费税适用比例税率的价格大于或等于70元的,适用比例税率为56%;每标准条进口卷烟(200支)确定消费税适用比例税率的价格小于70元的,适用比例税率为36%。

非标准条包装卷烟应当折算成标准条包装卷烟的数量,以其实际销售收入计算确定其折算成标准条包装后的实际销售价格,并确定适用的比例税率。折算的实际销售价格高于计税价格的,应按照折算的实际销售价格确定适用比例税率;折算的实际销售价格低于计税价格的,应按照同牌号规格标准条包装卷烟的计税价格和适用税率征税。

非标准条包装卷烟是指每条包装多于或者少于200支的条包装卷烟。

(2)根据《财政部国家税务总局关于调整卷烟消费税的通知》(财税〔2015〕第60号),自2015年5月10日起,将卷烟批发环节从价税税率由5%提高至11%,并按0.005元/支加征从量税。纳税人兼营卷烟批发和零售业务的,应当分别核算批发和零售环节的销售额、销售数量;未分别核算批发和零售环节销售额、销售数量的,按照全部销售额、销售数量计征批发环节消费税。

第二节 消费税计算

一、消费税计税依据

按照现消费税法的基本规定,消费税应纳税额的计算主要分为从价计征、从量计征和从价从量复合计征三种方法。

(一) 从价计征

在从价定率计算方法下，应纳税额等于应税消费品的销售额乘以适用税率，应纳税额的多少，取决于应税消费品的销售额和适用税率两个因素。

▶ 1. 销售额的确定

销售额为纳税人销售应税消费品，向购买方收取的全部价款和价外费用。销售是指有偿转让应税消费品的所有权；有偿是指从购买方取得货币、货物或者其他经济利益；价外费用是指价外向购买方收取的手续费、补贴、基金、集资费、返还利润、奖励费、违约金、滞纳金、延期付款利息、赔偿金、代收款项、代垫款项、包装费、包装物租金、储备费、邮费、运输装卸费以及其他各种性质的价外收费。但下列项目不包括在内。

(1) 同时符合以下条件的代垫运输费用：
① 承运部门的运输费用发票开具给购买方的。
② 纳税人将该项发票转交给购买方的。

(2) 同时符合以下条件代为收取的政府性基金或者行政事业性收费。
① 由国务院或者财政部批准设立的政府性基金，由国务院或者省级人民政府及其财政、价格主管部门批准设立的行政事业性收费。
② 收取时开具省级以上财政部门印制的财政票据。
③ 所收款项全额上缴财政。

其他价外费用，无论是否属于纳税人的收入，均应并入销售额计算征税。

实行从价定率办法计算应纳税额的应税消费连同包装物销售的，无论包装是否单独计价，也不论在会计上如何核算，均应并入应税消费品的销售额中征收消费税。如果包装物不作价随同产品销售，而是收取押金，此项押金则不应并入应税消费品销售额中征税。但对逾期未收回的包装物不再退还的，或者已收取的时间超过 12 个月的押金，应并入应税消费品的销售额，按照应税消费品的适用税率缴纳消费税。

对既作价随同应税消费品销售，又另外收取押金的包装物的押金，凡纳税人在规定的期限内没有退还的，均应并入应税消费品的销售额，按照应税消费品的适用税率缴纳消费税。

▶ 2. 含增值税销售额的换算

应税消费品在缴纳消费税的同时，与一般货物一样，还应缴纳增值税。按照《消费税暂行条例实施细则》的规定，应税消费品的销售额，不包括应向购货方收取的增值税税款。如果纳税人应税消费品的销售额中未扣除增值税税款或者因不得开具增值税专用发票而发生价款和增值税税款合并收取的，在计算消费税时，应将含增值税的销售额换算为不含增值税税款的销售额。其换算公式为

应税消费品的销售额＝含增值税的销售额÷(1＋增值税税率或征收率)

在使用换算公式时，应根据纳税人的具体情况分别使用增值税税率或征收率。如果消费税的纳税人同时又是增值税一般纳税人的，应适用 16％的增值税税率；如果消费税的纳税人是增值税小规模纳税人的，应适用 3％的征收率。

(二) 从量计征

在从量定额计算方法下，应纳税额等于应税消费品的销售数量乘以单位税额，应纳税

额的多少,取决于应税消费品的销售数量和单位税额两个因素。

▶ 1. 销售数量的确定

销售数量是指纳税人生产、加工和进口应税消费品的数量。具体规定如下:

(1) 销售应税消费品的,为应税消费品的销售数量;

(2) 自产自用应税消费品的,为应税消费品的移送使用数量;

(3) 委托加工应税消费品的,为纳税人收回的应税消费品数量;

(4) 进口的应税消费品,为海关核定的应税消费品进口征税数量。

▶ 2. 计量单位的换算标准

《消费税暂行条例》规定,黄酒、啤酒是以吨为税额单位;汽油、柴油是以升为税额单位的。但是,考虑在实际销售过程中,一些纳税人会把吨或升这两个计量单位混用,故规范了不同产品的计量单位,以准确计算应纳税额,吨与升两个计量单位的换算标准如表3-2所示。

表3-2 吨与升两个计量单位的换算标准

序 号	名 称	计量单位的换算标准
1	黄酒	1吨=962升
2	啤酒	1吨=988升
3	汽油	1吨=1 388升
4	柴油	1吨=1 176升
5	航空煤油	1吨=1 246升
6	石脑油	1吨=1 385升
7	溶剂油	1吨=1 282升
8	润滑油	1吨=1 126升
9	燃料油	1吨=1 015升

(三) 从价从量复合计征

现行消费税的征税范围中,只有卷烟、白酒采用复合计征方法。基本计算公式为

应纳税额=应税销售数量×定额税率+应税销售额×比例税率

生产销售卷烟、白酒从量定额计税依据为实际销售数量。进口、委托加工、自产自用卷烟、白酒从量定额计税依据分别为海关核定的进口征税数量、委托方收回数量、移送使用数量。

(四) 计税依据的特殊规定

(1) 纳税人通过自设非独立核算门市部销售的自产应税消费品,应当按照门市部对外销售额或者销售数量征收消费税。

(2) 纳税人用于换取生产资料和消费资料,投资入股和抵偿债务等方面的应税消费品,应当以纳税人同类应税消费品的最高销售价格作为计税依据计算消费税。

(3) 兼营不同税率应税消费品的税务处理。

纳税人生产销售应税消费品,如果不是单一经营某一税率的产品,而是经营多种不同

税率的产品,这就是兼营行为。由于《消费税暂行条例》税目税率表列举的各种应税消费品的税率高低不同,因此,纳税人在兼营不同税率应税消费品时,税法就要针对其不同的核算方式分别规定税务处理办法,以加强税收管理,避免因核算方式不同而出现税款流失的现象。

纳税人兼营不同税率的应税消费品,应当分别核算不同税率应税消费品的销售额、销售数量。未分别核算销售额、销售数量,或者将不同税率的应税消费品组成成套消费品销售的,从高适用税率。

需要解释的是,纳税人兼营不同税率的应税消费品,是指纳税人生产销售两种税率以上的应税消费品。所谓"从高适用税率",就是对兼营高低不同税率的应税消费品,当不能分别核算销售额、销售数量,或者将不同税率的应税消费品组成成套消费品销售的,就以应税消费品中适用的高税率与混合在一起的销售额、销售数量相乘,得出应纳消费税额。

例如,某酒厂既生产税率为20%的粮食白酒,又生产税率为10%的其他酒,如汽酒、药酒等。对于这种情况税法规定,该厂应分别核算白酒与其他酒的销售额,然后按各自适用的税率计税;如不分别核算各自的销售额,其他酒也按白酒的税率计算纳税。如果该酒厂还生产白酒与其他酒小瓶装礼品套酒,就是税法所指的成套消费品,应按全部销售额就白酒的税率20%计算应纳消费税额,而不能以其他酒10%的税率计算其中任何一部分的应纳税额了。对未分别核算的销售额按高税率计税,意在督促企业对不同税率应税消费品的销售额分别核算,准确计算纳税。

二、生产销售环节应纳消费税的计算

纳税人在生产销售环节应缴纳的消费税,包括直接对外销售应税消费品应缴纳的消费税和自产自用应税消费品应缴纳的消费税。

(一)直接对外销售应纳消费税的计算

直接对外销售应税消费品涉及三种计算方法。

▶ 1. 从价定率计算

在从价定率计算方法下,应纳消费税额等于销售额乘以适用税率。基本计算公式为

$$应纳税额 = 应税消费品的销售额 \times 比例税率$$

【例3-1】某化妆品生产企业为增值税一般纳税人。2018年3月15日向某大型商场销售高档化妆品一批,开具增值税专用发票,取得不含增值税销售额30万元,增值税税额5.1万元;3月20日向某单位销售普通化妆品一批,开具普通发票,取得含增值税销售额4.68万元。计算该化妆品生产企业上述业务应缴纳的消费税额。

高档化妆品适用消费税税率15%,普通化妆品不需要缴纳消费税

应缴纳的消费税额=30×15%=4.5(万元)

▶ 2. 从量定额计算

在从量定额计算方法下,应纳税额等于应税消费品的销售数量乘以单位税额。基本计算公式为

$$应纳税额 = 应税消费品的销售数量 \times 定额税率$$

【例3-2】某啤酒厂2018年4月销售甲类啤酒1 000吨,取得不含增值税销售额295万元,增值税税额50.15万元,另收取包装物押金23.4万元。计算4月该啤酒厂应纳消费

税税额。

销售甲类啤酒，适用定额税率每吨250元。

应纳税额＝销售数量×定额税率＝1 000×250＝250 000（元）

▶ 3. 从价定率和从量定额复合计算

现行消费税的征税范围中，只有卷烟、白酒采用复合计算方法。基本计算公式为

应纳税额＝应税消费品的销售数量×定额税率＋应税销售额×比例税率

【例3-3】某白酒生产企业为增值税一般纳税人，2018年4月销售白酒50吨，取得不含增值税的销售额200万元。计算白酒企业4月应缴纳的消费税额。

白酒适用比例税率20%，定额税率每500克0.5元。

应纳税额＝50×2 000×0.00005＋200×20%＝45（万元）

（二）自产自用应纳消费税的计算

自产自用就是纳税人生产应税消费品后，不是用于直接对外销售，而是用于自己连续生产应税消费品或用于其他方面。这种自产自用应税消费品形式，在实际经济活动中是很常见的，但也是在是否纳税或如何纳税上最容易出现问题的。例如，有的企业把自己生产的应税消费品，以福利或奖励等形式发给本厂职工，以为不是对外销售，不必计入销售额，无须纳税。这样就出现了漏缴税款的现象。因此，很有必要认真理解税法对自产自用应税消费品的有关规定。

▶ 1. 用于连续生产应税消费品

纳税人自产自用的应税消费品，用于连续生产应税消费品的，不纳税。"纳税人自产自用的应税消费品，用于连续生产应税消费品的"，是指作为生产最终应税消费品的直接材料并构成最终产品实体的应税消费品。例如，卷烟厂生产出烟丝，烟丝已是应税消费品，卷烟厂再用生产出的烟丝连续生产卷烟，这样，用于连续生产卷烟的烟丝就不缴纳消费税，只对生产的卷烟征收消费税。当然，生产出的烟丝如果是直接销售的，则烟丝还是要缴纳消费税的。税法规定对自产自用的应税消费品，用于连续生产应税消费品的不征税，体现了不重复课税，且计税简便的原则。

▶ 2. 用于其他方面的应税消费品

纳税人自产自用的应税消费品，除用于连续生产应税消费品外，凡用于其他方面的，于移送使用时纳税。用于其他方面的是指纳税人用于生产非应税消费品、在建工程、管理部门、非生产机构，提供劳务，以及用于馈赠、赞助、集资、广告、样品、职工福利、奖励等方面。所谓"用于生产非应税消费品"，是指把自产的应税消费品用于生产消费税条例税目税率表所列14类产品以外的产品。例如，原油加工厂用生产出的应税消费品汽油调和制成溶剂汽油，该溶剂汽油就属于非应税消费品。所谓"用于在建工程"，是指把自产的应税消费品用于本单位的各项建设工程。例如，石化工厂把自己生产的柴油用于本厂基建工程的车辆、设备使用。所谓"用于管理部门、非生产机构"，是指把自己生产的应税消费品用于与本单位有隶属关系的管理部门或非生产机构。例如，汽车制造厂把生产出的小汽车提供给上级主管部门使用。所谓"用于馈赠、赞助、集资、广告、样品、职工福利、奖励"，是指把自己生产的应税消费品无偿赠送给他人或以资金的形式投资于外单位某些事业或作为商品广告、经销样品或以福利、奖励的形式发给职工。例如，摩托车厂把自己生产的摩托车赠送或赞助给摩托车拉力赛赛手使用，兼作商品广告；酒厂把生产的滋补药酒

以福利的形式发给职工，等等。总之，企业自产的应税消费品虽然没有用于销售或连续生产应税消费品，但只要是用于税法所规定范围的都要视同销售，依法缴纳消费税。

▶ 3. 组成计税价格及税额的计算

纳税人自产自用的应税消费品，凡用于其他方面，应当纳税的，按照纳税人生产的同类消费品的销售价格计算纳税。同类消费品的销售价格，是指纳税人当月销售的同类消费品的销售价格，如果当月同类消费品各期销售价格高低不同，应按销售数量加权平均计算。但销售的应税消费品有下列情况之一的，不得列入加权平均计算。

(1) 销售价格明显偏低又无正当理由的。
(2) 无销售价格的。

如果当月无销售或者当月未完结，应按照同类消费品上月或者最近月份的销售价格计算纳税。

没有同类消费品销售价格的，按照组成计税价格计算纳税。
① 实行从价定率办法计算纳税的组成计税价格计算公式为

$$组成计税价格=(成本+利润)\div(1-比例税率)$$

$$应纳税额=组成计税价格\times 比例税率$$

② 实行复合计税办法计算纳税的组成计税价格计算公式为

$$组成计税价格=(成本+利润+自产自用数量\times 定额税率)\div(1-比例税率)$$

$$应纳税额=组成计税价格\times 比例税率+自产自用数量\times 定额税率$$

上述公式中，"成本"是指应税消费品的产品生产成本；"利润"是指根据应税消费品的全国平均成本利润率计算的利润。应税消费品全国平均成本利润率由国家税务总局确定。

三、委托加工环节应税消费品应纳税的计算

企业、单位或个人由于设备、技术、人力等方面的局限或其他方面的原因，常常要委托其他单位代为加工应税消费品，然后将加工好的应税消费品收回，直接销售或自己使用。这是生产应税消费品的另一种形式，也需要纳入征收消费税的范围。例如，某企业将购来的小客车底盘和零部件提供给某汽车改装厂，加工组装成小客车供自己使用，则加工、组装成的小客车就需要缴纳消费税。按照规定，委托加工的应税消费品，由受托方在向委托方交货时代收代缴税款。

(一) 委托加工应税消费品的确定

委托加工的应税消费品，是指由委托方提供原料和主要材料，受托方只收取加工费和代垫部分辅助材料加工的应税消费品。对于由受托方提供原材料生产的应税消费品，或者受托方先将原材料卖给委托方，然后再接受加工的应税消费品，以及由受托方以委托方名义购进原材料生产的应税消费品，不论纳税人在财务上是否作销售处理，都不得作为委托加工应税消费品，而应当按照销售自制应税消费品缴纳消费税。

(二) 代收代缴税款的规定

对于确实属于委托方提供原料和主要材料，受托方只收取加工费和代垫部分辅助材料加工的应税消费品。《税法》规定，由受托方在向委托方交货时代收代缴消费税。这样，受托方就是法定的代收代缴义务人。如果受托方对委托加工的应税消费品没有代收

代缴或少代收代缴消费税,应按照《税收征收管理法》的规定,承担代收代缴的法律责任。因此,受托方必须严格履行代收代缴义务,正确计算和按时代缴税款。为了加强对受托方代收代缴税款的管理,委托个人(含个体工商户)加工的应税消费品,由委托方收回后缴纳消费税。

委托加工的应税消费品,受托方在交货时已代收代缴消费税,委托方将收回的应税消费品,以不高于受托方的计税价格出售的,为直接出售,不再缴纳消费税;委托方以高于受托方的计税价格出售的,不属于直接出售,需按照规定申报缴纳消费税,在计税时准予扣除受托方已代收代缴的消费税。

对于受托方没有按规定代收代缴税款的,不能因此免除委托方补缴税款的责任。在对委托方进行税务检查中,如果发现受其委托加工应税消费品的受托方没有代收代缴税款,则应按照《税收征收管理法》规定,对受托方处以应代收代缴税款50%以上3倍以下的罚款;委托方要补缴税款,对委托方补征税款的计税依据是:如果在检查时,收回的应税消费品已经直接销售的,按销售额计税;收回的应税消费品尚未销售或不能直接销售的(如收回后用于连续生产等),按组成计税价格计税。组成计税价格的计算公式与下列(三)组成计税价格公式相同。

(三)组成计税价格及应纳税额的计算

委托加工的应税消费品,按照受托方的同类消费品的销售价格计算纳税,同类消费品的销售价格,是指受托方(即代收代缴义务人)当月销售的同类消费品的销售价格,如果当月同类消费品各期销售价格高低不同,应按销售数量加权平均计算。但销售的应税消费品有下列情况之一的,不得列入加权平均计算。

(1)销售价格明显偏低又无正当理由的。

(2)无销售价格的。

如果当月无销售或者当月未完结,应按照同类消费品上月或最近月份的销售价格计算纳税。没有同类消费品销售价格的,按照组成计税价格计算纳税。

① 实行从价定率办法计算纳税的组成计税价格计算公式为

$$组成计税价格=(材料成本+加工费)÷(1-比例税率)$$

② 实行复合计税办法计算纳税的组成计税价格计算公式为

$$组成计税价格=(材料成本+加工费+委托加工数量×定额税率)÷(1-比例税率)$$

【例3-4】某鞭炮企业2018年4月受托为某单位加工一批鞭炮,委托单位提供的原材料金额为60万元,收取委托单位不含增值税的加工费8万元,鞭炮企业无同类产品市场价格。计算鞭炮企业应代收代缴的消费税。

鞭炮的适用税率为15%。

组成计税价格=(60+8)÷(1-15%)=80(万元)

应代收代缴消费税=80×15%=12(万元)

四、已纳消费税扣除的计算

为了避免重复征税,现行消费税规定,将外购应税消费品和委托加工收回的应税消费品继续生产应税消费品销售的,可以将外购应税消费品和委托加工收回应税消费品已缴纳的消费税给予扣除。

(一) 外购应税消费品已纳税款的扣除

▶ 1. 外购应税消费品连续生产应税消费品

由于某些应税消费品是用外购已缴纳消费税的应税消费品连续生产出来的,在对这些连续生产出来的应税消费品计算征税时,税法规定应按当期生产领用数量计算准予扣除外购的应税消费品已纳的消费税税款。扣除范围包括如下。

(1) 外购已税烟丝生产的卷烟。
(2) 外购已税化妆品生产的化妆品。
(3) 外购已税珠宝玉石生产的贵重首饰及珠宝玉石。
(4) 外购已税鞭炮焰火生产的鞭炮焰火。
(5) 外购已税杆头、杆身和握把为原料生产的高尔夫球杆。
(6) 外购已税木制一次性筷子为原料生产的木制一次性筷子。
(7) 外购已税实木地板为原料生产的实木地板。
(8) 对外购已税汽油、柴油、石脑油、燃料油、润滑油用于连续生产应税成品油。
(9) 外购已税摩托车连续生产应税摩托车(如用外购两轮摩托车改装三轮摩托车)。

上述当期准予扣除外购应税消费品已纳消费税税款的计算公式为

当期准予扣除的外购应税消费品已纳税款＝当期准予扣除的外购应税消费品买价×外购应税消费品适用税率

当期准予扣除的外购应税消费品买价＝期初库存的外购应税消费品的买价＋当期购进的应税消费品的买价－期末库存的外购应税消费品的买价

外购已税消费品的买价,是指购货发票上注明的销售额(不包括增值税税款)。由于我国近期多次调整成品油消费税税率,纳税人外购应税油品连续生产应税成品油,根据其取得的外购应税油品增值税专用发票开具时间来确定具体扣除金额,如果增值税专用发票开具时间为调整前,则按照调整前的成品油消费税税率计算扣除消费税;如果增值税专用发票开具时间为调整后,则按照调整后的成品油消费税税率算扣除消费税。

▶ 2. 外购应税消费品后销售

对自己不生产应税消费品,而只是购进后再销售应税消费品的工业企业,其销售的化妆品,护肤护发品,鞭炮焰火和珠宝玉石,凡不能构成最终消费品直接进入消费品市场,而需进一步生产加工的(如需进一步)深加工、包装、贴标,组合的珠宝玉石、化妆品、酒、鞭炮焰火等,应当征收消费税,同时允许扣除上述外购应税消费品的已纳税款。

(二) 委托加工收回的应税消费品已纳税款的扣除

委托加工的应税消费品因为已由受托方代收代缴消费税,因此委托方收回货物后用于连续生产应税消费品的,其已纳税款准予按照规定从连续生产的应税消费品应纳消费税税额中抵扣。按照国家税务总局的规定,下列连续生产的应税消费品准予从应纳消费税税额中按当期生产领用数量计算扣除委托加工收回的应税消费品已纳消费税税款。

(1) 以委托加工收回的已税烟丝为原料生产的卷烟。
(2) 以委托加工收回的已税化妆品为原料生产的化妆品。
(3) 以委托加工收回的已税珠宝玉石为原料生产的贵重首饰及珠宝玉石。

（4）以委托加工收回的已税鞭炮、焰火为原料生产的鞭炮、焰火。

（5）以委托加工收回的已税杆头、杆身和握把为原料生产的高尔夫球杆。

（6）以委托加工收回的已税木制一次性筷子为原料生产的木制一次性筷子。

（7）以委托加工收回的已税实木地板为原料生产的实木地板。

（8）以委托加工收回的已税汽油、柴油、石脑油、燃料油、润滑油用于连续生产应税成品油。

（9）以委托加工收回的已税摩托车连续生产应税摩托车（如用外购两轮摩托车改装三轮摩托车）。

上述当期准予扣除委托加工收回的应税消费品已纳消费税税款的计算公式为

当期准予扣除的委托加工应税消费品已纳税款＝期初库存的委托加工应税消费品已纳税款＋当期收回的委托加工应税消费品已纳税款－期末库存的委托加工应税消费品已纳税款

纳税人以进口、委托加工收回应税油品连续生产应税成品油，分别依据《海关进口消费税专用缴款书》《税收缴款书（代扣代收专用）》，按照现行政策规定计算扣除应税油品已纳消费税税款。

需要说明的是，纳税人用委托加工收回的已税珠宝玉石生产的改在零售环节征收消费税的金银首饰，在计税时一律不得扣除委托加工收回的珠宝玉石的已纳消费税税款。

第三节 消费税征税环节的特殊规定

一、关于金银首饰零售环节征收消费税的规定

根据《财政部　国家税务总局关于调整金银首饰消费税纳税环节有关问题的通知》[（94）财税字第95号]文件的规定，金银首饰消费税由生产销售环节征收，改为零售环节征收。为了突出金银首饰征收消费税的特殊性，这里专门介绍金银首饰征收消费税的若干规定。

（一）纳税义务人

在中华人民共和国境内从事金银首饰零售业务的单位和个人，为金银首饰消费税的纳税义务人。委托加工（除另有规定外）、委托代销金银首饰的，受托方也是纳税人。

（二）改为零售环节征收消费税的金银首饰范围

(94)财税字第95号文件规定，改为零售环节征收消费税的金银首饰范围仅限于：金、银和金基、银基合金首饰，以及金、银和金基、银基合金的镶嵌首饰。从2003年5月1日起，铂金首饰消费税改为零售环节征税。从2002年1月1日起，钻石及钻石饰品消费税改为零售环节征税。

对既销售金银首饰，又销售非金银首饰的生产经营单位，应将两类商品划分清楚，分别核算销售额。凡划分不清楚或不能分别核算的，在生产环节销售的，一律从高适用税率

征收消费税；在零售环节销售的，一律按金银首饰征收消费税。金银首饰与其他产品组成成套消费品销售的，应按销售额全额征收消费税。

(三) 应税与非应税的划分

经营单位兼营生产、加工、批发、零售业务的，应分别核算销售额，未分别核算销售额或者划分不清的，一律视同零售征收消费税。

2004年6月25日，国家税务总局发布《关于取消金银首饰消费税纳税人认定行政审批后有关问题的通知》(国税函〔2004〕826号)，停止执行金银首饰消费税纳税人的认定。

(四) 税率

金银首饰消费税税率为5%。

(五) 计税依据

按照有关规定，金银首饰的计税依据如下。

(1) 纳税人销售金银首饰，其计税依据为不含增值税的销售额。如果纳税人销售金银首饰的销售额中未扣除增值税税额，在计算消费税时，应按以下公式换算为不含增值税税额的销售额：

$$金银首饰的销售额 = 含增值税的销售额 / (1 + 增值税税率或征收率)$$

(2) 金银首饰连同包装物销售的，无论包装物是否单独计价，也无论会计上如何核算均应并入金银首饰的销售额，计征消费税。

(3) 带料加工的金银首饰，应按受托方销售同类金银首饰的销售价格确定计税依据征收消费税。没有同类金银首饰销售价格，按照组成计税价格计算纳税。计算公式为

$$组成计税价格 = (材料成本 + 加工费) / (1 - 金银首饰消费税税率)$$

(4) 纳税人采用以旧换新(含翻新改制)方式销售的金银首饰，应按实际收取的不含增值税的全部价款确定计税依据征收消费税。

(5) 生产、批发、零售单位用于馈赠、赞助、集资、广告、样品、职工福利、奖励等方面的金银首饰，应按纳税人销售同类金银首饰的销售价格确定计税依据征收消费税；没有同类金银首饰参照价格的，按照组成计税价格计算纳税。计算公式为

$$组成计税价格 = [购进原价 \times (1 + 利润率)] \div (1 - 金银首饰消费税税率)$$

纳税人为生产企业时，式中的"购进原价"为生产成本，"利润率"一律定为6%。

(6) 金银首饰消费税改变纳税环节后，用已税珠宝玉石生产的镶嵌首饰，在计税时一律不得扣除已纳的消费税税款。

(7) 对改变征税环节的，商业零售企业销售以前年度库存的金银首饰按调整后的税率照章征收消费税。

(六) 申报与缴纳

▶ 1. 纳税环节

纳税人销售(指零售，下同)的金银首饰(含以旧换新)，于销售时纳税；用于馈赠、赞助、广告、样品、职工福利、奖励等方面的金银首饰，于移送时纳税；带料加工、翻新改制的金银首饰，于受托方交货时纳税。

金银首饰消费税改变征税环节后，经营单位进口金银首饰的消费税，由进口环节征收改为在零售环节征收；出口金银首饰由出口退税改为出口不退消费税。

个人携带、邮寄金银首饰进境,仍按海关现行规定征税。

▶ 2. 纳税义务发生时间

(1)纳税人销售金银首饰,其纳税义务发生时间为收讫销货款或取得索取销货凭证的当天。

(2)用于馈赠、赞助、集资、广告、样品、职工福利、奖励等方面的金银首饰,其纳税义务发生时间为移送的当天。

(3)带料加工、翻新改制的金银首饰,其纳税义务发生时间为受托方交货的当天。

▶ 3. 纳税地点

纳税人应向其核算地主管国家税务局申报纳税。

纳税人总机构与分支机构不在同一县(市)的,分支机构应纳税款应在所在地缴纳。

但经国家税务总局及省级国家税务局批准,纳税人分支机构应纳消费税税款也可由总机构汇总向总机构所在地主管国家税务局缴纳。

固定业户到外县(市)临时销售金银首饰,应当向其机构所在地主管国家税务局申请开具外出经营活动税收管理证明,回其机构所在地向主管国家税务局申报纳税。未持有其机构所在地主管国家税务局核发的外出经营活动税收管理证明的,销售地主管国家税务局一律按规定征收消费税。其在销售地发生的销售额,回机构所在地后仍应按规定申报纳税,在销售地缴纳的消费税税款不得从应纳税额中扣减。

二、卷烟批发环节征收消费税的规定

为了适当增加财政收入,完善烟产品消费税制度,自2009年5月1日起,在卷烟批发环节加征一道从价税。自2015年5月10日起,卷烟批发环节消费税率又有变化。

(1)纳税义务人:在中华人民共和国境内从事卷烟批发业务的单位和个人。

(2)征收范围:纳税人批发销售的所有牌号规格的卷烟。

(3)计税依据:纳税人批发卷烟的销售额(不含增值税)。

(4)纳税人应将卷烟销售额与其他商品销售额分开核算,未分开核算的,一并征收消费税。

(5)适用税率:从价税率11%,从量税率0.005元/支。

(6)纳税人销售给纳税人以外的单位和个人的卷烟于销售时纳税。纳税人之间销售的卷烟不缴纳消费税。

(7)纳税义务发生时间:纳税人收讫销售款或者取得索取销售款凭据的当天。

(8)纳税地点:卷烟批发企业的机构所在地,总机构与分支机构不在同一地区的,由总机构申报纳税。

(9)卷烟消费税在生产和批发两个环节征收后,批发企业在计算纳税时不得扣除已含的生产环节的消费税税款。

三、超豪华小汽车零售环节征收消费税的规定

为了引导合理消费,促进节能减排经国务院批准对超豪华小汽车加征消费税。

(1)纳税人,将超豪华小汽车销售给消费者的单位和个人为超豪华小汽车零售环节纳税人。

（2）纳税环节及税率，对超豪华小汽车，在生产（进口）环节按现行税率征收消费税基础上，在零售环节加征消费税，税率为10%。

（3）超豪华小汽车零售环节消费税应纳税额计算公式为

应纳税额＝零售环节销售额（不含增值税，下同）×零售环节税率

国内汽车生产企业直接销售给消费者的超豪华小汽车，消费税税率按照生产环节税率和零售环节税率加总计算。消费税应纳税额计算公式为

应纳税额＝销售额×（生产环节税率＋零售环节税率）

第四节 进口、出口应税消费品的税收政策及管理

一、进口应税消费品的基本规定

根据《消费税暂行条例》及其实施细则等有关规定，进口应税消费品的有关规定如下。

（一）纳税义务人

进口或代理进口应税消费品的单位和个人，为进口应税消费品消费税的纳税义务人。

（二）课税对象

进口应税消费品以进口商品总值为课税对象。这是因为应税消费品报关进口后，还没有实现销售，不可能根据实际销售收入征税；如果以到岸价格为课税对象，就会使进口应税消费品与国内生产的同种应税消费品的征税依据不一致，从而使进口应税消费品的税负低于国内生产的同种应税消费品的税负。因此，应以进口商品总值为课税对象。进口商品总值具体包括到岸价格、关税和消费税三部分内容。以进口商品总值为课税对象，可使进口应税消费品与国内生产的同种应税消费品的征税依据一致，税负基本平衡，从而有利于防止盲目进口，保护国内经济的发展。

为适应社会经济形势的发展需要，进一步完善消费税制，国家对消费税税目、税率及相关政策进行了调整。根据财税〔2006〕33号、海关总署公告2013年第74号等文件精神，具体规定如下：

（1）新增对高尔夫球及球具、高档手表、游艇、木制一次性筷子、实木地板、石脑油、溶剂油、润滑油、燃料油、航空煤油等产品征收消费税。

（2）自2014年1月1日起，对部分征收进口环节消费税的成品油税目予以进一步明确。

① 对进口的灯用煤油（税则号列：27101912）、其他煤油（税则号列：27101919）征收消费税，税额为0.8元/升。

② 对进口的含有生物柴油的成品油（税则号列：27102000）、不符合GB/T-20828-2014《柴油机燃料调合用生物柴油（BD100）》的生物柴油及其混合物（税则号列：ex38260000）征收消费税，税额为0.8元/升。

（3）自2015年2月1日起，对电池涂料征收4%的进口环节消费税。自2016年1月1

日起对铅蓄电池征收4%的进口环节消费税。

（三）进口应税消费品组成计税价格的计算

（1）实行从价定率办法计算应纳税额的，按照组成计税价格计算纳税。计算公式为

$$组成计税价格=(关税完税价格+关税)\div(1-消费税比例税率)$$

$$应纳税额=组成计税价格\times适用税率$$

式中，关税完税价格是指海关核定的关税计税价格。

（2）实行从量定额办法的应税消费品的应纳税额的计算公式为

$$应纳税额=应税消费品数量\times消费税定额税率$$

式中，应税消费品数量是指海关核定的应税消费品进口征税数量。

（3）实行复合计税办法计算纳税的组成计税价格计算公式为

$$组成计税价格=(关税完税价格+关税+进口数量\times消费税定额税率)\div$$
$$(1-消费税适用比例税率)$$

应纳消费税税额＝进口应税消费品组成计税价格×消费税适用比例税率＋消费税定额税

其中，

$$消费税定额税=海关核定的进口应税消费品数量\times消费税定额税率$$

【例3-5】 某公司从境外进口一批化妆品，经海关核定关税的完税价格为54 000元，进口关税税率为25%，消费税税率为30%。计算应纳税额如下：

组成计税价格＝(54 000＋54 000×25%)÷(1－30%)＝96 429(元)

应纳税额＝96 429×30%＝28 929(元)

（四）税收优惠政策

根据《财政部、海关总署、国家税务总局关于印发〈关于进口货物进口环节海关代征税税收政策问题的规定〉的通知》(财关税〔2004〕7号)的有关规定，进口货物税收优惠包括以下内容。

（1）经海关批准暂时进境的下列货物，在进境时纳税义务人向海关缴纳相当于应纳税款的保证金或者提供其他担保的，可以暂不缴纳进口环节增值税和消费税，并应当自进境之日起6个月内复运出境；经纳税义务人申请，海关可以根据海关总署的规定延长复运出境的期限。

① 在展览会、交易会、会议及类似活动中展示或者使用的货物。
② 文化、体育交流活动中使用的表演、比赛用品。
③ 进行新闻报道或者摄制电影、电视节目使用的仪器、设备及用品。
④ 开展科研、教学、医疗活动使用的仪器、设备及用品。
⑤ 在上述所列活动中使用的交通工具及特种车辆。
⑥ 货样。
⑦ 供安装、调试、检测设备时使用的仪器、工具。
⑧ 盛装货物的容器。
⑨ 其他用于非商业目的的货物。

上述所列暂准进境货物在规定的期限内未复运出境的，海关应当依法征收进口环节增

值税和消费税。其他暂准进境货物,应当按照该货物的组成计税价格和其在境内滞留时间与折旧时间的比例分别计算征收进口环节增值税和消费税。

(2) 因残损、短少、品质不良或者规格不符原因,由进口货物的发货人、承运人或者保险公司免费补偿或者更换的相同货物,进口时不征收进口环节增值税和消费税。被免费更换的原进口货物不退运出境的,海关应当对原进口货物重新按照规定征收进口环节增值税和消费税。

(3) 进口环节增值税税额在人民币50元以下的一票货物,免征进口环节增值税;消费税税额在人民币50元以下的一票货物,免征进口环节消费税。

(4) 无商业价值的广告品和货样免征进口环节增值税和消费税。

(5) 外国政府、国际组织无偿赠送的物资免征进口环节增值税和消费税。

(6) 在海关放行前损失的进口货物免征进口环节增值税和消费税;在海关放行前遭受损坏的货物,可以按海关认定的进口货物受损后的实际价值确定进口环节增值税和消费税组成计税价格公式中的关税完税价格和关税,并依法计征进口环节增值税和消费税。

(7) 进境运输工具装载的途中必需的燃料、物料和饮食用品免征进口环节增值税和消费税。

(8) 有关法律、行政法规规定进口货物减征或者免征进口环节海关代征税的,海关按照规定执行。

(五) 征收管理

(1) 进口的应税消费品,于报关进口时缴纳消费税。

(2) 进口的应税消费品的消费税由海关代征。

(3) 进口的应税消费品,由进口人或者其代理人向报关地海关申报纳税。

(4) 纳税人进口应税消费品,应当自海关填发海关进口消费税专用缴款书之日起15日内缴纳税款。

二、跨境电子商务零售进口税收政策

自2016年4月8日起,为营造公平竞争的市场环境,促进跨境电子商务零售进口健康发展,根据《财政部、海关总署、国家税务总局关于跨境电子商务零售进口税收政策的通知》(财关税〔2016〕18号),跨境电子商务零售(企业对消费者,即B2C)进口税收政策规定如下。

(1) 跨境电子商务零售进口商品按照货物征收关税和进口环节增值税、消费税,购买跨境电子商务零售进口商品的个人作为纳税义务人,实际交易价格(包括货物零售价格、运费和保险费)作为完税价格,电子商务企业、电子商务交易平台企业或物流企业可作为代收代缴义务人。

(2) 跨境电子商务零售进口税收政策适用于从其他国家或地区进口的、《跨境电子商务零售进口商品清单》范围内的以下商品。

① 所有通过与海关联网的电子商务交易平台交易,能够实现交易、支付、物流电子信息"三单"比对的跨境电子商务零售进口商品。

② 未通过与海关联网的电子商务交易平台交易,但快递、邮政企业能够统一提供交

易、支付、物流等电子信息,并承诺承担相应法律责任进境的跨境电子商务零售进口商品。

不属于跨境电子商务零售进口的个人物品以及无法提供交易、支付、物流等电子信息的跨境电子商务零售进口商品,按现行规定执行。

(3) 跨境电子商务零售进口商品的单次交易限值为人民币2 000元,个人年度交易限值为人民币20 000元。在限值以内进口的跨境电子商务零售进口商品,关税税率暂设为0%;进口环节增值税、消费税取消免征税额,暂按法定应纳税额的70%征收。超过单次限值、累加后超过个人年度限值的单次交易,以及完税价格超过2 000元限值的单个、不可分割商品,均按照一般贸易方式全额征税。

(4) 跨境电子商务零售进口商品自海关放行之日起30日内退货的可申请退税并相应调整个人年度交易总额。

(5) 跨境电子商务零售进口商品购买人(订购人)的身份信息应进行认证;未进行认证的购买人(订购人)身份信息应与付款人一致。

三、出口应税消费品的基本政策

出口应税消费品退(免)消费税在政策上分为以下三种情况。

(一) 出口免税并退税

适用范围:有出口经营权的外贸企业购进应税消费品直接出口,以及外贸企业受其他外贸企业委托代理出口应税消费品。需要注意的是,外贸企业只有受其他外贸企业委托,代理出口应税消费品才可办理退税,外贸企业受其他企业(主要是非生产性的商贸企业)委托,代理出口应税消费品是不予退(免)税的。

(二) 出口免税但不退税

适用范围:有出口经营权的生产性企业自营出口或生产企业委托外贸企业代理出口自产的应税消费品,依据其实际出口数量免征消费税,不予办理退还消费税。免征消费税,是指对生产性企业按其实际出口数量免征生产环节的消费税。不予办理退还消费税,是指因已免征生产环节的消费税,该应税消费品出口时,已不含有消费税,所以无须再办理退还消费税。这项政策规定与前述生产性企业自营出口或委托代理出口自产货物退(免)增值税的规定是不一样的。政策区别的原因是:消费税仅在生产企业的生产环节征收,生产环节免税了,出口的应税消费品就不含有消费税了;而增值税却在货物销售的各个环节征收,生产企业出口货物时,已纳的增值税就需退还。

(三) 出口不免税也不退税

适用范围:除生产企业、外贸企业外的其他企业,具体是指一般商贸企业,这类企业委托外贸企业代理出口应税消费品一律不予退(免)税。

四、用于生产乙烯、芳烃类化工产品的石脑油、燃料油消费税退(免)

(1) 生产企业自产石脑油、燃料油用于生产乙烯、芳烃类化工产品的,按实际耗用数量暂免征消费税。

(2) 对使用石脑油、燃料油生产乙烯、芳烃类的企业购进并用于生产乙烯、芳烃类化工

工产品的石脑油、燃料油，按实际耗用数量暂退还所含消费税。退还石脑油、燃料油所含消费税计算公式为

应退还消费税税额＝石脑油、燃料油实际耗用数量×石脑油、燃料油消费税单位税额

注意：对乙烯、芳烃生产企业在 2011 年 1 月 1 日—9 月 30 日期间购入的国产石脑油、燃料油不得申请退税。

（3）使用企业生产乙烯、芳烃类化工产品过程中所生产的消费税应税产品照章缴纳消费税。

（4）用石脑油、燃料油生产乙烯、芳烃类化工产品的产量占本企业用石脑油、燃料油生产产品总量的 50%以上（含 50%）的企业，可享受规定的退（免）消费税政策。享受该政策的企业必须到主管税务机关提请退（免）税资格认定。

（5）根据《财政部、中国人民银行、海关总署、国家税务总局关于完善石脑油燃料油生产乙烯、芳烃类化工产品消费税退税政策的通知》（财税〔2013〕2 号），消费税退税政策调整如下。

① 我国境内使用石脑油、燃料油（以下简称油品）生产乙烯、芳烃类化工产品（以下简称化工产品）的企业仅以自营或委托方式进口油品生产化工产品，向进口消费税纳税地海关申请退还已缴纳的消费税（以下简称退税）。

办理退税时，海关根据使用企业生产化工产品实际耗用的油品数量核定应退税金额，开具收入退还书，使用"进口成品油消费税退税"科目（101020221）退税。

② 使用企业仅以国产油品生产化工产品，向主管税务机关申请退税。

办理退税时，税务机关根据使用企业生产化工产品实际耗用的油品数量核定应退税金额开具收入退还书，使用"成品油消费税退税"科目（101020121）退税。

③ 使用企业既购进国产油品，又购进进口油品生产化工产品的，应分别核算国产与进口油品的购进量及其用于生产化工产品的实际耗用量，向税务机关提出退税申请。

税务机关负责对企业退税资料进行审核。对进口油品退税，税务机关出具初审意见，连同进口货物报关单、海关专用缴款书和自动进口许可证等材料，送交海关复审。

使用企业未分别核算国产与进口油品的购进量和实际耗用量的，不予办理退税。

④ 税务机关和海关应向相关国库部门提供收入退还书，后附退税审批表、退税申请书等相关资料；国库部门经审核无误后从相应预算科目中退付税款给申请企业。

第五节　消费税征收管理

一、消费税征收管理规定

（一）纳税义务发生时间

纳税人生产的应税消费品于销售时纳税，进口消费品应当于应税消费品报关进口环节纳税，但金银首饰、钻石及钻石饰品在零售环节纳税。消费税纳税义务发生的时间，以货

款结算方式或行为发生时间分别确定。

(1) 纳税人销售的应税消费品，其纳税义务的发生时间按下列情况确定。

① 纳税人采取赊销和分期收款结算方式的，为书面合同约定的收款日期的当天，书面合同没有约定收款日期或者无书面合同的，为发出应税消费品的当天。

② 纳税人采取预收货款结算方式的，其纳税义务的发生时间，为发出应税消费品的当天。

③ 纳税人采取托收承付和委托银行收款方式销售的应税消费品，其纳税义务的发生时间，为发出应税消费品并办妥托收手续的当天。

④ 纳税人采取其他结算方式的，其纳税义务的发生时间，为收讫销售款或者取得索取销售款凭据的当天。

(2) 纳税人自产自用的应税消费品，其纳税义务的发生时间，为移送使用的当天。

(3) 纳税人委托加工的应税消费品，其纳税义务的发生时间，为纳税人提货的当天。

(4) 纳税人进口的应税消费品，其纳税义务的发生时间，为报关进口的当天。

(二) 纳税期限

按照《消费税暂行条例》规定，消费税的纳税期限分别为1日、3日、5日、10日、15日、1个月或者1个季度。纳税人的具体纳税期限，由主管税务机关根据纳税人应纳税额的大小分别核定；不能按照固定期限纳税的，可以按次纳税。

纳税人以1个月或以1个季度为一期纳税的，自期满之日起15日内申报纳税；以1日、3日、5日、10日或者15日为一期纳税的，自期满之日起5日内预缴税款，于次月1日起至15日内申报纳税并结清上月应纳税款。

纳税人进口应税消费品，应当自海关填发海关进口消费税专用缴款书之日起15日内缴纳税款。

如果纳税人不能按照规定的纳税期限依法纳税，将按《税收征收管理法》的有关规定处理。

(三) 纳税地点

消费税具体纳税地点如下。

(1) 纳税人销售的应税消费品，以及自产自用的应税消费品，除国务院财政、税务主管部门另有规定外，应当向纳税人机构所在地或者居住地的主管税务机关申报纳税。

(2) 委托加工的应税消费品，除受托方为个人外由受托方向机构所在地或者居住地的主管税务机关解缴消费税税款。

(3) 进口的应税消费品，由进口人或者其代理人向报关地海关申报纳税。

(4) 纳税人到外县(市)销售或者委托外县(市)代销自产应税消费品的，于应税消费品销售后，向机构所在地或者居住地主管税务机关申报纳税。

纳税人的总机构与分支机构不在同一县(市)，但在同一省(自治区、直辖市)范围内，经省(自治区、直辖市)财政厅(局)、国家税务总局审批同意，可以由总机构汇总向总机构所在地的主管税务机关申报缴纳消费税。

省(自治区、直辖市)财政厅(局)、国家税务总局应将审批同意的结果，上报财政部、国家税务总局备案。

(5) 纳税人销售的应税消费品，如因质量等原因由购买者退回时，经所在地主管税务机关审核批准后，可退还已征收的消费税税款，但不能自行直接抵减应纳税款。

二、报缴税款的方法

纳税人报缴税款的方法，由所在地主管税务机关视不同情况，从下列方法中确定一种。

(1) 纳税人按期向税务机关填报纳税申报表，并填开纳税缴款书，向其所在地代理金库的银行缴纳税款。

(2) 纳税人按期向税务机关填报纳税申报表由税务机关审核后填发缴款书，按期缴纳。

(3) 对会计核算不健全的小型业户，税务机关可根据其产销情况按季或按年核定其应纳税额，分月缴纳。

纳税人在办理纳税申报时如需办理消费税税款抵扣手续，除应按有关规定提供纳税申报所需资料外，还应当提供以下资料。

(1) 外购应税消费品连续生产应税消费品的，提供外购应税消费品增值税专用发票(抵扣联)原件和复印件。

如果外购应税消费品的增值税专用发票属于汇总填开的除提供增值税专用发票(抵扣联)原件和复印件外，还应提供随同增值税专用发票取得的，由销售方开具并加盖财务专用章或发票专用章的销货清单原件和复印件。

(2) 委托加工收回应税消费品连续生产应税消费品的，提供《代扣代收税款凭证》原件和复印件。

(3) 进口应税消费品连续生产应税消费品的，提供《海关进口消费税专用缴款书》原件和复印件。

三、成品油消费税征收管理

根据《国家税务总局关于加强成品油消费税征收管理有关问题的通知》(国税函〔2008〕1072号)，自2009年1月1日起，有关成品油消费税征收管理规定如下。

(1) 下列纳税人应于2009年1月24日前到所在地主管税务机关办理消费税税种管理事项。

① 以原油以外的其他原料加工汽油、柴油、石脑油、溶剂油、航空煤油、润滑油和燃料油的。

② 用外购汽油和乙醇调和乙醇汽油的。

(2) 纳税人既生产销售汽油又生产销售乙醇汽油的，应分别核算，未分别核算的，生产销售的乙醇汽油不得按照生产乙醇汽油所耗用的汽油数量申报纳税，一律按照乙醇汽油的销售数量征收消费税。

(3) 外购、进口和委托加工收回的应税油品用于连续生产应税成品油的，可分别依据所取得的增值税专用发票、《海关进口消费税专用缴款书》和《税收缴款书》，计算扣除应税油品已纳消费税税款。

(4) 纳税人应依照规定建立抵扣税款台账。主管税务机关应加强对税款抵扣台账核算的管理。

(5) 2008年12月31日以前生产企业库存的外购或委托加工收回的用于连续生产应税消费品的已税原料（石脑油、润滑油、燃料油），在2008年12月税款所属期内按照生产原料一次性领用处理。一次性计算的税款扣除金额大于当期应纳税额部分，可结转到下期扣除。

(6) 2009年1月1日后，生产企业在记录前款一次性领用原料税款抵扣台账时，可按照先进先出法记录原料领用数量（领用数量不再作为计算扣税数额）。待一次性领用原料数量用完后，再将发生的原料领用数量作为当期计算税款抵扣的领用原料数量。

知识训练

第四章 关 税 法

> **学习目标**
> 1. 掌握关税的征税对象、纳税义务人、完税价格、关税应纳税额的计算。
> 2. 了解进出口税则、关税减免规定、税收的征管。

第一节 关税法规

关税法是指国家制定的调整关税征收与缴纳权利义务关系的法律规范。现行关税法律规范以全国人民代表大会于 2000 年 7 月修正颁布的《中华人民共和国海关法》(以下简称《海关法》)为法律依据,以国务院于 2003 年 11 月发布的《中华人民共和国进出口关税条例》(以下简称《进出口关税条例》),以及由国务院关税税则委员会审定并报国务院批准,作为条例组成部分的《中华人民共和国海关进出口税则》(以下简称《海关进出口税则》)和《中华人民共和国海关入境旅客行李物品和个人邮递物品征收进口税办法》为基本法规,由负责关税政策制定和征收管理的主管部门,依据基本法规拟订的管理办法和实施细则为主要内容。

一、关税征税对象

关税是海关依法对进出境货物、物品征收的一种税。所谓"境"是指关境,又称"海关境域"或"关税领域",是国家《海关法》全面实施的领域。通常情况下,一国关境与国境是一致的,包括国家全部的领土、领海、领空。但当某一国家在国境内设立了自由港、自由贸易区等,这些区域就进出口关税而言处在关境之外,这时,该国家的关境小于国境。如我国根据《中华人民共和国香港特别行政区基本法》和《中华人民共和国澳门特别行政区基本法》,香港和澳门保持自由港地位,为我国单独的关税地区,即单独关境区。单独关境区是不完全适用该国海关法律、法规或实施单独海关管理制度的区域。

关税的征税对象是准许进出境的货物和物品。货物是指贸易性商品；物品指入境旅客随身携带的行李物品、个人邮递物品、各种运输工具上的服务人员携带进口的自用物品、馈赠物品以及其他方式进境的个人物品。

二、纳税义务人

进口货物的收货人、出口货物的发货人、进出境物品的所有人，是关税的纳税义务人。进出口货物的收、发货人是依法取得对外贸易经营权，并进口或者出口货物的法人或者其他社会团体。进出境物品的所有人包括该物品的所有人和推定为所有人的人。一般情况下，对于携带进境的物品，推定其携带人为所有人；对分离运输的行李，推定相应的进出境旅客为所有人；对以邮递方式进境的物品，推定其收件人为所有人；以邮递或其他运输方式出境的物品，推定其寄件人或托运人为所有人。

三、进出口税则

（一）进出口税则概况

进出口税则是一国政府根据国家关税政策和经济政策，通过一定的立法程序制定公布实施的进出口货物和物品应税的关税税率表。进出口税则以税率表为主体，通常还包括实施税则的法令、使用税则的有关说明和附录等。《海关进出口税则》是我国海关凭以征收关税的法律依据，也是我国关税政策的具体体现。我国现行税则包括《进出口关税条例》《税率适用说明》《海关进口税则》《海关出口税则》及《进口商品从量税、复合税、滑准税税目税率表》《进口商品关税配额税目税率表》《进口商品税则暂定税率表》《出口商品税则暂定税率表》《非全税目信息技术产品税率表》等附录。

税率表作为税则主体，包括税则商品分类目录和税率栏两大部分。税则商品分类目录是把种类繁多的商品加以综合，按照其不同特点分门别类地简化成数量有限的商品类目，分别编号按序排列，称为税则号列，并逐号列出该号中应列入的商品名称。商品分类的原则即归类规则，包括归类总规则和各类、章、目的具体注释。税率栏是按商品分类目录逐项定出的税率栏目。我国现行进口税则为四栏税率，出口税则为一栏税率。从1992年1月起，我国开始实施以《商品名称及编码协调制度》为基础的进出口税则，适应了国内改革开放和对外经济贸易发展的需要。

（二）税则归类

税则归类，就是按照税则的规定，将每项具体进出口商品按其特性在税则中找出其最适合的某一个税号，即"对号入座"，以便确定其适用的税率，计算关税税负。税则归类错误会导致关税的多征或少征，影响关税作用的发挥。因此，税则归类关系关税政策的正确贯彻。税则归类一般按以下步骤进行。

（1）了解需要归类的具体进出口商品的构成、材料属性、成分组成、特性、用途和功能。

（2）查找有关商品在税则中拟归的类、章及税号。对于原材料性质的货品，应首先考虑按其属性归类；对于制成品，应首先考虑按其用途归类。

（3）将考虑采用的有关类、章及税号进行比较，筛选出最为合适的税号。在比较、筛选时，首先看类、章的注释有无具体描述归类对象或其类似品，已具体描述的，按类、章的规定办理；其次是查阅《HS 注释》，确切地了解有关类、章及税号范围。

（4）通过以上方法也难以确定的税则归类商品，可运用归类总规则的有关条款来确定其税号。进口地海关无法解决的税则归类问题，应报海关总署明确。

四、税率

（一）进口关税税率

▶ 1. 税率设置与适用

我国加入世界贸易组织（WTO）之前，我国进口税则设有两栏税率，即普通税率和优惠税率。对原产于与我国未订关税互惠协议的国家或者地区的进口货物，按照普通税率征税；对原产于与我国订有关税互惠协议的国家或者地区的进口货物，按照优惠税率征税。我国加入 WTO 之后，为履行我国在加入 WTO 关税减让谈判中承诺的有关义务，享有 WTO 成员应有的权利，自 2002 年 1 月 1 日起，我国进口税则设有最惠国税率、协定税率、特惠税率、普通税率、关税配额税率等税率。对进口货物在一定期限内可以实行暂定税率。最惠国税率适用原产于与我国共同适用最惠国待遇条款的 WTO 成员或地区的进口货物，或原产于与我国签订有相互给予最惠国待遇条款的双边贸易协定的国家或地区进口的货物，以及原产于我国境内的进口货物；协定税率适用原产于我国参加的含有关税优惠条款的区域性贸易协定有关缔约方的进口货物，特惠税率适用原产于与我国签订有特殊优惠关税协定的国家或地区的进口货物，普通税率适用于原产于上述国家或地区以外的其他国家或地区的进口货物。按照普通税率征税的进口货物，经国务院关税税则委员会特别批准，可以适用最惠国税率。适用最惠国税率、协定税率、特惠税率的国家或者地区名单，由国务院关税税则委员会决定，报国务院批准后执行。

▶ 2. 税率种类

按征收关税的标准，可以分成从价税、从量税、复合税、选择税、滑准税。

（1）从价税。从价税是一种最常用的关税计税标准，它是以货物的价格或者价值为征税标准，以应征税额占货物价格或者价值的百分比为税率，价格越高，税额越高。货物进口时，以此税率和海关审定的实际进口货物完税价格相乘计算应征税额。目前，我国海关计征关税标准主要是从价税。

（2）从量税。从量税是以货物的数量、重量、体积、容量等计量单位为计税标准，以每计量单位货物的应征税额为税率。我国目前对原油、啤酒和胶卷等进口商品征收从量税。

（3）复合税。复合税又称混合税，即订立从价、从量两种税率。随着完税价格和进口数量而变化，征收时两种税率合并计征，是对某种进口货物混合使用从价税和从量税的一种关税计征标准。我国目前仅对录像机、放像机、摄像机、数字照相机和摄录一体机等进口商品征收复合税。

（4）选择税。选择税是对一种进口商品同时定有从价税和从量税两种税率，但征税时选择其税额较高的一种征税。

（5）滑准税。滑准税是根据货物的不同价格适用不同税率的一类特殊的从价关税。它是一种关税税率随进口货物价格由高至低而由低至高设置计征关税的方法。简单地讲，就是进口货物的价格越高，其进口关税税率越低，进口商品的价格越低，其进口关税税率越高。滑准税的特点是可保持实行滑准税商品的国内市场价格的相对稳定,而不受国际市场价格波动的影响。

▶ 3. 暂定税率与关税配额税率

根据经济发展需要,国家对部分进口原材料、零部件、农药原药和中间体、乐器及生产设备实行暂定税率。《进出口关税条例》规定,适用最惠国税率的进口货物有暂定税率的,应当适用暂定税率;适用特惠税率、协定税率进口货物有暂定税率的,应当从低适用税率;适用普通税率的进口货物,不适用暂定税率。同时,对部分进口农产品和化肥产品实行关税配额,即一定数量内的上述进口商品适用税率较低的配额内税率,超出该数量的进口商品适用税率较高的配额外税率。现行税则对 700 多个税目进口商品实行了暂定税率,对小麦、玉米等 7 种农产品和尿素等 3 种化肥产品实行关税配额管理。

(二)出口关税税率

我国出口税则为一栏税率,即出口税率。国家仅对少数资源性产品及易于竞相杀价、盲目进口、需要规范出口秩序的半饲成品征收出口关税。现行税则对 100 余种商品计征出口关税,主要是鳗鱼苗、部分有色金属矿砂及其精矿、生锑、磷、氟钽酸钾、苯、山羊板皮、部分铁合金、钢铁废碎料、铜和铝原料及其制品、镍锭、锌锭、锑锭。但对上述范围内的部分商品实行 0~25% 的暂定税率,此外,根据需要对其他 200 多种商品征收暂定税率。与进口暂定税率一样,出口暂定税率优先适用于出口税则中规定的出口税率。

(三)特别关税

特别关税包括报复性关税、反倾销税与反补贴税、保障性关税。征收特别关税的货物、适用国别、税率、期限和征收办法,由国务院关税税则委员会决定,海关总署负责实施。

(四)税率的运用

我国《进出口关税条例》规定,进出口货物,应当依照税则规定的归类原则归入合适的税号,并按照适用的税率征税。

(1) 进出口货物,应当按照纳税义务人申报进口或者出口之日实施的税率征税。

(2) 进口货物到达前,经海关核准先行申报的,应当按照装载此货物的运输工具申报进境之日实施的税率征税。

(3) 进出口货物的补税和退税,适用该进出口货物原申报进口或者出口之日所实施的税率,但下列情况除外。

① 按照特定减免税办法批准予以减免税的进口货物,后因情况改变经海关批准转让或出售或移作他用需予补税的,适用海关接受纳税人再次填写报关单申报办理纳税及有关手续之日实施的税率征税。

② 加工贸易进口料、件等属于保税性质的进口货物,如经批准转为内销,应按向海关申报转为内销之日实施的税率征税;如未经批准擅自转为内销的,则按海关查获日期所施行的税率征税。

③ 暂时进口货物转为正式进口需予补税时,应按其申报正式进口之日实施的税率征税。

④ 分期支付租金的租赁进口货物,分期付税时,适用海关接受纳税人再次填写报关单申报办理纳税及有关手续之日实施的税率征税。

⑤ 溢卸、误卸货物事后确定需征税时，应按其原运输工具申报进口日期所实施的税率征税。如原进口日期无法查明的，可按确定补税当天实施的税率征税。

⑥ 对由于税则归类的改变、完税价格的审定或其他工作差错而需补税的，应按原征税日期实施的税率征税。

⑦ 对经批准缓税进口的货物以后缴税时，不论是分期或一次交清税款，都应按货物原进口之日实施的税率征税。

⑧ 查获的走私进口货物需补税时，应按查获日期实施的税率征税。

第二节　关税计算

一、原产地规定

确定进境货物原产国的主要原因之一，是便于正确运用进口税则的各栏税率，对产自不同国家或地区的进口货物适用不同的关税税率。我国原产地规定基本上采用了"全部产地生产标准"和"实质性加工标准"两种国际上通用的原产地标准。

（一）全部产地生产标准

全部产地生产标准，是指进口货物"完全在一个国家内生产或制造"，生产国或制造国即为该货物的原产国。完全在一国生产或制造的进口货物包括：

(1) 在该国领土或领海内开采的矿产品。

(2) 在该国领土上收获或采集的植物产品。

(3) 在该国领土上出生或由该国饲养的活动物及从其所得产品。

(4) 在该国领土上狩猎或捕捞所得的产品。

(5) 在该国的船只上卸下的海洋捕捞物，以及由该国船只在海上取得的其他产品。

(6) 在该国加工船加工上述第5项所列物品所得的产品。

(7) 在该国收集的只适用于做再加工制造的废碎料和废旧物品。

(8) 在该国完全使用上述(1)～(7)项所列产品加工成的制成品。

（二）实质性加工标准

实质性加工标准是适用于确定有两个或两个以上国家参与生产的产品的原产国的标准，其基本含义是：经过几个国家加工、制造的进口货物，以最后一个对货物进行经济上可以视为实质性加工的国家作为有关货物的原产国。"实质性加工"是指产品加工后，在进出口税则中四位数税号一级的税则归类已经有了改变，或者加工增值部分所占新产品总值的比例已超过30%及以上的。

（三）其他

对机器、仪器、器材或车辆所用零件、部件、配件、备件及工具，如与主件同时进口且数量合理的，其原产地按主件的原产地确定，分别进口的则按各自的原产地确定。

二、关税完税价格

《海关法》规定,进出口货物的完税价格,由海关以该货物的成交价格为基础审查确定。成交价格不能确定时,完税价格由海关依法估定。自我国加入世界贸易组织后,我国海关已全面实施《世界贸易组织估价协定》,遵循客观、公平、统一的估价原则,并依据2014年2月1日起实施的《中华人民共和国海关审定进出口货物完税价格办法》(以下简称《完税价格办法》),审定进出口货物的完税价格。

(一)一般进口货物的完税价格

▶ 1. 以成交价格为基础的完税价格

根据《海关法》规定,进口货物的完税价格包括货物的货价、货物运抵我国境内输入地点起卸前的运输及其相关费用、保险费。我国境内输入地为入境海关地,包括内陆河、江口岸,一般为第一口岸。货物的货价以成交价格为基础。进口货物的成交价格是指买方为购买该货物,并按《完税价格办法》有关规定调整后的实付或应付价格。

▶ 2. 对实付或应付价格进行调整的有关规定

"实付或应付价格"指买方为购买进口货物直接或间接支付的总额,即作为卖方销售进口货物的条件,由买方向卖方或为履行卖方义务向第三方已经支付或将要支付的全部款项。

(1)如下列费用或者价值未包括在进口货物的实付或者应付价格中,应当计入完税价格。

① 由买方负担的除购货佣金以外的佣金和经纪费。"购货佣金"指买方为购买进口货物向自己的采购代理人支付的劳务费用。"经纪费"指买方为购买进口货物向代表买卖双方利益的经纪人支付的劳务费用。

② 由买方负担的与该货物视为一体的容器费用。

③ 由买方负担的包装材料和包装劳务费用。

④ 与该货物的生产和向中华人民共和国境内销售有关的,由买方以免费或者以低于成本的方式提供并可以按适当比例分摊的料件、工具、模具、消耗材料及类似货物的价款,以及在境外开发、设计等相关服务的费用。

⑤ 与该货物有关并作为卖方向我国销售该货物的一项条件,应当由买方直接或间接支付的特许权使用费。"特许权使用费"指买方为获得与进口货物相关的、受著作权保护的作品、专利、商标、专有技术和其他权利的使用许可而支付的费用。但是在估定完税价格时,进口货物在境内的复制权费不得计入该货物的实付或应付价格之中。

⑥ 卖方直接或间接从买方对该货物进口后转售、处置或使用所得中获得的收益。

上列所述的费用或价值,应当由进口货物的收货人向海关提供客观量化的数据资料。如果没有客观量化的数据资料,完税价格由海关按《完税价格办法》规定的方法进行估定。

(2)下列费用,如能与该货物实付或者应付价格区分,不得计入完税价格。

① 厂房、机械、设备等货物进口后的基建、安装、装配、维修和技术服务的费用。

② 货物运抵境内输入地点之后的运输费用、保险费和其他相关费。

③ 进口关税及其他国内税收。

④ 为在境内复制进口货物而支付的费用。

⑤ 境内外技术培训及境外考察费用。

▶ 3. 对买卖双方之间有特殊关系的规定

买卖双方之间有特殊关系的，经海关审定其特殊关系未对成交价格产生影响，或进口货物的收货人能证明其成交价格与同时或大约同时发生的下列任一价格相近该成交价格海关应当接受。

(1) 向境内无特殊关系的买方出售的相同或类似货物的成交价格。

(2) 按照使用倒扣价格有关规定所确定的相同或类似货物的完税价格。

(3) 按照使用计算价格有关规定所确定的相同或类似货物的完税价格。

海关在使用上述价格作比较时，应当考虑商业水平和进口数量的不同，以及卖付或者应付价格的调整规定所列各项目和交易中买卖双方有无特殊关系造成的费用差异。

有下列情形之一的，应当认定买卖双方有特殊关系：买卖双方为同一家族成员；买卖双方互为商业上的高级职员或董事；一方直接或间接地受另一方控制；买卖双方都直接或间接地受第三方控制；买卖双方共同直接或间接地控制第三方；一方直接或间接地拥有、控制或持有对方5%或以上公开发行的有表决权的股票或股份；一方是另一方的雇员、高级职员或董事；买卖双方是同一合伙的成员。买卖双方在经营上相互有联系，一方是另一方的独家代理、经销或受让人，如果有上述关系的，也应当视为有特殊关系。

▶ 4. 进口货物海关估价方法

进口货物的价格不符合成交价格条件或者成交价格不能确定的，海关应当依次以相同货物成交价格方法、类似货物成交价格方法、倒扣价格方法、计算价格方法及其他合理方法确定的价格为基础，估定完税价格。如果进口货物的收货人提出要求，并提供相关资料，经海关同意，可以选择倒扣价格方法和计算价格方法的适用次序。

(二) 出口货物的完税价格

▶ 1. 以成交价格为基础的完税价格

出口货物的完税价格，由海关以该货物向境外销售的成交价格为基础审查确定，并应包括货物运至我国境内输出地点装载前的运输及其相关费用、保险费，但其中包含的出口关税税额，应当扣除。

出口货物的成交价格，是指该货物出口销售到我国境外时买方向卖方实付或应付的价格。出口货物的成交价格中含有支付给境外的佣金的，如果单独列明，则应当扣除。

▶ 2. 出口货物海关估价方法

出口货物的成交价格不能确定时，完税价格由海关依次使用下列方法估定。

(1) 同时或大约同时向同一国家或地区出口的相同货物的成交价格。

(2) 同时或大约同时向同一国家或地区出口的类似货物的成交价格。

(3) 根据境内生产相同或类似货物的成本、利润和一般费用、境内发生的运输及其相关费用、保险费计算所得的价格。

(4) 按照合理方法估定的价格。

(三) 进出口货物完税价格中的运输及相关费用、保险费的计算

▶ 1. 以一般陆运、空运、海运方式进口的货物

在进口货物的运输及相关费用、保险费计算中，海运进口货物，计算至该货物运抵境

内的卸货口岸;如果该货物的卸货口岸是内河(江)口岸,则应当计算至内河(江)口岸。陆运进口货物,计算至该货物运抵境内的第一口岸;如果运输及其相关费用、保险费支付至目的地口岸,则计算至目的地口岸。空运进口货物,计算至该货物运抵境内的第一口岸;如果该货物的目的地为境内的第一口岸外的其他口岸,则计算至目的地口岸。

陆运、空运和海运进口货物的运费和保险费,应当按照实际支付的费用计算。如果进口货物的运费无法确定或未实际发生,海关应当按照该货物进口同期运输行业公布的运费率(额)计算运费;按照"货价加运费"两者总额的3‰计算保险费。

▶ 2. 以其他方式进口的货物

邮运的进口货物,应当以邮费作为运输及其相关费用、保险费;以境外边境口岸价格条件成交的铁路或公路运输进口货物,海关应当按照货价的1%计算运输及其相关费用、保险费;作为进口货物的自驾进口的运输工具,海关在审定完税价格时,可以不另行计入运费。

▶ 3. 出口货物

出口货物的销售价格如果包括离境口岸至境外口岸之间的运输、保险费的,该运费、保险费应当扣除。

三、应纳税额的计算

▶ 1. 从价税应纳税额的计算

关税税额＝应税进(出)口货物数量×单位完税价格×税率

▶ 2. 从量税应纳税额的计算

关税税额＝应税进(出)口货物数量×单位货物税额

▶ 3. 复合税应纳税额的计算

我国目前实行的复合税都是先计征从量税,再计征从价税。

关税税额＝应税进(出)口货物数量×单位货物税额＋应税进(出)口货物数量×单位完税价格×税率

▶ 4. 滑准税应纳税额的计算

关税税额＝应税进(出)口货物数量×单位完税价格×滑准税税率

现行税则《进(出)口商品从量税、复合税、滑准税税目税率表》后注明了滑准税税率的计算公式。该公式是一个与益税进(出)口货物完税价格相关的取整函数。

【例4-1】某商场于2018年进口一批化妆品。该批货物在国外的买价120万元,货物运抵我国入关前发生的运输费、保险费和其他费用分别为10万元、6万元、4万元。货物报关后,该商场按规定缴纳了进口环节的增值税和消费税并取得了海关开具的缴款书。从海关将化妆品运往商场所在地取得增值税专用发票,注明运输费用5万元、增值税进项税额55万元,该批化妆品当月在国内全部销售,取得不含税销售额520万元(假定化妆品进口关税税率20%,增值税税率16%,消费税税率30%)。

要求:计算该批化妆品进口环节应缴纳的关税、增值税、消费税和国内销售环节应缴纳的增值税。

(1)关税的组成计税价格＝120＋10＋6＋4＝140(万元)

(2) 应缴纳进口关税＝140×20%＝28（万元）
(3) 进口环节应纳增值税的组成计税价格＝(140＋28)÷(1－30%)＝240（万元）
(4) 进口环节应缴纳增值税＝240×16%＝38.4（万元）
(5) 进口环节应缴纳消费税＝240×30%＝72（万元）
(6) 国内销售环节应缴纳增值税＝520×16%－5×10%－38.4＝44.3（万元）

第三节　关税征收管理

一、关税缴纳

进口货物自运输工具申报进境之日起 14 日内，出口货物在货物运抵海关监管区后装货的 24 小时以前，应由进出口货物的纳税义务人向货物进（出）境地海关申报，海关根据税则归类和完税价格计算应缴纳的关税和进口环节代征税，并填发税款缴款书。纳税义务人应当自海关填发税款缴款书之日起 15 日内，向指定银行缴纳税款。如果关税缴纳期限的最后 1 日是周末或法定节假日，则关税缴纳期限顺延至周末或法定节假日过后的第 1 个工作日。为方便纳税义务人，经申请且海关同意，进（出）口货物的纳税义务人可以在设有海关的指运地（启运地）办理海关申报、纳税手续。

关税纳税义务人因不可抗力或者在国家税收政策调整的情形下，不能按期缴纳税款的，经海关批准，可以延期缴纳税款，但最长不得超过 6 个月。

二、关税的强制执行

纳税义务人未在关税缴纳期限内缴纳税款，即构成关税滞纳。为保证海关征收关税决定的有效执行和国家财政收入的及时入库，《海关法》赋予海关对滞纳关税的纳税义务人强制执行的权利。强制措施主要有以下两类。

(1) 征收关税滞纳金。滞纳金自关税缴纳期限届满滞纳之日起，至纳税义务人缴纳关税之日止，按滞纳税款万分之五的比例按日征收，周末或法定节假日不予扣除。具体计算公式为

关税滞纳金金额＝滞纳关税税额×滞纳金征收比率×滞纳天数

(2) 强制征收。如纳税义务人自海关填发缴款书之日起 3 个月仍未缴纳税款，经海关关长批准，海关可以采取强制扣缴、变价抵缴等强制措施。强制扣缴，即海关从纳税义务人在开户银行或者其他金融机构的存款中直接扣缴税款；变价抵缴，即海关将应税货物依法变卖，以变卖所得抵缴税款。

三、关税退还

关税退还是关税纳税义务人按海关核定的税额缴纳关税后，因某种原因的出现，海关将实际征收多于应当征收的税额（称为溢征关税）退还给原纳税义务人的一种行政行为。根据《海关法》规定，海关多征的税款，海关发现后应当立即退还。

按规定,有下列情形之一的进出口货物的纳税义务人可以自缴纳税款之日起1年内,书面声明理由,连同原纳税收据向海关申请退税并加算银行同期活期存款利息,逾期不予受理。

(1) 因海关误征,多纳税款的。

(2) 海关核准免验进口的货物,在完税后,发现有短卸情形,经海关审查认可的。

(3) 已征出口关税的货物,因故未将其出口,申报退关,经海关查验属实的。

对已征出口关税的出口货物和已征进口关税的进口货物,因货物品种或规格原因(非其他原因)原状复运进境或出境的,经海关查验属实的,也应退还已征关税。海关应当自受理退税申请之日起30日内,做出书面答复并通知退税申请人。该规定强调的是,"因货物品种或规格原因,原状复运进境或出境的"。如果属于其他原因,且不能以原状复运进境或出境,则不能退税。

四、关税补征和追征

补征和追征是海关在关税纳税义务人按海关核定的税额缴纳关税后,发现实际征收税额少于应当征收的税额(称为短征关税)时,责令纳税义务人补缴所差税款的一种行政行为。海关法根据短征关税的原因,将海关征收原短征关税的行为分为补征和追征两种。由于纳税人违反海关规定造成短征关税的,称为追征;非因纳税人违反海关规定造成短征关税的,称为补征。区分关税追征和补征的目的是区别不同情况适用不同的征收时效,超过时效规定的期限,海关就丧失了追补关税的权力。根据《海关法》规定,进出境货物和物品放行后,海关发现少征或者漏征税款,应当自缴纳税款或者货物、物品放行之日起1年内,向纳税义务人补征;因纳税义务人违反规定而造成的少征或者漏征的税款,自纳税义务人应缴纳税款之日起3年以内可以追征,并从缴纳税款之日起按日加收少征或者漏征税款万分之五滞纳金。

知识训练

第五章 城市维护建设税法及其附加

> **学习目标**
> 1. 掌握城市维护建设税的计算、教育费附加和地方教育费附加的计算。
> 2. 了解城市维护建设税的法规和税收征管、教育费附加和地方教育费附加的征收范围及计征依据、教育费附加和地方教育费附加的减免规定。

第一节 城市维护建设税法

一、城市维护建设税的法规

城市维护建设税法,是指国家制定的用以调整城市维护建设税征收与缴纳权利及义务关系的法律规范。现行城市维护建设税的基本规范,是1985年2月8日国务院发布并于1985年度实施的《中华人民共和国城市维护建设税暂行条例》(以下简称《城市维护建设税暂行条例》)。

城市维护建设税是对从事工商经营,缴纳增值税、消费税的单位和个人征收的一种税。中华人民共和国成立以来,我国城市建设和维护在不同时期都取得了较大成绩,但国家在城市建设方面一直资金不足。1979年以前,我国用于城市维护建设的资金来源由当时的工商税附加、城市公用事业附加和国家下拨城市维护费组成。1985年2月8日国务院正式颁布了《城市维护建设税暂行条例》,并于1985年度在全国范围内施行。

▶ 1. 城市维护建设税的特点

(1)税款专款专用。所征税款要求保证用于城市公用事业和公共设施的维护和建设。

(2)属于一种附加税。城市维护建设税是以纳税人实际缴纳的增值税、消费税税额为计税依据,随"两税"同时征收,其本身没有特定的课税对象,其征管方法也完全比照"两税"的有关规定办理。

（3）根据城镇规模设计不同的比例税率。根据纳税人所在城镇的规模及其资金需要设计税率。

▶ 2. 城市维护建设税的作用

（1）补充城市维护建设资金的不足。1985年开征城市维护建设税之后，由于城市维护建设税以"商品劳务税"的税额为计税依据，与"两税"同时征收，这样不但扩大了征收范围，而且还可以保证城建税收入随"两税"的增长而增长，从而使城市维护建设有了一个比较稳定和可靠的资金来源。

（2）调动了地方政府进行城市维护和建设的积极性。城市维护建设税应当保证用于城市的公用事业和公共设施的维护建设，具体安排由地方人民政府确定。将城市维护建设税收入与当地城市建设直接挂钩，税收收入越多，城镇建设资金就越充裕，城镇建设发展就越快。这样，就充分调动了地方政府的积极性，使其关心城市维护建设税收入，加强城市维护建设税的征收管理。

二、城市维护建设税纳税义务人和税率

（一）纳税义务人

城市维护建设税是对从事工商经营、缴纳增值税、消费税的单位和个人征收的一种税。

城市维护建设税的纳税义务人，是指负有缴纳增值税和消费税（以下简称"两税"）义务的单位和个人，包括国有企业、集体企业、私营企业、股份制企业、其他企业和行政单位、事业单位、军事单位、社会团体、其他单位，以及个体工商户及其他个人。

自2010年12月1日起，对外商投资企业、外国企业及外籍个人（以下简称"外资企业"）征收城市维护建设税。对外资企业2010年12月1日（含）之后发生纳税义务的增值税、消费税征收城市维护建设税；对外资企业2010年12月1日之前发生纳税义务的"两税"，不征收城市维护建设税。

城市维护建设税的代扣代缴、代收代缴，一律比照增值税、消费税的有关规定办理。增值税、消费税的代扣代缴、代收代缴义务人同时也是城市维护建设税的代扣代缴、代收代缴义务人。

（二）税率

城市维护建设税的税率，是指纳税人应缴纳的城市维护建设税税额与纳税人实际缴纳的"两税"税额之间的比率。城市维护建设税按纳税人所在地的不同，设置了三档地区差别比例税率，除特殊规定外：

（1）纳税人所在地为市区的，税率为7%。

（2）纳税人所在地为县城、镇的，税率为5%。

（3）纳税人所在地不在市区、县城或者镇的，税率为1%；开采海洋石油资源的中外合作油（气）田所在地在海上，其城市维护建设税适用1%的税率。

城市维护建设税的适用税率，应当按纳税人所在地的规定税率执行。但是，对下列两种情况，可按缴纳"两税"所在地的规定税率就地缴纳城市维护建设税。

① 由受托方代扣代缴、代收代缴"两税"的单位和个人，其代扣代缴、代收代缴的城市维护建设税按受托方所在地适用税率执行。

② 流动经营等无固定纳税地点的单位和个人，在经营地缴纳"两税"的，其城市维护建设税的缴纳按经营地适用税率执行。

三、城市维护建设税的计算

（一）计税依据

城市维护建设税的计税依据，是指纳税人实际缴纳的"两税"税额。纳税人违反"两税"有关税法而加收的滞纳金和罚款，是税务机关对纳税人违法行为的经济制裁，不作为城市维护建设税的计税依据，但纳税人在被查补"两税"和被处以罚款时，应同时对其偷漏的城市维护建设税进行补税、征收滞纳金和罚款。

城市维护建设税以"两税"税额为计税依据并同时征收，如果要免征或者减征"两税"，也就要同时免征或者减征城市维护建设税。

但对出口产品退还增值税、消费税的，不退还已缴纳的城市维护建设税。

（二）应纳税额的计算

城市维护建设税纳税人的应纳税额大小，是由纳税人实际缴纳的"两税"税额决定的，其计算公式为

$$应纳税额＝纳税人实际缴纳的增值税、消费税税额×适用税率$$

【例5-1】某市区一家企业2018年3月实际缴纳增值税500 000元，缴纳消费税400 000元。计算该企业应纳的城市维护建设税税额。

$$应纳城市维护建设税税额＝（实际缴纳的增值税＋实际缴纳的消费税）×适用税率$$
$$＝(500\,000＋400\,000)×7\%$$
$$＝900\,000×7\%＝63\,000（元）$$

由于城市维护建设税法实行纳税人所在地差别比例税率，所以在计算应纳税额时，应十分注意根据纳税人所在地来确定适用税率。

四、城市维护建设税的征收管理

（一）纳税环节

城市维护建设税的纳税环节，是指《城市维护建设税暂行条例》规定的纳税人应当缴纳城市维护建设税的环节。城市维护建设税的纳税环节，实际就是纳税人缴纳"两税"的环节。纳税人只要发生"两税"的纳税义务，就要在同样的环节，分别计算缴纳城市维护建设税。

（二）纳税地点

城市维护建设税以纳税人实际缴纳的增值税、消费税税额为计税依据，分别与"两税"同时缴纳。所以，纳税人缴纳"两税"的地点，就是该纳税人缴纳城市维护建设税的地点。但是，属于下列情况的，纳税地点为：

（1）代扣代缴、代收代缴"两税"的单位和个人，同时也是城市维护建设税的代扣代缴、代收代缴义务人，其城市维护建设税的纳税地点在代扣代收地。

（2）跨省开采的油田，下属生产单位与核算单位不在一个省内的，其生产的原油，在油井所在地缴纳增值税，其应纳税款由核算单位按照各油井的产量和规定税率，计算汇拨各油井缴纳。所以，各油井应纳的城市维护建设税，应由核算单位计

算，随同增值税一并汇拨油井所在地，由油井在缴纳增值税的同时，一并缴纳城市维护建设税。

(3) 对流动经营等无固定纳税地点的单位和个人，应随同"两税"在经营地按适用税率缴纳。

(三) 纳税期限

由于城市维护建设税是由纳税人在缴纳"两税"时同时缴纳的，所以其纳税期限分别与"两税"的纳税期限一致。根据增值税法和消费税法规定，增值税、消费税的纳税期限分别为1日、3日、5日、10日、15日或者1个月。增值税、消费税的纳税人的具体纳税期限，由主管税务机关根据纳税人应纳税额大小分别核定；不能按照固定期限纳税的，可以按次纳税。

由于《城市维护建设税暂行条例》是在1994年分税制前制定的，1994年后，增值税、消费税由国家税务局征收管理，而城市维护建设税由地方税务局征收管理，因此在缴税入库的时间上不一定完全一致。

(四) 税收优惠

城市维护建设税原则上不单独减免，但因城市维护建设税又具附加税性质，当主税发生减免时，城市维护建设税相应发生税收减免。城市维护建设税的税收减免具体有以下几种情况。

(1) 城市维护建设税按减免后实际缴纳的"两税"税额计征，即随"两税"的减免而减免。

(2) 对于因减免税而需进行"两税"退库的，城市维护建设税也可同时退库。

(3) 海关对进口产品代征的增值税、消费税，不征收城市维护建设税。

(4) 对"两税"实行先征后返、先征后退、即征即退办法的，除另有规定外，对随"两税"附征的城市维护建设税和教育费附加，一律不退(返)还。

(5) 为支持国家重大水利工程建设，对国家重大水利工程建设基金免征城市维护建设税。

第二节 教育费附加和地方教育费附加

教育费附加是对缴纳增值税、消费税的单位和个人，就其实际缴纳的税额为计算依据征收的一种附加费。

地方教育费附加是为加快地方教育事业，扩大地方教育经费的资金而征收的一项地方政府性基金。1984年，国务院颁布了《关于筹措农村学校办学经费的通知》，开征了农村教育事业经费附加。1985年，中共中央做出了《关于教育体制改革的决定》，指出必须在国家增拨教育基本建设投资和教育经费的同时，充分调动企、事业单位和其他各种社会力量办学的积极性，开辟多种渠道筹措经费。为此，国务院于1986年4月28日颁布了《征收教育费附加的暂行规定》，决定从同年7月1日开始在全国范围内征收教育费附加。自2006年9月1日起施行的《中华人民共和国教育法》规定："税务机关依法足额征收教育费附加，由教育行政部门统筹管理，主要用于实施义务教育。省、自治区、直辖市人民政府根据国务院的有关规定，可以决定开征用于教育的地方附加费，专款专用。"2010年财政部下发了《关于统一地方教育附加政策有关问题的通知》对各省、市、自治区的地方教育费附加进行了统一。

一、教育费附加和地方教育费附加的征收范围及计征依据

教育费附加和地方教育费附加对缴纳增值税、消费税的单位和个人征收,以其实际缴纳的增值税、消费税为计征依据,分别与增值税、消费税同时缴纳。

自2010年12月1日起,对外商投资企业、外国企业及外籍个人(以下简称"外资企业")征收教育费附加。对外资企业2010年12月1日(含)之后发生纳税义务的增值税、消费税征收教育费附加;对外资企业2010年12月1日之前发生纳税义务的"三税",不征收教育费附加后各省又陆续开征了地方教育费附加。

二、教育费附加和地方教育费附加计征比率

教育费附加计征比率曾几经变化。1986年开征时,规定为1‰;1990年5月《国务院关于修改〈征收教育费附加的暂行规定〉的决定》中规定为2%;按照1994年2月7日《国务院关于教育费附加征收问题的紧急通知》的规定,现行教育费附加征收比率为3%,地方教育费附加征收率统一为2%。

三、教育费附加和地方教育费附加的计算

教育费附加和地方教育费附加的计算公式为

应纳教育费附加或地方教育费附加=实际缴纳的增值税、消费税×征收比率(3%或2%)

【例5-2】北京市区一家企业2018年3月实际缴纳增值税300 000元,缴纳消费税300 000元。计算该企业应缴纳的教育费附加和地方教育费附加。

应纳教育费附加=(实际缴纳的增值税+实际缴纳的消费税)×征收比率
=(300 000+300 000)×3%=600 000×3%=18 000(元)

应纳地方教育费附加=(实际缴纳的增值税+实际缴纳的消费税)×征收比率
=(300 000+300 000)×2%=600 000×2%=12 000(元)

四、教育费附加和地方教育费附加的减免规定

(1)对海关进口的产品征收的增值税、消费税,不征收教育费附加。

(2)对由于减免增值税、消费税而发生退税的,可同时退还已征收的教育费附加。但对出口产品退还增值税、消费税的,不退还已征的教育费附加。

(3)对国家重大水利工程建设基金免征教育费附加。

【例5-3】松晨公司本月缴纳进口关税85万元,进口增值税20万元。本月实纳增值税48万元,实纳消费税70万元,补缴上月应纳增值税6万元,该企业本月应纳教育费附加为多少?

该企业会计人员计算如下:

企业本月应纳教育费附加=(85+20+48+70+6)×3%=6.87(万元)

请问:该企业会计人员计算的结果是否正确?应为多少?

【答案】

该企业会计人员计算结果错误,正确结果如下:

松晨公司本月应纳教育费附加=(48+70+6)×3‰=3.72(万元)

知识训练

第六章 企业所得税法

> **学习目标**
> 1. 掌握企业所得税的纳税义务人、企业所得税的征税对象、收入总额、不得扣除的项目、居民企业应纳税额的计算。
> 2. 了解企业所得税的税收优惠、亏损弥补、非居民企业应纳税额的计算、固定资产的税务处理、企业所得税征收管理。

第一节 企业所得税法规

企业所得税法,是指国家制定的用以调整企业所得税征收与缴纳之间权利及义务关系的法律规范。现行企业所得税法的基本规范,是2007年3月16日第十届全国人民代表大会第五次全体会议通过的《中华人民共和国企业所得税法》(以下简称《企业所得税法》)和2007年11月28日国务院第197次常务会议通过的《中华人民共和国企业所得税法实施条例》(以下简称《实施条例》)。

企业所得税是对我国境内的企业和其他取得收入的组织的生产经营所得和其他所得征收的一种税。企业所得税的作用如下。

(1) 促进企业改善经营管理活动,提升企业的盈利能力。
(2) 调节产业结构,促进经济发展。
(3) 为国家建设筹集财政资金。

一、企业所得税的纳税义务人

企业所得税的纳税义务人,是指在中华人民共和国境内的企业和其他取得收入的组织。《企业所得税法》第一条规定,除个人独资企业、合伙企业不适用企业所得税法外,凡在我国境内,企业和其他取得收入的组织(以下统称"企业")为企业所得税的纳税人,依照本法规定缴纳企业所得税。

企业所得税的纳税人分为居民企业和非居民企业，这是根据企业纳税义务范围的宽窄进行的分类方法，不同的企业在向中国政府缴纳所得税时，纳税义务不同。把企业分为居民企业和非居民企业，是为了更好地保障我国税收管辖权的有效行使。税收管辖权是一国政府在征税方面的主权，是国家主权的重要组成部分。根据国际上的通行做法，我国选择了地域管辖权和居民管辖权的双重管辖权标准，最大限度地维护我国的税收利益。

（一）居民企业

居民企业，是指依法在中国境内成立，或者依照外国（地区）法律成立但实际管理机构在中国境内的企业。这里的企业包括国有企业、集体企业、私营企业、联营企业、股份制企业、外商投资企业、外国企业以及有生产、经营所得和其他所得的其他组织。其中，有生产、经营所得和其他所得的其他组织，是指经国家有关部门批准，依法注册、登记的事业单位、社会团体等组织。由于我国的一些社会团体组织、事业单位在完成国家事业计划的过程中，开展多种经营和有偿服务活动，取得除财政部门各项拨款、财政部和国家物价部门批准的各项规费收入以外的经营收入，具有了经营的特点，应当视同企业纳入征税范围。其中，实际管理机构，是指对企业的生产经营、人员、账务、财产等实施实质性全面管理和控制的机构。

（二）非居民企业

非居民企业，是指依照外国（地区）法律成立且实际管理机构不在中国境内，但在中国境内设立机构、场所的，或者在中国境内未设立机构、场所，但有来源于中国境内所得的企业。

上述所称机构、场所，是指在中国境内从事生产经营活动的机构、场所，包括：

(1) 管理机构、营业机构、办事机构。

(2) 工厂、农场、开采自然资源的场所。

(3) 提供劳务的场所。

(4) 从事建筑、安装、装配、修理、勘探等工程作业的场所。

(5) 其他从事生产经营活动的机构、场所。

非居民企业委托营业代理人在中国境内从事生产经营活动的，包括委托单位或者个人经常代其签订合同，或者储存、交付货物等，该营业代理人视为非居民企业在中国境内设立的机构、场所。

二、企业所得税的征税对象

企业所得税的征税对象，是指企业的生产经营所得、其他所得和清算所得。

（一）居民企业的征税对象

居民企业应就来源于中国境内、境外的所得作为征税对象。所得包括销售货物所得、提供劳务所得、转让财产所得、股息红利等权益性投资所得、利息所得、租金所得、特许权使用费所得、接受捐赠所得和其他所得。

（二）非居民企业的征税对象

非居民企业在中国境内设立机构、场所的，应当就其所设机构、场所取得的来源于中国境内的所得，以及发生在中国境外但与其所设机构、场所有实际联系的所得，缴纳企所得税。非居民企业在中国境内未设立机构、场所的，或者虽设立机构、场所但取得的所得与其所设机构、场所没有实际联系的，应当就其来源于中国境内的所得缴纳企业所得税。

上述所称实际联系，是指非居民企业在中国境内设立的机构、场所拥有的据以取得所得的股权、债权，以及拥有、管理、控制据以取得所得的财产。

（三）所得来源的确定

(1) 销售货物所得，按照交易活动发生地确定。

(2) 提供劳务所得，按照劳务发生地确定。

(3) 转让财产所得。

① 不动产转让所得按照不动产所在地确定。

② 动产转让所得按照转让动产的企业或者机构、场所所在地确定。

③ 权益性投资资产转让所得按照被投资企业所在地确定。

(4) 股息、红利等权益性投资所得，按照分配所得的企业所在地确定。

(5) 利息所得、租金所得、特许权使用费所得，按照负担、支付所得的企业或者机构、场所所在地确定，或者按照负担、支付所得的个人的住所地确定。

(6) 其他所得，由国务院财政、税务主管部门确定。

三、企业所得税的税率

企业所得税税率是体现国家与企业分配关系的核心要素。税率设计的原则是兼顾国家、企业、职工个人三者利益，既要保证财政收入的稳定增长，又要使企业在发展生产、经营方面有一定的财力保证；既要考虑到企业的实际情况和负担能力，又维护税率的统一性。

企业所得税实行比例税率。比例税率简便易行，透明度高，不会因征税而改变企业间收入分配比例，有利于促进效率的提高。现行规定如下。

(1) 基本税率为25%。适用于居民企业和在中国境内设有机构、场所且所得与机构、场所有关联的非居民企业。

(2) 低税率为20%。适用于在中国境内未设立机构、场所的，或者虽设立机构、场所但取得的所得与其所设机构、场所没有实际联系的非居民企业。但实际征税时适用10%的税率。

现行企业所得税基本税率设定为25%，从世界各国比较而言还是偏低的。据有关资料介绍，世界上近160个实行企业所得税的国家(地区)平均税率为28.6%，我国周边18个国家(地区)的平均税率为26.7%。现行税率的确定，既考虑了我国财政承受能力，又考虑了企业负担水平。

四、企业所得税的税收优惠

税收优惠，是指国家对某一部分特定企业和课税对象给予减轻或免除税收负担的一种措施。税法规定的企业所得税的税收优惠方式包括免税、减税、加计扣除、加速折旧、减计收入、税额抵免等。

（一）免征与减征优惠

企业的下列所得，可以免征、减征企业所得税。企业如果从事国家限制和禁止发展的项目，不得享受企业所得税优惠。

▶ 1. 从事农、林、牧、渔业项目的所得

企业从事农、林、牧、渔业项目的所得，包括免征和减征两部分。

（1）企业从事下列项目的所得，免征企业所得税：①蔬菜、谷物、薯类、油料、豆类、棉花、麻类、糖料、水果、坚果的种植；②农作物新品种的选育；③中药材的种植；④林木的培育和种植；⑤牲畜、家禽的饲养；⑥林产品的采集；⑦灌溉、农产品初加工、兽医、农技推广、农机作业和维修等农、林、牧、渔服务业项目；⑧远洋捕捞。

（2）企业从事下列项目的所得，减半征收企业所得税：①花卉、茶以及其他饮料作物和香料作物的种植；②海水养殖、内陆养殖。

▶ 2. 从事国家重点扶持的公共基础设施项目投资经营的所得

企业所得税法所称国家重点扶持的公共基础设施项目，是指《公共基础设施项目企业所得税优惠目录》规定的港口码头、机场、铁路、公路、电力、水利等项目。

（1）企业从事国家重点扶持的公共基础设施项目的投资经营的所得，自项目取得第一笔生产经营收入所属纳税年度起，第1～3年免征企业所得税，第4～6年减半征收企业所得税。

（2）企业承包经营、承包建设和内部自建自用本条规定的项目，不得享受本条规定的企业所得税优惠。

（3）企业投资经营符合《公共基础设施项目企业所得税优惠目录》规定条件和标准的公共基础设施项目，采用一次核准、分批次（如码头、泊位、航站楼、跑道、路段、发电机组等）建设的，凡同时符合以下条件的，可按每一批次为单位计算所得，并享受企业所得税"三免三减半"优惠：

不同批次在空间上相互独立；

每一批次自身具备取得收入的功能；

以每一批次为单位进行会计核算，单独计算所得，并合理分摊期间费用。

▶ 3. 从事符合条件的环境保护、节能节水项目的所得

环境保护、节能节水项目的所得，自项目取得第一笔生产经营收入所属纳税年度起，第1～3年免征企业所得税，第4～6年减半征收企业所得税。

符合条件的环境保护、节能节水项目，包括公共污水处理、公共垃圾处理、沼气综合开发利用、节能减排技术改造、海水淡化等。项目的具体条件和范围由国务院财政、税务主管部门商国务院有关部门制定，报国务院批准后公布施行。

但是以上规定享受减免税优惠的项目，在减免税期限内转让的，受让方自受让之日起，可以在剩余期限内享受规定的减免税优惠；减免税期限届满后转让的，受让方不得就该项目重复享受减免税优惠。

（二）高新技术企业优惠

国家需要重点扶持的高新技术企业减按15%的税率征收企业所得税。国家需要重点扶持的高新技术企业，是指拥有核心自主知识产权，并同时符合下列六方面条件的企业。

（1）拥有核心自主知识产权，是指在中国境内（不含港、澳、台地区）注册的企业，近3

年内通过自主研发、受让、受赠、并购等方式,或通过5年以上的独占许可方式,对其主要产品(服务)的核心技术拥有自主知识产权。

(2) 产品(服务)属于《国家重点支持的高新技术领域》规定的范围。

(3) 研究开发费用占销售收入的比例不低于规定比例,是指企业为获得科学技术(不包括人文、社会科学)新知识,创造性运用科学技术新知识,或实质性改进技术、产品(服务)而持续进行了研究开发活动,且近3个会计年度的研究开发费用总额占销售收入总额的比例符合如下要求。

① 最近一年销售收入小于5 000万元的企业,比例不低于6%。
② 最近一年销售收入在5 000万～20 000万元的企业,比例不低于4%。
③ 最近一年销售收入在20 000万元以上的企业,比例不低于3%。

其中,企业在中国境内发生的研究开发费用总额占全部研究开发费用总额的比例不低于60%。企业注册成立时间不足3年的,按实际经营年限计算。

(4) 高新技术产品(服务)收入占企业总收入的比例不低于规定比例,是指高新技术产品(服务)收入占企业当年总收入的60%以上。

(5) 科技人员占企业职工总数的比例不低于规定比例,是指具有大学专科以上学历的科技人员占企业当年职工总数的30%以上,其中研发人员占企业当年职工总数的10%以上。

(6)《高新技术企业认定管理办法》规定的其他条件。《国家重点支持的高新技术领域》和《高新技术企业认定管理办法》由国务院科技、财政、税务主管部门商国务院有关部门制定,报国务院批准后公布施行。

(三) 小型微利企业优惠

▶ **1. 小型微利企业认定**

小型微利企业减按20%的税率征收企业所得税。小型微利企业的条件如下。

(1) 工业企业,年度应纳税所得额不超过30万元,从业人数不超过100人,资产总额不超过3 000万元。

(2) 其他企业,年度应纳税所得额不超过30万元,从业人数不超过80人,资产总额不超过1 000万元。

上述"从业人数"按企业全年平均从业人数计算,"资产总额"按企业年初和年末的资产总额平均计算。

小型微利企业,是指企业的全部生产经营活动产生的所得,均负有我国企业所得税纳税义务的企业。仅就来源于我国所得负有我国纳税义务的非居民企业,不适用上述规定。

▶ **2. 小型微利企业的优惠政策**

2014年1月1日—2016年12月31日,对年应纳税所得额低于10万元(含10万元)的小型微利企业,其所得减按50%计入应纳税所得额,按20%的税率缴纳企业所得税。

(1) 符合规定条件的小型微利企业(包括采取查账征收和核定征收方式的企业),均可按照规定享受小型微利企业所得税优惠政策。

小型微利企业所得税优惠政策,包括企业所得税减按20%征收(以下简称"减低税率政策"),以及财税〔2014〕34号文件规定的优惠政策(以下简称"减半征税政策")。

(2) 符合规定条件的小型微利企业,在预缴和年度汇算清缴企业所得税时,可以按照规定自行享受小型微利企业所得税优惠政策，无须税务机关审核批准，但在报送年度企业所得税纳税申报表时，应同时将企业从业人员、资产总额情况报税务机关备案。

（3）小型微利企业预缴企业所得税时，按以下规定执行。

① 查账征收的小型微利企业，上一纳税年度符合小型微利企业条件，且年度应纳税所得额低于10万元（含10万元）的，本年度采取按实际利润额预缴企业所得税款，预缴时累计实际利润额不超过10万元的，可以享受小型微利企业所得税优惠政策；超过10万元的，应停止享受其中的减半征税政策；本年度采取按上年度应纳税所得额的季度（或月份）平均额预缴企业所得税的，可以享受小型微利企业优惠政策。

符合条件的小型微利企业在当年预缴申报企业所得税时，须向主管税务机关提供上一纳税年度符合小型微利企业条件的相关证明材料。

② 定率征税的小型微利企业，上一纳税年度符合小型微利企业条件，且年度应纳税所得额低于10万元（含10万元）的，本年度预缴企业所得税时，累计应纳税所得额不超过10万元的，可以享受优惠政策；超过10万元的，不享受其中的减半征税政策。

定额征税的小型微利企业，由当地主管税务机关相应调整定额后，按照原办法征收。

③ 本年度新办的小型微利企业，在预缴企业所得税时，凡累计实际利润额或应纳税所得额不超过10万元的，可以享受优惠政策；超过10万元的，应停止享受其中的减半征税政策。

（4）小型微利企业符合享受优惠政策条件，但预缴时未享受的，在年度汇算清缴时统一计算享受。

小型微利企业在预缴时享受了优惠政策，但年度汇算清缴时超过规定标准的，应按规定补缴税款。

（四）加计扣除优惠

加计扣除优惠包括以下两项内容：

▶ 1. 研究开发费

研究开发费，是指企业为开发新技术、新产品、新工艺发生的研究开发费用，未形成无形资产计入当期损益的，在按照规定据实扣除的基础上，按照研究开发费用的50%加计扣除；形成无形资产的，按照无形资产成本的150%摊销。

从2016年1月1日起，可以加计扣除的研究开发费按下列相关规定执行。

（1）研究开发费，是指从事规定范围内的研究开发活动发生的相关费用。研究开发活动是指企业为获得科学与技术（不包括人文、社会科学）新知识，创造性运用科学技术新知识，或实质性改进技术、工艺、产品（服务）而持续进行的具有明确目标的研究开发活动。

创造性运用科学技术新知识，或实质性改进技术、工艺、产品（服务），是指企业通过研究开发活动在技术、工艺、产品（服务）方面的创新取得了有价值的成果，对本地区（省、自治区、直辖市或计划单列市）相关行业的技术、工艺领先具有推动作用，不包括企业产品（服务）的常规性升级或对公开的科研成果直接应用等活动（如直接采用公开的新工艺、材料、装置、产品、服务或知识等）。

（2）企业从事《国家重点支持的高新技术领域》和国家发展改革委员会等部门公布的《当前优先发展的高技术产业化重点领域指南（2007年度）》规定项目的研究开发活动，其在一个纳税年度中实际发生的下列费用支出，允许在计算应纳税所得额时按照规定实行加计扣除。

① 新产品设计费、新工艺规程制定费,以及与研发活动直接相关的技术图书资料费、资料翻译费。

② 从事研发活动直接消耗的材料、燃料和动力费用。

③ 在职直接从事研发活动人员的工资、薪金、奖金、津贴、补贴。

④ 专门用于研发活动的仪器、设备的折旧费或租赁费。

⑤ 专门用于研发活动的软件、专利权、非专利技术等无形资产的摊销费用。

⑥ 专门用于中间试验和产品试制的模具、工艺装备开发及制造费。

⑦ 勘探开发技术的现场试验费。

⑧ 研发成果的论证、评审、验收费用。

自2013年1月1日起,企业从事研发活动发生的下列费用支出,可纳入税前加计扣除的研究开发费用范围:

① 企业依照国务院有关主管部门或者省级人民政府规定的范围和标准,为在职直接从事研发活动人员缴纳的基本养老保险费、基本医疗保险费、失业保险费、工伤保险费、生育保险费和住房公积金。

② 专门用于研发活动的仪器、设备的运行维护、调整、检验、维修等费用。

③ 不构成固定资产的样品、样机及一般测试手段购置费。

④ 新药研制的临床试验费。

⑤ 研发成果的鉴定费用。

(3) 对企业共同合作开发的项目,凡符合上述条件的,由合作各方就自身承担的研发费用分别按照规定计算加计扣除。

(4) 对企业委托给外单位进行开发的研发费用,凡符合上述条件的,由委托方按照规定计算加计扣除,受托方不得再进行加计扣除。

对委托开发的项目,受托方应向委托方提供该研发项目的费用支出明细情况;否则,该委托开发项目的费用支出不得实行加计扣除。

(5) 企业根据财务会计核算和研发项目的实际情况,对发生的研发费用进行收益化或资本化处理的,可按下述规定计算加计扣除:

研发费用计入当期损益未形成无形资产的,允许再按其当年研发费用实际发生额的50%,直接抵扣当年的应纳税所得额。

研发费用形成无形资产的,按照该无形资产成本的150%在税前摊销。除法律另有规定外,摊销年限不得低于10年。

(6) 法律、行政法规和国家税务总局规定不允许企业所得税前扣除的费用和支出项目,均不允许计入研究开发费用。

(7) 企业未设立专门的研发机构或企业研发机构同时承担生产经营任务的,应对研发费用和生产经营费用分开进行核算,准确、合理地计算各项研究开发费用支出,对划分不清的,不得实行加计扣除。

(8) 企业必须对研究开发费用实行专账管理,同时必须按照《企业研究开发费用税前扣除管理办法(试行)》(国税发〔2008〕116号)附表的规定项目,准确归集填写年度可加计扣除的各项研究开发费用实际发生金额。企业应于年度汇算清缴所得税申报时向主管税务机关报送本办法规定的相应资料。申报的研究开发费用不真实或者资料不齐全的,不得享受研究开发费用加计扣除,主管税务机关有权对企业申报的结果进行合理调整。

企业在一个纳税年度内进行多个研究开发活动的,应按照不同开发项目分别归集可加计扣除的研究开发费用额。

▶ 2. 企业安置残疾人员所支付的工资

企业安置残疾人员所支付工资费用的加计扣除,是指企业安置残疾人员的,在按照支付给残疾职工工资据实扣除的基础上,按照支付给残疾职工工资的100%加计扣除。残疾人员的范围适用《中华人民共和国残疾人保障法》的有关规定。企业安置国家鼓励安置的其他就业人员所支付的工资的加计扣除办法,由国务院另行规定。

(五) 创投企业优惠

创业投资企业从事国家需要重点扶持和鼓励的创业投资,可以按投资额的一定比例抵扣应纳税所得额。

创投企业优惠,是指创业投资企业采取股权投资方式投资于未上市的中小高新技术企业2年以上的,可以按照其投资额的70%在股权持有满2年的当年抵扣该创业投资企业的应纳税所得额;当年不足抵扣的,可以在以后纳税年度结转抵扣。

例如,甲企业2018年1月1日向乙企业(未上市的中小高新技术企业)投资100万元,股权持有到2019年12月31日。甲企业2019年度可抵扣的应纳税所得额为70万元。

五、企业所得税的其他优惠政策

为了新旧企业所得税法规的顺利衔接,新企业所得税法规做了明确的过渡规定:即企业所得税法公布前(2007年3月16日)已经批准设立(已经完成工商登记注册)的企业,依照当时的税收法律、行政法规规定,享受低税率优惠的,按照国务院规定,可以在企业所得税法施行后5年内,逐步过渡到新企业所得税法规定的税率;享受定期减免税优惠的,按照国务院规定,可以在企业所得税法施行后继续享受到期满为止,但因未获利而尚未享受优惠的,优惠期限从企业所得税法施行年度起计算。具体规定如下。

▶ 1. 原外商投资企业税收优惠的处理

(1) 2008年1月1日之前外商投资企业形成的累积未分配利润,在2008年以后分配给外国投资者的,免征企业所得税;2008年及以后年度外商投资企业新增利润分配给外国投资者的,依法缴纳企业所得税。

(2) 外国投资者从外商投资企业取得的税后利润直接再投资本企业增加注册资本,或者作为资本投资开办其他外商投资企业,凡在2007年年底以前完成再投资事项,并在国家工商管理部门完成变更或注册登记的,可以按照《中华人民共和国外商投资企业和外国企业所得税法》及其有关规定,给予办理再投资退税。对在2007年年底以前用2007年度预分配利润进行再投资的,不给予退税。

(3) 外国企业向我国转让专有技术或提供贷款等取得的所得,凡上述事项所涉及的合同是在2007年年底以前签订的,且符合《中华人民共和国外商投资企业和外国企业所得税法》规定免税条件的,经税务机关批准给予免税的,在合同有效期内可继续给予免税,但不包括延期、补充合同或扩大的条款。各主管税务机关应做好合同执行跟踪管理工作,及时开具完税证明。

(4) 外商投资企业按照《中华人民共和国外商投资企业和外国企业所得税法》规定享受定期减免税优惠,2008年后,企业生产经营业务性质或经营期发生变化,导致其不符合《中华人民共和国外商投资企业和外国企业所得税法》规定条件的,仍应依据《中华人民共和国外商投资企业和外国企业所得税法》规定补缴其此前(包括在优惠过渡期内)已经享受的定期减免税税款。各主管税务机关在每年对这类企业进行汇算清缴时,应对其经营业务内容和经营期限等变化情况进行审核。

▶ 2. 西部大开发的税收优惠

(1) 适用范围。本政策的适用范围包括重庆市、四川省、贵州省、云南省、西藏自治区、陕西省、甘肃省、宁夏回族自治区、青海省、新疆维吾尔自治区、新疆生产建设兵团、内蒙古自治区和广西壮族自治区(上述地区统称"西部地区")。湖南省湘西土家族苗族自治州、湖北省恩施土家族苗族自治州、吉林省延边朝鲜族自治州、江西省赣州市,可以比照西部地区的税收优惠政策执行。

(2) 具体内容。对设在西部地区国家鼓励类产业企业,在2011年1月1日—2020年12月31日,减按15%的税率征收企业所得税。

国家鼓励类产业企业,是指以《产业结构调整指导目录》(2005年版)中规定的产业项目为主营业务,其主营业务收入占企业总收入70%以上的企业。

对西部地区2010年12月31日前新办的,根据《财政部国家税务总局海关总署关于西部大开发税收优惠政策问题的通知》(财税〔2001〕2002号)规定,可以享受企业所得税"两免三减半"的交通、电力、水利、广播电视企业,其享受的企业所得税"两免三减半"优惠可以继续享受到期满为止。

对在西部地区新办交通、电力、水利、邮政、广播电视企业,上述项目业务收入占企业总收入70%以上的,可以享受企业所得税如下优惠政策:内资企业自开始生产经营之日起,第1~2年免征企业所得税,第3~5年减半征收企业所得税。

新办交通企业,是指投资新办从事公路、铁路、航空、港口、码头运营和管道运输的企业。新办电力企业,是指投资新办从事电力运营的企业。新办水利企业,是指投资新办从事江河湖泊综合治理、防洪除涝、灌溉、供水、水资源保护、水力发电、水土保持、河道疏浚、河海堤防建设等开发水利、防治水害的企业。新办邮政企业,是指投资新办从事邮政运营的企业。新办广播电视企业,是指投资新办从事广播电视运营的企业。

上述企业同时符合本规定条件的,第3~5年减半征收企业所得税时,按15%税率计算出应纳所得税额后减半执行。

上述所称企业,是指投资主体自建、运营上述项目的企业,单纯承揽上述项目建设的施工企业不得享受两年免征、3年减半征收企业所得税的政策。

(3) 对实行汇总(合并)纳税企业,应当将西部地区的成员企业与西部地区以外的成员企业分开,分别汇总(合并)申报纳税,分别适用税率。

(4) 赣州市执行西部大开发政策的规定。

2012年1月1日—2020年12月31日,对设在赣州市的鼓励类产业的内资企业和外商投资企业减按15%的税率征收企业所得税。

鼓励类产业的内资企业是指以《产业结构调整指导目录》中规定的鼓励类产业项目为主

营业务,且其主营业务收入占企业收入总额70%以上的企业。

鼓励类产业的外商投资企业,是指以《外商投资产业指导目录》中规定的鼓励类项目和《中西部地区外商投资优势产业目录》中规定的江西省产业项目为主营业务,且其主营业务收入占企业收入总额70%以上的企业。

▶ 3. 广东横琴、福建平潭、深圳前海企业所得税优惠

依据财税〔2014〕26号文件的规定,自2014年1月1日起至2020年12月31日止,对设在横琴新区、平潭综合实验区和前海深港现代服务业合作区的鼓励类产业企业减按15%的税率征收企业所得税。

上述鼓励类产业企业,是指以所在区域《企业所得税优惠目录》中规定的产业项目为主营业务,且其主营业务收入占企业收入总额70%以上的企业。

上述所称收入总额,是指《中华人民共和国企业所得税法》第六条规定的收入总额。

第二节 应纳税所得额

应纳税所得额是企业所得税的计税依据,按照企业所得税法的规定,应纳税所得额为企业每一个纳税年度的收入总额,减除不征税收入、免税收入、各项扣除以及允许弥补的以前年度亏损后的余额。基本公式为

应纳税所得额=收入总额-不征税收入-免税收入-各项扣除-允许弥补的以前年度亏损

企业应纳税所得额的计算以权责发生制为原则,属于当期的收入和费用,不论款项是否收付,均作为当期的收入和费用;不属于当期的收入和费用,即使款项已经在当期收付,均不作为当期的收入和费用。应纳税所得额的正确计算直接关系到国家财政收入和企业的税收负担,并且同成本、费用核算关系密切。因此,企业所得税法对应纳税所得额计算作了明确规定。主要内容包括收入总额、扣除范围和标准、资产的税务处理、亏损弥补等。

一、收入总额

企业的收入总额包括以货币形式和非货币形式,从各种来源取得的收入。具体有销售货物收入、提供劳务收入、转让财产收入、股息、红利等权益性投资收益、利息收入、租金收入、特许权使用费收入、接受捐赠收入、其他收入。

企业取得收入的货币形式,包括现金、存款、应收账款、应收票据、准备持有至到期的债券投资以及债务的豁免等;纳税人以非货币形式取得的收入,包括固定资产、生物资产、无形资产、股权投资、存货、不准备持有至到期的债券投资、劳务以及有关权益等,这些非货币资产应当按公允价值确定收入额,公允价值是指按照市场价格确定的价值。收入的具体构成为:

(一)一般收入的确认

(1)销售货物收入,是指企业销售商品、产品、原材料、包装物、低值易耗品以及其他存货取得的收入。

(2) 劳务收入，是指企业从事建筑安装、修理修配、交通运输、仓储租赁、金融保险、邮电通信、咨询经纪、文化体育、科学研究、技术服务、教育培训、餐饮住宿、中介代理、卫生保健、社区服务、旅游、娱乐、加工以及其他劳务服务活动取得的收入。

(3) 转让财产收入，是指企业转让固定资产、生物资产、无形资产、股权、债权等财产取得的收入。

企业转让股权收入，应于转让协议生效且完成股权变更手续时，确认收入的实现。转让股权收入扣除为取得该股权所发生的成本后，为股权转让所得。企业在计算股权转让所得时，不得扣除被投资企业未分配利润等股东留存收益中按该项股权所可能分配的金额。

(4) 股息、红利等权益性投资收益，是指企业因权益性投资从被投资方取得的收入。股息、红利等权益性投资收益，除国务院财政、税务主管部门另有规定外，按照被投资方做出利润分配决定的日期确认收入的实现。

被投资企业将股权（票）溢价所形成的资本公积转为股本的，不作为投资方企业的股息、红利收入，投资方企业也不得增加该项长期投资的计税基础。

依据《财政部国家税务总局证监会关于沪港股票市场交易互联互通机制试点有关税收政策的通知》（财税〔2014〕81号）的规定，自2014年11月17日起，对内地企业投资者通过沪港通投资香港联交所上市股票取得的股息红利所得，计入其收入总额，依法计征企业所得税。其中，内地居民企业连续持有H股满12个月取得的股息红利所得，依法免征企业所得税。

香港联交所上市H股公司应向中国结算提出申请，由中国结算向H股公司提供内地企业投资者名册，H股公司对内地企业投资者不代扣股息红利所得税款，应纳税款由企业自行申报缴纳。

内地企业投资者自行申报缴纳企业所得税时，对香港联交所非H股上市公司已代扣代缴的股息红利所得税，可依法申请税收抵免。

(5) 利息收入，是指企业将资金提供他人使用但不构成权益性投资，或者因他人占用本企业资金取得的收入，包括存款利息、贷款利息、债券利息、欠款利息等收入。利息收入，按照合同约定的债务人应付利息的日期确认收入的实现。

自2013年9月1日起，企业混合性投资业务，是指兼具权益和债权双重特性的投资业务。同时符合下列条件的混合性投资业务，按下列规定进行企业所得税处理。

① 被投资企业接受投资后，需要按投资合同或协议约定的利率定期支付利息（或定期支付保底利息、固定利润、固定股息，下同）。

② 有明确的投资期限或特定的投资条件，并在投资期满或者满足特定投资条件后，被投资企业需要赎回投资或偿还本金。

③ 投资企业对被投资企业净资产不拥有所有权。

④ 投资企业不具有选举权和被选举权。

⑤ 投资企业不参与被投资企业日常生产经营活动。

符合上述①～⑤条规定的混合性投资业务，按下列规定进行企业所得税处理。

a. 对于被投资企业支付的利息，投资企业应于被投资企业应付利息的日期，确认收入的实现并计入当期应纳税所得额；被投资企业应于应付利息的日期，确认利息支出，并按税法和《国家税务总局关于企业所得税若干问题的公告》（国家税务总局公告2011年第34

号)第一条的规定,进行税前扣除。

b. 对于被投资企业赎回的投资,投资双方应于赎回时,将赎价与投资成本之间的差额确认为债务重组损益,分别计入当期应纳税所得额。

(6)租金收入,是指企业提供固定资产、包装物或者其他有形资产的使用权取得的收入。租金收入,按照合同约定的承租人应付租金的日期确认收入的实现。其中,如果交易合同或协议中规定租赁期限跨年度,且租金提前一次性支付的,根据《实施条例》第九条规定的收入与费用配比原则,出租人可对上述已确认的收入,在租赁期内,分期均匀计入相关年度收入。

(7)特许权使用费收入,是指企业提供专利权、非专利技术、商标权、著作权以及其他特许权的使用权取得的收入。特许权使用费收入,按照合同约定的特许权使用人应付特许权使用费的日期确认收入的实现。

(8)接受捐赠收入,是指企业接受的来自其他企业、组织或者个人无偿给予的货币性资产、非货币性资产。接受捐赠收入,按照实际收到捐赠资产的日期确认收入的实现。

(9)其他收入,是指企业取得的除以上收入外的其他收入,包括企业资产溢余收入、逾期未退包装物押金收入、确实无法偿付的应付款项、已作坏账损失处理后又收回的应收款项、债务重组收入、补贴收入、违约金收入、汇兑收益等。

(二)特殊收入的确认

(1)以分期收款方式销售货物的,按照合同约定的收款日期确认收入的实现。

(2)企业受托加工制造大型机械设备、船舶、飞机,以及从事建筑、安装、装配工程业务或者提供其他劳务等,持续时间超过12个月的,按照纳税年度内完工进度或者完成的工作量确认收入的实现。

(3)采取产品分成方式取得收入的,按照企业分得产品的日期确认收入的实现,其收入额按照产品的公允价值确定。

(4)企业发生非货币性资产交换,以及将货物、财产、劳务用于捐赠、偿债、赞助、集资、广告、样品、职工福利或者利润分配等用途的,应当视同销售货物、转让财产或者提供劳务,但国务院财政、税务主管部门另有规定的除外。

(三)相关收入实现的确认

除企业所得税法及实施条例前述收入的规定外,企业销售收入的确认,必须遵循权责发生制原则和实质重于形式原则。

(1)企业销售商品同时满足下列条件的,应确认收入的实现。

① 商品销售合同已经签订,企业已将商品所有权相关的主要风险和报酬转移给购货方。

② 企业对已售出的商品既没有保留通常与所有权相联系的继续管理权,也没有实施有效控制。

③ 收入的金额能够可靠地计量。

④ 已发生或将发生的销售方的成本能够可靠地核算。

(2)符合上款收入确认条件,采取下列商品销售方式的,应按以下规定确认收入实现时间。

① 销售商品采用托收承付方式的,在办妥托收手续时确认收入。

② 销售商品采取预收款方式的，在发出商品时确认收入。

③ 销售商品需要安装和检验的，在购买方接受商品以及安装和检验完毕时确认收入。如果安装程序比较简单，可在发出商品时确认收入。

④ 销售商品采用支付手续费方式委托代销的，在收到代销清单时确认收入。

（3）采用售后回购方式销售商品的，销售的商品按售价确认收入，回购的商品作为购进商品处理。有证据表明不符合销售收入确认条件的，如以销售商品方式进行融资，收到的款项应确认为负债，回购价格大于原售价的，差额应在回购期间确认为利息费用。

（4）销售商品以旧换新的，销售商品应当按照销售商品收入确认条件确认收入，回收的商品作为购进商品处理。

（5）企业为促进商品销售而在商品价格上给予的价格扣除属于商业折扣，商品销售涉及商业折扣的，应当按照扣除商业折扣后的金额确定销售商品收入金额。

债权人为鼓励债务人在规定的期限内付款而向债务人提供的债务扣除属于现金折扣，销售商品涉及现金折扣的，应当按扣除现金折扣前的金额确定销售商品收入金额，现金折扣在实际发生时作为财务费用扣除。

企业因售出商品的质量不合格等原因，而在售价上给予的减让属于销售折让；企业因售出商品质量、品种不符合要求等原因而发生的退货属于捕售退回。企业已经确认销售收入的售出商品发生销售折让和销售退回，应当在发生当期冲减当期销售商品收入。

二、不征税和免税收入

国家为了扶持和鼓励某些特殊的纳税人和特定的项目，或者避免因征税影响企业的正常经营，对企业取得的某些收入予以不征税或免税的特殊政策，以减轻企业的负担，促进经济的协调发展。或准予抵扣应纳税所得额，或者是对专项用途的资金作为非税收入处理，减轻企业的税负，增加企业可用资金。

（一）不征税收入

（1）财政拨款，是指各级人民政府对纳入预算管理的事业单位、社会团体等组织拨付的财政资金，但国务院和国务院财政、税务主管部门另有规定的除外。

（2）依法收取并纳入财政管理的行政事业性收费、政府性基金。行政事业性收费是指依照法律法规等有关规定，按照国务院规定程序批准，在实施社会公共管理，以及在向公民、法人或者其他组织提供特定公共服务过程中，向特定对象收取并纳入财政管理的费用。政府性基金，是指企业依照法律、行政法规等有关规定，代政府收取的具有专项用途的财政资金。具体规定如下。

① 企业按照规定缴纳的、由国务院或财政部批准设立的政府性基金以及由国务院和省、自治区、直辖市人民政府及其财政、价格主管部门批准设立的行政事业性收费，准予在计算应纳税所得额时扣除。

企业缴纳的不符合上述第①条审批管理权限设立的基金、收费，不得在计算应纳税所得额时扣除。

② 企业收取的各种基金、收费，应计入企业当年收入总额。

③ 对企业依照法律、法规及国务院有关规定收取并上缴财政的政府性基金和行政事业性收费，准予作为不征税收入，于上缴财政的当年在计算应纳税所得额时从收入总额中

减除；未上缴财政的部分，不得从收入总额中减除。

(3) 国务院规定的其他不征税收入，是指企业取得的，由国务院财政、税务主管部门规定专项用途并经国务院批准的财政性资金。

财政性资金，是指企业取得的来源于政府及其有关部门的财政补助、补贴、贷款贴息，以及其他各类财政专项资金，包括直接减免的增值税和即征即退、先征后退、先征后返的各种税收，但不包括企业按规定取得的出口退税款。

① 企业取得的各类财政性资金，除属于国家投资和资金使用后要求归还本金的以外，均应计入企业当年收入总额。国家投资，是指国家以投资者身份投入企业并按有关规定相应增加企业实收资本（股本）的直接投资。

② 对企业取得的由国务院财政、税务主管部门规定专项用途并经国务院批准的财政性资金，准予作为不征税收入，在计算应纳税所得额时从收入总额中减除。

③ 纳入预算管理的事业单位、社会团体等组织按照核定的预算和经费报领关系收到的由财政部门或上级单位拨入的财政补助收入，准予作为不征税收入，在计算应纳税所得额时从收入总额中减除，但国务院和国务院财政、税务主管部门另有规定的除外。

(4) 专项用途财政性资金企业所得税处理的具体规定。

根据财税〔2011〕70号通知规定，自2011年1月1日起，企业取得的专项用途财政性资金企业所得税处理按以下规定执行。

① 企业从县级以上各级人民政府财政部门及其他部门取得的应计入收入总额的财政性资金，凡同时符合以下条件的，可以作为不征税收入，在计算应纳税所得额时从收入总额中减除：

a. 企业能够提供规定资金专项用途的资金拨付文件；

b. 财政部门或其他拨付资金的政府部门对该资金有专门的资金管理办法或具体管理要求；

c. 企业对该资金以及以该资金发生的支出单独进行核算。

② 根据《实施条例》第二十八条的规定，上述不征税收入用于支出所形成的费用，不得在计算应纳税所得额时扣除；用于支出所形成的资产，其计算的折旧、摊销不得在计算应纳税所得额时扣除。

③ 企业将符合上述第①条规定条件的财政性资金作不征税收入处理后，在5年（60个月）内未发生支出且未缴回财政部门或其他拨付资金的政府部门的部分，应计入取得该资金第6年的应税收入总额；计入应税收入总额的财政性资金发生的支出，允许在计算应纳税所得额时扣除。

另外，企业取得的不征税收入，应按照上述（财税〔2011〕70号，以下简称《通知》）的规定进行处理。凡未按照《通知》规定进行管理的，应作为企业应税收入计入应纳税所得额，依法缴纳企业所得税。

（二）免税收入

▶ 1. 国债利息收入

为鼓励企业积极购买国债，支援国家建设，税法规定，企业因购买国债所得的利息收入，免征企业所得税。

根据国家税务总局公告2011年第36号规定，自2011年1月1日起，按以下规定执行。

(1) 国债利息收入时间确认。

① 根据《实施条例》第十八条的规定，企业投资国债从国务院财政部门（以下简称"发行者"）取得的国债利息收入，应以国债发行时约定应付利息的日期，确认利息收入的实现。

② 企业转让国债，应在国债转让收入确认时确认利息收入的实现。

(2) 国债利息收入计算。企业到期前转让国债，或者从非发行者投资购买的国债，其持有期间尚未兑付的国债利息收入，按以下公式计算确定：

国债利息收入＝国债金额×（适用年利率÷365）×持有天数

上述公式中的"国债金额"，按国债发行面值或发行价格确定；"适用年利率"按国债票面年利率或折合年收益率确定；如企业不同时间多次购买同一品种国债的，"持有天数"可按平均持有天数计算确定。

(3) 国债利息收入免税问题。根据《企业所得税法》第二十六条的规定，企业取得的国债利息收入，免征企业所得税。具体按以下规定执行。

① 企业从发行者直接投资购买的国债持有至到期，其从发行者取得的国债利息收入，全额免征企业所得税。

② 企业到期前转让国债，或者从非发行者投资购买的国债，其按上述第(2)项计算的国债利息收入，免征企业所得税。

(4) 国债转让收入时间按下列规定确认。

① 企业转让国债应在转让国债合同、协议生效的日期，或者国债移交时确认转让收入的实现。

② 企业投资购买国债，到期兑付的，应在国债发行时约定的应付利息的日期，确认国债转让收入的实现。

▶ 2. 股息、红利等权益性收益

符合条件的居民企业之间的股息、红利等权益性收益，是指居民企业直接投资于其他居民企业取得的投资收益。

▶ 3. 在中国境内设立机构、场所的非居民企业从居民企业取得与该机构、场所有实际联系的股息、红利等权益性投资收益

该收益都不包括连续持有居民企业公开发行并上市流通的股票不足 12 个月取得的投资收益。

▶ 4. 符合条件的非营利组织的收入

符合下列条件的为非营利组织。

(1) 依法履行非营利组织登记手续。

(2) 从事公益性或者非营利性活动。

(3) 取得的收入除用于与该组织有关的、合理的支出外，全部用于登记核定或者章程规定的公益性或者非营利性事业。

(4) 财产及其滋生利息不用于分配。

(5) 按照登记核定或者章程规定，该组织注销后的剩余财产用于公益性或者非营利性目的，或者由登记管理机关转赠给与该组织性质、宗旨相同的组织，并向社会公告。

(6) 投入人对投入该组织的财产不保留或者享有任何财产权利。
(7) 工作人员工资福利开支控制在规定的比例内,不变相分配该组织的财产。
(8) 国务院财政、税务主管部门规定的其他条件。

《企业所得税法》第二十六条第四款所称符合条件的非营利组织的收入,不包括非营利组织从事营利性活动取得的收入,但国务院财政、税务主管部门另有规定的除外。

▶ 5. 非营利组织的下列收入为免税收入
(1) 接受其他单位或者个人捐赠的收入。
(2) 除《企业所得税法》第七条规定的财政拨款以外的其他政府补助收入,但不包括因政府购买服务取得的收入。
(3) 按照省级以上民政、财政部门规定收取的会费。
(4) 不征税收入和免税收入孳生的银行存款利息收入。
(5) 财政部、国家税务总局规定的其他收入。

三、扣除原则和范围

(一) 税前扣除项目的原则

企业申报的扣除项目和金额要真实、合法。所谓真实是指能提供证明有关支出确属已经实际发生;合法是指符合国家税法的规定,若其他法规规定与税收法规规定不一致,应以税收法规的规定为标准。除税收法规另有规定外,税前扣除一般应遵循以下原则。

(1) 权责发生制原则,是指企业费用应在发生的所属期扣除,而不是在实际支付时确认扣除。
(2) 配比原则,是指企业发生的费用应当与收入配比扣除。除特殊规定外,企业发生的费用不得提前或滞后申报扣除。
(3) 相关性原则,是指企业可扣除的费用从性质和根源上必须与取得应税收入直接相关。
(4) 确定性原则,是指企业可扣除的费用不论何时支付,其金额必须是确定的。
(5) 合理性原则,是指符合生产经营活动常规,应当计入当期损益或者有关资产成本的必要和正常的支出。

(二) 扣除项目的范围

《企业所得税法》规定,企业实际发生的与取得收入有关的、合理的支出,包括成本、费用、税金、损失和其他支出,准予在计算应纳税所得额时扣除。在实际中,计算应纳税所得额时还应注意以下三方面内容。

(1) 企业发生的支出应当区分收益性支出和资本性支出。收益性支出在发生当期直接扣除;资本性支出应当分期扣除或者计入有关资产成本,不得在发生当期直接扣除。
(2) 企业的不征税收入用于支出所形成的费用或者财产,不得扣除或者计算对应的折旧、摊销扣除。
(3) 除企业所得税法和本条例另有规定外,企业实际发生的成本、费用、税金、损失和其他支出,不得重复扣除。

▶ 1. 成本

成本是指企业在生产经营活动中发生的销售成本、销货成本、业务支出以及其他耗费,即企业销售商品(产品、材料、下脚料、废料、废旧物资等)、提供劳务、转让固定资产、无形资产(包括技术转让)的成本。

企业必须将经营活动中发生的成本合理划分为直接成本和间接成本。直接成本是可直接计入有关成本计算对象或劳务的经营成本中的直接材料、直接人工等。间接成本是指多个部门为同一成本对象提供服务的共同成本,或者同一种投入可以制造、提供两种或两种以上的产品或劳务的联合成本。

直接成本可根据有关会计凭证、记录直接计入有关成本计算对象或劳务的经营成本中。间接成本必须根据与成本计算对象之间的因果关系、成本计算对象的产量等,以合理的方法分配计入有关成本计算对象中。

▶ 2. 费用

费用是指企业每一个纳税年度为生产、经营商品和提供劳务等所发生的销售(经营)费用、管理费用和财务费用。已经计入成本的有关费用除外。

(1) 销售费用,是指应由企业负担的为销售商品而发生的费用,包括广告费、运输费、装卸费、包装费、展览费、保险费、销售佣金(能直接认定的进口佣金调整商品进价成本)、代销手续费、经营性租赁费及销售部门发生的差旅费、工资、福利费等费用。

(2) 管理费用,是指企业的行政管理部门为管理组织经营活动提供各项支援性服务而发生的费用。

(3) 财务费用,是指企业筹集经营性资金而发生的费用,包括利息净支出、汇兑净损失、金融机构手续费以及其他非资本化支出。

▶ 3. 税金

税金是指企业发生的除企业所得税和允许抵扣的增值税以外的企业缴纳的各项税金及其附加,即企业按规定缴纳的消费税、城市维护建设税、关税、资源税、土地增值税、房产税、车船税、土地使用税、印花税、教育费附加等产品销售税金及附加。这些已纳税金准予税前扣除。准许扣除的税金有两种方式:一种是在发生当期扣除;另一种是在发生当期计入相关资产的成本,在以后各期分摊扣除。

▶ 4. 损失

损失是指企业在生产经营活动中发生的固定资产和存货的盘亏、毁损、报废损失,转让财产损失,呆账损失,坏账损失,自然灾害等不可抗力因素造成的损失以及其他损失。

企业发生的损失,减除责任人赔偿和保险赔款后的余额,依照国务院财政、税务主管部门的规定扣除。

企业已经作为损失处理的资产,在以后纳税年度又全部收回或者部分收回时,应当计入当期收入。

▶ 5. 扣除的其他支出

扣除的其他支出是指除成本、费用、税金、损失外,企业在生产经营活动中发生的与生产经营活动有关的、合理的支出。

(三) 扣除项目及其标准

在计算应纳税所得额时,下列项目可按照实际发生额或规定的标准扣除。

▶ 1. 工资、薪金支出

(1) 企业发生的合理的工资、薪金支出准予据实扣除。工资、薪金支出是企业每一纳税年度支付给本企业任职或与其有雇佣关系的员工的所有现金或非现金形式的劳动报酬，包括基本工资、奖金、津贴、补贴、年终加薪、加班工资，以及与任职或者是受雇有关的其他支出。

合理的工资、薪金，是指企业按照股东大会、董事会、薪酬委员会或相关管理机构制定的工资薪金制度规定实际发放给员工的工资薪金。税务机关在对工资薪金进行合理性确认时，可按以下原则掌握。

① 企业制定了较为规范的员工工资薪金制度。
② 企业所制定的工资薪金制度符合行业及地区水平。
③ 企业在一定时期所发放的工资薪金是相对固定的，工资薪金的调整是有序进行的。
④ 企业对实际发放的工资薪金，已依法履行了代扣代缴个人所得税义务。
⑤ 有关工资薪金的安排，不以减少或逃避税款为目的。

(2) 属于国有性质的企业，其工资薪金，不得超过政府有关部门给予的限定数额；超过部分，不得计入企业工资薪金总额，也不得在计算企业应纳税所得额时扣除。

(3) 企业因雇用季节工、临时工、实习生、返聘离退休人员以及接受外部劳务派遣用工所实际发生的费用，应区分为工资薪金支出和职工福利费支出，并按《企业所得税法》规定在企业所得税前扣除。其中属于工资薪金支出的，准予计入企业工资薪金总额的基数，作为计算其他各项相关费用扣除的依据。

▶ 2. 职工福利费、工会经费、职工教育经费

企业发生的职工福利费、工会经费、职工教育经费按标准扣除，未超过标准的按实际数扣除，超过标准的只能按标准扣除。

(1) 企业发生的职工福利费支出，不超过工资薪金总额14%的部分准予扣除。

值得注意的是：企业发生的职工福利费，应该单独设置账册，进行准确核算。没有单独设置账册准确核算的，税务机关应责令企业在规定的期限内进行改正。逾期仍未改正的，税务机关可对企业发生的职工福利费进行合理的核定。

(2) 企业拨缴的工会经费，不超过工资薪金总额2%的部分准予扣除。

自2010年7月1日起，企业拨缴的职工工会经费，不超过工资薪金总额2%的部分，凭工会组织开具的《工会经费收入专用收据》在企业所得税税前扣除。

自2010年1月1日起，在委托税务机关代收工会经费的地区，企业拨缴的工会经费，也可凭合法、有效的工会经费代收凭据依法在税前扣除。

(3) 除国务院财政、税务主管部门另有规定外，企业发生的职工教育经费支出，不超过工资薪金总额2.5%的部分准予扣除，超过部分准予结转以后纳税年度扣除。

软件生产企业发生的职工教育经费中的职工培训费用，根据《财政部国家税务总局关于企业所得税若干优惠政策的通知》(财税〔2012〕27号)规定，可以全额在企业所得税前扣除。软件生产企业应准确划分职工教育经费中的职工培训费支出，对于不能准确划分的，以及准确划分后职工教育经费中扣除职工培训费用的余额，一律按照工资薪金总额2.5%的比例扣除。

核力发电企业为培养核电厂操纵员发生的培养费用，依据国家税务总局公告2014年第29号第三条规定，可作为企业的发电成本在税前扣除。企业应将核电厂操纵员培养费与员工的职工教育经费严格区分，单独核算，员工实际发生的职工教育经费支出不得计入

核电厂操纵员培养费直接扣除。

上述计算职工福利费、工会经费、职工教育经费的工资薪金总额，是指企业按照上述第一条规定实际发放的工资薪金总和，不包括企业的职工福利费、职工教育经费、工会经费以及养老保险费、医疗保险费、失业保险费、工伤保险费、生育保险费等社会保险费和住房公积金。属于国有性质的企业，其工资薪金，不得超过政府有关部门给予的限定数额；超过部分，不得计入企业工资薪金总额，也不得在计算企业应纳税所得额时扣除。

▶ 3. 社会保险费

（1）企业依照国务院有关主管部门或者省级人民政府规定的范围和标准为职工缴纳的五险一金，即基本养老保险费、基本医疗保险费、失业保险费、工伤保险费、生育保险费等基本社会保险费和住房公积金，准予扣除。

（2）企业为投资者或者职工支付的补充养老保险费、补充医疗保险费，在国务院财政、税务主管部门规定的范围和标准内，准予扣除。企业依照国家有关规定为特殊工种职工支付的人身安全保险费和符合国务院财政、税务主管部门规定可以扣除的商业保险费准予扣除。

（3）企业参加财产保险，按照规定缴纳的保险费，准予扣除。企业为投资者或者职工支付的商业保险费，不得扣除。

▶ 4. 利息费用

企业在生产、经营活动中发生的利息费用，按下列规定扣除。

（1）非金融企业向金融企业借款的利息支出、金融企业的各项存款利息支出和同业拆借利息支出、企业经批准发行债券的利息支出可据实扣除。

（2）非金融企业向非金融业借款的利息支出，不超过按照金融企业同期同类贷款利率计算的数额的部分可据实扣除，超过部分不许扣除。

其中，金融机构是指各类银行、保险公司及经中国人民银行批准从事金融业务的非银行金融机构，包括国家专业银行、区域性银行、股份制银行、外资银行、中外合资银行以及其他综合性银行，全国性保险企业、区域性保险企业、股份制保险企业、中外合资保险企业以及其他专业性保险企业，城市、农村信用社、各类财务公司以及其他从事信托投资、租赁等业务的专业和综合性非银行金融机构；非金融机构是指除上述金融机构以外的所有企业、事业单位以及社会团体等企业或组织。

鉴于目前我国对金融企业利率要求的具体情况，企业在按照合同要求首次支付利息并进行税前扣除时，应提供金融企业的同期同类贷款利率情况说明，以证明其利息支出的合理性。

金融企业的同期同类贷款利率情况说明中，应包括在签订该借款合同当时，本省任何一家金融企业提供同期同类贷款利率情况。该金融企业应为经政府有关部门批准成立的可以从事贷款业务的企业，包括银行、财务公司、信托公司等金融机构。同期同类贷款利率是指在贷款期限、贷款金额、贷款担保以及企业信誉等条件基本相同下，金融企业提供贷款的利率。既可以是金融企业公布的同期同类平均利率，也可以是金融企业对某些企业提供的实际贷款利率。

（3）关联企业利息费用的扣除。企业从其关联方接受的债权性投资与权益性投资的比例超过规定标准而发生的利息支出，不得在计算应纳税所得额时扣除。

(4) 企业向自然人借款的利息支出在企业所得税税前的扣除。

① 企业向股东或其他与企业有关联关系的自然人借款的利息支出，应根据《企业所得税法》第四十六条及《财政部国家税务总局关于企业关联方利息支出税前扣除标准有关税收政策问题的通知》（财税〔2008〕121号）规定的条件，计算企业所得税扣除额。

② 企业向除①规定以外的内部职工或其他人员借款的利息支出，其借款情况同时符合以下条件的，其利息支出在不超过按照金融企业同期同类贷款利率计算的数额的部分，准予扣除。

条件一：企业与个人之间的借贷是真实、合法、有效的，并且不具有非法集资目的或其他违反法律、法规的行为。

条件二：企业与个人之间签订了借款合同。

▶ 5. 借款费用

（1）企业在生产经营活动中发生的合理的不需要资本化的借款费用，准予扣除。

（2）企业为购置、建造固定资产、无形资产和经过12个月以上的建造才能达到预定可销售状态的存货发生借款的，在有关资产购置、建造期间发生的合理的借款费用，应予以资本化，作为资本性支出计入有关资产的成本；有关资产交付使用后发生的借款利息，可在发生当期扣除。

（3）企业通过发行债券、取得贷款、吸收保户储金等方式融资而发生的合理的费用支出，符合资本化条件的，应计入相关资产成本；不符合资本化条件的，应作为财务费用，准予在企业所得税前据实扣除。

▶ 6. 汇兑损失

企业在货币交易中，以及纳税年度终了时将人民币以外的货币性资产、负债按照期末即期人民币汇率中间价折算为人民币时产生的汇兑损失，除已经计入有关资产成本以及与向所有者进行利润分配相关的部分外，准予扣除。

▶ 7. 业务招待费

企业发生的与生产经营活动有关的业务招待费支出，按照发生额的60％扣除，但最高不得超过当年销售（营业）收入的5‰。

对从事股权投资业务的企业（包括集团公司总部、创业投资企业等），其从被投资企业所分配的股息、红利以及股权转让收入，可以按规定的比例计算业务招待费扣除限额。

企业在筹建期间，发生的与筹办活动有关的业务招待费支出，可按实际发生额的60％计入企业筹办费，并按有关规定在税前扣除。

▶ 8. 广告费和业务宣传费

企业发生的符合条件的广告费和业务宣传费支出，除国务院财政、税务主管部门另有规定外，不超过当年销售（营业）收入15％的部分，准予扣除；超过部分，准予结转以后纳税年度扣除。

企业在筹建期间，发生的广告费和业务宣传费，可按实际发生额计入企业筹办费，可按上述规定在税前扣除。

企业申报扣除的广告费支出应与赞助支出严格区分。企业申报扣除的广告费支出，必须符合下列条件：广告是通过工商部门批准的专门机构制作的；已实际支付费用，并已取得相应发票；通过一定的媒体传播。

▶ 9. 环境保护专项资金

企业依照法律、行政法规有关规定提取的用于环境保护、生态恢复等方面的专项资金，准予扣除。上述专项资金提取后改变用途的，不得扣除。

▶ 10. 保险费

企业参加财产保险，按照规定缴纳的保险费，准予扣除。

▶ 11. 租赁费

企业根据生产经营活动的需要租入固定资产支付的租赁费，按照以下方法扣除。

(1) 以经营租赁方式租入固定资产发生的租赁费支出，按照租赁期限均匀扣除。经营性租赁是指所有权不转移的租赁。

(2) 以融资租赁方式租入固定资产发生的租赁费支出，按照规定构成融资租入固定资产价值的部分应当提取折旧费用，分期扣除。融资租赁，是指在实质上转移与一项资产所有权有关的全部风险和报酬的一种租赁。

▶ 12. 劳动保护费

企业发生的合理的劳动保护支出，准予扣除。自 2011 年 7 月 1 日起，企业根据其工作性质和特点，由企业统一制作并要求员工工作时统一着装所发生的工作服饰费用，根据《实施条例》第二十七条的规定，可以作为企业合理的支出给予税前扣除。

▶ 13. 公益性捐赠支出

公益性捐赠，是指企业通过公益性社会团体或者县级（含县级）以上人民政府及其部门，用于《中华人民共和国公益事业捐赠法》规定的公益事业的捐赠。

企业发生的公益性捐赠支出，不超过年度利润总额 12% 的部分，准予扣除。年度利润总额，是指企业依照国家统一会计制度的规定计算的年度会计利润。

(1) 用于公益事业的捐赠支出，是指《中华人民共和国公益事业捐赠法》规定的向公益事业的捐赠支出，具体范围如下。

① 救助灾害、救济贫困、扶助残疾人等困难的社会群体和个人的活动。

② 教育、科学、文化、卫生、体育事业。

③ 环境保护、社会公共设施建设。

④ 促进社会发展和进步的其他社会公共和福利事业。

企事业单位、社会团体以及其他组织捐赠住房作为廉租住房的，视同公益性捐赠按上述规定执行。

(2) 公益性社会团体，是指同时符合下列条件的基金会、慈善组织等社会团体。

① 依法登记，具有法人资格。

② 以发展公益事业为宗旨，且不以营利为目的。

③ 全部资产及其增值为该法人所有。

④ 收益和营运结余主要用于符合该法人设立目的的事业。

⑤ 终止后的剩余财产不归属任何个人或者营利组织。

⑥ 不经营与其设立目的无关的业务。

⑦ 有健全的财务会计制度。

⑧ 捐赠者不以任何形式参与社会团体财产的分配。

⑨ 国务院财政、税务主管部门会同国务院民政部门等登记管理部门规定的其他条件。

(3) 公益性社会团体和县级以上人民政府及其组成部门和直属机构在接受捐赠时，捐赠资产的价值，按以下原则确认。

① 接受捐赠的货币性资产，应当按照实际收到的金额计算。

② 接受捐赠的非货币性资产，应当以其公允价值计算。捐赠方在向公益性社会团体和县级以上人民政府及其组成部门和直属机构捐赠时，应当提供注明捐赠非货币性资产公允价值的证明，如果不能提供上述证明，公益性社会团体和县级以上人民政府及其组成部门和直属机构不得向其开具公益性捐赠票据。

(4) 公益性社会团体和县级以上人民政府及其组成部门和直属机构在接受捐赠时，应按照行政管理级次分别使用由财政部或省、自治区、直辖市财政部门印制的公益性捐赠票据，并加盖本单位的印章；对个人索取捐赠票据的，应予以开具。

(5) 对符合条件的公益性群众团体，应按照管理权限，由财政部、国家税务总局和省、自治区、直辖市、计划单列市财政、税务部门分别每年联合公布名单。名单应当包括继续获得公益性捐赠税前扣除资格和新获得公益性捐赠税前扣除资格的群众团体，企业和个人在名单所属年度内向名单内的群众团体进行的公益性捐赠支出，可以按规定进行税前扣除。

对存在以下情形之一的公益性群众团体，应取消其公益性捐赠税前扣除资格。

① 前3年接受捐赠的总收入中用于公益事业的支出比例低于70%的。

② 在申请公益性捐赠税前扣除资格时有弄虚作假行为的。

③ 存在逃避缴纳税款行为或为他人逃避缴纳税款提供便利的。

④ 存在违反该组织章程的活动，或者接受的捐赠款项用于组织章程规定用途之外的支出等情况的。

⑤ 受到行政处罚的。

被取消公益性捐赠税前扣除资格的公益性群众团体，3年内不得重新申请公益性捐赠税前扣除资格。

(6) 对于通过公益性群众团体发生的公益性捐赠支出，主管税务机关应对照财政、税务部门联合发布的名单，接受捐赠的群众团体位于名单内，则企业或个人在名单所属年度发生的公益性捐赠支出可按规定进行税前扣除；接受捐赠的群众团体不在名单内，或虽在名单内但企业或个人发生的公益性捐赠支出不属于名单所属年度的，不得扣除。

▶ 14. 有关资产的费用

企业转让各类固定资产发生的费用，允许扣除。企业按规定计算的固定资产折旧费、无形资产和递延资产的摊销费，准予扣除。

▶ 15. 总机构分摊的费用

非居民企业在中国境内设立的机构、场所，就其中国境外总机构发生的与该机构、场所生产经营有关的费用，能够提供总机构出具的费用汇集范围、定额、分配依据和方法等证明文件，并合理分摊的，准予扣除。

▶ 16. 资产损失

企业当期发生的固定资产和流动资产盘亏、毁损净损失，由其提供清查盘存资料经主管税务机关审核后，准予扣除。

▶ 17. 依照有关法律、行政法规和国家有关税法规定准予扣除的其他项目

如会员费、合理的会议费、差旅费、违约金、诉讼费用等。

▶ 18. 手续费及佣金支出

(1) 企业发生的与生产经营有关的手续费及佣金支出，不超过以下规定计算限额以内的部分，准予扣除；超过部分，不得扣除。

① 保险企业：财产保险企业按当年全部保费收入扣除退保金等后余额的15%（含本数，下同）计算限额；人身保险企业按当年全部保费收入扣除退保金等后余额的10%计算限额。

② 其他企业：按与具有合法经营资格中介服务机构或个人（不含交易双方及其雇员、代理人和代表人等）所签订服务协议或合同确认的收入金额的5%计算限额。

(2) 企业应与具有合法经营资格的中介服务企业或个人签订代办协议或合同，并按国家有关规定支付手续费及佣金。除委托个人代理外，企业以现金等非转移方式支付的手续费及佣金不得在税前扣除。企业为发行权益性证券支付给有关证券承销机构手续费及佣金不得在税前扣除。

(3) 企业不得将手续费及佣金支出计入回扣、业务提成、返利、进场费等费用。

(4) 企业已计入固定资产、无形资产等相关资产的手续费及佣金支出，应当通过折旧、摊销等方式分期扣除，不得在发生当期直接扣除。

(5) 企业支付的手续费及佣金不得直接冲减服务协议或合同金额，并如实入账。

(6) 企业应当如实向当地主管税务机关提供当年手续费及佣金计算分配表和其他相关资料，并依法取得合法真实凭证。

(7) 电信企业在发展客户、拓展业务等过程中（如委托销售电话入网卡、电话充值卡等），需向经纪人、代办商支付手续费及佣金的，其实际发生的相关手续费及佣金支出，不超过企业当年收入总额5%的部分，准予在企业所得税前据实扣除。

(8) 从事代理服务、主营业务收入为手续费、佣金的企业（如证券、期货、保险代理等企业），其为取得该类收入而实际发生的营业成本（包括手续费及佣金支出），准予在企业所得税前据实扣除。

▶ 19. 保险公司缴纳的保险保障基金

保险保障基金，是指按照《中华人民共和国保险法》和《保险保障基金管理办法》（保监会、财政部、人民银行令2008年第2号）规定缴纳形成的，在规定情形下用于救助保单持有人、保单受让公司或者处置保险业风险的非政府性行业风险救助基金。自2011年1月1日—2015年12月31日，按下列规定执行。

保险公司按下列规定缴纳的保险保障基金，准予据实税前扣除。

① 非投资型财产保险业务，不得超过保费收入的0.8%；投资型财产保险业务，有保证收益的，不得超过业务收入的0.08%，无保证收益的，不得超过业务收入的0.05%。

非投资型财产保险业务，是指仅具有保险保障功能而不具有投资理财功能的财产保险业务。

投资型财产保险业务，是指兼具有保险保障与投资理财功能的财产保险业务。

有保证收益，是指保险产品在投资收益方面提供固定收益或最低收益保障。

无保证收益，是指保险产品在投资收益方面不提供收益保证，投保人承担全部投资

风险。

② 有保证收益的人寿保险业务，不得超过业务收入的0.15%。

▶ 20. 企业所得税前扣除

根据《企业所得税法》第二十一条规定，对企业依据财务会计制度规定，并实际在财务会计处理上已确认的支出，凡没有超过《企业所得税法》和有关税收法规规定的税前扣除范围和标准的，可按企业实际会计处理确认的支出，在企业所得税前扣除，计算其应纳税所得额。

▶ 21. 企业参与政府统一组织的棚户区改造有关企业所得税政策

(1) 企业参与政府统一组织的工矿（含中央下放煤矿）棚户区改造、林区棚户区改造、垦区危房改造并同时符合一定条件的棚户区改造支出，准予在企业所得税前扣除。

(2) 同时符合一定条件的棚户区改造支出，是指同时满足以下条件的棚户区改造支出：

① 棚户区位于远离城镇、交通不便，市政公用、教育医疗等社会公共服务缺乏城镇依托的独立矿区、林区或垦区。

② 该独立矿区、林区或垦区不具备商业性房地产开发条件。

③ 棚户区市政排水、给水、供电、供暖、供气、垃圾处理、绿化、消防等市政服务或公共配套设施不齐全。

④ 棚户区房屋集中连片户数不低于50户，其中实际在该棚户区居住且在本地区无其他住房的职工（含离退休职工）户数占总户数的比例不低于75%。

⑤ 棚户区房屋按照《房屋完损等级评定标准》和《危险房屋鉴定标准》评定属于危险房屋、严重损坏房屋的套内面积不低于该片棚户区建筑面积的25%。

⑥ 棚户区改造已纳入地方政府保障性安居工程建设规划和年度计划，并由地方政府牵头按照保障性住房标准组织实施。异地建设的，原棚户区土地由地方政府统一规划使用或者按规定实行土地复垦、生态恢复。

(3) 在企业所得税年度纳税申报时，企业应向主管税务机关提供其棚户区改造支出同时符合上述第(2)条规定条件的书面说明材料。

四、不得扣除的项目

在计算应纳税所得额时，下列支出不得扣除。

① 向投资者支付的股息、红利等权益性投资收益款项。

② 企业所得税税款。

③ 税收滞纳金，是指纳税人违反税收法规，被税务机关处以的滞纳金。

④ 罚金、罚款和被没收财物的损失，是指纳税人违反国家有关法律、法规规定，被有关部门处以的罚款，以及被司法机关处以的罚金和被没收的财物。

⑤ 超过规定标准的捐赠支出。

⑥ 赞助支出，是指企业发生的与生产经营活动无关的各种非广告性质支出。

⑦ 未经核定的准备金支出，是指不符合国务院财政、税务主管部门规定的各项资产减值准备、风险准备等准备金支出。

⑧ 企业之间支付的管理费、企业内营业机构之间支付的租金和特许权使用费，以及

非银行企业内营业机构之间支付的利息,不得扣除。

⑨ 与取得收入无关的其他支出。

五、亏损弥补

（1）亏损是指企业依照《企业所得税法》及其暂行条例的规定,将每一纳税年度的收入总额减除不征税收入、免税收入和各项扣除后小于零的数额。税法规定,企业某一纳税年度发生的亏损可以用下一年度的所得弥补,下一年度的所得不足以弥补的,可以逐年延续弥补,但最长不得超过5年。而且,企业在汇总计算缴纳企业所得税时,其境外营业机构的亏损不得抵减境内营业机构的盈利。

（2）企业筹办期间不计算为亏损年度,企业自开始生产经营的年度,为开始计算企业损益的年度。企业从事生产经营之前进行筹办活动期间发生筹办费用支出,不得计算为当期的亏损,企业可以在开始经营之日的当年一次性扣除,也可以按照新税法有关长期待摊费用的处理规定处理,但一经选定,不得改变。

（3）税务机关对企业以前年度纳税情况进行检查时调增的应纳税所得额,凡企业以前年度发生亏损且该亏损属于企业所得税法规定允许弥补的,应允许调增的应纳税所得额弥补该亏损。弥补该亏损后仍有余额的,按照企业所得税法规定计算缴纳企业所得税。对检查调增的应纳税所得额应根据其情节,依照《税收征收管理法》有关规定进行处理或处罚。

上述规定自2010年12月1日开始执行。以前(含2008年度之前)没有处理的事项,按本规定执行。

（4）对企业发现以前年度实际发生的、按照税收规定应在企业所得税前扣除而未扣除或者少扣除的支出,企业做出专项申报及说明后,准予追补至该项目发生年度计算扣除,但追补确认期限不得超过5年。

企业由于上述原因多缴的企业所得税税款,可以在追补确认年度企业所得税应纳税款中抵扣,不足抵扣的,可以向以后年度递延抵扣或申请退税。

亏损企业追补确认以前年度未在企业所得税前扣除的支出,或盈利企业经过追补确认后出现亏损的,应首先调整该项支出所属年度的亏损额,然后再按照弥补亏损的原则计算以后年度多缴的企业所得税款,并按前款规定处理。

第三节 企业所得税计算

一、居民企业应纳税额的计算

居民企业应缴纳所得税额等于应纳税所得额乘以适用税率,基本计算公式为

应纳税额＝应纳税所得额×适用税率－减免税额－抵免税额

根据计算公式可以看出,应纳税额的多少,取决于应纳税所得额和适用税率两个因素。在实际过程中,应纳税所得额的计算一般有两种方法。

▶ 1. 直接计算法

在直接计算法下，企业每一纳税年度的收入总额减除不征税收入、免税收入、各项扣除以及允许弥补的以前年度亏损后的余额为应纳税所得额。计算公式与前述相同，即为

应纳税所得额＝收入总额－不征税收入－免税收入－各项扣除金额－允许弥补的以前年度亏损

▶ 2. 间接计算法

在间接计算法下，是在会计利润总额的基础上加或减按照税法规定调整的项目金额后，即为应纳税所得额。计算公式为

应纳税所得额＝会计利润总额±纳税调整项目金额

纳税调整项目金额包括两方面内容：一是企业的财务会计处理和税收规定不一致的应予以调整的金额；二是企业按税法规定准予扣除的税收金额。

【例6-1】某企业为居民企业，2018年发生经营业务如下：

(1) 取得产品销售收入4 000万元。

(2) 发生产品销售成本2 600万元。

(3) 发生销售费用770万元(其中广告费650万元)；管理费用480万元(其中业务招待费25万元)；财务费用60万元。

(4) 销售税金160万元(含增值税120万元)。

(5) 营业外收入80万元，营业外支出50万元(含通过公益性社会团体向贫困山区捐款30万元，支付税收滞纳金6万元)。

(6) 计入成本、费用中的实发工资总额200万元、拨缴职工工会经费5万元、发生职工福利费31万元、发生职工教育经费7万元。

要求：计算该企业2018年度实际应纳的企业所得税。

【要点分析】

(1) 会计利润总额＝4 000＋80－2 600－770－480－60－40－50＝80（万元）

(2) 广告费和业务宣传费调增所得额＝650－4 000×15％＝650－600＝50（万元）

(3) 业务招待费调增所得额＝25－25×60％＝25－15＝10（万元）

4 000×5‰＝20（万元）＞25×60％＝15（万元）

(4) 捐赠支出应调增所得额＝30－80×12％＝20.4（万元）

(5) 工会经费应调增所得额＝5－200×2％＝1（万元）

(6) 职工福利费应调增所得额＝31－200×14％＝3（万元）

(7) 职工教育经费应调增所得额＝7－200×2.5％＝2（万元）

(8) 应纳税所得额＝80＋50＋10＋20.4＋6＋1＋3＋2＝172.4（万元）

(9) 2018年应缴企业所得税＝172.4×25％＝43.1（万元）

二、居民企业核定征收应纳税额的计算

为了加强企业所得税征收管理，规范核定征收企业所得税工作，保障国家税款及时足额入库，维护纳税人合法权益，根据《中华人民共和国企业所得税法》及其实施条例、《中华人民共和国税收征收管理法》及其实施细则的有关规定，核定征收企业所得税的有关规定如下。

（一）核定征收企业所得税的范围

核定征收办法适用于居民企业纳税人，纳税人具有下列情形之一的，核定征收企业所得税。

① 依照法律、行政法规的规定可以不设置账簿的。

② 依照法律、行政法规的规定应当设置但未设置账簿的。

③ 擅自销毁账簿或者拒不提供纳税资料的。

④ 虽设置账簿，但账目混乱或者成本资料、收入凭证、费用凭证残缺不全，难以查账的。

⑤ 发生纳税义务，未按照规定的期限办理纳税申报，经税务机关责令限期申报，逾期仍不申报的。

⑥ 申报的计税依据明显偏低，又无正当理由的。

特殊行业、特殊类型的纳税人和一定规模以上的纳税人不适用核定征收办法。上述特定纳税人由国家税务总局另行明确。

根据国家税务总局公告2012年第27号规定，自2012年1月1日起，专门从事股权（股票）投资业务的企业，不得核定征收企业所得税。

对依法按核定应税所得率方式核定征收企业所得税的企业，取得的转让股权（股票）收入等转让财产收入，应全额计入应税收入额，按照主营项目（业务）确定适用的应税所得率计算征税；若主营项目（业务）发生变化，应在当年汇算清缴时，按照变化后的主营项目（业务）重新确定适用的应税所得率计算征税。

（二）核定征收的办法

税务机关应根据纳税人具体情况，对核定征收企业所得税的纳税人，核定应税所得率或者核定应纳所得税额。

(1) 具有下列情形之一的，核定其应税所得率。

① 能正确核算（查实）收入总额，但不能正确核算（查实）成本费用总额的。

② 能正确核算（查实）成本费用总额，但不能正确核算（查实）收入总额的。

③ 通过合理方法，能计算和推定纳税人收入总额或成本费用总额的。

纳税人不属于以上情形的，核定其应纳所得税额。

(2) 税务机关采用下列方法核定征收企业所得税。

① 参照当地同类行业或者类似行业中经营规模和收入水平相近的纳税人的税负水平核定。

② 按照应税收入额或成本费用支出额定率核定。

③ 按照耗用的原材料、燃料、动力等推算或测算核定。

④ 按照其他合理方法核定。

采用前款所列一种方法不足以正确核定应纳税所得额或应纳税额的，可以同时采用两种以上的方法核定。采用两种以上方法测算的应纳税额不一致时，可按测算的应纳税额从高核定。

采用应税所得率方式核定征收企业所得税的，应纳所得税额计算公式如下：

$$应纳所得税额 = 应纳税所得额 \times 适用税率$$

$$应纳税所得额 = 应税收入额 \times 应税所得率$$

或 　　　　应纳税所得额＝成本(费用)支出额÷(1－应税所得率)×应税所得率

实行应税所得率方式核定征收企业所得税的纳税人，经营多业的，无论其经营项目是否单独核算，均由税务机关根据其主营项目确定适用的应税所得率。

主营项目应为纳税人所有经营项目中，收入总额或者成本(费用)支出额或者耗用原材料、燃料、动力数量所占比重最大的项目。

三、非居民企业应纳税额的计算

对于在中国境内未设立机构、场所的，或者虽设立机构、场所但取得的所得与其所设机构、场所没有实际联系的非居民企业的所得，按下列方法计算应纳税所得额。

第一，股息、红利等权益性投资收益和利息、租金、特许权使用费所得，以收入全额为应纳税所得额。

营业税改征增值税试点中的非居民企业，应以不含增值税的收入全额作为应纳税所得额。

第二，转让财产所得，以收入全额减除财产净值后的余额为应纳税所得额。

第三，其他所得，参照前两项规定的方法计算应纳税所得额。

财产净值是指财产的计税基础减除已经按照规定扣除的折旧、折耗、摊销、准备金等后的余额。

具体征收管理规定如下。

(1) 扣缴义务人在每次向非居民企业支付或者到期应支付所得时，应从支付或者到期应支付的款项中扣缴企业所得税。

到期应支付的款项，是指支付人按照权责发生制原则应当计入相关成本、费用的应付款项。

扣缴义务人每次代扣代缴税款时，应当向其主管税务机关报送《中华人民共和国扣缴企业所得税报告表》(以下简称《扣缴表》)及相关资料，并自代扣之日起7日内缴入国库。

(2) 扣缴企业所得税应纳税额计算。计算公式为

　　　　　扣缴企业所得税应纳税额＝应纳税所得额×实际征收率

应纳税所得额按照上述第一～第三的方法进行计算；实际征收率是指企业所得税法及其实施条例等相关法律法规规定的税率，或者税收协定规定的更低的税率。

(3) 扣缴义务人对外支付或者到期应支付的款项为人民币以外货币的，在申报扣缴企业所得税时，应当按照扣缴当日国家公布的人民币汇率中间价，折合成人民币计算应纳税所得额。

(4) 扣缴义务人与非居民企业签订应税所得有关的业务合同时，凡合同中约定由扣缴义务人负担应纳税款的，应将非居民企业取得的不含税所得换算为含税所得后计算征税。

(5) 按照企业所得税法及其实施条例和相关税收法规规定，给予非居民企业减免税优惠的，应按相关税收减免管理办法和行政审批程序的规定办理。对未经审批或者减免税申请未得到批准之前，扣缴义务人发生支付款项的，应按规定代扣代缴企业所得税。

(6) 非居民企业可以适用的税收协定与国内相关法规有不同规定的，可申请执行税收

协定规定;非居民企业未提出执行税收协定规定申请的,按国内税收法律法规的有关规定执行。

(7) 非居民企业已按国内税收法律法规的有关规定征税后,提出享受减免税或税收协定待遇申请的,主管税务机关经审核确认应享受减免税或税收协定待遇的,对多缴纳的税款应依据税收征管法及其实施细则的有关规定予以退税。

(8) 因非居民企业拒绝代扣税款的,扣缴义务人应当暂停支付相当于非居民企业应纳税款的款项,并在1天之内向其主管税务机关报告,并报送书面情况说明。

(9) 扣缴义务人未依法扣缴或者无法履行扣缴义务的,非居民企业应于扣缴义务人支付或者到期应支付之日起7日内,到所得发生地主管税务机关申报缴纳企业所得税。

股权转让交易双方为非居民企业,且在境外交易的,由取得所得的非居民企业自行或委托代理人向被转让股权的境内企业所在地主管税务机关申报纳税。被转让股权的境内企业应协助税务机关向非居民企业征缴税款。

扣缴义务人所在地与所得发生地不在一地的,扣缴义务人所在地主管税务机关应自确定扣缴义务人未依法扣缴或者无法履行扣缴义务之1日起5个工作日内,向所得发生地主管税务机关发送《非居民企业税务事项联络函》,告知非居民企业的申报纳税事项。

(10) 非居民企业依照有关规定申报缴纳企业所得税,但在中国境内存在多处所得发生地,并选定其中之一申报缴纳企业所得税的,应向申报纳税所在地主管税务机关如实报告有关情况。

(11) 非居民企业未依照有关规定申报缴纳企业所得税,由申报纳税所在地主管税务机关责令限期缴纳,逾期仍未缴纳的,申报纳税所在地主管税务机关可以收集、查实该非居民企业在中国境内其他收入项目及其支付人(以下简称"其他支付人")的相关信息,并向其他支付人发出《税务事项通知书》,从其他支付人应付的款项中,追缴该非居民企业的应纳税款和滞纳金。

其他支付人所在地与申报纳税所在地不在一地的,其他支付人所在地主管税务机关应给予配合和协助。

(12) 对多次付款的合同项目,扣缴义务人应当在履行合同最后一次付款前15日内,向主管税务机关报送合同全部付款明细、前期扣缴表和完税凭证等资料,办理扣缴税款清算手续。

【例6-2】假定某企业为居民企业,2018年经营业务如下:

(1) 取得销售收入2 500万元。

(2) 销售成本1 100万元。

(3) 发生销售费用670万元(其中广告费450万元);管理费用480万元(其中业务招待费15万元);财务费用60万元。

(4) 销售税金160万元(含增值税120万元)。

(5) 营业外收入70万元,营业外支出50万元(含通过公益性社会团体向贫困山区捐款30万元,支付税收滞纳金6万元)。

(6) 计入成本、费用中的实发工资总额150万元、拨缴职工工会经费3万元、支出职工福利费和职工教育经费29万元。

任务：计算该企业2018年度实际应纳的企业所得税。

【要点分析】

(1) 该企业的会计利润＝2 500－1 100－670－480－60－(160－120)＋70－50
＝170(万元)

(2) 纳税调整：

① 广告费扣除限额＝2 500×15％＝375(万元)＜450(万元)

调增应纳税所得额＝450－375＝75(万元)

② 招待费的60％＝15×60％＝9(万元)

销售收入的5‰＝2 500×5‰＝12.5(万元)＞9(万元)

调增应纳税所得额＝15－9＝6(万元)

③ 捐赠扣除限额＝170×12％＝20.4(万元)＜30(万元)

调增应纳税所得额＝30－20.4＝9.6(万元)

④ 税收滞纳金不得扣除，调增应纳税所得额6万元。

⑤ 工会经费扣除限额＝150×2％＝3(万元)

职工福利和教育经费扣除限额＝150×(14％＋2.5％)＝24.75(万元)＜29(万元)

调增应纳税所得额＝29－24.75＝4.25(万元)

(3) 该企业的应纳税所得额＝170＋75＋6＋9.6＋6＋4.25＝270.85(万元)

应纳企业所得税＝270.85×25％＝67.71(万元)

四、固定资产的税务处理

固定资产，是指企业为生产产品、提供劳务、出租或者经营管理而持有的、使用时间超过12个月的非货币性资产，包括房屋、建筑物、机器、机械、运输工具，以及其他与生产经营活动有关的设备、器具、工具等。

(一) 固定资产计税基础的确定

(1) 外购的固定资产，以购买价款和支付的相关税费以及直接归属于使该资产达到预定用途发生的其他支出为计税基础。

(2) 自行建造的固定资产，以竣工结算前发生的支出为计税基础。

(3) 融资租入的固定资产，以租赁合同约定的付款总额和承租人在签订租赁合同过程中发生的相关费用为计税基础，租赁合同未约定付款总额的，以该资产的公允价值和承租人在签订租赁合同过程中发生的相关费用为计税基础。

(4) 盘盈的固定资产，以同类固定资产的重置完全价值为计税基础。

(5) 通过捐赠、投资、非货币性资产交换、债务重组等方式取得的固定资产，以该资产的公允价值和支付的相关税费为计税基础。

(6) 改建的固定资产，除了已足额提取折旧的固定资产和租入固定资产以外，其他固定资产的改建支出，以改建过程中发生的改建支出增加计税基础。

(二) 固定资产的折旧方法

固定资产按照直线法计算的折旧,准予扣除。

企业应当自固定资产投入使用月份的次月起计算折旧;停止使用的固定资产,应当自停止使用月份的次月起停止计算折旧。企业应当根据固定资产的性质和使用情况,合理确定固定资产的预计净残值,固定资产的预计净残值一经确定,不得变更。

企业的固定资产由于技术进步等原因,确需加速折旧的,可以缩短折旧年限或者采取加速折旧的方法。可以采取缩短折旧年限或者采取加速折旧的方法的固定资产,包括:

(1) 由于技术进步,产品更新换代较快的固定资产。
(2) 常年处于强震动、高腐蚀状态的固定资产。

采取缩短折旧年限方法的,最低折旧年限不得低于本条例规定折旧年限的60%;采取加速折旧方法的,可以采取双倍余额递减法或者年数总和法。

(三) 固定资产的折旧年限

除国务院财政、税务主管部门另有规定外,固定资产计算折旧的最低年限如下。

(1) 房屋、建筑物为20年。
(2) 飞机、火车、轮船、机器、机械和其他生产设备为10年。
(3) 与生产经营活动有关的器具、工具、家具等为5年。
(4) 飞机、火车、轮船以外的运输工具为4年。
(5) 电子设备为3年。

(四) 固定资产折旧计提范围

在计算应纳税所得额时,企业按照规定计算的固定资产折旧,准予扣除。

下列固定资产不得计算折旧扣除。

(1) 房屋、建筑物以外未投入使用的固定资产。
(2) 以经营租赁方式租入的固定资产。
(3) 以融资租赁方式租出的固定资产。
(4) 已足额提取折旧仍继续使用的固定资产。
(5) 与经营活动无关的固定资产。
(6) 单独估价作为固定资产入账的土地。
(7) 其他不得计算折旧扣除的固定资产。

第四节 企业所得税征收管理

一、企业所得税征收管理规定

(一) 纳税地点

(1) 除税收法律、行政法规另有规定外,居民企业以企业登记注册地为纳税地点;但登记注册地在境外的，以实际管理机构所在地为纳税地点。企业注册登记地是指企业依照国家有关规定登记注册的住所地。

（2）居民企业在中国境内设立不具有法人资格的营业机构的，应当汇总计算并缴纳企业所得税。企业汇总计算并缴纳企业所得税时，应当统一核算应纳税所得额，具体办法由国务院财政、税务主管部门另行制定。

（3）非居民企业在中国境内设立机构、场所的，应当就其所设机构、场所取得的来源于中国境内的所得，以及发生在中国境外但与其所设机构、场所有实际联系的所得，以机构、场所所在地为纳税地点。非居民企业在中国境内设立两个或者两个以上机构、场所的，经税务机关审核批准，可以选择由其主要机构、场所汇总缴纳企业所得税。非居民企业经批准汇总缴纳企业所得税后，需要增设、合并、迁移、关闭机构、场所或者停止机构、场所业务的，应当事先由负责汇总申报缴纳企业所得税的主要机构、场所向其所在地税务机关报告；需要变更汇总缴纳企业所得税的主要机构、场所的，依照前款规定办理。

（4）非居民企业在中国境内未设立机构、场所的，或者虽设立机构、场所但取得的所得与其所设机构、场所没有实际联系的所得，以扣缴义务人所在地为纳税地点。

（5）除国务院另有规定外，企业之间不得合并缴纳企业所得税。

（二）纳税期限

企业所得税按年计征，分月或者分季预缴，年终汇算清缴，多退少补。

企业所得税的纳税年度，自公历1月1日起至12月31日止。企业在一个纳税年度的中间开业，或者由于合并、关闭等原因终止经营活动，使该纳税年度的实际经营期不足12个月的，应当以其实际经营期为1个纳税年度。企业清算时，应当以清算期间作为1个纳税年度。

自年度终了之日起5个月内，向税务机关报送年度企业所得税纳税申报表，并汇算清缴，结清应缴应退税款。

企业在年度中间终止经营活动的，应当自实际经营终止之日起60日内，向税务机关办理当期企业所得税汇算清缴。

（三）源泉扣缴

源泉扣缴，是指以所得支付者为扣缴义务人，在每次向纳税人支付有关所得款项时，代为扣缴税款的做法。实行源泉扣缴的最大优点在于可以有效保护税源，保证国家的财政收入，防止偷漏税，简化纳税手续。

对在中国境内未设立机构、场所的非居民企业取得的来源于中国境内的所得，以及在中国境内设立机构、场所的非居民企业取得的与其所设机构、场所没有实际联系的源于中国境内的所得应缴纳的企业所得税，实行源泉扣缴，以支付人为扣缴义务人。税款由扣缴义务人在每次支付或者到期应支付时，从支付或者到期应支付的款项中扣缴。

对非居民企业在中国境内取得工程作业和劳务所得应缴纳的所得税，当出现以下情形时，县级以上的税务机关可以指定工程价款或者劳务费的支付人为扣缴义务人，并同时告知扣缴义务人所扣税款的计算依据、计算方法、扣缴期限和扣缴方式。

（1）预计工程作业或者提供劳务期限不足一个纳税年度，且有证据表明不履行纳税义务的；

(2) 没有办理税务登记或者临时税务登记，且未委托中国境内的代理人履行纳税义务的；

(3) 未按照规定期限办理企业所得税纳税申报或者预缴申报的。

依照规定应当扣缴的所得税，扣缴义务人未依法扣缴或者无法履行扣缴义务的，由纳税人在所得发生地缴纳。纳税人未依法缴纳的，税务机关可以从该纳税人在中国境内其他收入项目的支付人应付的款项中，追缴该纳税人的应纳税款，且税务机关在追缴该纳税人应纳税款时，应当将追缴理由、追缴数额、缴纳期限和缴纳方式等告知该纳税人。

扣缴义务人每次代扣的税款，应当自代扣之日起七日内缴入国库，并向所在地的税务机关报送扣缴企业所得税报告表。

（四）合伙企业所得税的征收管理

自2008年1月1日起，合伙企业缴纳的所得税按下列规定处理，此前规定与下列规定有抵触的，以下列规定为准。

(1) 合伙企业以每一个合伙人为纳税义务人。合伙企业合伙人是自然人的，缴纳个人所得税；合伙人是法人和其他组织的，缴纳企业所得税。

(2) 合伙企业生产经营所得和其他所得采取先分后税的原则。具体应纳税所得额的计算按照《关于个人独资企业和合伙企业投资者征收个人所得税的规定》(财税〔2000〕91号)及《财政部、国家税务总局关于调整个体工商户个人独资企业和合伙企业个人所得税税前扣除标准有关问题的通知》(财税〔2008〕65号)的有关规定执行。

前款所称生产经营所得和其他所得，包括合伙企业分配给所有合伙人的所得和企业当年留存的所得(利润)。

(3) 合伙企业的合伙人按照下列原则确定应纳税所得额。

① 合伙企业的合伙人以合伙企业的生产经营所得和其他所得，按照合伙协议约定的分配比例确定应纳税所得额。

② 合伙协议未约定或者约定不明确的，以全部生产经营所得和其他所得，按照合伙人协商决定的分配比例确定应纳税所得额。

③ 协商不成的，以全部生产经营所得和其他所得，按照合伙人实缴出资比例确定应纳税所得额。

④ 无法确定出资比例的，以全部生产经营所得和其他所得，按照合伙人数量平均计算每个合伙人的应纳税所得额。

合伙协议不得约定将全部利润分配给部分合伙人。

(4) 合伙企业的合伙人是法人和其他组织的，合伙人在计算其缴纳企业所得税时，不得用合伙企业的亏损抵减其盈利。

二、企业所得税纳税申报表

按月或按季预缴的，应当自月份或者季度终了之日起15日内，向税务机关报送预缴企业所得税纳税申报表，预缴税款。

企业在报送企业所得税纳税申报表时，应当按照规定附送财务会计报告和其他有关资料。

企业应当在办理注销登记前，就其清算所得向税务机关申报并依法缴纳企业所得税。

依照企业所得税法缴纳的企业所得税，以人民币计算。所得以人民币以外的货币计算的，应当折合成人民币计算并缴纳税款。

企业在纳税年度内无论盈利或者亏损，都应当依照《企业所得税法》第五十四条规定的期限，向税务机关报送预缴企业所得税纳税申报表、年度企业所得税纳税申报表、财务会计报告和税务机关规定应当报送的其他有关资料。

知识训练

第七章 个人所得税法

> **学习目标**
>
> 通过本章内容的学习，要求掌握个人所得税的纳税义务人、个人所得税的征税范围、个人所得税的税率、居民个人综合所得应纳税额计算、非居民个人取得工资、薪金所得应纳税额计算、经营所得应纳税额计算、了解个人所得税的税收优惠、个人所得税的征收管理。

第一节 个人所得税法规

个人所得税法是指国家制定的用以调整个人所得税征收与缴纳之间权利及义务关系的法律规范。个人所得税的基本规范是1980年9月10日第五届全国人民代表大会第三次会议制定的《中华人民共和国个人所得税法》（以下简称《个人所得税法》），多年来通过了七次修改，目前适用的是2018年8月31日，由第十三届全国人民代表大会常务委员会第五次会议修改通过并公布的，自2019年1月1日起施行。

个人所得税是以自然人取得的各类应税所得为征税对象而征收的一种所得税，是政府利用税收对个人收入进行调节的一种手段。个人所得税的纳税人不仅包括个人还包括具有自然人性质的企业。从世界范围看，个人所得税的税制模式有三种：分类征收制、综合征收制与混合征收制。分类征收制，就是将纳税人不同来源、性质的所得项目，分别规定不同的税率征税；综合征收制，是对纳税人全年的各项所得加以汇总，就其总额进行征税；混合征收制，是对纳税人不同来源、性质的所得先分别按照不同的税率征税，然后将全年的各项所得进行汇总征税。三种不同的征收模式各有其优缺点。目前，我国个人所得税已初步建立分类与综合相结合的征收模式，即混合征收制。个人所得税在组织财政收入、提高公民纳税意识，尤其在调节个人收入分配差距方面具有重要作用。

一、个人所得税的纳税义务人

个人所得税的纳税义务人,包括中国公民、个体工商业户、个人独资企业、合伙企业投资者、在中国有所得的外籍人员(包括无国籍人员,下同)和我国香港、澳门、台湾同胞。上述纳税义务人依据住所和居住时间两个标准,区分为居民和非居民,分别承担不同的纳税义务。

(一)居民个人

居民个人负有无限纳税义务,其所取得的应纳税所得,无论是来源于中国境内还是中国境外任何地方,都要在中国缴纳个人所得税。根据《个人所得税法》规定,居民个人是指在中国境内有住所,或者无住所而一个纳税年度内在中国境内居住满183天的个人。

一个纳税年度在境内居住累计满183天,是指在一个纳税年度(即公历1月1日起至12月31日止,下同)内,在中国境内居住累计满183日。在计算居住天数时,按其一个纳税年度内在境内的实际居住时间确定,取消了原有的临时离境规定。即境内无住所的某人在一个纳税年度内无论出境多少次,只要在我国境内累计住满183天,就可判定为我国的居民个人。综上可知,个人所得税的居民个人包括以下两类:

(1)在中国境内定居的中国公民和外国侨民。但不包括虽具有中国国籍,却并没有在中国大陆定居,而是侨居海外的华侨和居住在香港、澳门、台湾同胞。

(2)从公历1月1日起至12月31日止,在中国境内累计居住满183天的外籍人员、海外侨胞和香港、澳门、台湾同胞。例如,一个外籍人员从2018年11月起到中国境内的公司任职,在2019年纳税年度内,虽然曾多次离境回国,但由于该外籍个人在我国境内的居住停留时间累计达208天,已经超过了一个纳税年度内在境内居住满183天的标准。因此,该纳税义务人应为居民个人。

现行税法中关于"中国境内"的概念,是指中国大陆地区,目前还不包括我国香港、澳门和台湾地区。

(二)非居民个人

非居民个人是指不符合居民纳税义务人判定标准(条件)的纳税义务人,非居民纳税义务人承担有纳税义务,即仅就其来源于中国境内的所得,向中国缴纳个人所得税。《个人所得税法》规定,非居民个人是"在中国境内无住所又不居住,或者无住所而一个纳税年度内在中国境内居住不满183天的个人。"也就是说,非居民个人,是指习惯性居住地不在中国境内,而且不在中国居住;或者在一个纳税年度内,在中国境内居住不满183天的个人。在现实生活中,习惯性居住地不在中国境内的个人,只有外籍人员、华侨或香港、澳门和台湾同胞。因此,非居民个人,实际上只能是在一个纳税年度中,没有在中国境内居住,或者在中国境内居住天数不满183天的外籍人员、华侨或香港、澳门、台湾同胞。

自2004年7月1日起,对境内居住的天数和境内实际工作期间按以下规定为准。

(1)判定纳税义务及计算在中国境内居住的天数。

对在中国境内无住所的个人,需要计算确定其在中国境内居住天数,以便依照税法和协定或安排的规定判定其在华负有何种纳税义务时,均应以该个人实际在华逗留天数计算。上述个人入境、离境、往返或多次往返境内外的当日,均按1天计算其在华实际逗留天数。

(2) 个人入、离境当日及在中国境内实际工作期间的判定。

对在中国境内、境外机构同时担任职务或仅在境外机构任职的境内无住所个人,在按《国家税务总局关于在中国境内无住所的个人计算缴纳个人所得税若干具体问题的通知》(国税函发〔1995〕125号)第一条的规定计算其境内工作期间时,对其入境、离境、往返或多次往返境内外的当日,均按半天计算为在华实际工作天数。

二、个人所得税的征税范围

居民个人取得下列第一项至第四项所得(以下称综合所得),按纳税年度合并计算个人所得税;非居民个人取得下列第一项至第四项所得,按月或者按次分项计算个人所得税。纳税人取得下列第五项至第九项所得,分别计算个人所得税。

(一) 工资、薪金所得

工资、薪金所得,是指个人因任职或者受雇而取得的工资、薪金、奖金、年终加薪、劳动分红、津贴、补贴以及与任职或者受雇有关的其他所得。

▶ 1. 工资、薪金所得涵盖范围

一般来说,工资、薪金所得属于非独立个人劳动所得。所谓非独立个人劳动,是指个人所从事的是由他人指定、安排并接受管理的劳动,工作或服务于公司、工厂、行政事业单位的人员(私营企业主除外)均为非独立劳动者。他们从上述单位取得的劳动报酬,是以工资、薪金的形式体现的。在这类报酬中,工资和薪金的收入主体略有差异。通常情况下,把直接从事生产、经营或服务的劳动者(工人)的收入称为工资,即所谓"蓝领阶层"所得;而将从事社会公职或管理活动的劳动者(公职人员)的收入称为薪金,即所谓"白领阶层"所得。但实际立法过程中,各国都从简便易行的角度考虑,将工资、薪金合并为一个项目计征个人所得税。

除工资、薪金以外,奖金、年终加薪、劳动分红、津贴、补贴也被确定为工资、薪金范畴。其中,年终加薪、劳动分红不分种类和取得情况,一律按工资、薪金所得课税。奖金是指所有具有工资性质的奖金,免税奖金的范围在税法中另有规定。此外,还有一些所得的发放被视为取得工资、薪金所得的情形。例如,公司职工取得的用于购买企业国有股权的劳动分红,按"工资、薪金所得"项目计征个人所得税;出租汽车经营单位对出租车驾驶员采取单车承包或承租方式运营,出租车驾驶员从事客货营运取得的收入,按工资、薪金所得征税。

▶ 2. 个人取得的津贴、补贴,不计入工资、薪金所得的项目

根据我国目前个人收入的构成情况,规定对于一些不属于工资、薪金性质的补贴、津贴或者不属于纳税人本人工资、薪金所得项目的收入,不予征税。这些项目包括:

(1) 独生子女补贴。

(2) 执行公务员工资制度未纳入基本工资总额的补贴、津贴差额和家属成员的副食品补贴。

(3) 托儿补助费。

(4) 差旅费津贴、误餐补助。其中,误餐补助,是指按照财政部规定,个人因公在城区、郊区工作,不能在工作单位或返回就餐的,根据实际误餐顿数,按规定的标准领取的误餐费。单位以误餐补助名义发给职工的津贴不能包括在内。

(5)外国来华留学生,领取的生活津贴费、奖学金,不属于工资、薪金范畴,不征个人所得税。

▶3. 军队干部取得的补贴、津贴中有8项不计入工资、薪金所得项目征税,即:

(1)政府特殊津贴。

(2)福利补助。

(3)夫妻分居补助费。

(4)随军家属无工作生活困难补助。

(5)独生子女保健费。

(6)子女保教补助费。

(7)机关在职军以上干部工勤费(保姆费)。

(8)军粮差价补贴。

▶4. 军队干部取得的暂不征税的补贴、津贴

(1)军人职业津贴。

(2)军队设立的艰苦地区补助。

(3)专业性补助。

(4)基层军官岗位津贴(营连排长岗位津贴)。

(5)伙食补贴。

(二)劳务报酬所得

劳务报酬所得,指个人独立从事各种非雇佣的各种劳务所得。内容如下。

(1)设计,指按照客户的要求,代为制定工程、工艺等各类设计业务。

(2)装潢,指接受委托,对物体进行装饰、修饰,使之美观或具有特定用途的作业。

(3)安装,指按照客户要求,对各种机器、设备的装配、安置,以及与机器、设备相连的附属设施的装设和被安装机器设备的绝缘、防腐、保温、油漆等工程作业。

(4)制图,指受托按实物或设想物体的形象,依体积、面积、距离等,用一定比例绘制平面图、立体图、透视图等的业务。

(5)化验,指受托用物理或化学的方法,检验物质的成分和性质等业务。

(6)测试,指利用仪器仪表或其他手段代客对物品的性能和质量进行检测试验的业务。

(7)医疗,指从事各种病情诊断、治疗等医护业务。

(8)法律,指受托担任辩护律师、法律顾问,撰写辩护词、起诉书等法律文书的业务。

(9)会计,指受托从事会计核算的业务。

(10)咨询,指对客户提出的政治、经济、科技、法律、会计、文化等方面的问题进行解答、说明的业务。

(11)讲学,指应邀(聘)进行讲课、做报告、介绍情况等业务。

(12)翻译,指受托从事中、外语言或文字的翻译(包括笔译和口译)的业务。

(13)审稿,指对文字作品或图形作品进行审查、核对的业务。

(14)书画,指按客户要求,或自行从事书法、绘画、题词等业务。

(15)雕刻,指代客镌刻图章、牌匾、碑、玉器、雕塑等业务。

(16) 影视，指应邀或应聘在电影、电视节目中出任演员，或担任导演、音响、化妆、道具、制作、摄影等与拍摄影视节目有关的业务。

(17) 录音，指用录音器械代客录制各种音响带的业务，或者应邀演讲、演唱、采访而被录音的服务。

(18) 录像，指用录像器械代客录制各种图像、节目的业务，或者应邀表演、采访被录像的业务。

(19) 演出，指参加戏剧、音乐、舞蹈、曲艺等文艺演出活动的业务。

(20) 表演，指从事杂技、体育、武术、健美、时装、气功以及其他技巧性表演活动的业务。

(21) 广告，指利用图书、报纸、杂志、广播、电视、电影、招贴、路牌、橱窗、霓虹灯、灯箱、墙面及其他载体，为介绍商品、经营服务项目、文体节目或通告、声明等事项，所做的宣传和提供相关服务的业务。

(22) 展览，指举办或参加书画展、影展、盆景展、邮展、个人收藏品展、花鸟虫鱼展等各种展示活动的业务。

(23) 技术服务，指利用一技之长而进行技术指导、提供技术帮助的业务。

(24) 介绍服务，指介绍供求双方商谈，或者介绍产品、经营服务项目等服务的业务。

(25) 经纪服务，指经纪人通过居间介绍，促成各种交易和提供劳务等服务的业务。

(26) 代办服务，指代委托人办理受托范围内的各项事宜的业务。

(27) 其他劳务，指除上述列举28项劳务项目之外的各种劳务。

自2004年1月20日起，对商品营销活动中，企业和单位对其营销业绩突出的非雇员以培训班、研讨会、工作考察等名义组织旅游活动，通过免收差旅费、旅游费对个人实行的营销业绩奖励（包括实物、有价证券等），应根据所发生费用的全额作为该营销人员当期的劳务收入，按照"劳务报酬所得"项目征收个人所得税，并由提供上述费用的企业和单位代扣代缴。

在实际操作过程中，还可能出现难以判定一项所得是属于工资、薪金所得，还是属于劳务报酬所得的情况。这两者的区别在于：工资、薪金所得是属于非独立个人劳务活动，即在机关、团体、学校、部队、企业、事业单位及其他组织中任职、受雇而得到的报酬；而劳务报酬所得，则是个人独立从事各种技艺、提供各项劳务取得的报酬。

注意：个人由于担任董事职务所取得的董事费收入，属于劳务报酬所得性质，按照劳务报酬所得项目征收个人所得税，但仅适用于个人担任公司董事、监事，且不在公司任职、受雇的情形。个人在公司（包括关联公司）任职、受雇，同时兼任董事、监事的，应将董事费、监事费与个人工资收入合并，统一按工资、薪金所得项目缴纳个人所得税。

(三) 稿酬所得

稿酬所得，是指个人因其作品以图书、报刊形式出版、发表而取得的所得。将稿酬所得独立划归一个征税项目，而对不以图书、报刊形式出版、发表的翻译、审稿、书画所得归为劳务报酬所得，主要是考虑了出版、发表作品的特殊性。第一，它是一种依靠较高智力创作的精神产品；第二，它具有普遍性；第三，它与社会主义精神文明和物质文明密切相关；第四，它的报酬相对偏低。因此，稿酬所得应当与一般劳务报酬相区别，并给予适当优惠照顾。

(四)特许权使用费所得

特许权使用费所得,是指个人提供专利权、商标权、著作权、非专利技术以及其他特许权的使用权取得的所得。提供著作权的使用权取得的所得,不包括稿酬所得。

专利权,是由国家专利主管机关依法授予专利申请人或其权利继承人在一定期间内实施其发明创造的专有权。对于专利权,许多国家只将提供他人使用取得的所得,列入特许权使用费,而将转让专利权所得列为资本利得税的征税对象。我国没有开征资本利得税,故将个人提供和转让专利权取得的所得,都列入特许权使用费所得征收个人所得税。

商标权,即商标注册人享有的商标专用权。著作权,即版权,是作者依法对文学、艺术和科学作品享有的专有权。个人提供或转让商标权、著作权、专有技术或技术秘密、技术诀窍取得的所得,应当依法缴纳个人所得税。

(五)经营所得

经营所得,是指:

(1)个体工商户从事生产、经营活动取得的所得,个人独资企业投资人、合伙企业的个人合伙人来源于境内注册的个人独资企业、合伙企业生产、经营的所得。个体工商户以业主为个人所得税纳税义务人。

(2)个人依法从事办学、医疗、咨询以及其他有偿服务活动取得的所得。

(3)个人对企业、事业单位承包经营、承租经营以及转包、转租取得的所得。

对企事业单位的承包经营、承租经营所得,是指个人承包经营或承租经营以及转包、转租取得的所得。承包项目有多种,如生产经营、采购、销售、建筑安装等各种承包。转包包括全部转包或部分转包。

(4)个人从事其他生产、经营活动取得的所得。

例如,个人因从事彩票代销业务而取得的所得;或者从事个体出租车运营的出租车驾驶员取得的收入,都应按照"经营所得"项目计征个人所得税。这里所说的从事个体出租车运营,包括出租车属个人所有,但挂靠出租汽车经营单位或企事业单位,驾驶员向挂靠单位缴纳管理费的,或出租汽车经营单位将出租车所有权转移给驾驶员的。

注意:个体工商户和从事生产、经营的个人,取得与生产、经营活动无关的其他各项应税所得,应分别按照其他应税项目的有关规定,计算征收个人所得税。如取得银行存款的利息所得、对外投资取得的股息所得,应按"股息、利息、红利"税目的规定单独计征个人所得税。个人独资企业、合伙企业的个人投资者以企业资金为本人、家庭成员及其相关人员支付与企业生产经营无关的消费性支出及购买汽车、住房等财产性支出,视为企业对个人投资者利润分配,并入投资者个人的生产经营所得,依照"经营所得"项目计征个人所得税。

(六)利息、股息、红利所得

利息、股息、红利所得,是指个人拥有债权、股权而取得的利息、股息、红利所得。利息,是指个人拥有债权而取得的利息,包括存款利息、贷款利息和各种债券的利息。按税法规定,个人取得的利息所得,除国债和国家发行的金融债券利息外,应当依法缴纳个人所得税。股息、红利,是指个人拥有股权取得的股息、红利。按照一定的比率对每股发给的息金叫股息;公司、企业应分配的利润,按股份分配的叫红利。股息、红利所得,除另有规定外,都应当缴纳个人所得税。

除个人独资企业、合伙企业以外的其他企业的个人投资者,以企业资金为本人、家庭成员及其相关人员支付与企业生产经营无关的消费性支出及购买汽车、住房等财产性支出，视为企业对个人投资者的红利分配，依照"利息、股息、红利所得"项目计征个人所得税。企业的上述支出不允许在所得税前扣除。

纳税年度内个人投资者从其投资企业（个人独资企业、合伙企业除外）借款，在该纳税年度终了后既不归还又未用于企业生产经营的，其未归还的借款可视为企业对个人投资者的红利分配，依照"利息、股息、红利所得"项目计征个人所得税。

（七）财产租赁所得

财产租赁所得，是指个人出租不动产、机器设备、车船以及其他财产取得的所得。

个人取得的财产转租收入，属于"财产租赁所得"的征税范围，由财产转租人缴纳个人所得税。

（八）财产转让所得

财产转让所得，是指个人转让有价证券、股权、合伙企业中的财产份额、不动产、机器设备、车船以及其他财产取得的所得。

在现实生活中，个人进行的财产转让主要是个人财产所有权的转让。财产转让实际上是一种买卖行为，当事人双方通过签订、履行财产转让合同，形成财产买卖的法律关系，使出让财产的个人从对方取得价款（收入）或其他经济利益。财产转让所得因其性质的特殊性，需要单独列举项目征税。对个人取得的各项财产转让所得，除股票转让所得外，都要征收个人所得税。具体规定如下。

▶ 1. 股票转让所得

根据《个人所得税法实施条例》规定，对股票转让所得征收个人所得税的办法，由财政部另行制定，报国务院批准施行。鉴于我国证券市场发育还不成熟，股份制还处于试点阶段，对股票转让所得的计算、征税办法和纳税期限的确认等都需要做深入的调查研究后，结合国际通行的做法，做出符合我国实际的规定。因此国务院决定，对股票转让所得暂不征收个人所得税。

▶ 2. 量化资产股份转让

集体所有制企业在改制为股份合作制企业时，对职工个人以股份形式取得的拥有所有权的企业量化资产，暂缓征收个人所得税；待个人将股份转让时，就其转让收入额，减除个人取得该股份时实际支付的费用支出和合理转让费用后的余额，按"财产转让所得"项目计征个人所得税。

（九）偶然所得

偶然所得，是指个人得奖、中奖、中彩以及其他偶然性质的所得。得奖是指参加各种有奖竞赛活动，取得名次得到的奖金；中奖、中彩是指参加各种有奖活动，如有奖销售、有奖储蓄或者购买彩票，经过规定程序，抽中、摇中号码而取得的奖金。偶然所得应缴纳的个人所得税税款，一律由发奖单位或机构代扣代缴。

三、所得来源地的确定

国务院财政、税务主管部门另有规定外，下列所得，不论支付地点是否在中国境内，均为来源于中国境内的所得。

（1）因任职、受雇、履约等而在中国境内提供劳务取得的所得。

(2) 将财产出租给承租人在中国境内使用而取得的所得。
(3) 转让中国境内的不动产等财产或者在中国境内转让其他财产取得的所得。
(4) 许可各种特许权在中国境内使用而取得的所得。
(5) 从中国境内的公司、企业以及其他经济组织或者个人取得的利息、股息、红利所得。

在中国境内无住所的个人，居住累计满183天的年度连续不满6年的，其来源于中国境外的所得，经向主管税务机关备案，其来源于中国境外且由境外单位或者个人支付的所得，免予缴纳个人所得税；在中国境内居住累计满183天的任一年度中有一次离境超过30天的，其在中国境内居住累计满183天的年度的连续年限重新起算。

在中国境内无住所，但是在一个纳税年度中在中国境内连续，或者累计居住不超过90日的个人，其来源于中国境内的所得，由境外雇主支付并且不由该雇主在中国境内的机构、场所负担的部分，免予缴纳个人所得税。

四、个人所得税的税率

(一) 综合所得适用税率

综合所得适用3%~45%的超额累进税率（见表7-1）。

居民个人每一纳税年度内取得综合所得包括：工资、薪金所得，劳务报酬所得，稿酬所得和特许权使用费所得。

表7-1 综合所得适用税率

级 数	全年应纳税所得额	税率/%
1	不超过36 000元的部分	3
2	超过36 000元至144 000元的部分	10
3	超过144 000元至300 000元的部分	20
4	超过300 000元至420 000元的部分	25
5	超过420 000元至660 000元的部分	30
6	超过660 000元至960 000元的部分	35
7	超过960 000元的部分	45

注：①本表所称全年应纳税所得额是指照税法的规定，居民个人取得综合所得以每一纳税年度收入额减除费用6万元，以及专项扣除、专项附加扣除和依法确定的其他扣除后的余额。

②非居民个人取得工资、薪金所得，劳务报酬所得，稿酬所得和特许权使用费所得，依照本表按月换算后计算应纳税额。

(二) 经营所得适用五级超额累进税率，税率为5%~35%（见表7-2）

表7-2 经营所得适用税率

级 数	全年应纳税所得	税率/%
1	不超过30 000元的部分	5
2	超过30 000元至90 000元的部分	10
3	超过90 000元至300 000元的部分	20

续表

级　数	全年应纳税所得	税率/%
4	超过 300 000 元至 500 000 元的部分	30
5	超过 500 000 元的部分	35

注：本表所称全年应纳税所得额是指依照《个人所得税法》第六条的规定，以每一纳税年度的收入总额减除成本、费用以及损失后的余额。

这里值得注意的是，由于目前实行承包(租)经营的形式较多，分配方式也不相同，因此，承包、承租人按照承包、承租经营合同(协议)规定取得所得的适用税率也不一致。

(1)承包、承租人对企业经营成果不拥有所有权，仅是按合同(协议)规定取得一定所得的，其所得按"工资、薪金"所得项目征税，纳入年度综合所得适用3%~45%的七级超额累进税率(见表7-1)。

(2)承包、承租人按合同(协议)的规定只向发包、出租方缴纳一定费用后，企业经营成果归其所有的，承包、承租人取得的所得，按对企事业单位的承包经营、承租经营所得项目，适用5%~35%的五级超额累进税率征税(见表7-2)。

(三)其他所得适用税率

利息、股息、红利所得，财产租赁所得，财产转让所得和偶然所得，适用税率为20%的比例税率。

五、税收优惠

《个人所得税法》及其实施条例以及财政部、国家税务总局的若干规定等，都对个人所得项目给予了减税免税的优惠，主要内容如下。

(一) 免征个人所得税的优惠

(1) 省级人民政府、国务院部委和中国人民解放军军以上单位，以及外国组织颁发的科学、教育、技术、文化、卫生、体育、环境保护等方面的奖金。

对个人获得的下列奖项的奖金收入，视为省级人民政府、国务院部委和中国人民解放军军以上单位，以及外国组织颁发(颁布)的科学、教育、技术、文化、卫生、体育、环境保护等方面的奖金(奖学金)，免征个人所得税。

①曾宪梓教育基金会教师奖。

②学生个人参与"长江小小科学家"活动和"明天小小科学家"活动获得的奖金。

③联合国开发计划署和中国青少年发展基金会"国际青少年消除贫困奖"。

④中国青年乡镇企业家协会"母亲河(波司登)奖"。

⑤陈嘉庚基金会"陈嘉庚科学奖"。

⑥中国科学院"刘东生青年科学家奖""刘东生地球科学奖学金"。

⑦中华全国总工会、科技部、人社部"全国职工职业技能大赛"获奖者取得的奖金收入。

⑧中华环境保护基金会"中华宝钢环境优秀奖"。

⑨国土资源部、李四光地质科学奖基金"李四光地质科学奖"。

⑩国土资源部、黄汲清青年地质科学技术奖基金管理委员会"黄汲清青年地质科学技

术奖"。

(2) 国债和国家发行的金融债券利息。国债利息,是指个人持有中华人民共和国财政部发行的债券而取得的利息所得和2012年以后年度发行的地方政府债券(以省、自治区、直辖市和计划单列市政府为发行和偿还主体)利息所得;国家发行的金融债券利息,是指个人持有经国务院批准发行的金融债券而取得的利息所得。

(3) 按照国家统一规定发给的补贴、津贴。按照国家统一规定发给的补贴、津贴,是指按照国务院规定发给的政府特殊津贴、院士津贴和国务院规定免纳个人所得税的补贴、津贴。

(4) 福利费、抚恤金、救济金。福利费,是指根据国家有关规定,从企业、事业单位、国家机关、社会团体提留的福利费或者工会经费中支付给个人的生活补助费;救济金,是指国家民政部门支付给个人的生活困难补助费。

(5) 保险赔款。

(6) 军人的转业费、复员费。对退役士兵按照《退役士兵安置条例》规定,取得的一次性退役金以及地方政府发放的一次性经济补助,免征个人所得税。

(7) 按照国家统一规定发给干部、职工的安家费、退职费、退休工资、离休工资、离休生活补助费。

(8) 依照我国有关法律规定应予免税的各国驻华使馆、领事馆的外交代表、领事官员和其他人员的所得。

上述"所得",是指依照《中华人民共和国外交特权与豁免条例》和《中华人民共和国领事特权与豁免条例》规定免税的所得。

(9) 中国政府参加的国际公约以及签订的协议中规定免税的所得。

(10) 对乡、镇(含乡、镇)以上人民政府或经县(含县)以上人民政府主管部门批准成立的有机构、有章程的见义勇为基金或者类似性质组织,奖励见义勇为者的奖金或奖品,经主管税务机关核准,免征个人所得税。

(11) 企业和个人按照省级以上人民政府规定的比例提取并缴付的住房公积金、医疗保险金、基本养老保险金、失业保险金,不计入个人当期的工资、薪金收入,免予征收个人所得税。超过规定的比例缴付的部分并入当期的工资、薪金收入,计征个人所得税。

个人领取原提存的住房公积金、医疗保险金、基本养老保险金时,免予征收个人所得税。

对按照国家或省级地方政府规定的比例缴付的住房公积金、医疗保险金、基本养老保险金和失业保险金存入银行个人账户所取得的利息收入,免征个人所得税。

(12) 对个人取得的教育储蓄存款利息所得以及国务院财政部门确定的其他专项储蓄存款或者储蓄性专项基金存款的利息所得,免征个人所得税。自2008年10月9日起,对居民储蓄存款利息,暂免征收个人所得税。

(13) 储蓄机构内从事代扣代缴工作的办税人员取得的扣缴利息税手续费所得,免征个人所得税。

(14) 生育妇女按照县级以上人民政府根据国家有关规定制定的生育保险办法,取得的生育津贴、生育医疗费或其他属于生育保险性质的津贴、补贴,免征个人所得税。

(15) 对工伤职工及其近亲属按照《工伤保险条例》规定取得的工伤保险待遇,免征个人所得税。工伤保险待遇，包括工伤职工按照该条例规定取得的一次性伤残补助金、伤残津贴、一次性工伤医疗补助金、一次性伤残就业补助金、工伤医疗待遇、住院伙食补助费、外地就医交通食宿费用、工伤康复费用、辅助器具费用、生活护理费等，以及职工因工死亡，其近亲属按照该条例规定取得的丧葬补助金、供养亲属抚恤金和一次性工亡补助金等。

（16）个体工商户或个人，以及个人独资企业和合伙企业从事种植业、养殖业、饲养业和捕捞业（以下简称"四业"），取得的"四业"所得暂不征收个人所得税。

（17）个人举报、协查各种违法、犯罪行为而获得的奖金。

（18）个人办理代扣代缴税款手续，按规定取得的扣缴手续费。

（19）个人转让自用达5年以上并且是唯一的家庭居住用房取得的所得。

（20）对按《国务院关于高级专家离休退休若干问题的暂行规定》和《国务院办公厅关于杰出高级专家暂缓离休审批问题的通知》精神，达到离休、退休年龄，但确因工作需要，适当延长离休、退休年龄的高级专家，其在延长离休、退休期间的工资、薪金所得，视同退休工资、离休工资免征个人所得税。

延长离休退休年龄的高级专家是指。

①享受国家发放的政府特殊津贴的专家、学者。

②中国科学院、中国工程院院士。

高级专家延长离休、退休期间取得的工资薪金所得，其免征个人所得税政策口径按下列标准执行：

①对高级专家从其劳动人事关系所在单位取得的，单位按国家有关规定向职工统一发放的工资、薪金、奖金、津贴、补贴等收入，视同离休、退休工资，免征个人所得税。

②除上述第①项所述收入以外各种名目的津贴收入等，以及高级专家从其劳动人事关系所在单位之外的其他地方取得的培训费、讲课费、顾问费、稿酬等各种收入，依法计征个人所得税。

（21）外籍个人从外商投资企业取得的股息、红利所得。

（22）凡符合下列条件之一的外籍专家取得的工资、薪金所得可免征个人所得税。

① 根据世界银行专项贷款协议由世界银行直接派往我国工作的外国专家。

② 联合国组织直接派往我国工作的专家。

③ 为联合国援助项目来华工作的专家。

④ 援助国派往我国专为该国无偿援助项目工作的专家。

⑤ 根据两国政府签订文化交流项目来华工作2年以内的文教专家，其工资、薪金所得由该国负担的。

⑥ 根据我国大专院校国际交流项目来华工作2年以内的文教专家，其工资、薪金所得由该国负担的。

⑦ 通过民间科研协定来华工作的专家，其工资、薪金所得由该国政府机构负担的。

（23）股权分置改革中非流通股股东通过对价方式向流通股股东支付的股份、现金等收入，暂免征收流通股股东应缴纳的个人所得税。

（24）对被拆迁人按照国家有关城镇房屋拆迁管理办法规定的标准取得的拆迁补偿款，

免征个人所得税。

(25)对个人投资者从投保基金公司取得的行政和解金,暂免征收个人所得税。

经国务院财政部门批准免税的所得。

(二)减征个人所得税的优惠

有下列情形之一的,可以减征个人所得税,具体幅度和期限,由省、自治区、直辖市人民政府规定,并报同级人民代表大会常务委员会备案。

(1)残疾、孤老人员和烈属的所得。

(2)因严重自然灾害造成重大损失的。

(3)国务院可以规定其他减税情形,报全国人民代表大会常务委员会备案。

第二节 个人所得税计算

一、应纳税所得额的规定

由于个人所得税的应税项目不同,并且取得某项所得所需费用也不相同,因此计算个人应纳税所得额,需按不同应税项目分项计算。以某项应税项目的收入额减去税法规定的该项目费用减除标准后的余额,为该应税项应纳税所得额。两个以上的个人共同取得同一项目收入的,应当对每个人取得的收入分别按照个人所得税法的规定计算纳税。

(一)每次收入的确定

《个人所得税法》对纳税义务人的征税方法有三种:一是按年计征,如经营所得,居民个人取得的综合所得;二是按月计征,如非居民个人取得的工资、薪金所得;三是按次计征,如利息、股息、红利所得,财产租赁所得,偶然所得和非居民个人取得的劳务报酬所得,稿酬所得,特许权使用费所得等6项所得。在按次征收情况下,由于扣除费用依据每次应纳税所得额的大小,分别规定了定额和定率两种标准。因此,无论是从正确贯彻税法的立法精神、维护纳税义务人的合法权益方面来看,还是从避免税收漏洞、防止税款流失、保证国家税收收入方面来看,如何准确划分"次",都是十分重要的。前述6个项目的"次",《个人所得税法实施条例》中做出了明确规定。

(1)非居民个人取得劳务报酬所得、稿酬所得、特许权使用费所得,根据不同所得项目的特点,分别规定为:

①属于一次性收入的,以取得该项收入为一次。就劳务报酬所得来看,从事设计、安装、装潢、制图、化验、测试等劳务,往往是接受客户的委托,按照客户的要求,完成一次劳务后取得收入。因此,是属于只有一次性的收入,应以每次提供劳务取得的收入为一次。但需要注意的是,如果一次性劳务报酬收入以分月支付方式取得的,就适用同一事项连续取得收入,以1个月内取得的收入为一次的规定。

就稿酬来看,以每次出版、发表取得的收入为一次,不论出版单位是预付还是分笔支付稿酬,或者加印该作品后再付稿酬,均应合并其稿酬所得按一次计征个人所得税。具体又可细分为:同一作品再版取得的所得,应视作另一次稿酬所得计征个人所得税。同一作品先在报刊上连载,然后再出版,或先出版,再在报刊上连载的,应视为两次稿酬所得征税。即连载作为一次,出版作为另一次。同一作品在报刊上连载取得收入的,以连载完成后取得的所有收入合并为一次,计征个人所得税。同一作品在出版和发表时,以预付稿酬或分次支付稿酬等形式取得的稿酬收入,应合并计算为一次。同一作品出版、发表后,因添加印数而追加稿酬的,应与以前出版、发表或再版同一作品而取得稿酬所得,则可计征个人所得税。在两处或两处以上出版、发表或再版同一作品而取得稿酬所得,则可分别各处取得的所得或再版所得按分次所得计征个人所得税。作者去世后,对取得其遗作稿酬的个人,按稿酬所得征收个人所得税。

就特许权使用费来看,以某项使用权的一次转让所取得的收入为一次。一个非居民个人,可能不仅拥有一项特许权利,每一项特许权的使用权也可能不止一次地向我国境内提供。因此,对特许权使用费所得的"次"的界定,明确为每一项使用权的每次转让所取得的收入为一次。如果该次转让取得的收入是分笔支付的,则应将各笔收入相加为一次地收入,计征个人所得税。

②属于同一事项连续取得收入的,以1个月内取得的收入为一次。例如,某外籍歌手(非居民个人)与一卡拉 OK 厅签约,在一定时期内每天到卡拉 OK 厅演唱一次,每次演出后付酬 500 元。在计算其劳务报酬所得时,应视为同一事项的连续性收入,以其 1 个月内取得的收入为一次计征个人所得税,而不能以每天取得的收入为一次。

(2)财产租赁所得,以1个月内取得的收入为一次。

(3)利息、股息、红利所得,以支付利息、股息、红利时取得的收入为一次。

(4)偶然所得,以每次收入为一次。

(二)应纳税所得额和费用减除标准

1. 居民个人取得综合所得,以每年收入额减除费用 60 000 元以及专项扣除、专项附加扣除和依法确定的其他扣除后的余额,为应纳税所得额。

(1)专项扣除,包括居民个人按照国家规定的范围和标准缴纳的基本养老保险、基本医疗保险、失业保险等社会保险费和住房公积金等。

(2)专项附加扣除,包括子女教育、继续教育、大病医疗、住房贷款利息或者住房租金、赡养老人等支出,具体范围、标准和实施步骤由国务院确定,并报全国人民代表大会常务委员会备案。

(3)依法确定的其他扣除,包括个人缴付符合国家规定的企业年金、职业年金,个人购买符合国家规定的商业健康保险、税收递延型商业养老保险的支出,以及国务院规定可以扣除的其他项目。

(4)专项扣除、专项附加扣除和依法确定的其他扣除,以居民个人一个纳税年度的应纳税所得额为限额;一个纳税年度扣除不完的,不结转以后年度扣除。

2. 非居民个人的工资、薪金所得,以每月收入额减除费用 5 000 元后的余额为应纳税所得额;劳务报酬所得、稿酬所得、特许权使用费所得,以每次收入额为应纳税所得额。

3. 经营所得,以每一纳税年度的收入总额减除成本、费用以及损失后的余额,为应纳税所得额。

所称成本、费用,是指生产、经营活动中发生的各项直接支出和分配计入成本的间接费用以及销售费用、管理费用、财务费用;所称损失,是指生产、经营活动中发生的固定资产和存货的盘亏、毁损、报废损失,转让财产损失,坏账损失,自然灾害等不可抗力因素造成的损失以及其他损失。

取得经营所得的个人,没有综合所得的,计算其每一纳税年度的应纳税所得额时,应当减除费用60 000元、专项扣除、专项附加扣除以及依法确定的其他扣除。专项附加扣除在办理汇算清缴时减除。

在个人税收递延型商业养老保险试点区域内,取得个体工商户生产经营所得、对企事业单位的承包承租经营所得的个体工商户业主、个人独资企业投资者、合伙企业自然人合伙人和承包承租经营者。其缴纳的税收递延型商业养老保险保费准予在申报扣除当年计算应纳税所得额时予以限额据实扣除,扣除限额按照不超过当年应税收入的6%和12 000元孰低办法确定。

从事生产、经营活动,未提供完整、准确的纳税资料,不能正确计算应纳税所得额的,由主管税务机关核定应纳税所得额或者应纳税额。

个人独资企业的投资者以全部生产经营所得为应纳税所得额;合伙企业的投资者按照合伙企业的全部生产经营所得和合伙协议约定的分配比例,确定应纳税所得额,合伙协议没有约定分配比例的,以全部生产经营所得和合伙人数量平均计算每个投资者的应纳税所得额。

上述所称生产经营所得,包括企业分配给投资者个人的所得和企业当年留存的所得(利润)。

对个体工商户业主、个人独资企业和合伙企业自然人投资者的生产经营所得依法计征个人所得税时,个体工商户业主、个人独资企业和合伙企业是自然人投资者本人的费用扣除标准统一确定为60 000元/年(5 000元/月)。

对企事业单位的承包经营、承租经营所得,以每一纳税年度的收入总额,减除必要费用后的余额,为应纳税所得额。每一纳税年度的收入总额,是指纳税义务人按照承包经营、承租经营合同规定分得的经营利润和工资、薪金性质的所得;所说的减除必要费用,是指按年减除60 000元。

4. 财产租赁所得,每次收入不超过4 000元的,减除费用800元;4 000元以上的,减除20%的费用,其余额为应纳税所得额。

5. 财产转让所得,以转让财产的收入额减除财产原值和合理费用后的余额,为应纳税所得额。财产原值,是指:

(1)有价证券,为买入价以及买入时按照规定缴纳的有关费用。

(2)建筑物,为建造费或者购进价格以及其他有关费用。

(3)土地使用权,为取得土地使用权所支付的金额、开发土地的费用以及其他有关费用。

(4)机器设备、车船,为购进价格、运输费、安装费以及其他有关费用。

(5)其他财产,参照以上方法确定。

纳税义务人未提供完整、准确的财产原值凭证,不能正确计算财产原值的,由主管税务机关核定其财产原值。

合理费用,是指卖出财产时按照规定支付的有关费用。

6. 利息、股息、红利所得和偶然所得,以每次收入额为应纳税所得额。

7. 专项附加扣除标准。

专项附加扣除是本次税法修订引入新的费用扣除标准,遵循公平合理、利于民生、简便易行的原则,目前包含了子女教育、继续教育、大病医疗、住房贷款利息或者住房租金、赡养老人等6项支出,并将根据教育、医疗、住房、养老等民生支出变化情况,适时调整专项附加扣除的范围和标准。取得综合所得和经营所得的居民个人可以享受专项附加扣除。

(1)子女教育。纳税人年满3岁的子女接受学前教育和学历教育的相关支出,按照每个子女每月1 000元(每年12 000元)的标准定额扣除。

学前教育包括年满3岁至小学入学前教育;学历教育包括义务教育(小学、初中教育)、高中阶段教育(普通高中、中等职业、技工教育)、高等教育(大学专科、大学本科、硕士研究生、博士研究生教育)。

父母可以选择由其中一方按扣除标准的100%扣除,也可以选择由双方分别按扣除标准的50%扣除,具体扣除方式在一个纳税年度内不能变更。

纳税人子女在中国境外接受教育的,纳税人应当留存境外学校录取通知书、留学签证等相关教育的证明资料备查。

(2)继续教育。纳税人在中国境内接受学历(学位)继续教育的支出,在学历(学位)教育期间按照每月400元(每年4 800元)定额扣除。同一学历(学位)继续教育的扣除期限不能超过48个月(4年)。纳税人接受技能人员职业资格继续教育、专业技术人员职业资格继续教育支出,在取得相关证书的当年,按照3 600元定额扣除。

个人接受本科及以下学历(学位)继续教育,符合税法规定扣除条件的,可以选择由其父母扣除,也可以选择由本人扣除。

纳税人接受既能人员职业资格继续教育、专业技术人员职业资格继续教育的,应当留存相关证书等资料备查。

(3)大病医疗。在一个纳税年度内,纳税人发生的与基本医保相关的医药费用支出,扣除医保报销后个人负担(指医保目录范围内的自付部分)累计超过15 000元的部分,由纳税人在办理年度汇算清缴时,在80 000元限额内据实扣除。

纳税人发生的医药费用支出可以选择由本人或者其配偶扣除;未成年子女发生的医药费用支出可以选择由其父母一方扣除。纳税人及其配偶、未成年子女发生的医药费用支出,应按前述规定分别计算扣除额。

纳税人应当留存医药服务收费及医保报销相关票据原件(或复印件)等资料备查。医疗保障部门应当向患者提供在医疗保障信息系统记录的本人年度医药费用信息查询服务。

(4)住房贷款利息。

纳税人本人或配偶,单独或共同使用商业银行或住房公积金个人住房贷款,为本人或其配偶购买中国境内住房,发生的首套住房贷款利息支出,在实际发生贷款利息的年度,按照每月1 000元(每年12 000元)的标准定额扣除,扣除期限最长不超过240个月(20年)。纳税人只能享受一套首套住房贷款利息扣除。

首套住房贷款是指购买住房享受首套住房贷款利率的住房贷款。

经夫妻双方约定,可以选择由其中一方扣除,具体扣除方式在确定后,一个纳税年度内不得变更。

夫妻双方婚前分别购买住房发生的首套住房贷款,其贷款利息支出,婚后可以选择其中一套购买的住房,由购买方按扣除标准的100%扣除,也可以由夫妻双方对各自购买的住房分别按扣除标准的50%扣除,具体扣除方式在一个纳税年度内不能变更。

纳税人应当留存住房贷款合同、贷款还款支出凭证备查。

(5)住房租金。纳税人在主要工作城市没有住房而发生的住房租金支出,可以按照以下标准定额扣除:

直辖市、省会(首府)城市、计划单列市以及国务院确定的其他城市,扣除标准为每月1 500元(每年18 000元)。除上述所列城市外,市辖区户籍人口超过100万的城市,扣除标准为每月1 100元(每年13 200元);市辖区户籍人口不超过100万的城市,扣除标准为每月800元(每年9 600元)。

市辖区户籍人口,以国家统计局公布的数据为准。

主要工作城市是指纳税人任职受雇的直辖市、计划单列市、副省级城市、地级市(地区、州、盟)全部行政区域范围;纳税人无任职受雇单位的,为受理其综合所得汇算清缴的税务机关所在城市。

夫妻双方主要工作城市相同的,只能由一方扣除住房租金支出。

住房租金支出由签订租赁住房合同的承租人扣除。

纳税人及其配偶在一个纳税年度内不得同时分别享受住房贷款利息专项附加扣除和住房租金专项附加扣除。

纳税人应当留存住房租赁合同、协议等有关资料备查。

(6)赡养老人。纳税人赡养一位及以上被赡养人的赡养支出,统一按以下标准等额扣除:

纳税人为独生子女的,按照每月2 000元(每年24 000元)的标准定额扣除;纳税人为非独生子女的,由其与兄弟姐妹分摊每月2 000元(每年24 000元)的扣除额度,每人分摊的额度最高不得超过每月1 000元(每年12 000元)。可以由赡养人均摊或者约定分摊,也可以由被赡养人指定分摊。约定或者指定分摊的须签订书面分摊协议,指定分摊优于约定分摊。具体分摊方式和额度在一个纳税年度内不得变更。

被赡养人是指年满60岁的父母,以及子女均已去世的年满60岁的祖父母、外祖父母。

(三)应纳税所得额的其他规定

(1)劳务报酬所得、稿酬所得、特许权使用费所得的收入减除20%的费用后的余额为收入额。稿酬所得的收入额减按70%计算。个人兼有不同的劳务报酬所得,应当分别减除费用,计算缴纳个人所得税。

(2)个人将其所得对教育、扶贫、济困等公益慈善事业进行捐赠,捐赠额未超过纳税人申报的应纳税所得额30%的部分,可以从其应纳税所得额中扣除;国务院规定对公益慈善事业捐赠实行全额税前扣除的,从其规定。

所称个人将其所得对教育、扶贫、济困等公益慈善事业进行捐赠,是指个人将其所得通过中国境内的公益性社会组织、国家机关向教育、扶贫、济困等公益慈善事业的捐赠;

应纳税所得额,是指计算扣除捐赠额之前的应纳税所得额。

(3)个人所得的形式,包括现金、实物、有价证券和其他形式的经济利益;所得为实物的,应当按照取得的凭证上所注明的价格计算应纳税所得额,无凭证的实物或者凭证上所注明的价格明显偏低的,参照市场价格核定应纳税所得额;所得为有价证券的,根据票面价格和市场价格核定应纳税所得额;所得为其他形式的经济利益的,参照市场价格核定应纳税所得额。

(4)居民个人从中国境外取得的所得,可以从其应纳税额中抵免已在境外缴纳的个人所得税税额,但抵免额不得超过该纳税人境外所得依照本法规定计算的应纳税额。

(5)所得为人民币以外货币的,按照办理纳税申报或者扣缴申报的上一月最后一日人民币汇率中间价,折合成人民币计算应纳税所得额。年度终了后办理汇算清缴的,对已经按月、按季或者按次预缴税款的人民币以外货币所得,不再重新折算;对应当补缴税款的所得部分,按照上一纳税年度最后一日人民币汇率中间价,折合成人民币计算应纳税所得额。

(6)对个人从事技术转让、提供劳务等过程中所支付的中介费,如能提供有效、合法凭证的,允许从其所得中扣除。

二、应纳税额的计算

依照税法规定的适用税率和费用扣除标准,各项所得的应纳税额,应分别计算如下。

(一)居民个人综合所得应纳税额的计算

首先,工资、薪金所得全额计入收入额;而劳务报酬所得、特许权使用费所得的收入额为实际取得劳务报酬、特许权使用费收入的80%;此外,稿酬所得的收入额在扣除20%费用基础上,再减按70%计算,即稿酬所得的收入额为实际取得稿酬收入的56%。

其次,居民个人的综合所得,以每一纳税年度的收入额减除费用6万元以及专项扣除、专项附加扣除和依法确定的其他扣除后的余额,为应纳税所得额。

居民个人综合所得应纳税额的计算公式为

应纳税额 $= \sum($每一级数的全年应纳税所得额 $\times$ 对应级数的适用税率$)$

$= \sum [$每一级数(全年收入额$-60\ 000$元$-$专项扣除$-$享受的专项附加扣除$-$享受的其他扣除)$\times$对应级数的适用税率$]$

这里需要说明的是,由于居民个人的全年综合所得在计算应纳个人所得税额时,适用的是超额累进税率,所以,计算比较烦琐。运用速算扣除数计算法,可以简化计算过程。速算扣除数是指在采用超额累进税率征税的情况下,根据超额累进税率表中划分的应纳税所得额级距和税率,先用全额累进方法计算出税额,再减去用超额累进方法计算的应征税额以后的差额。当超额累进税率表中的级距和税率确定以后,各级速算扣除数也固定不变,成为计算应纳税额时的常数。虽然税法中没有提供含有速算扣除数的税率表,但我们可以利用上述原理整理出包含有速算扣除数的居民个人全年综合所得税税率表(见表7-3)

表 7-3 综合所得个人所得税税率表

级数	全年应纳税所得额	税率/%	速算扣除数
1	不超过 36 000 元的部分	3	0
2	超过 36 000 元至 144 000 元的部分	10	2 520
3	超过 144 000 元至 300 000 元的部分	20	16 920
4	超过 300 000 元至 420 000 元的部分	25	31 920
5	超过 420 000 元至 660 000 元的部分	30	52 920
6	超过 660 000 元至 960 000 元的部分	35	85 920
7	超过 960 000 元的部分	45	181 920

居民个人综合所得应纳税额的计算公式应为

应纳税额＝全年应纳税所得额×适用税率－速算扣除数
　　　　＝(全年收入额－60 000 元－社保、住房公积金费用－享受的专项附加扣除－享受的其他扣除)×适用税率－速算扣除数

【例 7-1】假定某居民个人纳税人 2019 年扣除"四险一金"后共取得含税工资收入 13 万元，除住房贷款专项附加扣除外，该纳税人不享受其余专项附加扣除和税法规定的其他扣除。计算其当年应纳个人所得税税额。

(1)全年应纳税所得额＝130 000－60 000－12 000＝58 000(元)

(2)应纳税额＝58 000×10％－2 520＝3 280(元)

(二)非居民个人取得工资、薪金所得，劳务报酬所得，稿酬所得和特许权使用费所得应纳税额的计算

首先需要明确的是：同居民个人取得的劳务报酬所得、稿酬所得和特许权使用费所得一样，非居民个人取得的这些项目所得同样适用劳务报酬所得、稿酬所得、特许权使用费所得的收入减除 20％的费用后的余额为收入额；稿酬所得的收入额减按 70％计算的规定。

非居民个人的工资、薪金所得，以每月收入额减除费用 5 000 元后的余额为应纳税所得额；劳务报酬所得、稿酬所得、特许权使用费所得，以每次收入额为应纳税所得额。

前面提到：非居民个人取得工资、薪金所得，劳务报酬所得，稿酬所得和特许权使用费所得，依照表 7-1 按月换算后计算应纳税额。因此，非居民个人从我国境内取得这些所得时，适用的税率表如表 7-4 所示。

表 7-4 非居民个人工资、薪金所得，劳务报酬所得，稿酬所得，特许权使用费所得适用税率表

级数	应纳税所得额	税率/%	速算扣除数
1	不超过 3 000 元的部分	3	0
2	超过 3 000 元至 12 000 元的部分	10	210
3	超过 12 000 元至 25 000 元的部分	20	1 410

续表

级 数	应纳税所得额	税率/%	速算扣除数
4	超过25 000元至35 000元的部分	25	2 660
5	超过35 000元至55 000元的部分	30	4 410
6	超过55 000元至80 000元的部分	35	7 160
7	超过80 000元的部分	45	15 160

【例7-2】假定某外商投资企业中工作的美国专家(假设为非居民纳税人),2019年2月取得由该企业发放的含税工资收入10 800元人民币,此外还从别处取得劳务报酬5 000元人民币。请计算当月其应纳个人所得税税额。

该非居民个人当月工资、薪金所得应纳税额=(10 800-5 000)×10%-210=370(元)

该非居民个人当月劳务报酬所得应纳税额=5 000×(1-20%)×10%-210=190(元)

三、经营所得应纳税额的计算

经营所得应纳税额的计算公式为

应纳税额=全年应纳税所得额×适用税率-速算扣除数

或

(全年收入总额-成本、费用以及损失)×适用税率-速算扣除数

同居民个人综合所得应纳税额的计算一样,利用税法中给出的经营所得税率表,换算得到包含速算扣除数的经营所得适用税率表见表7-5。

表7-5 经营所得个人所得税税率表(含速算扣除数)

级 数	全年应纳税所得额	税率/%	速算扣除数/元
1	不超过30 000元的部分	5	0
2	超过30 000元至90 000元的部分	10	1 500
3	超过90 000元至300 000元的部分	20	10 500
4	超过300 000元至500 000元的部分	30	40 500
5	超过500 000元的部分	35	65 500

(一)个体工商户应纳税额的计算

个体工商户应纳税所得额的计算,以权责发生制为原则,属于当期的收入和费用,不论款项是否收付,均作为当期的收入和费用;不属于当期的收入和费用,即使款项已经在当期收付,均不作为当期收入和费用。财政部、国家税务总局另有规定的除外。基本规定如下。

▶ 1. 计税基本规定

(1)个体工商户的生产、经营所得,以每一纳税年度的收入总额,减除成本、费用、税金、损失、其他支出以及允许弥补的以前年度亏损后的余额,为应纳税所得额。

(2)个体工商户从事生产经营以及与生产经营有关的活动(以下简称生产经营)取得的

货币形式和非货币形式的各项收入为收入总额,包括销售货物收入、提供劳务收入、转让财产收入、利息收入、租金收入、接受捐赠收入、其他收入。

前款所称其他收入包括个体工商户资产溢余收入、逾期一年以上的未退包装物押金收入、确实无法偿付的应付款项、已作坏账损失处理后又收回的应收款项、债务重组收入、补贴收入、违约金收入、汇兑收益等。

(3) 成本,是指个体工商户在生产经营活动中发生的销售成本、销货成本、业务支出以及其他耗费。

(4) 费用,是指个体工商户在生产经营活动中发生的销售费用、管理费用和财务费用,已经计入成本的有关费用除外。

(5) 税金,是指个体工商户在生产经营活动中发生的除个人所得税和允许抵扣的增值税以外的各项税金及其附加。

(6) 损失,是指个体工商户在生产经营活动中发生的固定资产和存货的盘亏、毁损、报废损失,转让财产损失,坏账损失,自然灾害等不可抗力因素造成的损失以及其他损失。

个体工商户发生的损失,减除责任人赔偿和保险赔款后的余额,参照财政部、国家税务总局有关企业资产损失税前扣除的规定扣除。

个体工商户已经作为损失处理的资产,在以后纳税年度又全部收回或者部分收回时,应当计入收回当期的收入。

(7) 其他支出,是指除成本、费用、税金、损失外,个体工商户在生产经营活动中发生的与生产经营活动有关的、合理的支出。

(8) 个体工商户发生的支出应当区分收益性支出和资本性支出。收益性支出在发生当期直接扣除;资本性支出应当分期扣除或者计入有关资产成本,不得在发生当期直接扣除。

前款所称支出,是指与取得收入直接相关的支出。

除税收法律法规另有规定外,个体工商户实际发生的成本、费用、税金,损失和其他支出,不得重复扣除。

(9) 个体工商户下列支出不得扣除:①个人所得税税款;②税收滞纳金;③罚金、罚款和被没收财物的损失;④不符合扣除规定的捐赠支出;⑤赞助支出;⑥用于个人和家庭的支出;⑦与取得生产经营收入无关的其他支出;⑧国家税务总局规定不准扣除的支出。

(10) 个体工商户生产经营活动中,应当分别核算生产经营费用和个人、家庭费用。对于生产经营与个人、家庭生活混用难以分清的费用,其40%视为与生产经营有关费用,准予扣除。

(11) 个体工商户纳税年度发生的亏损,准予向以后年度结转,用以后年度的生产经营所得弥补,但结转年限最长不得超过五年。

(12) 个体工商户使用或者销售存货,按照规定计算的存货成本,准予在计算应纳税所得额时扣除。

(13) 个体工商户转让资产,该项资产的净值,准予在计算应纳税所得额时扣除。

(14) 本办法所称亏损,是指个体工商户依照本办法规定计算的应纳税所得额小于0的数额。

(15) 个体工商户与企业联营而分得的利润,按利息、股息、红利所得项目征收个人所得税。

(16) 个体工商户和从事生产、经营的个人,取得与生产、经营活动无关的各项应税所得,应按规定分别计算征收个人所得税。

▶ 2. 扣除项目及标准

(1) 个体工商户实际支付给从业人员的、合理的工资薪金支出,准予扣除。

个体工商户业主的费用扣除标准,确定为 60 000 元/年。

个体工商户业主的工资、薪金支出不得税前扣除。

(2) 个体工商户按照国务院有关主管部门或者省级人民政府规定的范围和标准为其业主和从业人员缴纳的基本养老保险费、基本医疗保险费、失业保险费、生育保险费、工伤保险费和住房公积金,准予扣除。

个体工商户为从业人员缴纳的补充养老保险费、补充医疗保险费,分别在不超过从业人员工资总额5%标准内的部分据实扣除;超过部分,不得扣除。

个体工商户业主本人缴纳的补充养老保险费、补充医疗保险费,以当地(地级市)上年度社会平均工资的3倍为计算基数,分别在不超该计算基数5%标准内的部分据实扣除;超过部分,不得扣除。

(3) 除个体工商户依照国家有关规定为特殊工种从业人员支付的人身安全保险费和财政部、国家税务总局规定可以扣除的其他商业保险费外,个体工商户业主本人或者为从业人员支付的商业保险费,不得扣除。

(4) 个体工商户在生产经营活动中发生的合理的不需要资本化的借款费用,准予扣除。

个体工商户为购置、建造固定资产、无形资产和经过 12 个月以上的建造才能达到预定可销售状态的存货发生借款的,在有关资产购置、建造期间发生的合理的借款费用,应当作为资本性支出计入有关资产的成本,并依照本办法的规定扣除。

(5) 个体工商户在生产经营活动中发生的下列利息支出,准予扣除:①向金融企业借款的利息支出;②向非金融企业和个人借款的利息支出,不超过按照金融企业同期同类贷款利率计算的数额的部分。

(6) 个体工商户在货币交易中,以及纳税年度终了时将人民币以外的货币性资产、负债按照期末即期人民币汇率中间价折算为人民币时产生的汇兑损失,除已经计入有关资产成本部分外,准予扣除。

(7) 个体工商户向当地工会组织拨缴的工会经费、实际发生的职工福利费支出、职工教育经费支出,分别在工资、薪金总额的 2%、14%、2.5%的标准内据实扣除。

工资、薪金总额是指允许在当期税前扣除的工资、薪金支出数额。

职工教育经费的实际发生数额超出规定比例当期不能扣除的数额,准予在以后纳税年度结转扣除。

个体工商户业主本人向当地工会组织缴纳的工会经费、实际发生的职工福利费支出、职工教育经费支出,以当地(地级市)上年度社会平均工资的3倍为计算基数,在本条第一款规定比例内据实扣除。

(8) 个体工商户发生的与生产经营活动有关的业务招待费,按照实际发生额的 60%扣除,但最高不得超过当年销售(营业)收入的5‰。

业主自申请营业执照之日起至开始生产经营之日止所发生的业务招待费,按照实际发生额的60%计入个体工商户的开办费。

(9)个体工商户每一纳税年度发生的与其生产经营活动直接相关的广告费和业务宣传费不超过当年销售(营业)收入15%的部分,可以据实扣除;超过部分,准予在以后纳税年度结转扣除。

(10)个体工商户代其从业人员或者他人负担的税款,不得税前扣除。

(11)个体工商户按照规定缴纳的摊位费、行政性收费、协会会费等,按实际发生数额扣除。

(12)个体工商户根据生产经营活动的需要租入固定资产支付的租赁费,按照以下方法扣除:

① 以经营租赁方式租入固定资产发生的租赁费支出,按照租赁期限均匀扣除。

② 以融资租赁方式租入固定资产发生的租赁费支出,按照规定构成融资租入固定资产价值的部分应当提取折旧费用,分期扣除。

(13)个体工商户参加财产保险,按照规定缴纳的保险费,准予扣除。

(14)个体工商户发生的合理的劳动保护支出,准予扣除。

(15)个体工商户自申请营业执照之日起至开始生产经营之日止所发生符合本办法规定的费用,除为取得固定资产、无形资产的支出,以及应计入资产价值的汇兑损益、利息支出外,作为开办费,个体工商户可以选择在开始生产经营的当年一次性扣除,也可自生产经营月份起在不短于3年期限内摊销扣除,但一经选定,不得改变。

(16)个体工商户通过公益性社会团体或者县级以上人民政府及其部门,用于《中华人民共和国公益事业捐赠法》规定的公益事业的捐赠,捐赠额不超过其应纳税所得额30%的部分可以据实扣除。

财政部、国家税务总局规定可以全额在税前扣除的捐赠支出项目,按有关规定执行。

个体工商户直接对受益人的捐赠不得扣除。

公益性社会团体的认定,按照财政部、国家税务总局、民政部有关规定执行。

(17)本办法所称赞助支出,是指个体工商户发生的与生产经营活动无关的各种非广告性质支出。

(18)个体工商户研究开发新产品、新技术、新工艺所发生的开发费用,以及研究开发新产品、新技术而购置单台价值在10万元以下的测试仪器和试验性装置的购置费准予直接扣除;单台价值在10万元以上(含10万元)的试验仪器和试验性装置,按固定资产管理,不得在当期直接扣除。

【例7-4】某小型运输公司系个体工商户,账证健全,2019年12月取得经营收入为310 000元,准予扣除的当月成本、费用(不含业主工资)及相关税金共计250 600元。1—11月累计应纳税所得额88 400元(未扣除业主费用减除标准),1—11月累计已预缴个人所得税10 200元。除经营所得外,业主本人没有其他收入,且2019年全年均享受赡养老人一项专项附加扣除。不考虑专项扣除和符合税法规定的其他扣除,请计算该个体工商户就2019年度汇算清缴时应申请的个人所得额退税额。

纳税人取得经营所得,按年计算个人所得税,由纳税人在月度或季度终了后15日内,向经营管理所在地主管税务机关办理预缴纳税申报；在取得所得的次年3月31日前，向经营管理所在地主管税务机关办理汇算清缴。因此，按照税收法律、法规和文件规定，先计算全年应纳税所得额，再计算全年应纳税额。并根据全年应纳税额和当年已预缴税额计算出当年度应补（退）税额。

(1) 当年应纳税所得额＝310 000－250 600＋88 400－60 000－24 000＝63 800（元）

(2) 全年应缴纳个人所得税＝63 800×10%－1 500＝4 880（元）

(3) 该个体工商户2019年度应申请的个人所得税退税额＝10 200－4 880＝5 320（元）

（二）个人独资企业和合伙企业应纳个人所得税的计算

对个人独资企业和合伙企业生产经营所得，其个人所得税应纳税额的计算有以下两种方法：

▶ 1. 查账征税

(1) 自2019年1月1日起，个人独资企业和合伙企业投资者的生产经营所得依法计征个人所得税时，个人独资企业和合伙企业投资者本人的费用扣除标准统一确定为60 000元/年，即5 000元/月。投资者的工资不得在税前扣除。

(2) 投资者及其家庭发生的生活费用不允许在税前扣除。投资者及其家庭发生的生活费用与企业生产经营费用混合在一起，并且难以划分的，全部视为投资者个人及其家庭发生的生活费用，不允许在税前扣除。

(3) 企业生产经营和投资者及其家庭生活共用的固定资产，难以划分的，由主管税务机关根据企业的生产经营类型、规模等具体情况，核定准予在税前扣除的折旧费用的数额或比例。

(4) 企业向其从业人员实际支付的合理的工资、薪金支出，允许在税前据实扣除。

(5) 企业拨缴的工会经费、发生的职工福利费、职工教育经费支出分别在工资、薪金总额2%、14%、2.5%的标准内据实扣除。

(6) 每一纳税年度发生的广告费和业务宣传费用不超过当年销售（营业）收入15%的部分，可据实扣除；超过部分，准予在以后纳税年度结转扣除。

(7) 每一纳税年度发生的与其生产经营业务直接相关的业务招待费支出，按照发生额的60%扣除，但最高不得超过当年销售（营业）收入的5‰。

(8) 企业计提的各种准备金不得扣除。

(9) 投资者兴办两个或两个以上企业，并且企业性质全部是独资的，年度终了后，汇算清缴时，应纳税款的计算按以下方法进行：汇总其投资兴办的所有企业的经营所得作为应纳税所得额，以此确定适用税率，计算出全年经营所得的应纳税额，再根据每个企业的经营所得占所有企业经营所得的比例，分别计算出每个企业的应纳税额和应补缴税额。计算公式如下：

① 应纳税所得额＝∑各个企业的经营所得

② 应纳税额＝应纳税所得额×税率－速算扣除数

③ 本企业应纳税额＝应纳税额×本企业的经营所得÷∑各个企业的经营所得

④ 本企业应补缴的税额＝本企业应纳税额－本企业预缴的税额

(10) 投资者兴办两个或两个以上企业的，根据前述规定准予扣除的个人费用，由投资者选择在其中一个企业的生产经营所得中扣除。

(11)企业的年度亏损,允许用本企业下一年度的生产经营所得弥补,下一年度所得不足弥补的,允许逐年延续弥补,但最长不得超过5年。

投资者兴办两个或两个以上企业的,企业的年度经营亏损不能跨企业弥补。

(12)投资者来源于中国境外的生产经营所得,已在境外缴纳所得税的,可以按照个人所得税法的有关规定计算扣除已在境外缴纳的所得税。

▶ 2. 核定征收

核定征收方式,包括定额征收、核定应税所得率征收以及其他合理的征收方式。

(1)有下列情形之一的,主管税务机关应采取核定征收方式征收个人所得税:

① 企业依照国家有关规定应当设置但未设置账簿的。

② 企业虽设置账簿,但账目混乱或者成本资料、收入凭证、费用凭证残缺不全,难以查账的。

③ 纳税人发生纳税义务,未按照规定的期限办理纳税申报,经税务机关责令限期申报,逾期仍不申报的。

(2)实行核定应税所得率征收方式的,应纳所得税额的计算公式如下:

$$应纳所得税额 = 应纳税所得额 \times 适用税率$$

$$应纳税所得额 = 收入总额 \times 应税所得率$$

或

$$应纳税所得额 = 成本费用支出额 \div (1 - 应税所得率) \times 应税所得率$$

应税所得率应按表7-6规定的标准执行。

表7-6 个人所得税核定征收应税所得率表

行 业	应税所得率/%
工业、交通运输业、商业	5~20
建筑业、房地产开发业	7~20
饮食服务业	7~25
娱乐业	20~40
其他行业	10~30

企业经营多业的,无论其经营项目是否单独核算,均应根据其主营项目确定其适用的应税所得率。

(3)实行核定征税的投资者,不能享受个人所得税的优惠政策。

(4)实行查账征税方式的个人独资企业和合伙企业改为核定征税方式后,在查账征税方式下认定的年度经营亏损未弥补完的部分,不得再继续弥补。

(5)个体工商户、个人独资企业和合伙企业因在纳税年度中间开业、合并、注销及其他原因,导致该纳税年度的实际经营期不足1年的,对个体工商户业主、个人独资企业投资者和合伙企业自然人合伙人的生产经营所得计算个人所得税时,以其实际经营期为1个纳税年度。投资者本人的费用扣除标准,应按照其实际经营月份数,以每月3 500元的减除标准确定。计算公式如下:

应纳税所得额=该年度收入总额-成本、费用及损失-当年投资者本人的费用扣除额
当年投资者本人的费用扣除额=月减除费用(3 500元/月)×当年实际经营月份数
应纳税额=应纳税所得额×税率-速算扣除数

此外,无论是查账征收的,还是核定征税的个人独资企业和合伙企业,税法规定。

(1)个人独资企业和合伙企业对外投资分回的利息或者股息、红利,不并入企业的收入,而应单独作为投资者个人取得的利息、股息、红利所得,按"利息、股息、红利所得"应税项目计算缴纳个人所得税。以合伙企业名义对外投资分回利息或者股息、红利的,应按个人独资企业的投资者以全部生产经营所得为应纳税所得额;合伙企业的投资者按照合伙企业的全部生产经营所得和合伙协议约定的分配比例确定应纳税所得额,合伙协议没有约定分配比例的,以全部生产经营所得和合伙人数量平均计算每个投资者的应纳税所得额的规定,确定各个投资者的利息、股息、红利所得,分别按"利息、股息、红利所得"应税项目计算缴纳个人所得税。

(2)残疾人员投资兴办或参与投资兴办个人独资企业和合伙企业的,残疾人员取得的经营所得,符合各省、自治区、直辖市人民政府规定的减征个人所得税条件的,经本人申请、主管税务机关审核批准,可按各省、自治区、直辖市人民政府规定减征的范围和幅度,减征个人所得税。

(3)企业进行清算时,投资者应当在注销工商登记之前,向主管税务机关结清有关税务事宜。企业的清算所得应当视为年度生产经营所得,由投资者依法缴纳个人所得税。

(4)企业在纳税年度的中间开业,或者由于合并、关闭等原因,使该纳税年度的实际经营期不足12个月的,应当以其实际经营期为一个纳税年度。

四、财产租赁所得应纳税额的计算

(一) 应纳税所得额

财产租赁所得一般以个人每次取得的收入,定额或定率减除规定费用后的余额为应纳税所得额。每次收入不超过4 000元,定额减除费用800元;每次收入在4 000元以上,定率减除20%的费用。财产租赁所得以1个月内取得的收入为一次。

在确定财产租赁的应纳税所得额时,纳税人在出租财产过程中缴纳的税金和教育费附加,可持完税(缴款)凭证,从其财产租赁收入中扣除。准予扣除的项目除了规定费用和有关完税、费外,还准予扣除能够提供有效、准确凭证,证明由纳税人负担的该出租财产实际开支的修缮费用。允许扣除的修缮费用,以每次800元为限。一次扣除不完的,准予在下一次继续扣除,直到扣完为止。

个人出租财产取得的财产租赁收入,在计算缴纳个人所得税时,应依次扣除以下费用:

(1)财产租赁过程中缴纳的税金和国家能源交通重点建设基金、国家预算调节基金,教育费附加。

(2)由纳税人负担的该出租财产实际开支的修缮费用。

(3)税法规定的费用扣除标准。

应纳税所得额的计算公式如下。

① 每次(月)收入不超过4 000元的:

应纳税所得额＝每次(月)收入额－准予扣除项目－修缮费用(800元为限)－800元

② 每次(月)收入超过4 000元的：

应纳税所得额＝[每次(月)收入额－准予扣除项目－修缮费用(800元为限)]×(1－20%)

(二)个人房屋转租应纳税额的计算

个人将承租房屋转租取得的租金收入，属于个人所得税应税所得，应按"财产租赁所得"项目计算缴纳个人所得税。

具体规定为：

(1)取得转租收入的个人向房屋出租方支付的租金，凭房屋租赁合同和合法支付凭据允许在计算个人所得税时，从该项转租收入中扣除。

(2)有关财产租赁所得个人所得税前扣除税费的扣除次序调整为：

①财产租赁过程中缴纳的税费。

②向出租方支付的租金。

③由纳税人负担的租赁财产实际开支的修缮费用。

④税法规定的费用扣除标准。

(三)应纳税额的计算方法

财产租赁所得适用20%的比例税率。但对个人按市场价格出租的居民住房取得的所得，自2001年1月1日起暂减按10%的税率征收个人所得税。其应纳税额的计算公式为

应纳税额＝应纳税所得额×适用税率

【例7-5】刘某于2019年1月将其自有的面积为150平方米的公寓按市场价格出租给张某居住。刘某每月取得租金收入5 500元，全年租金收入54 000元。计算刘某全年租金收入应缴纳的个人所得税。

财产租赁收入以每月内取得的收入为一次，按市场价出租给个人居住适用10%的税率，因此刘某每月及全年应纳税额为

(1)每月应纳税额＝4 500×(1－20%)×10%＝360(元)

(2)全年应纳税额＝360×12＝4 320(元)

本例在计算个人所得税时未考虑其他税、费。如果对租金收入计征增值税、城市维护建设税、房产税和教育费附加等，还应将其从税前的收入中先扣除后再计算应缴纳的个人所得税。

在实际征税过程中，有时会出现财产租赁所得的纳税人不明确的情况。对此，在确定财产租赁所得纳税人时，应以产权凭证为依据。无产权凭证的，由主管税务机关根据实际情况确定纳税人。如果产权所有人死亡，在未办理产权继承手续期间，该财产出租且有租金收入的，以领取租金收入的个人为纳税人。

五、财产转让所得应纳税额的计算

▶ **1. 一般情况下财产转让所得应纳税额的计算**

财产转让所得应纳税额的计算公式为

应纳税额＝应纳税所得额×适用税率＝(收入总额－财产原值－合理税费)×20%

【例7-6】某个人建房一幢，造价360 000元，支付其他费用50 000元。该个人建成后

将房屋出售，售价 700 000 元，在售房过程中按规定支付交易费等相关税费 35 000 元，其应纳个人所得税税额的计算过程为

(1) 应纳税所得额＝财产转让收入－财产原值－合理费用
$$=700\ 000-(360\ 000+50\ 000)-35\ 000=255\ 000(元)$$

(2) 应纳税额＝255 000×20％＝51 000(元)

▶ 2. 个人住房转让所得应纳税额的计算

自 2006 年 8 月 1 日起，个人转让住房所得应纳个人所得税的计算具体规定如下：

(1) 以实际成交价格为转让收入。纳税人申报的住房成交价格明显低于市场价格且无正当理由的，征收机关依法有权根据有关信息核定其转让收入，但必须保证各税种计税价格一致。

(2) 纳税人可凭原购房合同、发票等有效凭证，经税务机关审核后，允许从其转让收入中减除房屋原值、转让住房过程中缴纳的税金及有关合理费用。

A. 房屋原值具体为：①商品房：购置该房屋时实际支付的房价款及缴纳的相关税费。②自建住房：实际发生的建造费用及建造和取得产权时实际缴纳的相关税费。③经济适用房(含集资合作建房、安居工程住房)：原购房人实际支付的房价款及相关税费，以及按规定缴纳的土地出让金。④已购公有住房：原购公有住房标准面积按当地经济适用房价格计算的房价款，加上原购公有住房超标准面积实际支付的房价款以及按规定向财政部门(或原产权单位)缴纳的所得收益及相关税费。已购公有住房是指城镇职工根据国家和县级(含县级)以上人民政府有关城镇住房制度改革政策规定，按照成本价(或标准价)购买的公有住房。经济适用房价格按县级(含县级)以上地方人民政府规定的标准确定。⑤城镇拆迁安置住房，其原值分别为：房屋拆迁取得货币补偿后购置房屋的，为购置该房屋实际支付的房价款及缴纳的相关税费；房屋拆迁采取产权调换方式的，所调换房屋原值为《房屋拆迁补偿安置协议》注明的价款及缴纳的相关税费；房屋拆迁采取产权调换方式，被拆迁人除取得所调换房屋，又取得部分货币补偿的，所调换房屋原值为《房屋拆迁补偿安置协议》注明的价款和缴纳的相关税费，减去货币补偿后的余额；房屋拆迁采取产权调换方式，被拆迁人取得所调换房屋，又支付部分货币的，所调换房屋原值为《房屋拆迁补偿安置协议》注明的价款，加上所支付的货币及缴纳的相关税费。

B. 转让住房过程中缴纳的税金是指纳税人在转让住房时实际缴纳的城镇维护建设税、教育费附加、土地增值税、印花税等税金。

C. 合理费用是指纳税人按照规定实际支付的住房装修费用、住房贷款利息、手续费、公证费等费用。其中：①住房装修费用。纳税人能够提供实际支付装修费用的税务统一发票，并且发票上所列付款人姓名与转让房屋产权人一致的，经税务机关审核，其转让的住房在转让前实际发生的装修费用，可在以下规定比例内扣除：已购公有住房、经济适用房：最高扣除限额为房屋原值的 15％；商品房及其他住房：最高扣除限额为房屋原值的 10％。纳税人原购房为装修房，即合同注明房款价中含有装修费(铺装了地板，装配了洁具、厨具等)的，不得再重复扣除装修费用。②住房贷款利息。纳税人出售以按揭贷款方式购置的住房，其向贷款银行实际支付的住房贷款利息，凭贷款银行出具的有效证明据实扣除。③纳税人按照有关规定实际支付的手续费、公证费等，凭有关部门出具的有效证明据实扣除。

(3)纳税人未提供完整、准确的房屋原值凭证，不能正确计算房屋原值和应纳税额的，税务机关可根据《税收征收管理法》第三十五条的规定，对其实行核定征税，即按纳税人住房转让收入的一定比例核定应纳个人所得税额。具体比例由省级地方税务局或者省级地方税务局授权的地市级地方税务局根据纳税人出售住房的所处区域、地理位置、建造时间、房屋类型、住房平均价格水平等因素，在住房转让收入1%～3%的幅度内确定。

▶ 3. 个人转让债券类债权时原值的确定

转让债券类债权，采用"加权平均法"确定其应予减除的财产原值和合理费用。即以纳税人购进的同一种类债券买入价和买进过程中缴纳的税费总和，除以纳税人购进的该种类债券数量之和，乘以纳税人卖出的该种类债券数量，再加上卖出的该种类债券过程中缴纳的税费。用公式表示为

一次卖出某一种类债券允许扣除的买入价和费用=（纳税人购进的该种类债券买入价和买进过程中交纳的税费总和）×（一次卖出的该种类债券的数量÷卖出该种类债券过程中缴纳的税费）÷纳税人购进的该种类债券总数量

六、利息、股息、红利所得和偶然所得应纳税额的计算

利息、股息、红利所得和偶然所得应纳税额的计算公式为

应纳税额=应纳税所得额×适用税率=每次收入额×20%

第三节　个人所得税征收管理

个人所得税的纳税办法，全国通用实行的有自行申报纳税和全员全额扣缴申报纳税两种。此外，税收征管法还对无法查账征收的纳税人规定了核定征收的方式，但由于核定征收由各地税务局依据自身情况制定当地的细则，因此本书就此部分内容不作详述。

一、自行申报纳税

自行申报纳税，是由纳税人自行在税法规定的纳税期限内，向税务机关申报取得的应税所得项目和数额，如实填写个人所得税纳税申报表，并按照税法规定计算应纳税额，据此缴纳个人所得税的一种方法。

（一）有下列情形之一的，纳税人应当依法办理纳税申报。

(1)取得综合所得需要办理汇算清缴。

(2)取得应税所得没有扣缴义务人。

(3)取得应税所得，扣缴义务人未扣缴税款。

(4)取得境外所得。

(5)因移居境外注销中国户籍。

(6)非居民个人在中国境内从两处以上取得工资、薪金所得。

(7)国务院规定的其他情形。

(二)取得综合所得需要办理汇算清缴的纳税申报

取得综合所得且符合下列情形之一的纳税人,应当依法办理汇算清缴。

(1)从两处以上取得综合所得,且综合所得年收入额减除专项扣除后的余额超过6万元。

(2)取得劳务报酬所得、稿酬所得、特许权使用费所得中一项或者多项所得,且综合所得年收入额减除专项扣除的余额超过6万元。

(3)纳税年度内预缴税额低于应纳税额。

(4)纳税人申请退税。

需要办理汇算清缴的纳税人,应当在取得所得的次年3月1日止6月30日内,向任职、受雇单位所在地主管税务机关办理纳税申报,并报送《个人所得税年度自行纳税申报表》。纳税人有两处以上任职、受雇单位的,选择向其中一处任职、受雇单位所在地主管税务机关办理纳税申报;纳税人没有任职、受雇单位的,向户籍所在地或经常居住地主管税务机关办理纳税申报。

纳税人办理综合所得汇算清缴,应当准备与收入、专项扣除、专项附加扣除、依法确定的其他扣除、捐赠、享受税收优惠等相关的资料,并按规定留存备查或报送。

纳税人办理汇算清缴或者扣缴义务人为纳税人办理汇算清缴退税的,税务机关审核后,按照国库管理的有关规定办理退税。纳税人申请退税时提供的汇算清缴信息有错误的,税务机关应当告知其更正;纳税人更正的,税务机关应当及时办理退税。纳税人申请退税,应当提供其在中国境内开设的银行账户,并在汇算清缴地就地办理税款退库。

(三)取得经营所得的纳税申报

个体工商户业主、个人独资企业投资者、合伙企业个人合伙人、承包承租经营者个人以及其他从事生产、经营活动的个人取得经营所得,包括以下情形。

(1)个体工商户从事生产、经营活动取得的所得,个人独资企业投资人、合伙企业的个人合伙人来源于境内注册的个人独资企业、合伙企业生产、经营的所得。

(2)个人依法从事办学、医疗、咨询以及其他有偿服务活动取得的所得。

(3)个人对企业、事业单位承包经营、承租经营以及转包、转租取得的所得。

(4)个人从事其他生产、经营活动取得的所得。

纳税人取得经营所得,按年计算个人所得税,由纳税人在月度或季度终了后15日内,向经营管理所在地主管税务机关办理预缴纳税申报,并报送《个人所得税经营所得纳税申报表(A表)》。在取得所得的次年3月31日前,向经营管理所在地主管税务机关办理汇算清缴,并报送《个人所得税经营所得纳税申报表(B表)》;从两处以上取得经营所得的,选择其中一处经营管理所在地主管税务机关办理年度汇总申报,并报送《个人所得税经营所得纳税申报表(C表)》。

(四)取得应税所得,扣缴义务人未扣缴税款的纳税申报

纳税人取得应税所得,扣缴义务人未扣缴税款的,应当区别以下情形办理纳税申报。

(1)居民个人取得综合所得的,且符合前述第(一)项所述情形的,应当依法办理汇算清缴。

(2)非居民个人取得工资、薪金所得,劳务报酬所得,稿酬所得、特许权使用费所得的,应当在取得所得的次年6月30日前,向扣缴义务人所在地主管税务机关办理纳税申

报,并报送《个人所得税自行纳税申报表(A表)》。有两个以上扣缴义务人均未扣缴税款的,选择向其中一处扣缴义务人所在地主管税务机关办理纳税申报。

非居民个人在次年6月30日前离境(临时离境除外)的,应当在离境前办理纳税申报。

(3)纳税人取得利息、股息、红利所得,财产租赁所得,财产转让所得和偶然所得的,应当在取得所得的次年6月30日前,按相关规定向主管税务机关办理纳税申报,并报送《个人所得税自行纳税申报表(A表)》。

税务机关通知限期缴纳的,纳税人应当按照期限缴纳税款。

纳税人取得应税所得没有扣缴义务人的,应当在取得所得的次月十五日内向税务机关报送纳税申报表,并缴纳税款。

(五)取得境外所得的纳税申报

居民个人从中国境外取得所得的,应当在取得所得的次年3月1日至6月30日内,向中国境内任职、受雇单位所在地主管税务机关办理纳税申报;在中国境内没有任职、受雇单位的,向户籍所在地或中国境内经常居住地主管税务机关办理纳税申报;户籍所在地与中国境内经常居住地不一致的,选择其中一地主管税务机关办理纳税申报;在中国境内没有户籍的,向中国境内经常居住地主管税务机关办理纳税申报。

(六)纳税申报方式

纳税人可以采用远程办税端、邮寄等方式申报,也可以直接到主管税务机关申报。

二、全员全额扣缴申报纳税

税法规定,扣缴义务人向个人支付应税款项时,应当依照个人所得税法规定预扣或者代扣税款,按时缴库,并专项记载备查。

全员全额扣缴申报,是指扣缴义务人应当在代扣税款的次月15日内,向主管税务机关报送其支付所得的所有个人的有关信息、支付所得数额、扣除事项和数额、扣缴税款的具体数额和总额以及其他相关涉税信息资料。这种方法,有利于控制税源、防止漏税和逃税。

根据《个人所得税法》及其实施条例、《税收征收管理法》及其实施细则的有关规定,国家税务总局制定下发了《个人所得税扣缴申报管理办法(试行)》(以下简称《管理办法》)。自2019年1月1日起执行的《管理办法》,对扣缴义务人和代扣预扣税款的范围、不同项目所得扣缴方法、扣缴义务人的义务及应承担的责任等内容做了明确规定。

(一)扣缴义务人和代扣预扣税款的范围

1.扣缴义务人,是指向个人支付所得的单位或者个人

所称支付,包括现金支付、汇拨支付、转账支付和以有价证券、实物以及其他形式的支付。

2.实行个人所得税全员全额扣缴申报的应税所得包括

(1)工资、薪金所得

(2)劳务报酬所得

(3)稿酬所得

(4)特许权使用费所得

(5)利息、股息、红利所得

(6)财产租赁所得

(7)财产转让所得

(8)偶然所得

扣缴义务人应当依法办理全员全额扣缴申报。

(二)不同项目所得扣缴方法

扣缴义务人向居民个人支付工资、薪金所得时,应当按照累计预扣法计算预扣税款,并按月办理扣缴申报。

累计预扣法,是指扣缴义务人在一个纳税年度内预扣预缴税款时,以纳税人在本单位截至当前月份工资、薪金所得累计收入减除累计免税收入、累计减除费用、累计专项扣除、累计专项附加扣除和累计依法确定的其他扣除后的余额为累计预扣预缴应纳税所得额,适用居民个人工资、薪金所得预扣预缴率表(见表 7-7),计算累计应预扣预缴税额,再减除累计减免税额和累计已预扣预缴税额,其余额为本期应预扣预缴税额余额为负值时,暂不退税。纳税年度终了后余额仍为负值时,由纳税人通过办理综合所得年度汇算清缴,税款多退少补。

表 7-7 居民个人工资、薪金所得预扣预缴率表

级数	累计预扣预缴应纳税所得额	预扣率/%	速算扣除数
1	不超过 36 000 元的部分	3	0
2	超过 36 000 元至 144 000 元的部分	10	2 520
3	超过 144 000 元至 300 000 元的部分	20	16 920
4	超过 300 000 元至 420 000 元的部分	25	31 920
5	超过 420 000 元至 660 000 元的部分	30	52 920
6	超过 660 000 元至 960 000 元的部分	35	85 920
7	超过 960 000 元的部分	45	181 920

居民个人向扣缴义务人提供有关信息并依法要求办理专项附加扣除的,扣缴义务人应当按照规定在工资、薪金所得按月预扣预缴税款时予以扣除,不得拒绝。

年度预扣预缴税额与年度应纳税额不一致的,由居民个人于次年3月1日至6月30日向主管税务机关办理综合所得年度汇算清缴,税款多退少补。

1. 扣缴义务人向居民个人支付劳务报酬所得、稿酬所得、特许权使用费所得时,应当按照以下方法按次或者按月预扣预缴税款。

(1)劳务报酬所得、稿酬所得、特许权使用费所得以收入减除费用后的余额为收入额。其中,稿酬所得的收入额减按70%计算。

(2)减除费用:预扣预缴税款时,劳务报酬所得、稿酬所得、特许权使用费所得每次收入不超过 4 000 元的,减除费用按 800 元计算;每次收入 4 000 元以上的,减除费用按收入的20%计算。

(3)应纳税所得额:劳务报酬所得、稿酬所得、特许权使用费所得,以每次收入额为预扣预缴应纳税所得额,计算应预扣预缴税额。劳务报酬所得适用居民个人劳务报酬所得

预扣预缴率表(见表7-8),稿酬所得、特许权使用费所得适用20%的比例预扣率。

(4)预扣预缴税额计算公式:

劳务报酬所得应预扣预缴税额=预扣预缴所得额×预扣率-速算扣除数

稿酬所得、特许权使用费所得应预扣预缴税额=预扣预缴应纳税所得额×20%

表 7-8 居民个人劳务报酬所得预扣预缴率表

级 数	预扣预缴应纳税所得额	预扣率/%	速算扣除数
1	不超过 20 000 元的部分	20	0
2	超过 20 000 元至 50 000 元的部分	30	2 000
3	超过 50 000 元的部分	40	7 000

居民个人办理年度综合所得汇算清缴时,应当依法计算劳务报酬所得、稿酬所得、特许权使用费所得的收入额,并入年度综合所得计算应纳税款,税款多退少补。

2. 非居民个人取得工资、薪金所得,劳务报酬所得,稿酬所得和特许权使用费所得,有扣缴义务人的,由扣缴义务人按月或者按次代扣代缴税款,不办理汇算清缴。

三、反避税规定

(一)有下列情形之一的,税务机关有权按照合理方法进行纳税调整

(1)个人与其关联方之间的业务往来不符合独立交易原则而减少本人或者其关联方应纳税额,且无正当理由。

(2)居民个人控制的,或者居民个人和居民企业共同控制的设立在实际税负明显偏低的国家(地区)的企业,无合理经营需要,对应当归属于居民个人的利润不作分配或者减少分配。

(3)个人实施其他不具有合理商业目的的安排而获取不当税收利益。

(二)补税及加征利息

(1)税务机关依照前述规定情形作出纳税调整,需要补征税款的,应当补征税款,并依法加收利息。

(2)依法加征的利息,应当按照税款所属纳税申报期最后一日中国人民银行公布的与补税期间同期的人民币贷款基准利率计算,自税款纳税申报期满次日起至补缴税款期限届满之日止按日加收。纳税人在补缴税款期限届满前补缴税款的,利息加收至补缴税款之日。

第八章 其他税种

> **学习目标**
> 1. 掌握土地增值税的计算、资源税应纳税额的计算、房产税的计算,以及城镇土地使用税计税依据和应纳税额的计算。
> 2. 了解土地增值税法规和征收管理、资源税的改革和征收管理、房产税的征收管理、契税的法规、城镇土地使用税的法规、车辆购置税的税收法规、印花税的税收法规。

第一节 土地增值税法

一、土地增值税的法规

土地增值税法,是指国家制定的用以调整土地增值税征收与缴纳之间权利及义务关系的法律规范。现行土地增值税的基本规范,是1993年12月13日国务院颁布的《中华人民共和国土地增值税暂行条例》(以下简称《土地增值税暂行条例》)。

土地增值税是对有偿转让国有土地使用权及地上建筑物和其他附着物产权,取得增值收入的单位和个人征收的一种税。征收土地增值税增强了政府对房地产开发和交易市场的调控,有利于抑制炒买炒卖土地获取暴利的行为,也增加了国家财政收入。

(一) 纳税义务人

土地增值税的纳税义务人为转让国有土地使用权、地上的建筑及其附着物(以下简称"转让房地产")并取得收入的单位和个人。单位包括各类企业、事业单位、国家机关和社会团体及其他组织。个人包括个体经营者。

概括起来,《土地增值税暂行条例》对纳税人的规定主要有以下四个特点。

(1) 不论法人与自然人,即不论是企业、事业单位、国家机关、社会团体及其他组织，还是个人，只要有偿转让房地产，都是土地增值税的纳税人。

（2）不论经济性质，即不论是全民所有制企业、集体企业、私营企业、个体经营者，还是联营企业、合资企业、合作企业、外商独资企业等，只要有偿转让房地产，都是土地增值税的纳税人。

（3）不论内资与外资企业、中国公民与外籍个人，根据1993年12月29日第八届全国人大第五次常务委员会通过的《全国人大常委会关于外商投资企业和外国企业适用增值税、消费税、营业税等税收暂行条例的决定》和《国务院关于外商投资企业和外国企业适用增值税、消费税、营业税等税收暂行条例的有关问题的通知》，以及国税发《国家税务总局关于外商投资企业和外国企业及外籍个人适用税种问题的通知》等的规定，土地增值税适用于涉外企业和个人。因此，不论是内资企业还是外商投资企业、外国驻华机构，也不论是中国公民，还是外国公民，只要有偿转让房地产，都是土地增值税的纳税人。

（4）不论部门，即不论是工业、农业、商业、学校、医院、机关等，只要有偿转让房地产，都是土地增值税的纳税人。

（二）征税范围

土地增值税是对转让国有土地使用权及其地上建筑物和附着物征收。

▶ 1. 基本征税范围

土地增值税是对转让国有土地使用权及其地上建筑物和附着物的行为征税，不包括国有土地使用权出让所取得的收入。

国有土地使用权出让，是指国家以土地所有者的身份将土地使用权在一定年限内让与土地使用者，并由土地使用者向国家支付土地使用权出让金的行为，属于土地买卖的一级市场。土地使用权出让的出让方是国家，国家凭借土地的所有权向土地使用者收取土地的租金。出让的目的是实行国有土地的有偿使用制度，合理开发、利用、经营土地，因此土地使用权的出让不属于土地增值税的征税范围。

而国有土地使用权的转让是指土地使用者通过出让等形式取得土地使用权后，将土地使用权再转让的行为，包括出售、交换和赠与，它属于土地买卖的二级市场。土地使用权转让，其地上的建筑物、其他附着物的所有权随之转让。土地使用权的转让，属于土地增值税的征税范围。

土地增值税的征税范围不包括未转让土地使用权、房产产权的行为，是否发生转让行为主要以房地产权属（指土地使用权和房产产权）的变更为标准。凡土地使用权、房产产权未转让的（如房地产的出租），不征收土地增值税。

土地增值税的基本范围如下：

（1）转让国有土地使用权。"国有土地"，是指按国家法律规定属于国家所有的土地。出售国有土地使用权是指土地使用者通过出让方式，向政府缴纳了土地出让金，有偿受让土地使用权后，仅对土地进行通水、通电、通路和平整地面等土地开发，不进行房产开发，即所谓"将生地变熟地"，然后直接将空地出售出去。

（2）地上的建筑物及其附着物连同国有土地使用权一并转让。"地上的建筑物"，是指建于土地上的一切建筑物，包括地上地下的各种附属设施。"附着物"，是指附着于土地上的不能移动或一经移动即遭损坏的物品。纳税人取得国有土地使用权后进行房屋开发建造然后出售的，这种情况即是一般所说的房地产开发。虽然这种行为通常被称作卖房，但按照国家有关房地产法律和法规的规定，卖房的同时，土地使用权也随之发生转让。由于这种情况既发生了产权的转让又取得了收入，所以应纳入土地增值税的征税范围。

（3）存量房地产的买卖。存量房地产是指已经建成并已投入使用的房地产，其房屋所有人将房屋产权和土地使用权一并转让给其他单位和个人。这种行为按照国家有关的房地产法律和法规，应当到有关部门办理房产产权和土地使用权的转移变更手续；原土地使用权属于无偿划拨的，还应到土地管理部门补交土地出让金。

▶ 2. 具体情况判定

（1）房地产继承、赠与。

① 房地产的继承。房地产的继承是指房产的原产权所有人、依照法律规定取得土地使用权的土地使用人死亡以后，由其继承人依法承受死者房产产权和土地使用权的民事法律行为。这种行为虽然发生了房地产的权属变更，但作为房产产权、土地使用权的原所有人（被继承人）并没有因为权属变更而取得任何收入。因此，这种房地产的继承不属于土地增值税的征税范围。

② 房地产的赠与。房地产的赠与是指房产所有人、土地使用权所有人将自己所拥有的房地产无偿地交给其他人的民事法律行为。但这里的"赠与"仅指以下情况。

房产所有人、土地使用权所有人将房屋产权、土地使用权赠与直系亲属或承担直接赡养义务人的。

房产所有人、土地使用权所有人通过中国境内非营利的社会团体、国家机关将房屋产权、土地使用权赠与教育、民政和其他社会福利、公益事业的。社会团体是指中国青少年发展基金会、希望工程基金会、宋庆龄基金会、减灾委员会、中国红十字会、中国残疾人联合会、全国老年基金会、老区促进会以及经民政部门批准成立的其他非营利性的公益性组织。

房地产的赠与虽发生了房地产的权属变更，但作为房产所有人、土地使用权的所有人并没有因为权属的转让而取得任何收入。因此，房地产的赠与不属于土地增值税的征税范围。

（2）房地产的出租。房地产的出租是指房产的产权所有人、依照法律规定取得土地使用权的土地使用人，将房产、土地使用权租赁给承租人使用，由承租人向出租人支付租金的行为。房地产的出租，出租人虽取得了收入，但没有发生房产产权、土地使用权的转让。因此，不属于土地增值税的征税范围。

（3）房地产的抵押。房地产的抵押是指房地产的产权所有人、依法取得土地使用权的土地使用人作为债务人或第三人向债权人提供不动产作为清偿债务的担保而不转移权属的法律行为。这种情况由于房产的产权、土地使用权在抵押期间产权并没有发生权属的变更，房产的产权所有人、土地使用权人仍能对房地产行使占有、使用、收益等权利，房产的产权所有人、土地使用权人虽然在抵押期间取得了一定的抵押贷款，但实际上这些贷款在抵押期满后是要连本带利偿还给债权人的。因此，对房地产的抵押，在抵押期间不征收土地增值税。待抵押期满后，视该房地产是否转移占有而确定是否征收土地增值税。对于以房地产抵债而发生房地产权属转让的，应列入土地增值税的征税范围。

（4）房地产的交换。这种情况是指一方以房地产与另一方的房地产进行交换的行为。

由于这种行为既发生了房产产权、土地使用权的转移,交换双方又取得了实物形态的收入,按《土地增值税暂行条例》规定,它属于土地增值税的征税范围。但对个人之间互换自有居住用房地产的,经当地税务机关核实,可以免征土地增值税。

(5) 以房地产进行投资、联营。对于以房地产进行投资、联营的,投资、联营的一方以土地(房地产)作价入股进行投资或作为联营条件,将房地产转让到所投资、联营的企业中时,暂免征收土地增值税。对投资、联营企业将上述房地产再转让的,应征收土地增值税。但投资、联营的企业属于从事房地产开发的,或者房地产开发企业以其建造的商品房进行投资和联营的,应当征收土地增值税。

(6) 合作建房。对于一方出地,一方出资金,双方合作建房,建成后按比例分房自用的,暂免征收土地增值税;建成后转让的,应征收土地增值税。

(7) 企业兼并转让房地产。在企业兼并中,对被兼并企业将房地产转让到兼并企业中的,暂免征收土地增值税。

(8) 房地产的代建房行为。这种情况是指房地产开发公司代客户进行房地产的开发,开发完成后向客户收取代建收入的行为。对于房地产开发公司而言,虽然取得了收入,但没有发生房地产权属的转移,其收入属于劳务收入性质,故不属于土地增值税的征税范围。

(9) 房地产的重新评估。这主要是指国有企业在清产核资时对房地产进行重新评估而使其升值的情况。这种情况下,房地产虽然有增值,但其既没有发生房地产权属的转移,房产产权、土地使用权人也未取得收入,所以不属于土地增值税的征税范围。

(三) 税率

土地增值税实行四级超率累进税率。

(1) 增值额未超过扣除项目金额50%的部分,税率为30%。

(2) 增值额超过扣除项目金额50%、未超过扣除项目金额100%的部分,税率为40%。

(3) 增值额超过扣除项目金额100%、未超过扣除项目金额200%的部分,税率为50%。

(4) 增值额超过扣除项目金额200%的部分,税率为60%。

上述所列四级超率累进税率,每级"增值额未超过扣除项目金额"的比例,均包括本比例数。土地增值税四级超率累进税率见表8-1。

表8-1 土地增值税四级超率累进税率表

级 数	增值额与扣除项目金额的比率	税率/%	速算扣除系数
1	不超过50%的部分	30	0
2	超过50%~100%的部分	40	5
3	超过100%~200%的部分	50	15
4	超过200%的部分	60	35

二、土地增值税的计算

(一) 应税收入的确定

根据《土地增值税暂行条例》及其《实施细则》的规定，纳税人转让房地产取得的应税收入，应包括转让房地产的全部价款及有关的经济收益。从收入的形式来看，包括货币收入、实物收入和其他收入。

▶ 1. 货币收入

货币收入是指纳税人转让房地产而取得的现金、银行存款、支票、银行本票、汇票等各种信用票据和国库券、金融债券、企业债券、股票等有价证券。这些类型的收入其实质都是转让方因转让土地使用权、房屋产权而向取得方收取的价款。货币收入一般比较容易确定。

▶ 2. 实物收入

实物收入，是指纳税人转让房地产而取得的各种实物形态的收入，如钢材、水泥等建材，房屋、土地等不动产等。实物收入的价值不太容易确定，一般要对这些实物形态的财产进行估价。

▶ 3. 其他收入

其他收入是指纳税人转让房地产而取得的无形资产收入或具有财产价值的权利，如专利权、商标权、著作权、专有技术使用权、土地使用权、商誉权等。这种类型的收入比较少见，其价值需要进行专门的评估。

(二) 扣除项目的确定

计算土地增值税应纳税额，并不是直接对转让房地产所取得的收入征税，而是要对收入额减除国家规定的各项扣除项目金额后的余额计算征税(这个余额就是纳税人在转让房地产中获取的增值额)。因此，要计算增值额，首先必须确定扣除项目。税法准予纳税人从转让收入额中减除的扣除项目包括如下几项。

▶ 1. 取得土地使用权所支付的金额

取得土地使用权所支付的金额包括两方面的内容。

(1) 纳税人为取得土地使用权所支付的地价款，如果是以协议、招标、拍卖等出让方式取得土地使用权的，地价款为纳税人所支付的土地出让金；如果是以行政划拨方式取得土地使用权的，地价款为按照国家有关规定补交的土地出让金；如果是以转让方式取得土地使用权的，地价款为向原土地使用权人实际支付的地价款。

(2) 纳税人在取得土地使用权时按国家统一规定缴纳的有关费用，它系指纳税人在取得土地使用权过程中为办理有关手续，按国家统一规定缴纳的有关登记、过户手续费。

▶ 2. 房地产开发成本

房地产开发成本是指纳税人房地产开发项目实际发生的成本，包括土地的征用及拆迁补偿费、前期工程费、建筑安装工程费、基础设施费、公共配套设施费、开发间接费用等。

(1) 土地征用及拆迁补偿费，包括土地征用费、耕地占用税、劳动力安置费及有关地上、地下附着物拆迁补偿的净支出、安置动迁用房支出等。

(2) 前期工程费，包括规划、设计、项目可行性研究和水文、地质、勘察、测绘、"三通一平"等支出。

(3) 建筑安装工程费，指以出包方式支付给承包单位的建筑安装工程费，以自营方式发生的建筑安装工程费。

(4) 基础设施费，包括开发小区内道路、供水、供电、供气、排污、排洪、通信、照明、环卫、绿化等工程发生的支出。

(5) 公共配套设施费，包括不能有偿转让的开发小区内公共配套设施发生的支出。

(6) 开发间接费用，指直接组织、管理开发项目发生的费用，包括工资、职工福利费、折旧费、修理费、办公费、水电费、劳动保护费、周转房摊销等。

▶ 3. 房地产开发费用

房地产开发费用是指与房地产开发项目有关的销售费用、管理费用和财务费用。根据现行财务会计制度的规定，这三项费用作为期间费用，直接计入当期损益，不按成本核算对象进行分摊。故作为土地增值税扣除项目的房地产开发费用，不按纳税人房地产开发项目实际发生的费用进行扣除，而按《实施细则》的标准进行扣除。

《实施细则》规定，财务费用中的利息支出，凡能够按转让房地产项目计算分摊并提供金融机构证明的，允许据实扣除，但最高不能超过按商业银行同类同期贷款利率计算的金额。其他房地产开发费用，按《实施细则》第七条(一)、(二)项规定(即取得土地使用权所支付的金额和房地产开发成本，下同)计算的金额之和的5％以内计算扣除。凡不能按转让房地产项目计算分摊利息支出或不能提供金融机构证明的，房地产开发费用按《实施细则》第七条(一)、(二)项规定计算的金额之和的10％以内计算扣除。计算扣除的具体比例，由各省、自治区、直辖市人民政府规定。

上述规定的具体含义如下：

(1) 纳税人能够按转让房地产项目计算分摊利息支出，并能提供金融机构的贷款证明的，其允许扣除的房地产开发费用为：利息＋(取得土地使用权所支付的金额＋房地产开发成本)×5％以内(注：利息最高不能超过按商业银行同类同期贷款利率计算的金额)。

(2) 纳税人不能按转让房地产项目计算分摊利息支出或不能提供金融机构贷款证明的，其允许扣除的房地产开发费用为：(取得土地使用权所支付的金额＋房地产开发成本)×10％以内。

全部使用自有资金，没有利息支出的，按照以上方法扣除。上述具体适用的比例按省级人民政府此前规定的比例执行。

(3) 房地产开发企业既向金融机构借款，又有其他借款的，其房地产开发费用计算扣除时不能同时适用上述(1)和(2)项所述两种办法。

(4) 土地增值税清算时，已经计入房地产开发成本的利息支出，应调整至财务费用中计算扣除。

此外，财政部、国家税务总局还对扣除项目金额中利息支出的计算问题做了两点专门规定：一是利息的上浮幅度按国家的有关规定执行，超过上浮幅度的部分不允许扣除；二是对于超过贷款期限的利息部分和加罚的利息不允许扣除。

▶ 4. 与转让房地产有关的税金

与转让房地产有关的税金是指在转让房地产时缴纳的增值税、城市维护建设税、印花税。因转让房地产缴纳的教育费附加，也可视同税金予以扣除。

需要明确的是，房地产开发企业按照《施工、房地产开发企业财务制度》有关规定，其在转让时缴纳的印花税因列入管理费用中，故在此不允许单独再扣除。其他纳税人缴纳的印花税（按产权转移书据所载金额的0.5‰贴花）允许在此扣除。

▶ 5. 其他扣除项目

对从事房地产开发的纳税人可按《实施细则》第七条（一）、（二）项规定计算的金额之和，加计20%的扣除。在此，应特别指出的是，此条优惠只适用于从事房地产开发的纳税人，除此之外的其他纳税人不适用。这样规定的目的是抑制炒买炒卖房地产的投机行为，保护正常开发投资者的积极性。

▶ 6. 旧房及建筑物的评估价格

纳税人转让旧房的，应按房屋及建筑物的评估价格、取得土地使用权所支付的地价款或出让金、按国家统一规定缴纳的有关费用和转让环节缴纳的税金作为扣除项目金额计征土地增值税。对取得土地使用权时未支付地价款或不能提供已支付的地价款凭据的，在计征土地增值税时不允许扣除。

旧房及建筑物的评估价格，是指在转让已使用的房屋及建筑物时，由政府批准设立的房地产评估机构评定的重置成本价乘以成新度折扣率后的价格。评估价格须经当地税务机关确认。重置成本价的含义是：对旧房及建筑物，按转让时的建材价格及人工费用计算，建造同样面积、同样层次、同样结构、同样建设标准的新房及建筑物所需花费的成本费用。成新度折扣率的含义是按旧房的新旧程度作一定比例的折扣。例如，一栋房屋已使用近10年，建造时的造价为1 000万元，按转让时的建材及人工费用计算，建同样的新房需花费5 000万元，假定该房有六成新，则该房的评估价格为 5 000×60% = 3 000（万元）。

纳税人转让旧房及建筑物，凡不能取得评估价格，但能提供购房发票的，经当地税务部门确认，根据《土地增值税暂行条例》第六条第（一）、（三）项规定的扣除项目的金额（即取得土地使用权所支付的金额、新建房及配套设施的成本、费用，或者旧房及建筑物的评估价格），可按发票所载金额并从购买年度起至转让年度止每年加计5%计算扣除。计算扣除项目时"每年"按购房发票所载日期起至售房发票开具之日止，每满12个月计1年；超过1年，未满12个月但超过6个月的，可以视同为1年。

对纳税人购房时缴纳的契税，凡能提供契税完税凭证的，准予作为"与转让房地产有关的税金"予以扣除，但不作为加计5%的基数。

对于转让旧房及建筑物，既没有评估价格，又不能提供购房发票的，地方税务机关可以根据《中华人民共和国税收征收管理法》第三十五条的规定，实行核定征收。

（三）增值额的确定

土地增值税纳税人转让房地产所取得的收入减除规定的扣除项目金额后的余额，为增值额。准确核算增值额，还需要有准确的房地产转让收入额和扣除项目的金额。在实际房地产交易活动中，有些纳税人由于不能准确提供房地产转让价格或扣除项目金额，致使增值额不准确，直接影响应纳税额的计算和缴纳。因此，《土地增值税暂行条例》第九条规定，纳税人有下列情形之一的，按照房地产评估价格计算征收。

▶ 1. 隐瞒、虚报房地产成交价格

"隐瞒、虚报房地产成交价格"，是指纳税人不报或有意低报转让土地使用权、地上建筑物及其附着物价款的行为。隐瞒、虚报房地产成交价格，应由评估机构参照同类房地产的市场交易价格进行评估。税务机关根据评估价格确定转让房地产的收入。

▶ 2. 提供扣除项目金额不实

"提供扣除项目金额不实"，是指纳税人在纳税申报时不据实提供扣除项目金额的行为。提供扣除项目金额不实的，应由评估机构按照房屋重置成本价乘以成新度折扣率计算的房屋成本价和取得土地使用权时的基准地价进行评估。税务机关根据评估价格确定扣除项目金额。

▶ 3. 转让房地产的成交价格低于房地产评估价格，又无正当理由

"转让房地产的成交价格低于房地产评估价格，又无正当理由"，是指纳税人申报的转让房地产的实际成交价低于房地产评估机构评定的交易价，纳税人又不能提供凭据或无正当理由的行为，转让房地产的成交价格低于房地产评估价格，又无正当理由的，由税务机关参照房地产评估价格确定转让房地产的收入。

上述所说的"房地产评估价格"，是指由政府批准设立的房地产评估机构根据相同地段、同类房地产进行综合评定的价格。

（四）纳税额的计算方法

土地增值税按照纳税人转让房地产所取得的增值额和规定的税率计算征收。土地增值税的计算公式为

$$应纳税额 = \sum(每级距的土地增值额 \times 适用税率)$$

但在实际工作中，分步计算比较烦琐，一般可以采用速算扣除法计算，即计算土地增值税税额，可按增值额乘以适用的税率减去扣除项目金额乘以速算扣除系数的简便方法计算，具体方法如下。

（1）增值额未超过扣除项目金额50%时，计算公式为

$$土地增值税税额 = 增值额 \times 30\%$$

（2）增值额超过扣除项目金额50%，未超过100%时，计算公式为

$$土地增值税税额 = 增值额 \times 40\% - 扣除项目金额 \times 5\%$$

（3）增值额超过扣除项目金额100%，未超过200%时，计算公式为

$$土地增值税税额 = 增值额 \times 50\% - 扣除项目金额 \times 15\%$$

（4）增值额超过扣除项目金额200%时，计算公式为

$$土地增值税税额 = 增值额 \times 60\% - 扣除项目金额 \times 35\%$$

上述公式中的5%、15%、35%分别为2、3、4级的速算扣除系数，见前述表8-1。

【例8-1】假定某房地产开发公司转让商品房一栋，取得收入总额为1 000万元，应扣除的购买土地的金额、开发成本的金额、开发费用的金额、相关税金的金额、其他扣除金额合计为400万元。请计算该房地产开发公司应缴纳的土地增值税。

（1）先计算增值额：

增值额 = 1 000 - 400 = 600（万元）

(2) 再计算增值额与扣除项目金额的比率：

增值额与扣除项目金额的比率＝600÷400×100％＝150％

根据上述计算方法，增值额超过扣除项目金额100％，未超过200％时，其适用的计算公式为

土地增值税税额＝增值额×50％－扣除项目金额×15％

(3) 最后计算该房地产开发公司应缴纳的土地增值税：

应缴纳土地增值税＝600×50％－400×15％＝240(万元)

三、土地增值税征收管理

由于房地产开发与转让周期较长，造成土地增值税征管难度大，应加强土地增值税的预征管理办法，预征率的确定要科学、合理。对已经实行预征办法的地区，可根据不同类型房地产的实际情况，确定适当的预征率。除保障性住房外，东部地区省份预征率不得低于2％，中部和东北地区省份不得低于1.5％，西部地区省份不得低于1％。

(一) 纳税地点

土地增值税的纳税人应向房地产所在地主管税务机关办理纳税申报，并在税务机关核定的期限内缴纳土地增值税。"房地产所在地"，是指房地产的坐落地。纳税人转让的房地产坐落在两个或两个以上地区的，应按房地产所在地分别申报纳税。

在实际工作中，纳税地点的确定又可分为以下两种情况。

(1) 纳税人是法人。当转让的房地产坐落地与其机构所在地或经营所在地一致时，则在办理税务登记的原管辖税务机关申报纳税即可；如果转让的房地产坐落地与其机构所在地或经营所在地不一致时，则应在房地产坐落地所管辖的税务机关申报纳税。

(2) 纳税人是自然人。当转让的房地产坐落地与其居住所在地一致时，则在住所所在地税务机关申报纳税；当转让的房地产坐落地与其居住所在地不一致时，则在办理过户手续所在地的税务机关申报纳税。

(二) 税收优惠

▶ 1. 建造普通标准住宅的税收优惠

纳税人建造普通标准住宅出售，增值额未超过扣除项目金额20％的，免征土地增值税。

这里所说的"普通标准住宅"，是指按所在地一般民用住宅标准建造的居住用住宅。高级公寓、别墅、度假村等不属于普通标准住宅。2005年6月1日起，普通标准住宅应同时满足：住宅小区建筑容积率在1.0以上；单套建筑面积在120平方米以下；实际成交价格低于同级别土地上住房平均交易价格1.2倍以下。各省、自治区、直辖市要根据实际情况，制定本地区享受优惠政策普通住房的具体标准。允许单套建筑面积和价格标准适当浮动，但向上浮动的比例不得超过上述标准的20％。纳税人建造普通标准住宅出售，增值额未超过扣除项目金额20％的，免征土地增值税；增值额超过扣除项目金额20％的，应就其全部增值额按规定计税。

对于纳税人既建造普通标准住宅，又建造其他房地产开发的，应分别核算增值额。不分别核算增值额或不能准确核算增值额的，其建造的普通标准住宅不能适用这一免税

规定。

对企事业单位、社会团体以及其他组织转让旧房作为公租房房源，且增值额未超过扣除项目金额20%的，免征土地增值税。

▶ 2. 国家征用收回的房地产的税收优惠

因国家建设需要依法征用收回的房地产，免征土地增值税。

这里所说的"因国家建设需要依法征用、收回的房地产"，是指因城市实施规划、国家建设的需要而被政府批准征用的房产或收回的土地使用权。

▶ 3. 因城市规划、国家建设需要而搬迁由纳税人自行转让原房地产的税收优惠

因城市实施规划、国家建设的需要而搬迁，由纳税人自行转让原房地产的，免征土地增值税。

因"城市实施规划"而搬迁，是指因旧城改造或因企业污染、扰民（指产生过量废气、废水、废渣和噪声，使城市居民生活受到一定危害），而由政府或政府有关主管部门根据已审批通过的城市规划确定进行搬迁的情况。因"国家建设的需要"而搬迁，是指因实施国务院、省级人民政府、国务院有关部委批准的建设项目而进行搬迁的情况。

▶ 4. 对企事业单位、社会团体以及其他组织转让旧房作为公共租赁住房房源的税收优惠

对企事业单位、社会团体以及其他组织转让旧房作为公共租赁住房房源的且增值额未超过扣除项目金额20%的，免征土地增值税。享受上述税收优惠政策的公共租赁住房，是指省、自治区、直辖市、计划单列市纳入人民政府及新疆生产建设兵团批准的公共租赁住房发展规划和年度计划，并按照《关于加快发展公共租赁住房的指导意见》（建保〔2010〕87号）和市、县人民政府制定的具体管理办法进行管理的公共租赁住房。

（三）纳税申报

土地增值税的纳税人应在转让房地产合同签订后的7日内，到房地产所在地主管税务机关办理纳税申报，并向税务机关提交房屋及建筑物产权、土地使用权证书，土地转让、房产买卖合同，房地产评估报告及其他与转让房地产有关的资料。

纳税人因经常发生房地产转让而难以在每次转让后申报的，经税务机关审核同意后，可以定期进行纳税申报，具体期限由税务机关根据相关规定确定。

纳税人因经常发生房地产转让而难以在每次转让后申报，是指房地产开发企业开发建造的房地产、因分次转让而频繁发生纳税义务、难以在每次转让后申报纳税的情况，土地增值税可按月或按各省、自治区、直辖市和计划单列市地方税务局规定的期限申报缴纳。纳税人选择定期申报方式的，应向纳税所在地的地方税务机关备案。定期申报方式确定后，一年之内不得变更。

此外，根据《中华人民共和国土地增值税暂行条例实施细则》关于"纳税人在项目全部竣工结算前转让房地产取得的收入……可以预征土地增值税……具体办法由各省、自治区、直辖市地方税务局根据当地情况制定"的规定，对于纳税人预售房地产所取得的收入，凡当地税务机关规定预征土地增值税的，纳税人应当到主管税务机关办理纳税申报，并按规定比例预交，待办理决算后，多退少补；凡当地税务机关规定不预征土地增值税的，也应在取得收入时先到税务机关登记或备案。

第二节 资源税法

一、资源税的概念

目前我国开征的资源税是以部分自然资源为课税对象,对在我国境内开采应税矿产品及生产盐的单位和个人,就其应税产品销售额或销售数量和自用数量为计税依据而征收的一种税。

资源的含义比较广泛,一般提到资源,是指自然界存在的所有天然物质财富,包括地下资源、地上资源、空间资源。从物质内容角度看,包括矿产资源、土地资源、水资源、动物资源、植物资源、海洋资源、太阳能资源、空气资源等。对其中一部分资源征收资源税,可以体现国家对资源产品的特定调控意图。

我国于 1950 年发布的《全国税政实施要则》中,明确将盐税列为一个税种征收。盐税带有明显的对资源征税的性质。1958 年以前,盐税由盐务部门负责征收管理,1958 年改由税务机关负责征收管理。1973 年将盐税并入工商税,1984 年又分离出来成为独立税种,1994 年部分并入资源税。1984 年 9 月 18 日,国务院发布《中华人民共和国资源税条例(草案)》,只对原油、天然气、煤炭三种资源开征了资源税,自 1984 年 10 月 1 日起实行。1993 年 12 月 25 日,国务院重新发布《中华人民共和国资源税暂行条例》(以下简称《资源税暂行条例》),除在原资源税征收范围上,将盐、矿产品列入征税范围,自 1994 年 1 月 1 日起施行,征收包括盐资源在内的资源税。2011 年 9 月 30 日,国务院发布《关于修改〈中华人民共和国资源税暂行条例〉的决定》(国务院令第 605 号)自 2011 年 11 月 1 日起施行新的暂行条例。自 2014 年 12 月 1 日起经国务院批准为促进资源节约集约利用和环境保护规范资源税费制度,实施煤炭资源税从价计征改革,同时清理相关收费基金,并调整原油、天然气资源税相关政策。

国家开征资源税,主要是为了达到以下目的。

(1) 通过合理调节资源级差收入水平,促进企业之间的公平竞争。

我国幅员辽阔,各地资源状况参差不齐,资源开发条件方面也存在着较多差异。随着市场经济的发展,从事资源开发、利用的企业、单位和个人越来越多,经济成分也越来越复杂。这样,不同的开发主体因利用自然资源的开发条件不同,就必然形成多寡不同的级差收入。例如,处于资源蕴藏丰富、矿体品位高、开发条件好的地域的企业、单位和个人,收入水平就高;反之,收入水平就低。这样,就使得资源开发主体的利润水平难以真实地反映其生产经营成果,给人造成一种虚假现象,不利于各经营主体之间的平等竞争。只有通过资源税的开征,合理确定差别税率,把因资源状况和开发条件的差异所形成的级差收入用税收的形式征收上来,才能缓解企业收益分配上的矛盾,促进资源开发企业之间以及利用资源的企业之间在较为平等的基础上开展竞争。

(2) 通过征收资源税,促进资源的合理开采,节约使用,有效配置。

开征资源税之前,对资源的税收管理措施比较乏力,使得资源的开发和利用处于一种无序状态,降低了资源的开发和使用效益,助长了一些企业采富弃贫、采易弃难、采大弃小、乱采滥挖等破坏和浪费国家资源的现象。开征资源税,可以根据资源和开发条件的优劣,确定不同的税额,把资源的开采和利用,同纳税人的切身利益结合起来。一方面有利于国家加强对自然资源的保护和管理,防止经营者乱采滥用资源,减少资源的损失浪费;另一方面也有利于经营者出于自身经济利益方面的考虑,提高资源的开发利用率,最大限度地合理、有效、节约地开发利用国家资源。

(3)开征资源税有利于配合其他税种,发挥税收杠杆的整体功能,并为国家增加一定的财政收入。

第二步利改税以后,资源税虽然对调节纳税人的级差收入水平发挥了一定的作用,但不够充分,不尽如人意。这除了因为征收范围较窄外,主要是因为从资源的开发到产品的生产、商品的流通,在税制上未能形成一个完整的系列,产品税、增值税、资源税、企业所得税之间的关联度较差。鉴于此,国家对资源税与产品税、增值税、企业所得税进行了配套改革,建立了资源税、增值税与企业所得税相辅相成的综合调节机制,使税收的调节作用有效地贯通于资源开发、产品生产和商品流通各个环节。这样,一方面可以弥补增值税普遍调节不足的缺陷;另一方面也为充分发挥企业所得税的调节功能,正确处理国家、企业、个人之间的利益分配关系创造了必要的条件。此外由于1994年资源税税制改革扩大了征收范围适度提高了税率,使国家财政收入得到一定幅度的增长。

众所周知,增值税是对商品价值中可变资本(V)加剩余价值(M)部分按照比较单一的税率课征的税种。但是不同行业、不同产品、不同企业由于种种客观因素的差别,$V+M$中V和M所占比重并不相同,自然资源条件优越、资本有机构成高、设备技术先进、经营管理好、价格高于价值的,M在$V+M$中所占的份额就大;反之,则小。对因经营管理好等主观因素形成的M比重大的,应当鼓励;对因客观因素形成的M比重大的,如资源条件优越的,就需要用税收手段进行适当调节,为不同企业之间进行平等竞争创造条件。由此可见,征收资源税正是实现资源产品或从事开发自然资源的企业增值额中$V+M$比例关系合理化的手段。它既弥补了增值税调节作用之不足,又为所得税创造了利润水平大致均衡的征收基础,同时通过对资源征税,还能为国家增加财政收入,提高财政收入的稳定性。

知识拓展:资源税的改革

二、纳税人与扣缴义务人

(一)纳税人

在中华人民共和国领域及管辖海域开采或者生产应税产品的单位和个人,为资源税的纳税人。自2015年7月1日起在河北省利用取水工程或者设施直接从江河、湖泊(含水库)和地下取用地表水、地下水的单位和个人,为水资源税纳税人。纳税人应按《中华人民共和国水法》《取水许可和水资源费征收管理条例》等规定申领取水许可证。

上述单位是指企业、行政单位、事业单位、军事单位、社会团体及其他单位。

个人,是指个体工商户和其他个人。

根据《财政部国家税务总局关于调整原油、天然气资源税有关政策的通知》(财税

〔2014〕73号)规定,开采海洋或陆上油气资源的中外合作油气田,在2011年11月1日前已签订的合同继续缴纳矿区使用费,不缴纳资源税;自2011年11月1日起新签订的合同缴纳资源税,不再缴纳矿区使用费。

开采海洋油气资源的自营油气田,自2011年11月1日起缴纳资源税,不再缴纳矿区使用费。

(二)扣缴义务人

为加强对资源税零散税源的控管,节约征、纳成本,保证税款及时、安全入库,现行资源税规定以收购未税矿产品的独立矿山、联合企业以及其他单位作为资源税的扣缴义务人。

扣缴义务人主要是对那些税源小、零散、不定期开采,税务机关难以控制,没有缴税的矿产品,在收购其矿产品时负有代扣代缴资源税的法定义务。

(1)根据《资源税暂行条例》规定,收购未税矿产品的独立矿山、联合企业和其他单位为资源税扣缴义务人。

独立矿山是指只有采矿或只有采矿和选矿并实行独立核算、自负盈亏的单位。作为独立矿山其生产的原矿和精矿主要用于对外销售。联合企业是指采矿、选矿、冶炼(或加工)连续生产的企业或采矿、冶炼(或加工)连续生产的企业其采矿单位一般是该企业的二级或二级以下的核算单位。其他收购未税矿产品的单位,包括收购未税矿产品的非矿山企业、单位和个体户等。未税矿产品是指资源税纳税人在销售其矿产品时,不能向扣缴义务人提供资源税管理证明的矿产品。"资源税管理证明"是证明销售的矿产品已缴纳资源税或已向当地税务机关办理纳税申报的有效凭证。

(2)独立矿山、联合企业收购未税矿产品的,按照本单位应税产品税额、税率标准,依据收购的数量代扣代缴资源税;其他收购单位收购未税矿产品的,按照税务机关核定的应税产品税额、税率标准,依据收购的数量代扣代缴资源税。

(3)开采海洋或陆上油气资源的中外合作油气田,按实物量计算缴纳资源税,以该油气田开采的原油、天然气扣除作业用量和损耗量之后的原油、天然气产量作为课税数量。中外合作油气田的资源税由作业者负责代扣,申报缴纳事宜由参与合作的中国石油公司负责办理。计征的原油、天然气资源税实物,随同中外合作油气田的原油、天然气一并销售,按实际销售额(不含增值税)扣除其本身所发生的实际销售费用后入库。海上自营油气田比照上述规定执行。

三、税目和税率

(一)征收范围

资源税的征税范围,从理论上看可以包括一切开发和利用的国有资源,但受资源条件、征收条件等的限制,《资源税暂行条例》只将原油、天然气、煤炭、其他非金属矿原矿、黑色金属矿原矿、有色金属矿原矿和盐列入了征税范围。自2016年7月1日起,水资源在河北省试点。这样,现行资源税征税范围可以分为矿产品、盐和水资源三大类。

(二)税目

资源税的税目反映征收资源税的具体范围,是资源税课征对象的具体表现形式。资源税暂行条例共设置8个大税目。

▶ 1. 税目的具体规定

资源税的税目反映征收资源税的具体范围,是资源税课征对象的具体表现形式。《资源税暂行条例》对税目的确定,既着眼于合理调节级差收入水平,又适当考虑了征收管理水平的现状。在具体设计税目时,采取列举法,即按照各种课税的产品类别分别设置税目,各税目的征税对象包括原矿、精矿(或原矿加工品,下同)、金锭、氯化钠初级产品,具体按照《资源税税目税率幅度表》相关规定执行。对未列举名称的其他矿产品,省级人民政府可对本地区主要矿产品按矿种设定税目,对其余矿产品按类别设定税目,并按其销售的主要形态(如原矿、精矿)确定征税对象,共设置如下8个大税目。

(1) 原油,是指开采的天然原油,不包括人造石油。

(2) 天然气,是指专门开采或者与原油同时开采天然气。

(3) 煤炭包括原煤和以未税原煤加工的洗选煤(以下简称洗选煤)。原煤是指开采出的毛煤经过简单选矸(矸石直径5mm以上)后的煤炭,以及经过筛选分类后的筛选煤等;洗选煤是指经过筛选、破碎、水洗、风洗等物理化学工艺,去灰去矸后的煤炭产品,包括精煤、中煤、煤泥等,不包括煤矸石。

(4) 其他非金属矿原矿,是指上列产品和井矿盐以外的非金属矿原矿。分为普通非金属矿原矿、贵重非金属矿原矿,具体包括宝石、玉石、石墨、大理石、花岗岩、石灰石、石棉等子目。

(5) 黑色金属矿原矿,是指纳税人开采后自用或销售的,用于直接入炉冶炼或作为主产品先入选精矿、制造人工矿,再最终入炉冶炼的金属矿原矿,具体包括铁矿石、锰矿石、铬矿石等子目。

(6) 有色金属矿原矿,是指稀土和其他有色金属矿原矿,具体包括铜矿石、铅锌矿石、铝土矿石、钨矿石、锡矿石、锑矿石、钼矿石、镍矿石、黄金矿石及其他有色金属原矿等子目。稀土、钨、钼应税产品包括原矿和以自采原矿加工的精矿。

(7) 盐,包括固体盐、液体盐。固体盐是指用海、湖水或地下湖水晒制和加工出来呈现固体颗粒状态的盐,具体包括海盐原盐、湖盐原盐和井矿盐;液体盐俗称卤水,指氯化钠含量达到一定浓度的溶液,是用于生产碱和其他产品的原料。

资源税的税目、税率,依据《资源税税目税率表》及财政部的有关规定执行。税目、税率的部分调整,由国务院决定。

(8) 水资源。水资源税的征税对象为地表水和地下水。地表水是陆地表面上动态水和静态水的总称包括江、河、湖泊(含水库)、雪山融水等水资源;地下水是埋藏在地表以下各种形式的水资源。

▶ 2. 对伴生矿、伴采矿、伴选矿和岩金矿的征税规定

(1) 伴生矿,是指在同一矿床内,除主要矿种外,还含有多种可供工业利用的成分,这些成分即称为伴生矿。确定资源税税额时,以作为主产品的元素成分作为定额的主要考虑依据,同时也考虑作为副产品的元素成分及有关因素,但以主产品的矿石名称作为应税品目。例如,攀枝花钢铁公司所属攀枝花矿山公司开采的钒钛磁铁矿,它是以铁矿石作为主产品的元素成分,其钒铁是作为副产品伴选而出的,因此只以铁矿石作为应税品目。在确定其铁矿石的资源等级高低和适用税额时,既考虑了铁矿石资源的级差程度情况,也考虑了钒钛作为副产品的附加值的情况。

(2) 伴采矿，是指开采单位在同一矿区内开采主产品时，伴采出来非主产品元素的矿石。例如，铜矿山在同一矿区内开采铜矿石原矿时，伴采出铁矿石原矿，则伴采出的铁矿石原矿就称伴采矿。伴采矿量大的，由各省、自治区、直辖市人民政府根据规定对其核定资源税单位税额标准；量小的，在销售时，按照国家对收购单位规定的相应品目的单位税额标准缴纳资源税。

(3) 伴选矿，是指对矿石原矿中所含主产品进行选精矿的加工过程中，以精矿形式伴选出的副产品。

(4) 岩金矿，岩金矿原矿已缴纳过资源税，选冶后形成的尾矿进行再利用的，只要纳税人能够在统计、核算上清楚地反映，并在堆放等具体操作上能够同应税原矿明确区隔开，不再计征资源税。尾矿与原矿如不能划分清楚的，应按原矿计征资源税。

(三) 税率

▶ 1. 税率（额）的具体规定

资源税采用从价定率或从量定额征收，因此，税率形式有比例税率和定额税率两种。

对《资源税税目税率幅度表》中列举名称的21种资源品目和未列举名称的其他金属矿实行从价计征。

对经营分散、多为现金交易且难以控管的黏土、砂石，按照便利征管原则，仍实行从量定额计征。

对《资源税税目税率幅度表》中未列举名称的其他非金属矿产品，按照从价计征为主、从量计征为辅的原则由省级人民政府确定计征方式。税目、税率（额）具体情况见表8-2。

表8-2 税目、税率（额）

序号	科	目	征税对象	税率幅度
1	原油		天然原油	6%～10%
2	天然气		专门开采或者与原油同时开采的天然气	6%～10%
3	煤炭		原煤和以未税原煤加工的洗选煤	2%～10%
4		稀土矿	轻稀土	地区差别比例税率
5			中重稀土	27%
6		钨矿		6.5%
7		钼矿		11%
8		铁矿	精矿	1%～6%
9		金矿	金锭	1%～4%
10	金属矿	铜矿	精矿	2%～8%
11		铝土矿	原矿	3%～9%
12		铅锌矿	精矿	2%～6%
13		镍矿	精矿	2%～6%
14		锡矿	精矿	2%～6%
15		未列举名称的其他金属矿产品	原矿或精矿	税率不超过20%

续表

序号	科目	征税对象	税率幅度
16	非金属矿	石墨 精矿	3%～10%
17		硅藻土 精矿	1%～6%
18		高岭土 原矿	1%～6%
19		萤石 精矿	1%～6%
20		石灰石 原矿	1%～6%
21		硫铁矿 精矿	1%～6%
22		磷矿 原矿	3%～8%
23		氯化钾 精矿	3%～8%
24		硫酸钾 精矿	6%～12%
25		井矿盐 氯化钠初级产品	1%～6%
26		湖盐 氯化钠初级产品	1%～6%
27		提取地下卤水晒制的盐 氯化钠初级产品	3%～15%
28		煤层(成)气 原矿	1%～2%
29	非金属矿	黏土、砂石 原矿	0.1～5元每吨或立方米
30		未列举名称的其他非金属矿产品 原矿或精矿	从量税率不超过30元每吨或立方米；从价税率不超过20%
31		海盐 氯化钠初级产品	1%～5%
32	水资源	对水力发电和火力发电贯流式以外的取用水设置最低税额标准	地表水平均不低于0.4元每立方米
			地下水平均不低于1.5元每立方米
		水力发电和火力发电贯流式取用水	0.005元每千瓦小时

注：①铝土矿包括耐火级矾土、研磨级矾土等高铝黏土。
②氯化钠初级产品是指井矿盐、湖盐原盐、提取地下卤水晒制的盐和海盐原盐，包括固体和液体形态的初级产品。
③海盐是指海水晒制的盐，不包括提取地下卤水晒制的盐。

轻稀土按地区执行不同的适用税率。其中，内蒙古为11.5%、四川为9.5%、山东为7.5%。

纳税人开采或者生产不同税目应税产品的，应当分别核算不同税目应税产品的销售额或者销售数量，未分别核算或者不能准确提供不同税目应税产品的销售额或者销售数量的，从高适用税率。

▶ 2. 税率（额）确定的依据

(1) 对《资源税税目税率幅度表》中列举名称的资源品目，由省级人民政府在规定的税率幅度内提出具体适用税率建议，报财政部、国家税务总局确定核准。

(2) 对未列举名称的其他金属和非金属矿产品，由省级人民政府根据实际情况确定具体税目和适用税率，报财政部、国家税务总局备案。

(3) 省级人民政府在提出和确定适用税率时，要结合当前矿产企业实际生产经营情况，遵循改革前后税费平移原则，充分考虑企业负担能力，以近几年企业缴纳资源税、矿产资源补偿费金额(铁矿石开采企业缴纳资源税金额按40％税额标准测算)和矿产品市场价格水平为依据确定。一个矿种原则上设定一档税率，少数资源条件差异较大的矿种可按不同资源条件、不同地区确定两档税率。

(4) 水资源具体取用水分类及适用税额标准由河北省人民政府提出建议，报财政部会同有关部门确定核准。

① 对取用地下水从高制定税额标准。

② 对同一类型取用水，地下水资源税税额标准要高于地表水，水资源紧缺地区地下水资源税税额标准要大幅高于地表水。

③ 超采地区的地下水资源税税额标准要高于非超采地区，严重超采地区的地下水资源税税额标准要大幅高于非超采地区。在超采地区和严重超采地区取用地下水(不含农业生产取用水和城镇公共供水取水)的具体适用税额标准，由河北省人民政府在非超采地区税额标准2~5倍幅度内提出建议，报财政部会同有关部门确定核准；超过5倍的，报国务院备案。

④ 在城镇公共供水管网覆盖范围内取用地下水的，水资源税税额标准要高于公共供水管网未覆盖地区，原则上要高于当地同类用途的城市供水价格。

⑤ 对特种行业取用水从高制定税额标准。

⑥ 对超计划或者超定额取用水从高制定税额标准。除水力发电、城镇公共供水取用水外，取用水单位和个人超过水行政主管部门批准的计划(定额)取用水量，在原税额标准基础上加征1~3倍，具体办法由河北省人民政府提出建议，报财政部会同有关部门确定核准；加征超过3倍的报国务院备案。

⑦ 对超过规定限额的农业生产取用水，以及主要供农村人口生活用水的集中式饮水工程取用水，从低制定税额标准。

农业生产取用水包括种植业、畜牧业、水产养殖业、林业取用水。

对企业回收利用的采矿排水(疏干排水)和地温空调回用水，从低制定税额标准。

四、计税依据和应纳税额的计算

(一) 从价定率征收的计税依据

对《资源税税目税率幅度表》中列举名称的21种资源品目和未列举名称的其他金属矿实行从价计征，计税依据由原矿销售量调整为原矿、精矿(或原矿加工品)、氯化钠初级产品或金锭的销售额。列举名称的21种资源品目包括铁矿、金矿、铜矿、铝土矿、铅锌矿、镍矿、锡矿、石墨、硅藻土、高岭土、萤石、石灰石、硫铁矿、磷矿、氯化钾、硫酸钾、井矿盐、湖盐、提取地下卤水晒制的盐、煤层(成)气、海盐。

对经营分散、多为现金交易且难以控管的黏土、砂石，按照便利征管原则，仍实行从量定额计征。

对《资源税税目税率幅度表》中未列举名称的其他非金属矿产品，按照从价计征为主、从量计征为辅的原则，由省级人民政府确定计征方式。

▶ 1. 关于销售额的认定

销售额是指纳税人销售应税产品向购买方收取的全部价款和价外费用，不包括增值税销项税额和运杂费用。

价外费用，包括价外向购买方收取的手续费、补贴、基金、集资费、返还利润、奖励费、违约金、滞纳金、延期付款利息、赔偿金、代收款项、代垫款项、包装费、包装物租金、储备费、优质费、运输装卸费以及其他各种性质的价外收费，但下列项目不包括在内：

（1）同时符合以下条件的代垫运输费用：承运部门的运输费用发票开具给购买方的，纳税人将该项发票转交给购买方的。

（2）同时符合以下条件代为收取的政府性基金或者行政事业性收费：由国务院或者财政部批准设立的政府性基金，由国务院或者省级人民政府及其财政、价格主管部门批准设立的行政事业性收费。收取时开具省级以上财政部门印制的财政票据，所收款项全额上缴财政。

运杂费用是指应税产品从坑口或洗选(加工)地到车站、码头或购买方指定地点的运输费用、建设基金以及随运销产生的装卸、仓储、港杂费用。运杂费用应与销售额分别核算，凡未取得相应凭据或不能与销售额分别核算的，应当一并计征资源税。

▶ 2. 关于原矿销售额与精矿销售额的换算或折算

（1）为公平原矿与精矿之间的税负，对同一种应税产品，征税对象为精矿的，纳税人销售原矿时，应将原矿销售额换算为精矿销售额缴纳资源税；

（2）征税对象为原矿的纳税人销售自采原矿加工的精矿，应将精矿销售额折算为原矿销售额缴纳资源税。

换算比或折算率原则上应通过原矿售价、精矿售价和选矿比计算，也可通过原矿销售额、加工环节平均成本和利润计算。

（3）金矿以标准金锭为征税对象，纳税人销售金原矿、金精矿的，应比照上述规定将其销售额换算为金锭销售额缴纳资源税。

换算比或折算率应按简便可行、公平合理的原则，由省级财税部门确定，并报财政部、国家税务总局备案。

纳税人以人民币以外的货币结算销售额的，应当折合成人民币计算。其销售额的人民币折合率可以选择销售额发生的当天或者当月1日的人民币汇率中间价。纳税人应在事先确定采用何种折合率计算方法，确定后1年内不得变更。

▶ 3. 特殊情形下销售额的确定

（1）纳税人开采应税产品由其关联单位对外销售的按其关联单位的销售额征收资源税。

（2）纳税人既有对外销售应税产品，又有将应税产品自用于除连续生产应税产品以外的其他方面的，自用的这部分应税产品，按纳税人对外销售应税产品的平均价格计算销售额征收资源税。

（3）纳税人将其开采的应税产品直接出口的，按其离岸价格（不含增值税）计算销售额征收资源税。

（4）纳税人申报的应税产品销售额明显偏低并且无正当理由的，有视同销售应税产品行为而无销售额的，除财政部、国家税务总局另有规定外，按下列顺序确定销售额。

① 按纳税人最近时期同类产品的平均销售价格确定。

② 按其他纳税人最近时期同类产品的平均销售价格确定。

③ 按组成计税价格确定。组成计税价格为

$$组成计税价格 = 成本 \times (1 + 成本利润率) \div (1 - 税率)$$

式中，成本是指应税产品的实际生产成本；成本利润率由省、自治区、直辖市税务机关确定。

▶ **4. 煤炭资源税的计税销售额**

（1）原煤计税销售额。原煤计税销售额是指纳税人销售原煤向购买方收取的全部价款和价外费用，不包括收取的增值税销项税额以及从坑口到车站、码头或购买方指定地点的运输费用。

（2）洗选煤的计税销售额。洗选煤计税销售额按洗选煤销售额乘以折算率计算。洗选煤销售额是指纳税人销售洗选煤向购买方收取的全部价款和价外费用，包括洗选副产品的销售额不包括收取的增值税销项税额以及从洗选煤厂到车站、码头或购买方指定地点的运输费用。

$$洗选煤计税销售额 = 洗选煤销售额 \times 折算率$$

洗选煤折算率由省、自治区、直辖市财税部门或其授权地市级财税部门根据煤炭资源区域分布、煤质煤种等情况确定，体现有利于提高煤炭洗选率，促进煤炭清洁利用和环境保护的原则。

洗选煤折算率一经确定，原则上在一个纳税年度内保持相对稳定，但在煤炭市场行情、洗选成本等发生较大变化时可进行调整。

洗选煤折算率计算公式如下：

$$洗选煤折算率 = (洗选煤平均销售额 - 洗选环节平均成本 - 洗选环节平均利润) \div 洗选煤平均销售额 \times 100\%$$

洗选煤平均销售额、洗选环节平均成本、洗选环节平均利润可按照上年当地行业平均水平测算确定。

$$洗选煤折算率 = 原煤平均销售额 \div (洗选煤平均销售额 \times 综合回收率) \times 100\%$$

原煤平均销售额、洗选煤平均销售额可按照上年当地行业平均水平测算确定。

$$综合回收率 = 洗选煤数量 \div 入洗前原煤数量 \times 100\%$$

（3）计税销售额的扣减。在计算煤炭计税销售额时，原煤及洗选煤销售额中包含的运输费用、建设基金以及随运销产生的装卸、仓储、港杂等费用应与煤价分别核算，凡取得相应凭据的，允许在计算煤炭计税销售额时予以扣减，扣减的凭据包括有关发票或者经主管税务机关审核的其他凭据。

运输费用明显高于当地市场价格导致应税煤炭产品价格偏低，且无正当理由的，主管税务机关有权合理调整计税价格。

（4）视同销售行为。纳税人将其开采的原煤，自用于连续生产洗选煤的，在原煤移送使用环节不缴纳资源税；自用于其他方面的视同销售原煤，计算缴纳资源税。

纳税人将其开采的原煤加工为洗选煤自用的视同销售洗选煤，计算缴纳资源税。

（5）视同销售应税煤炭行为的销售额的确定。纳税人申报的原煤或洗选煤销售价格明显偏低，且无正当理由的或者有视同销售应税煤炭行为而无销售价格的，主管税务机关应按下列顺序确定计税价格。

① 按纳税人最近时期同类原煤或洗选煤的平均销售价格确定。

② 按其纳税人最近时期同类原煤或洗选煤的平均销售价格确定。

③ 按组成计税价格确定。

$$组成计税价格 = 成本 \times (1 + 成本利润率) \div (1 - 资源税税率)$$

公式中的成本利润率由省、自治区、直辖市地方税务局按同类应税煤炭的平均成本利润率确定。

④ 按其他合理方法确定。

（6）几种特殊情况的销售额确定。

① 纳税人与其关联企业之间的业务往来，应当按照独立企业之间的业务往来收取或支付价款、费用；不按照独立企业之间的业务往来收取或支付价款、费用，而减少其应纳税收入的，税务机关有权按照《税收征管法》及其实施细则的有关规定进行合理调整。

② 纳税人以自采原煤或加工的洗选煤连续加工生产焦炭、煤气、煤化工、电力等产品，自产自用，且无法确定应税煤炭移送使用量的，可采取最终产成品的煤耗指标确定用煤量，即煤电一体化企业可按照每千瓦时综合供电煤耗指标进行确定；煤化工一体化企业可按照煤化工产成品的原煤耗用率指标进行确定；其他煤炭连续生产企业可采取其产成品煤耗指标进行确定，或者参照其他合理方法进行确定。

③ 纳税人将自采原煤与外购原煤（包括煤矸石）进行混合后销售的，应当准确核算外购原煤的数量、单价及运费，在确认计税依据时可以扣减外购相应原煤的购进金额。

计税依据＝当期混合原煤销售额－当期用于混售的外购原煤的购进金额

外购原煤的购进金额＝外购原煤的购进数量×单价

④ 纳税人将自采原煤连续加工的洗选煤与外购洗选煤进行混合后销售的，比照上述有关规定计算缴纳资源税。

⑤ 纳税人以自采原煤和外购原煤混合加工洗选煤的，应当准确核算外购原煤的数量、单价及运费，在确认计税依据时可以扣减外购相应原煤的购进金额。

计税依据＝当期洗选煤销售额×折算率－当期用于混洗混售的外购原煤的购进金额

外购原煤的购进全额＝外购原煤的购进数量×单价

纳税人扣减当期外购原煤或者洗选煤购进额的，应当以增值税专用发票、普通发票或者海关报关单作为扣减凭证。

⑥ 纳税人同时销售（包括视同销售）应税原煤和洗选煤的应当分别核算原煤和洗选煤的销售额；未分别核算或者不能准确提供原煤和洗选煤销售额的，一并视同销售原煤计算缴纳资源税。

⑦ 纳税人同时以自采未税原煤和外购已税原煤加工洗选煤的，应当分别核算；未分

别核算,按洗选煤销售额总额计算缴纳资源税。

▶ 5. 稀土、钨、钼资源税的计税依据

经国务院批准,自 2015 年 5 月 1 日起实施稀土、钨、钼资源税清费立税、从价计征改革,稀土、钨、钼资源税由从量定额计征改为从价定率计征,以销售额为计税依据计算缴纳资源税。

(1) 精矿的计税销售额。纳税人将其开采的原矿加工为精矿销售的,按精矿销售额为计税依据计算缴纳资源税。

精矿销售额的计算公式为

$$精矿销售额 = 精矿销售量 \times 单位价格$$

精矿销售额不包括从洗选厂到车站、码头或用户指定运达地点的运输费用。

(2) 原矿的销售额。纳税人开采并销售原矿的,将原矿销售额(不含增值税)换算为精矿销售额计算缴纳资源税。

(3) 关于原矿销售额与精矿销售额的换算。纳税人销售(或者视同销售)其自采原矿的,可采用成本法或市场法将原矿销售额换算为精矿销售额计算缴纳资源税。其中,成本法公式为

$$精矿销售额 = 原矿销售额 + 原矿加工为精矿的成本 \times (1 + 成本利润率)$$

市场法公式为

$$精矿销售额 = 原矿销售额 \times 换算比$$

$$换算比 = 同类精矿单位价格 \div (原矿单位价格 \times 选矿比)$$

$$选矿比 = 加工精矿耗用的原矿数量 \div 精矿数量$$

原矿销售额不包括从矿区到车站、码头或用户指定运达地点的运输费用。

(4) 关于共生矿、伴生矿的纳税。与稀土共生、伴生的铁矿石,在计征铁矿石资源税时,准予扣减其中共生、伴生的稀土矿石数量。

与稀土、钨和钼共生、伴生的应税产品,或者稀土、钨和钼为共生、伴生矿的,在改革前未单独计征资源税的,改革后暂不计征资源税。

(5) 几种特殊情形的征收管理。

① 纳税人申报的精矿销售价格明显偏低,且无正当理由的,有视同销售精矿行为而无销售额的,依照《资源税暂行条例实施细则》第七条和财税〔2015〕52 号文件的有关规定确定计税价格及销售额。

② 纳税人同时以自采未税原矿和外购已税原矿加工精矿的,应当分别核算。未分别核算的,一律视同以未税原矿加工精矿,计算缴纳资源税。

③ 纳税人与其关联企业之间的业务往来,应当按照独立企业之间的业务往来收取或支付价款、费用;不按照独立企业之间的业务往来收取或支付价款、费用,而减少其应纳税收入的,税务机关有权按照《税收征管法》及其实施细则的有关规定进行合理调整。

④ 纳税人将其开采的原矿加工为精矿销售的,在销售环节计算缴纳资源税。

⑤ 纳税人将其开采的原矿,自用于连续生产精矿的,在原矿移送使用环节不缴纳资源税,加工为精矿后按规定计算缴纳资源税。

⑥ 纳税人将自采原矿加工为精矿自用或者进行投资、分配、抵债以及以物易物等情形的,视同销售精矿,依照有关规定计算缴纳资源税。

⑦ 纳税人将其开采的原矿对外销售的,在销售环节缴纳资源税;纳税人将其开采的原矿连续生产非精矿产品的,视同销售原矿,依照有关规定计算缴纳资源税。

(二)从量定额征收的计税依据

从量定额征收的资源税的计税依据是销售数量。

(1)销售数量,包括纳税人开采或者生产应税产品的实际销售数量和视同销售的自用数量。

(2)纳税人不能准确提供应税产品销售数量的,以应税产品的产量或者主管税务机关确定的折算比换算成的数量为计征资源税的销售数量。

(3)纳税人开采或者生产应税产品自用于连续生产应税产品的不缴纳资源税;自用于其他方面的,视同销售,依法缴纳资源税。

(4)纳税人自产自用应税产品(指用于非生产项目和生产非应税产品),因无法准确提供移送使用量而采取折算比换算课税数量办法的,按以下办法处理。

① 煤炭。对于连续加工前无法准确计算原煤移送使用量的,可按加工产品的综合回收率,将加工产品实际销量和自用量折算成的原煤数量作为课税数量。

② 金属和非金属矿产品原矿。无法准确掌握纳税人移送使用原矿数量的,可将其精矿按选矿比折算成原矿数量作为课税数量。

(5)以液体盐加工固体盐的,按固体盐税额征税,以加工的固体盐数量为课税数量。如果纳税人以外购的液体盐加工固体盐,其加工固体盐所耗用液体盐的已纳税额,准予在其应纳固体盐税额中抵扣。

(6)纳税人在资源税纳税申报时,除财政部、国家税务总局另有规定外,应当将其应税和减免税项目分别计算和报送。

(7)水资源的计税依据是实际取用水量。

五、应纳税额的计算

资源税的应纳税额,按照从价定率或者从量定额的办法,分别以应税产品的销售额乘以纳税人具体适用的比例税率或者以应税产品的销售数量乘以纳税人具体适用的定额税率计算。

(一)从价定率征收资源税的应纳税额计算

从价定率征收资源税的,是以应税产品的销售额乘以适用的比例税率计算应纳税额,计算公式为

$$应纳税额=销售额\times 适用税率$$

▶ 1. 以原矿为征收对象的应税产品应纳资源税额计算

以原矿为征收对象应税产品资源税应纳税额,按照原矿销售额或者精矿计税销售额乘以适用税率计算,精矿计税销售额为精矿销售额乘以换算比或折算率,计算公式为

$$应纳税额=原矿销售额\times 适用税率(精矿销售额\times 换算比或折算率、适用税率)$$

▶ 2. 以精矿为征税对象的应税产品应纳资源税计算

纳税人将其开采的原矿加工为精矿销售的,按精矿销售额(不含增值税)和适用税率计算缴纳资源税。纳税人开采并销售原矿的,将原矿销售额(不含增值税)换算为精矿销售额计算缴纳资源税。应纳税额的计算公式为

应纳税额＝精矿销售额×适用税率(原矿销售额×换算比或折算率×适用税率)

(二) 从量定额征收资源税的应纳税额计算

从量定额资源税的,是以应税产品的销售数量乘以适用的定额税率计算,计算公式为

$$应纳税额＝课税数量×单位税额$$

水资源税实行从量计征。应纳税额计算公式为

$$应纳税额＝取水口所在地税额标准×实际取用水量$$

水力发电和火力发电贯流式取用水量按照实际发电量确定。

按地表水和地下水分类确定水资源税适用税额标准。

地表水分为农业、工商业、城镇公共供水、水力发电、火力发电贯流式、特种行业及其他取用地表水。地下水分为农业、工商业、城镇公共供水、特种行业及其他取用地下水。

特种行业取用水包括洗车、洗浴、高尔夫球场、滑雪场等取用水。

试点地区河北省可以在上述分类基础上,结合本地区水资源状况、产业结构和调整方向等进行细化分类。

六、税收优惠

(一) 减征、免征规定

(1) 纳税人开采或者生产应税产品,自用于连续生产应税产品的,不缴纳资源税;自用于其他方面的视同销售依法缴纳资源税。

(2) 有下列情形之一的减征或者免征资源税。

① 开采原油过程中用于加热、修井的原油,免税。

② 纳税人开采或者生产应税产品过程中,因意外事故或者自然灾害等原因遭受重大损失的,由省、自治区、直辖市人民政府酌情决定减税或者免税。

③ 国务院规定的其他减税免税项目。

(3) 纳税人的减税、免税项目应当单独核算销售额或者销售数量;未单独核算或者不能准确提供销售额或者销售数量的,不予减税或者免税。

(二) 原油、天然气资源税优惠政策

自2014年12月1日起,原油、天然气资源税优惠政策调整如下。

(1) 对油田范围内运输稠油过程中用于加热的原油、天然气免征资源税。

(2) 对稠油、高凝油和高含硫天然气资源税减征40%。稠油是指地层原油钻度大于或等于50毫帕/秒或原油密度大于或等于0.92克/立方厘米的原油;高凝油是指凝固点大于40℃的原油;高含硫天然气是指硫化氢含量大于或等于30克/立方米的天然气。

(3) 对三次采油资源税减征30%。三次采油是指二次采油后继续以聚合物驱、复合驱、泡沫驱、气水交替驱、二氧化碳驱、微生物驱等方式进行采油。

(4) 对低丰度油气田资源税暂减征20%。

(5) 对深水油气田资源税减征30%。深水油气田是指水深超过300米(不含)的油气田。符合上述减免税规定的原油、天然气划分不清的,一律不予减免资源税;同时符合上述两项及两项以上减税规定的,只能选择其中一项执行,不能叠加适用。

(6) 原油、天然气资源税优惠政策的实施。为便于征管,对开采稠油、高凝油、高含

硫天然气、低丰度油气资源及三次采油的陆上油气田企业，根据以前年度符合上述减税规定的原油、天然气销售额占其原油、天然气总销售额的比例，确定资源税综合减征率和实际征收率，计算资源税应纳税额。计算公式为

$$综合减征率=\sum（减税项目销售额\times 减征幅度\times 6\%）\div 总销售额$$
$$实际征收率=6\%-综合减征率$$
$$应纳税额=总销售额\times 实际征收率$$

中国石油天然气集团公司和中国石油化工集团公司陆上油气田企业的综合减征率和实际征收率由财政部和国家税务总局确定。

(三) 煤炭资源税的税收优惠

(1) 对衰竭期煤矿开采的煤炭，资源税减征30%。

衰竭期煤矿，是指剩余可采储量下降到原设计可采储量的20%（含）以下，或者剩余服务年限不超过5年的煤矿。衰竭期煤矿以煤炭企业下属的单个煤矿为单位确定，而不是按该煤炭企业所有的煤矿加总确定。

(2) 对充填开采置换出来的煤炭，资源税减征50%。

纳税人开采的煤炭，同时符合上述减税情形的，纳税人只能选择其中一项执行，不能叠加适用。

对衰竭期煤矿开采的煤炭和充填开采置换出来的煤炭减税实行备案，而不是实行减税审批制度。

(3) 自2016年7月1日起，对实际开采年限在15年（含）以上的衰竭期矿山开采的矿产资源，资源税减征30%。

衰竭期矿山是指剩余可采储量下降到原设计可采储量的20%（含）以下或剩余服务年限不超过5年的矿山，以开采企业下属的单个矿山为单位确定。

(4) 对依法在建筑物下、铁路下、水体下（以下简称"三下"）通过充填开采方式采出的矿产资源，资源税减征50%。

"三下"的具体范围由省税务机关协商同级国土资源主管部门确定。

充填开采是指随着回采工作面的推进，向采空区或离层带等空间充填废石、尾矿、废渣、建筑废料，以及专用充填合格材料等采出矿产品的开采方法。

减征资源税的充填开采，应当同时满足以下三个条件：一是采用先进适用的胶结或膏体等充填方式；二是对采空区实行全覆盖充填；三是对地下含水层和地表生态进行必要的保护。

纳税人初次申报减税，应当区分充填开采减税和衰竭期矿山减税，向主管税务机关备案规定资料。

纳税人备案资料齐全、符合法定形式的，主管税务机关应当受理；备案资料不齐全或不符合法定形式的，主管税务机关应当当场一次性书面告知纳税人。主管税务机关应当将享受资源税减税的纳税人名单向社会公示，公示内容包括享受减税的企业名称、减税项目等。

为做好减免税备案的后续管理工作，主管税务机关与国土资源主管部门要建立相应的协作机制。根据工作需要，主管税务机关可请国土资源主管部门提供相关信息，国土资源主管部门予以协助支持。

主管税务机关对相关信息进行比对,发现企业备案的有关储量、开采方式等信息有疑点的,可通过咨询国土资源主管部门进行核实。

经主管税务机关核实后,对于不符合资源税减税条件的纳税人,主管税务机关应当责令其停止享受减税优惠;已享受减税优惠的由主管税务机关责令纳税人补缴已减征的资源税税款并加收滞纳金;提供虚假资料的,按照《税收征管法》及其实施细则有关规定予以处理。

享受衰竭期矿山减税政策的纳税人,矿产资源可采储量增加的,纳税人应当在纳税申报时向主管税务机关报告;不再符合衰竭期矿山减税条件的,应当依法履行纳税义务;未依法纳税的,主管税务机关应当予以追缴。

纳税人每月充填开采采出矿产资源的减税销售额或销售量,按其"三下"压覆的矿产储量占全部储量的比例进行计算和申报。

纳税人开采销售的应税矿产资源(同一笔销售业务),同时符合两项(含)以上资源税备案类减免税政策的,纳税人可选择享受其中一项优惠政策,不得叠加适用。

上述政策不适用于原油、天然气、煤炭、稀土、钨、钼,上述资源税税目的有关优惠政策仍按原文件执行。

(5)对鼓励利用的低品位矿、废石、尾矿、废渣、废水、废气等提取的矿产品,由省级人民政府根据实际情况确定是否给予减税或免税。

(6)关于共伴生矿产的征免税的处理。

为促进共伴生矿的综合利用,纳税人开采销售共伴生矿,共伴生矿与主矿产品销售额分开核算的,对共伴生矿暂不计征资源税;没有分开核算的,共伴生矿按主矿产品的税目和适用税率计征资源税。财政部、国家税务总局另有规定的从其规定。

(四)水资源税的税收优惠

对下列取用水减免征收水资源税。

(1)对规定限额内的农业生产取用水,免征水资源税。
(2)对取用污水处理回用水、再生水等非常规水源免征水资源税。
(3)财政部、国家税务总局规定的其他减税和免税情形。

(五)进出口应税资源退(免)资源税的规定

资源税仅对在我国境内开采生产应税产品的单位和个人征收,进口应税矿产品和盐不征收资源税;对出口应税资源也不免征或者退还已纳的资源税。

七、征收管理

(一)纳税义务发生时间

纳税义务的发生时间,是指纳税人发生应税行为,应当承担纳税义务的起始时间。根据纳税人的生产经营、货款结算方式和资源税征收的几种情况,其纳税义务的发生时间可分以下几种情况。

(1)纳税人采取分期收款结算方式销售应税产品的,其纳税义务发生时间为销售合同规定的收款日期的当天。

(2)纳税人采取预收货款结算方式销售应税产品的,纳税义务发生时间为发出应税产品的当天。

（3）纳税人采取除分期收款和预收货款以外的其他结算方式销售应税产品的，其纳税义务发生时间为收讫销售款或者取得索取销售款凭证的当天。

（4）纳税人自产自用应税产品的，其纳税义务发生时间为移送使用应税产品的当天。

（5）扣缴义务人代扣代缴税款的，其纳税义务发生时间为支付首笔货款或首次开具支付货款凭据的当天。

（6）水资源税的纳税义务发生时间为纳税人取用水资源的当日。

（二）纳税环节和纳税地点

▶ 1. 纳税环节

资源税在应税产品的销售或自用环节计算缴纳。以自采原矿加工精矿产品的，在原矿移送使用时不缴纳资源税，在精矿销售或自用时缴纳资源税。

纳税人以自采原矿加工金锭的，在金锭销售或自用时缴纳资源税。纳税人销售自采原矿或者自采原矿加工的金精矿、粗金，在原矿或者金精矿、粗金销售时缴纳资源税，在移送使用时不缴纳资源税。

以应税产品投资、分配、抵债、赠与、以物易物等，视同销售，依照本通知有关规定计算缴纳资源税。

▶ 2. 纳税地点

（1）纳税人应当向矿产品的开采地或盐的生产地缴纳资源税。

（2）纳税人在本省、自治区、直辖市范围开采或者生产应税产品，其纳税地点需要调整的，由省级地方税务机关决定。

（3）纳税人跨省开采资源税应税产品，其下属生产单位与核算单位不在同一省、自治区、直辖市的，对其开采或者生产的应税产品，一律在开采地或者生产地纳税，其应纳税款由独立核算的单位，按照每个开采地或者生产地的销售量及适用税率计算划拨；实行从价计征的应税产品，其应纳税款一律由独立核算的单位按照每个开采地或者生产地的销售数量、单位销售价格及适用税率计算划拨。

（4）扣缴义务人代扣代缴的资源税应当向收购地主管税务机关缴纳。

（5）海洋原油、天然气资源税向国家税务总局海洋石油税务管理机构缴纳。

（6）在河北省区域内取用水的，水资源税由取水审批部门所在地的地方税务机关征收。其中，由流域管理机构审批取用水的水资源税由取水口所在地的地方税务机关征收。在河北省内纳税地点需要调整的，由省级地方税务机关决定。

按照国务院或其授权部门批准的跨省、自治区、直辖市水量分配方案调度的水资源，水资源税由调入区域取水审批部门所在地的地方税务机关征收。

建立地方税务机关与水行政主管部门协作征税机制。水行政主管部门应当定期向地方税务机关提供取水许可情况和超计划（定额）取用水量，并协助地方税务机关审核纳税人实际取用水的申报信息。

纳税人根据水行政主管部门核准的实际取用水量向地方税务机关申报纳税，地方税务机关将纳税人相关申报信息与水行政主管部门核准的信息进行比对，并根据核实后的信息征税。

水资源税征管过程中发现问题的,地方税务机关和水行政主管部门联合进行核查。

(三)纳税期限

纳税期限是指纳税人据以计算应纳税额的期限,确定纳税人的纳税期限,应本着既有利于税款的及时、均衡入库,又有利于纳税人根据自己的营销计划合理地安排和筹措资金的原则。

资源税的纳税期限由主管税务机关根据纳税人应纳税额的多少,分别核定为1日、3日、5日、10日、15日或1个月。一般情况是应纳税数额越大,纳税期限越短;反之则越长。不能按照固定期限计算纳税的,例如,不定期开采矿产品的纳税人,可以按次计算缴纳资源税。

对资源税的报税期限规定为以1个月为一期纳税的,自期满之日起10日内申报纳税;以1日、3日、5日、10日或15日为一期纳税的,自期满之日起5日内预缴税款,于次月1日起10日内申报纳税并结清上月税款。

水资源税按季或者按月征收,由主管税务机关根据实际情况确定。不能按固定期限计算纳税的,可以按次申报纳税。

(四)其他事项

纳税人用已纳资源税的应税产品进一步加工应税产品销售的,不再缴纳资源税。纳税人以未税产品和已税产品混合销售或者混合加工为应税产品销售的,应当准确核算已税产品的购进金额,在计算加工后的应税产品销售额时,准予扣减已税产品的购进金额;未分别核算的,一并计算缴纳资源税。

纳税人在2016年7月1日前开采原矿或以自采原矿加工精矿,在2016年7月1日后销售的,按规定缴纳资源税;2016年7月1日前签订的销售应税产品的合同,在2016年7月1日后收讫销售款或者取得索取销售款凭据的,按规定缴纳资源税;在2016年7月1日后销售的精矿(或金锭),其所用原矿(或金精矿)如已按从量定额的计征方式缴纳了资源税,并与应税精矿(或金锭)分别核算的,不再缴纳资源税。

对在2016年7月1日前已按原矿销量缴纳过资源税的尾矿、废渣、废水、废石、废气等实行再利用从中提取的矿产品不再缴纳资源税。

第三节 房产税法

一、房产税的法规

房产税法,是指国家制定的调整房产税征收与缴纳之间权利及义务关系的法律规范。现行房产税法的基本规范,是1986年9月15日国务院颁布的《中华人民共和国房产税暂行条例》(以下简称《房产税暂行条例》)。

房产税是以房屋为征税对象,按照房屋的计税余值或租金收入,向产权所有人征收的一种财产税。征收房产税有利于地方政府筹集财政收入也有利于加强房产管理。

(一) 纳税义务人

房产税是以房屋为征税对象，按照房屋的计税余值或租金收入，向产权所有人征收的一种财产税。房产税以在征税范围内的房屋产权所有人为纳税人。其中：

(1) 产权属国家所有的，由经营管理单位纳税；产权属集体和个人所有的，由集体单位和个人纳税。所称单位，包括国有企业、集体企业、私营企业、股份制企业、外商投资企业、外国企业以及其他企业和事业单位、社会团体、国家机关、军队以及其他单位；所称个人，包括个体工商户以及其他个人。

(2) 产权出典的，由承典人纳税。产权出典是指产权所有人将房屋、生产资料等的产权，在一定期限内典当给他人使用，而取得资金的一种融资业务。这种业务大多发生于出典人急需用款，但又想保留产权回赎权的情况。承典人向出典人交付一定的典价之后，在质典期内即获抵押物品的支配权，并可转典。产权的典价一般要低于卖价。出典人在规定期间内须归还典价的本金和利息，方可赎回出典房屋等的产权。由于在房屋出典期间，产权所有人已无权支配房屋，因此税法规定由对房屋具有支配权的承典人为纳税人。

(3) 产权所有人、承典人不在房屋所在地的，或者产权未确定及租典纠纷未解决的，由房产代管人或者使用人纳税。租典纠纷是指产权所有人在房产出典和租赁关系上，与承典人、租赁人发生各种争议，特别是权利和义务的争议悬而未决。此外还有一些产权归属不清的问题，也都属于租典纠纷。对租典纠纷尚未解决的房产，规定由代管人或使用人为纳税人，主要目的在于加强征收管理，保证房产税及时入库。

(4) 无租使用其他房产的问题，纳税单位和个人无租使用房产管理部门、免税单位及纳税单位的房产，应由使用人代为缴纳房产税。

(5) 自2009年1月1日起，外商投资企业、外国企业和组织以及外籍个人，依照《中华人民共和国房产税暂行条例》缴纳房产税。

(二) 征税范围

房产税以房产为征税对象。房产是指有屋面和围护结构(有墙或两边有柱)，能够遮风避雨，可供人们在其中生产、学习、工作、娱乐、居住或储藏物资的场所。房地产开发企业建造的商品房，在出售前，不征收房产税；但对出售前房地产开发企业已使用或出租、出借的商品房应按规定征收房产税。

房产税的征税范围为城市、县城、建制镇和工矿区。具体规定如下。

(1) 城市是指国务院批准设立的市。

(2) 县城是指县人民政府所在地的地区。

(3) 建制镇是指经省、自治区、直辖市人民政府批准设立的建制镇。

(4) 工矿区是指工商业比较发达、人口比较集中、符合国务院规定的建制镇标准但尚未设立建制镇的大中型工矿企业所在地。开征房产税的工矿区须经省、自治区、直辖市人民政府批准。

房产税的征税范围不包括农村，这主要是为了减轻农民的负担。因为农村的房屋，除农副业生产用房外，大部分是农民居住用房。对农村房屋不纳入房产税征税范围，有利于农业发展，繁荣农村经济，促进社会稳定。

(三) 税率

我国现行房产税采用的是比例税率。由于房产税的计税依据分为从价计征和从租计征两种形式，所以房产税的税率也有两种：一种是按房产原值一次减除10%～30%后的余值计征的，税率为1.2%；另一种是按房产出租的租金收入计征的，税率为12%。从2001年1月1日起，对个人按市场价格出租的居民住房，用于居住的，可暂减按4%的税率征收房产税。自2008年3月1日起，对个人出租住房，不区分用途，按4%的税率征收房产税。

二、房产税的计算

(一) 计税依据

房产税的计税依据是房产的计税价值或房产的租金收入。按照房产计税价值征税的，称为从价计征；按照房产租金收入计征的，称为从租计征。

▶ 1. 从价计征

《房产税暂行条例》规定，房产税依照房产原值一次减除10%～30%后的余值计算缴纳。各地扣除比例由当地省、自治区、直辖市人民政府确定。

(1) 房产原值是指纳税人按照会计制度规定，在会计核算账簿"固定资产"科目中记载的房屋原价。因此，凡按会计制度规定在账簿中记载有房屋原价的，应以房屋原价按规定减除一定比例后作为房产余值计征房产税；没有记载房屋原价的，按照上述原则，并参照同类房屋确定房产原值，按规定计征房产税。

值得注意的是：自2009年1月1日起，对依照房产原值计税的房不论是否记载在会计账簿固定资产科目中，均应按照房屋原价计算缴纳房产税。房屋原价应根据国家有关会计制度规定进行核算。对纳税人未按国家会计制度规定核算并记载的，应按规定予以调整或重新评估。

自2010年12月21日起，对按照房产原值计税的房产，无论会计上如何核算，房产原均应包含地价，包括为取得土地使用权支付的价款、开发土地发生的成本费用等。宗地容积率低于0.5的，按房产建筑面积的2倍计算土地面积并据此确定计入房产原值的地价。

(2) 房产原值应包括与房屋不可分割的各种附属设备或一般不单独计算价值的配套设施。主要有：暖气、卫生、通风、照明、煤气等设备；各种管线，如蒸汽、压缩空气、石油、给水排水等管道及电力、电信、电缆导线；电梯、升降机、过道、晒台等。属于房屋附属设备的水管、下水道、暖气管、煤气管等应从最近的探视井或三通管起，计算原值；电灯网、照明线从进线盒连接管起，计算原值。

自2006年1月1日起，为了维持和增加房屋的使用功能或使房屋满足设计要求，凡以房屋为载体，不可随意移动的附属设备和配套设施，如给排水、采暖、消防、中央空调、电气及智能化楼宇设备等，无论在会计核算中是否单独记账与核算，都应计入房产原值，计征房产税。对于更换房屋附属设备和配套设施的，在将其价值计入房产原值时，可扣减原来相应设备和设施的价值；对附属设备和配套设施中易损坏、需要经常更换的零配件，更新后不再计入房产原值。

(3) 纳税人对原有房屋进行改建、扩建的，要相应增加房屋的原值。

房产余值是房产的原值减除规定比例后的剩余价值。

此外，还应注意以下两个问题。

① 对投资联营的房产，在计征房产税时应予以区别对待。对于以房产投资联营，投资者参与投资利润分红，共担风险的，按房产余值作为计税依据计征房产税；对以房产投资，收取固定收入，不承担联营风险的，实际是以联营名义取得房产租金，应根据《房产税暂行条例》的有关规定由出租方按租金收入计缴房产税。

② 对融资租赁房屋的情况，由于租赁费包括购进房屋的价款、手续费、借款利息等，与一般房屋出租的"租金"内涵不同，且租赁期满后，当承租方偿还最后一笔租赁费时，房屋产权要转移到承租方。这实际是一种变相的分期付款购买固定资产的形式，所以在计征房产税时应以房产余值计算征收。根据财税〔2009〕128号文件的规定，融资租赁的房产，由承租人自融资租赁合同约定开始日的次月起依照房产余值缴纳房产税。合同未约定开始日的，由承租人自合同签订的次月起依照房产余值缴纳房产税。

(4) 居民住宅区内业主共有的经营性房产缴纳房产税。

从2007年1月1日起，对居民住宅区内业主共有的经营性房产，由实际经营（包括自营和出租）的代管人或使用人缴纳房产税。其中自营的，依照房产原值减除10%～30%后的余值计征，没有房产原值或不能将业主共有房产与其他房产的原值准确划分开的，由房产所在地地方税务机关参照同类房产核定房产原值；出租的，依照租金收入计征。

(5) 凡在房产税征收范围内的具备房屋功能的地下建筑，包括与地上房屋相连的地下建筑以及完全建在地面以下的建筑、地下人防设施等，均应当依照有关规定征收房产税。上述具备房屋功能的地下建筑是指有屋面和维护结构，能够遮风避雨，可供人们在其中生产、经营、工作、学习、娱乐、居住或储藏物资的场所。自用的地下建筑，按以下方式计税。

① 工业用途房产，以房屋原价的50%～60%为应税房产原值。

应纳房产税的税额 = 应税房产原值 × [1-(10%～30%)] × 1.2%

② 商业和其他用途房产，以房屋原价的70%～80%作为应税房产原值。

应纳房产税的税额 = 应税房产原值 × [1-(10%～30%)] × 1.2%

房屋原价折算为应税房产原值的具体比例，由各省、自治区、直辖市和计划单列市财政和地方税务部门在上述幅度内自行确定。

③ 对于与地上房屋相连的地下建筑，如房屋的地下室、地下停车场、商场的地下部分等，应将地下部分与地上房屋视为一个整体，按照地上房屋建筑的有关规定计算征收房产税。

▶ 2. 从租计征

《房产税暂行条例》规定，房产出租的，以房产租金收入为房产税的计税依据。

房产的租金收入,是房屋产权所有人出租房产使用权所得的报酬,包括货币收入和实物收入。

如果是以劳务或者其他形式为报酬抵付房租收入的,应根据当地同类房产的租金水平,确定一个标准租金额从租计征。

对出租房产,租赁双方签订的租赁合同约定有免收租金期限的,免收租金期间由产权所有人按照房产原值缴纳房产税。

出租的地下建筑,按照出租地上房屋建筑的有关规定计算征收房产税。

(二) 应纳税额的计算

房产税的计税依据有两种,与之相适应的应纳税额计算也分为两种:一种是从价计征的计算;另一种是从租计征的计算。

▶ **1. 从价计征的计算**

从价计征是按房产的原值减除一定比例后的余值计征,其计算公式为

$$应纳税额 = 应税房产原值 \times (1-扣除比例) \times 1.2\%$$

如前所述,房产原值是"固定资产"科目中记载的房屋原价;减除一定比例是省、自治区、直辖市人民政府规定的10%~30%的减除比例;计征的适用税率为1.2%。

【例8-2】某企业的经营用房原值为5 000万元,按照当地规定允许减除30%后按余值计税,适用税率为1.2%。请计算其应纳房产税税额。

应纳税额=5 000×(1-30%)×1.2%=42(万元)

▶ **2. 从租计征的计算**

从租计征是按房产的租金收入计征,其计算公式为

$$应纳税额 = 租金收入 \times 12\%(或 4\%)$$

【例8-3】某公司出租房屋10间,年租金收入为300 000元,适用税率为12%。请计算其应纳房产税税额。

应纳税额=300 000×12%=36 000(元)

【例8-4】某企业2018年固定资产账簿上记载房屋原值为500万元,建筑面积为3 000 m²,1月1日,企业将办公楼的一部分出租给A企业,出租面积为600 m²,租金为20万元,租赁期限为1年,该企业于6月1日一次性取得全部租金;7月又购入一房屋用于办公,价值为100万元。

思考房屋出租收入是否要申报房产税,如果要申报,该企业2018年应如何缴纳房产税。

【要点分析】房产税是以房屋为征税对象,按照房屋的计税余值或出租房屋的租金收入向产权所有人征收的一种财产税。

假设该企业房产税依照房产原值一次减除30%后的余值计算缴纳。

该企业出租部分房产税=20×12%=2.4(万元)

自用部分房产税=500×(1-30%)×1.2%×(3 000-600)/3 000=3.36(万元)

该企业购入房屋房产税=100×(1-30%)×1.2%×5/12=0.35(万元)

2018年全年应纳房产税=2.4+3.36+0.35=6.11(万元)

三、房产税征收管理

(一) 纳税义务发生时间

(1) 纳税人将原有房产用于生产经营,从生产经营之月起缴纳房产税。

(2) 纳税人自行新建房屋用于生产经营,从建成之次月起缴纳房产税。

(3) 纳税人委托施工企业建设的房屋,从办理验收手续之次月起缴纳房产税。

(4) 纳税人购置新建商品房,自房屋交付使用之次月起缴纳房产税。

(5) 纳税人购置存量房,自办理房屋权属转移、变更登记手续,房地产权属登记机关签发房屋权属证书之次月起,缴纳房产税。

(6) 纳税人出租、出借房产,自交付出租、出借房产之次月起,缴纳房产税。

(7) 房地产开发企业自用、出租、出借本企业建造的商品房,自房屋使用或交付之次月起,缴纳房产税。

(8) 自2009年1月1日起,纳税人因房产的实物或权利状态发生变化而依法终止房产税纳税义务的,其应纳税款的计算应截止到房产的实物或权利状态发生变化的当月末。

(二) 纳税期限

房产税实行按年计算、分期缴纳的征收方法,具体纳税期限由省、自治区、直辖市人民政府确定。

(三) 纳税地点

房产税在房产所在地缴纳。房产不在同一地方的纳税人,应按房产的坐落地点分别向房产所在地的税务机关纳税。

(四) 纳税申报

房产税的纳税人应按照条例的有关规定,及时办理纳税申报,并如实填写《房产税纳税申报表》。

(五) 税收优惠

房产税的税收优惠是根据国家政策需要和纳税人的负担能力制定的。由于房产税属地方税,因此给予地方一定的减免权限,有利于地方因地制宜地处理问题。

目前,房产税的税收优惠政策主要有:

(1) 国家机关、人民团体、军队自用的房产免征房产税。但上述免税单位的出租房产以及非自身业务使用的生产、营业用房,不属于免税范围。其中,"人民团体"是指经国务院授权的政府部门批准设立或登记备案,并由国家拨付行政事业费的各种社会团体;"自用的房产"是指这些单位本身的办公用房和公务用房。

(2) 由国家财政部门拨付事业经费的单位,如学校、医疗卫生单位、托儿所、幼儿园、敬老院、文化、体育、艺术这些实行全额或差额预算管理的事业单位所有的,本身业务范围内使用的房产免征房产税。

(3) 宗教寺庙、公园、名胜古迹自用的房产免征房产税。其中,宗教寺庙自用的房产是指举行宗教仪式等的房屋和宗教人员使用的生活用房;公园、名胜古迹自用的房产是指供公共参观游览的房屋及其管理单位的办公用房。宗教寺庙、公园、名胜古迹中附设的营业单位,如影剧院、饮食部、茶社、照相馆等所使用的房产及出租的房产,不属于免税范围,应照章纳税。

(4) 个人所有非营业用的房产免征房产税。个人所有的非营业用房,主要是指居民住房,不分面积多少,一律免征房产税。对个人拥有的营业用房或者出租的房产,不属于免税房产,应照章纳税。

(5) 经财政部批准免税的其他房产,主要有:

① 对非营利性医疗机构、疾病控制机构和妇幼保健机构等卫生机构自用的房产,免征房产税。

② 从2001年1月1日起,对按政府规定价格出租的公有住房和廉租住房,包括企业和自收自支事业单位向职工出租的单位自有住房,房管部门向居民出租的公有住房,落实私房政策中带户发还产权,并以政府规定租金标准向居民出租的私有住房等,暂免征收房产税。

③ 对已按规定免征城镇土地使用税的企业范围内荒山、林地、湖泊等占地,自2014年1月1日至2015年12月31日,按应纳税额减半征收城镇土地使用税,自2016年1月1日起,全额征收城镇土地使用税。

④ 经营公租房的租金收入,免征房产税。公共租赁住房经营管理单位应单独核算公共租赁住房租金收入,未单独核算的,不得享受免征房产税优惠政策。

第四节 契 税 法

一、契税的概念和特点

(一) 契税的概念

契税是以所有权发生转移的不动产为征税对象,向产权承受人征收的一种财产税。

契税是一个古老的税种,最早起源于东晋的"古税",至今已有1 600多年的历史。新中国成立以后颁布的第一个税收法规就是《契税暂行条例》。这个条例对旧中国的契税进行了改革,其基本内容是:凡土地、房屋之买卖、典当、赠与和交换,均应凭土地、房屋的产权证明,在当事人双方订立契约时,由产权承受人缴纳契税。税率分两种:买卖、赠与税率6%,典当税率3%;对交换房屋双方价值相等的免税,不相等的就其超过价值部分按6%缴纳契税。

1954年,财政部对《契税暂行条例》进行了修改。修改的主要内容是:对公有制单位的买卖、典当、承受赠与和交换土地、房屋的行为,免征契税。社会主义"三大改造"完成后,国家禁止土地买卖和转让,征收土地契税自然停止。契税的征税范围只限于非公有制单位的房屋产权转移行为,契税收入甚微。"文革"期间,有的地方甚至明令停止办理契税征收业务。1978年新宪法公布后逐步落实了房产政策,随着改革开放的不断深入城乡房屋买卖又重新活跃起来。为此，财政部于1981年和1990年分别发出了《关于改进和加强契税征收管理工作的通知》和《关于加强契税工作的通知》，对契税政策进行了一些补充和调整，契税征收工作全面恢复。

《契税暂行条例》施行40多年，在加强对土地、房屋权属转移的管理、增加财政收入、调节收入分配等方面发挥了积极作用。但是，伴随着改革开放，我国的社会、经济结构已发生了巨大变化，房地产市场得到较大发展；交易形式更是多样、灵活，《契税暂行条例》的内容已经不能适应新的形势。

本着公平税负，合理负担；规范税制，严格控制减免税范围，增加财政收入；适当下放税收管理权限，调动地方管理税收积极性的原则，国务院对原《契税暂行条例》进行了修订，于1997年7月7日重新颁布了《中华人民共和国契税暂行条例》（以下简称《契税暂行条例》），并从1997年10月1日起施行。

（二）契税的特点

契税与其他税种相比，具有如下特点。

▶ 1. 契税属于财产转移税

契税以发生转移的不动产，即土地和房屋为征税对象，具有财产转移课税性质。土地、房屋产权未发生转移的，不征契税。

▶ 2. 契税由财产承受人缴纳

一般税种都确定销售者为纳税人，即卖方纳税。契税则属于土地、房屋产权发生交易过程中的财产税，由承受人纳税，即买方纳税。对买方征税的主要目的，在于承认不动产转移生效，承受人纳税以后，便可拥有转移过来的不动产产权或使用权，法律保护纳税人的合法权益。

二、契税征税范围

契税的征税对象为发生土地使用权和房屋所有权权属转移的土地和房屋。具体征税范围包括：国有土地使用权出让；土地使用权转让，包括出售、赠与和交换；房屋买卖，即以货币为媒介，出卖者向购买者让渡房产所有权的交易行为。

（一）国有土地使用权出让

国有土地使用权出让，是指国家以土地所有者的身份将土地使用权在一定年限内让渡给土地使用者，并由土地使用者向国家支付土地使用权出让金的行为。可以使用拍卖、招标、双方协议的方式。

（二）土地使用权转让

土地使用权转让是指土地使用者将土地使用权再转移的行为。可以使用出售、交换、赠与的方式。土地使用权转让，不包括农村集体土地承包。

（三）房屋买卖

▶ 1. 以房产抵债或实物交换房屋

经当地政府和有关部门批准，以房抵债和实物交换房屋，均视同房屋买卖，应由产权承受人按房屋现值缴纳契税。

例如，甲某因无力偿还乙某债务，而以自有的房产折价抵偿债务。经双方同意，有关部门批准，乙某取得甲某的房屋产权，在办理产权过户手续时，按房产折价款缴纳契税。如以实物（金银首饰等等价物品）交换房屋应视同以货币购买房屋。

▶ 2. 以房产作投资或作股权转让

这种交易业务属房屋产权转移，应根据国家房地产管理的有关规定，办理房屋产权交易和产权变更登记手续，视同房屋买卖由产权承受方按投资房产价值或房产买价缴纳契税。

例如，甲某以自有房产，投资于乙某企业。其房屋产权变为乙某企业所有，故产权所有人发生变化，因此乙某企业在办理产权登记手续后，按甲某入股房产现值（国有企事业房产须经国有资产管理部门评估核价）缴纳契税。如丙某以股份方式购买乙某企业房屋产权，丙某在办理产权登记后，按取得房产买价缴纳契税。

以自有房产作股投入本人经营企业，免纳契税。因为以自有的房地产投入本人独资经营的企业，房屋产权所有人和土地使用权人未发生变化，无须办理房产变更手续，也不办理契税手续。

▶ 3. 买房拆料或翻新建新房应照章征收契税

例如：甲某购买乙某房产，不论其目的是取得该房产的建筑材料或是翻新建新房，实际构成房屋买卖。甲某应首先办理房屋产权变更手续，并按买价缴纳契税。

（四）房屋赠与

房屋的赠与是指房屋产权所有人将房屋无偿转让给他人所有。其中，将自己的房屋转交给他人的法人和自然人，称作房屋赠与人，接受他人房屋的法人和自然人，称为受赠人。房屋赠与的前提，必须是产权无纠纷，赠与人和受赠人双方自愿。

由于房屋是不动产，价值较大，故法律要求赠与房屋应有书面合同（契约），并到房地产管理机关或农村基层政权机关办理登记过户手续，才能生效。如果房屋赠与行为涉及涉外关系，还须公证处证明和外事部门认证，才能有效。房屋的受赠人要按规定缴纳契税。

对于个人无偿赠与不动产行为，应对受赠人全额征收契税，在缴纳契税时，纳税人须提交经税务机关审核并签字盖章的《个人无偿赠与不动产登记表》，税务机关（或其他征收机关）应在纳税人的契税完税凭证上加盖"个人无偿赠与"印章，在《个人无偿赠与不动产登记表》中签字并将该表格留存。

以获奖方式取得房屋产权的，其实质是接受赠与房产，应照章缴纳契税。

（五）房屋交换

房屋交换，是指房屋住户、用户、所有人为了生活和工作方便，相互之间交换房屋的使用权或所有权的行为。行为的主体有公民、房地产管理机关，以及企事业单位、机关团体。交换的标的性质有公房（包括直管房和自管房）、私房；标的种类有住宅、店面及办公用房等。行为的内容是：

（1）房屋使用权交换。经房屋所有人同意，使用者可以通过变更租赁合同，办理过户手续交换房屋使用权。交换房屋的价值相等的不征收契税。

（2）房屋所有权交换。交换双方应订立交换契约，办理房屋产权变更手续和契税手续。房屋产权相互交换，双方交换价值相等，免纳契税，办理免征契税手续。其价值不相等的，超出部分由支付差价方缴纳契税。

（六）企业事业单位改制重组的契税政策

▶ 1. 企业公司制改造

（1）非公司制企业按照《公司法》的规定整体改建为有限责任公司（含国有独资公司）或股份有限公司，有限责任公司整体改建为股份有限公司，股份有限公司整体改建为有限责任公司的，对改建后的公司承受原企业土地、房屋权属，免征契税。上述所称整体改建是指不改变原企业的投资主体，并承继原企业权利、义务的行为。

（2）非公司制国有独资企业或国有独资有限责任公司，以其部分资产与他人组建新公司且该国有独资企业（公司）在新设公司中所占股份超过50%的，对新设公司承受该国有独资企业（公司）的土地、房屋权属，免征契税。

（3）国有控股公司以部分资产投资组建新公司，且该国有控股公司占新公司股份超过85%的，对新公司承受该国有控股公司土地、房屋权属，免征契税。上述所称国有控股公司，是指国家出资额占有限责任公司资本总额超过50%，或国有股份占股份有限公司股本总额超过50%的公司。

▶ 2. 公司股权（股份）转让

在股权（股份）转让中，单位、个人承受公司股权（股份），公司土地、房屋权属不发生转移，不征收契税。

▶ 3. 公司合并

两个或两个以上的公司，依据法律规定、合同约定，合并为一个公司，且原投资主体存续的，对其合并后的公司承受原合并各方的土地、房屋权属，免征契税。

▶ 4. 公司分立

公司依照法律规定、合同约定分设为两个或两个以上与原公司投资主体相同的公司，对派生方、新设方承受原企业土地、房屋权属，免征契税。

▶ 5. 企业出售

国有、集体企业整体出售，被出售企业法人予以注销，并且买受人按照《劳动法》等国家有关法律法规政策妥善安置原企业全部职工，与原企业全部职工签订服务年限不少于3年的劳动用工合同的对其承受所购企业的土地、房屋权属免征契税；与原企业超过30%的职工签订服务年限不少于3年的劳动用工合同的，减半征收契税。

▶ 6. 企业破产

企业依照有关法律、法规规定实施破产，债权人（包括破产企业职工）承受破产企业抵偿债务的土地、房屋权属，免征契税；对非债权人承受破产企业土地、房屋权属，凡按照《劳动法》等国家有关法律法规政策妥善安置原企业全部职工，与原企业全部职工签订服务年限不少于3年的劳动用工合同的，对其承受所购企业的土地、房屋权属，免征契税；与原企业超过30%的职工签订服务年限不少于3年的劳动用工合同的，减半征收契税。

▶ 7. 债权转股权

经国务院批准实施债权转股权的企业，对债权转股权后新设立的公司承受原企业的土地、房屋权属，免征契税。

▶ 8. 资产划转

对承受县级以上人民政府或国有资产管理部门按规定进行行政性调整、划转国有土地、房屋权属的单位，免征契税。

同一投资主体内部所属企业之间土地、房屋权属的划转，包括母公司与其全资子公司之间，同一公司所属全资子公司之间，同一自然人与其设立的个人独资企业、一人有限公司之间土地、房屋权属的划转，免征契税。

▶ 9. 事业单位改制

事业单位按照国家有关规定改制为企业的过程中，投资主体没有发生变化的，对改制后的企业承受原事业单位土地、房屋权属，免征契税。投资主体发生变化的，改制后的企业按照《劳动法》等有关法律法规妥善安置原事业单位全部职工，与原事业单位全部职工签订服务年限不少于3年劳动用工合同的，对其承受原事业单位的土地、房屋权属，免征契税；与原事业单位超过30%的职工签订服务年限不少于3年劳动用工合同的，减半征收契税。

▶ 10. 其他相关规定

以出让方式或国家作价出资（入股）方式承受原改制重组企业、事业单位划拨用地的，不属上述规定的免税范围，对承受方应按规定征收契税。

上述企业、公司是指依照中华人民共和国有关法律法规设立并在中国境内注册的企业、公司。

（七）房屋附属设施有关契税政策

（1）对于承受与房屋相关的附属设施（包括停车位、汽车库、自行车库、顶层阁楼以及储藏室，下同）所有权或土地使用权的行为按照契税法律、法规的规定征收契税；对于不涉及土地使用权和房屋所有权转移变动的，不征收契税。

（2）采取分期付款方式购买房屋附属设施土地使用权、房屋所有权的应按合同规定的总价款计征契税。

（3）承受的房屋附属设施权属单独计价的，按照当地确定的适用税率征收契税；与房屋统一计价的，适用与房屋相同的契税税率。

（4）对承受国有土地使用权应支付的土地出让金，要征收契税。不得因减免出让金而减免契税。

（5）对纳税人因改变土地用途而签订土地使用权出让合同变更协议或者重新签订土地使用权出让合同的，应征收契税。计税依据为因改变土地用途应补缴的土地收益金及应补缴政府的其他费用。

（6）土地使用者将土地使用权及所附建筑物、构筑物等（包括在建的房屋、其他建筑物、构筑物和其他附着物）转让给他人的，应按照转让的总价款计征契税。

（7）土地使用者转让、抵押或置换土地，无论其是否取得了该土地的使用权属证书，无论其在转让、抵押或置换土地过程中是否与对方当事人办理了土地使用权属证书变更登记手续，只要土地使用者享有占有、使用、收益或处分该土地的权利，且有合同等证据表明其实质转让、抵押或置换了土地并取得了相应的经济利益，土地使用者及其对方当事人应当依照税法规定缴纳契税。

三、契税纳税人和税率

▶ 1. 纳税人

在中华人民共和国境内转移土地、房屋权属，承受的单位和个人为契税的纳税人。原契税的纳税人包括：城镇、乡村居民个人，私营组织和个体工商户，华侨、港澳台同胞，外商投资企业和外国企业，以及外国人五大类，但不包括国有经济单位。为了体现公平税负，增加财政收入，1997年7月7日修订的《契税暂行条例》把国有经济单位也作为了纳税人。

▶ 2. 税率

契税实行幅度比例税率，税率幅度为3%～5%。具体执行税率，由各省、自治区、直辖市人民政府在规定的幅度内根据本地区的实际情况确定。从2010年10月1日起对个人购买90平方米及以下且属家庭唯一住房的普通住房，减按1%税率征收契税。

四、契税减免税优惠

（一）契税减免的基本规定

（1）国家机关、事业单位、社会团体、军事单位承受土地、房屋用于办公、教学、医疗、科研和军事设施的，免征契税。

上述规定的主要考虑是，上述单位的经费主要来源于财政预算拨款。同时，对教学、医疗、科研等特定项目免税，有利于教育、医疗、科研事业的发展。

（2）城镇职工按规定第一次购买公有住房的，免征契税。

1988年国务院批准在部分城镇实行住房制度改革。为鼓励职工买房国家给予一次性免征契税的优惠照顾。1992年，根据国务院办公厅转发国务院住房制度改革领导小组《关于全面推进城镇住房制度改革意见的通知》精神，对职工个人购买公有住房作了免征契税的具体规定：

凡全民、城镇集体所有制单位，有当地正式城镇户口的职工，按省、自治区、直辖市人民政府批准的标准价，第一次购买本单位公有住房，在规定住房标准面积以内的，可以免纳契税，免税照顾每户只能享受一次。

2000年11月29日，财政部、国家税务总局规定，对各类公有制单位为解决职工住房而采取集资建房方式建成的普通住房或由单位购买的普通商品住房，经当地县以上人民政府房改部门批准、按照国家房改政策出售给本单位职工的，如属职工首次购买住房，均比照《契税暂行条例》第六条"城镇职工按规定第一次购买公有住房的，免征"的规定，免征契税。此规定从发文之日起实施，以前已征税款不予退还。

（3）因不可抗力丧失住房而重新购买住房的，酌情准予减征或者免征契税。

（4）土地、房屋被县级以上人民政府征用、占用后，重新承受土地、房屋权属的，由省级人民政府确定是否减免。

（5）承受荒山、荒沟、荒丘、荒滩土地使用权，并用于农、林、牧、渔业生产的，免征契税。

（6）经外交部确认，依照我国有关法律规定以及我国缔结或参加的双边和多边条约或协定，应当予以免税的外国驻华使馆、领事馆、联合国驻华机构及其外交代表、领事官员和其他外交人员承受土地、房屋权属的，免征契税。

（7）对国有控股公司以部分资产投资组建新公司，且该国有控股公司占新公司股份85%以上的，对新公司承受该国有控股公司的土地、房屋权属免征契税。

(二) 财政部规定的其他减征、免征契税的项目

（1）售后回租及相关事项的契税政策。

① 对金融租赁公司开展售后回租业务，承受承租人房屋、土地权属的，照章征税。对售后回租合同期满，承租人回购原房屋、土地权属的，免征契税。

② 以招拍挂方式出让国有土地使用权的，纳税人为最终与土地管理部门签订出让合同的土地使用权承受人。

③ 市、县级人民政府根据《国有土地上房屋征收与补偿条例》有关规定征收居民房屋，居民因个人房屋被征收而选择货币补偿用以重新购置房屋，并且购房成交价格不超过货币补偿的，对新购房屋免征契税；购房成交价格超过货币补偿的，对差价部分按规定征收契税。居民因个人房屋被征收而选择房屋产权调换，并且不缴纳房屋产权调换差价的，对新换房屋免征契税；缴纳房屋产权调换差价的对差价部分按规定征收契税。

④ 企业承受土地使用权用于房地产开发，并在该土地上代政府建设保障性住房的计税价格，为取得全部土地使用权的成交价格。

⑤ 单位、个人以房屋、土地以外的资产增资相应扩大其在被投资公司的股权持有比例，无论被投资公司是否变更工商登记，其房屋、土地权属不发生转移，不征收契税。

⑥ 个体工商户的经营者将其个人名下的房屋、土地权属转移至个体工商户名下，或个体工商户将其名下的房屋、土地权属转回原经营者个人名下，免征契税。

合伙企业的合伙人将其名下的房屋、土地权属转移至合伙企业名下，或合伙企业将其名下的房屋、土地权属转回原合伙人名下，免征契税。

（2）对国家石油储备基地第一期项目建设过程中涉及的契税予以免征。

以上经批准减税、免税的纳税人，改变有关土地、房屋用途的，不再属于减免税的范围，应当补缴已经减免的税款。纳税义务发生时间为改变有关土地、房屋用途的当天。

符合减免税规定的纳税人应在土地、房屋权属转移合同生效的10日内向土地、房屋所在地的征收机关提出减免税申报。自2004年10月1日起，计税金额在10 000万元（含10 000万元）以上的，由省级征收机关办理减免手续，办理完减免手续后30日内报国家税务总局备案。

（3）自2010年10月1日起，个人购买属家庭唯一住房的普通住房才能享受契税减半征收的优惠政策。普通住房标准：住宅小区建筑容积率在1.0以上、单套建筑面积在120平方米以下、实际成交价格低于同级别土地上住房平均交易价格1.2倍以下。各省、自治区、直辖市根据本地区享受优惠政策普通住房的具体标准，允许单套建筑面积和价格标准适当浮动，但向上浮动的比例不得超过上述标准的20%。地方各级人民政府、各级人民政

府主管部门、单位和个人违反法律、行政法规规定，擅自做出的减税、免税规定无效，征收机关不得执行并应向上级征收机关报告。

（4）在婚姻关系存续期间房屋、土地权属原归夫妻一方所有变更为夫妻双方共有或另一方所有的，或者房屋、土地权属原归夫妻双方共有，变更为其中一方所有的，或者房屋、土地权属原归夫妻双方共有，双方约定、变更共有份额的，免征契税。

（5）对已缴纳契税的购房单位和个人，在未办理房屋权属变更登记前退房的，退还已纳契税；在办理房屋权属变更登记后退房的，不予退还已纳契税。

（6）对公租房经营管理单位购买住房作为公租房，免征契税。

（7）依据《财政部　国家税务总局关于棚户区改造有关税收政策的通知》（财税〔2013〕101号），棚户区改造相关税收政策规定如下：

对经营管理单位回购已分配的改造安置住房，继续作为改造安置房源的，免征契税。

个人首次购买90平方米以下改造安置住房按1%的税率计征契税；购买超过90平方米，但符合普通住房标准的改造安置住房，按法定税率减半计征契税。

个人因房屋被征收而取得货币补偿并用于购买改造安置住房，或因房屋被征收而进行房屋产权调换并取得改造安置住房，按有关规定减免契税。

改造安置住房，是指相关部门和单位与棚户区被征收人签订的房屋征收（拆迁）补偿协议或棚户区改造合同（协议）中明确用于安置被征收人的住房或通过改建、扩建、翻建等方式实施改造的住房。

（8）对经营性文化事业单位转制中资产评估增值、资产转让或划转涉及的契税，自2014年1月1日起至2018年12月31日止，符合现行规定的享受相应税收优惠政策。

（9）为支持鲁甸地震灾后恢复重建工作，自2014年8月3日起至2016年12月31日止，对受灾居民购买安居房，免征契税；对在地震中损毁的应缴而未缴契税的居民住房，不再征收契税。

（10）对饮水工程运营管理单位为建设饮水工程而承受土地使用权，免征契税。

（11）对个人购买家庭唯一住房（家庭成员范围包括购房人、配偶以及未成年子女），面积为90平方米及以下的，减按1%的税率征收契税；面积为90平方米以上的，减按1.5%的税率征收契税。

（12）对个人购买家庭第二套改善性住房面积为90平方米及以下的减按1%的税率征收契税；面积为90平方米以上的，减按2%的税率征收契税。

家庭第二套改善性住房是指已拥有一套住房的家庭，购买的家庭第二套住房。

（13）对于《中华人民共和国继承法》规定的法定继承人（包括配偶、子女、父母、兄弟姐妹、祖父母、外祖父母）继承土地、房屋权属，不征契税。

按照《中华人民共和国继承法》规定，非法定继承人根据遗嘱承受死者生前的土地、房屋权属，属于赠与行为，应征收契税。

五、契税计税依据

契税的计税依据不含增值税，具体金额按照土地、房屋交易的不同情况确定。

（1）土地使用权出售、房屋买卖，其计税依据为成交价格。这样规定的好处：一是与城市房地产管理法和有关房地产法规规定的价格申报制度相一致；二是在现阶段有利于契税的征收管理。

（2）土地使用权赠与、房屋赠与，其计税依据由征收机关参照土地使用权出售、房屋买卖的市场价格核定。这是因为土地使用权赠与、房屋赠与属于特殊的转移形式，无货币支付，在计征税额时只能参照市场上同类土地、房屋价格计算应纳税额。

（3）土地使用权交换、房屋交换，其计税依据是所交换的土地使用权、房屋的价格差额。对于成交价格明显低于市场价格，且无正当理由的，或者所交换的土地使用权、房屋的价格差额明显不合理，且无正当理由的，由征收机关参照市场价格核定。其目的是防止纳税人隐瞒、虚报成交价格。

（4）出让国有土地使用权的，其契税计税价格为承受人为取得该土地使用权而支付的全部经济利益。

① 以协议方式出让的，其契税计税价格为成交价格。成交价格包括土地出让金、土地补偿费、安置补助费、地上附着物和青苗补偿费、拆迁补偿费、市政建设配套费等承受者应支付的货币、实物、无形资产及其他经济利益。

没有成交价格或者成交价格明显偏低的，征收机关可依次按下列两种方式确定。

评估价格：由政府批准设立的房地产评估机构根据相同地段、同类房地产进行综合评定，并经当地税务机关确认的价格。

土地基准地价：由县以上人民政府公示的土地基准地价。

② 以竞价方式出让的，其契税计税价格一般应确定为竞价的成交价格，土地出让金、市政建设配套费以及各种补偿费用应包括在内。

③ 先以划拨方式取得土地使用权，后经批准改为出让方式取得该土地使用权的，应依法缴纳契税其计税依据为应补缴的土地出让金和其他出让费用。

④ 已购公有住房经补缴土地出让金和其他出让费用成为完全产权住房的，免征土地权属转移的契税。

（5）房屋买卖的契税计税价格为房屋买卖合同的总价款，买卖装修的房屋，装修费用应包括在内。

六、契税应纳税额的计算

应纳税额的计算公式为

$$应纳税额＝计税依据×税率$$

应纳税额以人民币计算。转移土地、房屋权属以外汇结算的，按照纳税义务发生之日中国人民银行公布的人民币市场汇率中间价，折合成人民币计算。

【例 8-5】居民甲有两套住房，将一套出售给居民乙，成交价格为 100 000 元；将另一套两室住房与居民丙交换成两处一室住房，并支付换房差价款 40 000 元。试计算甲、乙、丙相关行为应缴纳的契税(假定税率为 3％，所有金额均不含增值税)。

(1) 甲应缴纳契税＝40 000×3％＝1 200(元)

(2) 乙应缴纳契税＝100 000×3％＝3 000(元)

(3) 丙不缴纳契税。

七、契税征收管理

(一) 纳税义务发生时间

契税的纳税义务发生时间为纳税人签订土地、房屋权属转移合同的当天,或者纳税人取得其他具有土地、房屋权属转移合同性质凭证的当天。

(二) 纳税期限

纳税人应当自纳税义务发生之日起 10 日内,向土地、房屋所在地的契税征收机关办理纳税申报,并在契税征收机关核定的期限内缴纳税款。

(三) 纳税地点

契税在土地、房屋所在地的征收机关缴纳。

(四) 其他管理

(1) 纳税人办理纳税事宜后,征收机关应向纳税人开具契税完税凭证。纳税人持契税完税凭证和其他规定的文件材料,依法向房地产管理部门办理有关土地、房屋的权属变更登记手续。房地产管理部门应向契税征收机关提供有关资料,并协助契税征收机关依法征收契税。

(2) 根据人民法院、仲裁委员会的生效法律文书发生土地、房屋权属转移,纳税人不能取得销售不动产发票的,可持人民法院执行裁定书原件及相关材料办理契税纳税申报,税务机关取得销售不动产发票的,可持人民法院执行裁定书原件及相关材料办理契税纳税申报,税务机关应予受理。

(3) 购买新建商品房的纳税人在办理契税纳税申报时,由于销售新建商品房的房地产开发企业已办理注销税务登记或者被税务机关列为非正常户等原因,致电纳税人不能取得销售不动产发票的,税务机关在核实有关情况后应予受理。

第五节 城镇土地使用税法

一、城镇土地使用税的概念和特点

(一) 城镇土地使用税的概念

城镇土地使用税是以开征范围内的土地为征税对象,以实际占用的土地面积为计税依据,按规定税额对拥有土地使用权的单位和个人征收的一种税。

土地是人类赖以生存、从事生产活动必不可少的物质条件。我国人多地少,珍惜土地、节约用地是一项基本国策。早在新中国成立初期,就开征了地产税。1951 年 8 月,中央人民政府政务院颁布《城市房地产税暂行条例》,规定在城市中征收房产税和地产税,称为城市房地产税。1973 年简化税制时,把对国内企业征收的房地产税并入工商税。长期以来,我国对非农业土地基本是实行行政划拨、无偿使用的办法。实践证明,这种做法不利于合理和节约使用土地。为了控制乱占滥用耕地,国务院于 1987 年 4 月 1 日发布了《中华人民共和国耕地占用税暂行条例》,用经济手段加强对耕地的管理,但城镇非农业土地使用中的浪费现象仍然严重存在。1988年9月27日国务院发布了《中华人民共和国城镇土地使用税暂行条例》，并于当年11月1日起施行，对节约用地和调节土地级差收入起到了一定的作用。

为了进一步合理利用城镇土地，调节土地的级差收入，提高土地使用效率，加强城镇土地管理，2006年12月31日，国务院颁布了第483号令，修订了《中华人民共和国城镇土地使用税暂行条例》（以下简称《城镇土地使用税暂行条例》），主要是提高了城镇土地使用税税额标准将征税范围扩大到外商投资企业和外国企业，从2007年1月1日起施行。修订后的条例，对统一税制、公平税负、拓宽税基和增加地方财政收入起到了积极作用。

（二）城镇土地使用税的特点

现行城镇土地使用税具有以下特点。

▶ 1. 对占用土地的行为征税

广义上，土地是一种财产，对土地课税在国外属于财产税。但是，根据我国宪法规定，城镇土地的所有权归国家，单位和个人对占用的土地只有使用权而无所有权。因此，现行的城镇土地使用税实质上是对占用土地资源或行为的课税，属于准财产税，而非严格意义上的财产税。

▶ 2. 征税对象是土地

由于我国的土地归国家所有，单位和个人只有占用权或使用权，而无所有权。这样，国家既可以凭借财产权力对土地使用人获取的收益进行分配，又可以凭借政治权力对土地使用者进行征税。开征城镇土地使用税，实质上是运用国家政治权力，将纳税人获取的本应属于国家的土地收益集中到国家手中。

▶ 3. 征税范围有所限定

现行城镇土地使用税征税范围限定在城市、县城、建制镇、工矿区，上述范围之外的土地不属于城镇土地使用税的征税范围。城镇土地使用税在筹集地方财政资金、调节土地使用和收益分配方面，发挥了积极作用。

（三）实行差别幅度税额

开征城镇土地使用税的主要目的之一是调节土地的级差收入，而级差收入的产生主要取决于土地的位置。占有土地位置优越的纳税人，可以节约运输和流通费用，扩大销售和经营规模，取得额外经济收益。为了有利于体现国家政策，城镇土地使用税实行差别幅度税额，不同城镇适用不同税额，对同一城镇的不同地段，根据市政建设状况和经济繁荣程度也确定不等的负担水平。

二、城镇土地使用税征税范围

城镇土地使用税的征税范围为城市、县城、建制镇和工矿区。其中，城市是指经国务院批准设立的市，其征税范围包括市区和郊区；县城是指县人民政府所在地，其征税范围为县人民政府所在地的城镇；建制镇是指经省、自治区、直辖市人民政府批准设立的，符合国务院规定的镇建制标准的镇，其征税范围一般为镇人民政府所在地；工矿区是指工商业比较发达，人口比较集中的大中型工矿企业所在地，工矿区的设立必须经省、自治区、直辖市人民政府批准。

由于城市、县城、建制镇和工矿区内的不同地方，其自然条件和经济繁荣程度各不相同，税法很难对全国城镇的具体征税范围做出统一规定，因此国家税务总局在《关于土地使用税若干具体问题的解释和暂行规定》中确定："城市、县城、建制镇、工矿区的具体征税范围，由各省、自治区、直辖市人民政府划定。"

三、城镇土地使用税纳税人

凡在城市、县城、建制镇、工矿区范围内使用土地的单位和个人，为城镇土地使用税的纳税义务人。单位包括国有企业、集体企业、私营企业、股份制企业、外商投资企业、外国企业以及其他企业和事业单位、社会团体、国家机关、军队以及其他单位。个人包括个体工商户及其他个人。由于在现实经济生活中，使用土地的情况十分复杂，为确保将城镇土地使用税及时、足额地征收入库，税法根据用地者的不同情况，对纳税人做了如下具体规定：

(1) 城镇土地使用税由拥有土地使用权的单位或个人缴纳。
(2) 土地使用权未确定或权属纠纷未解决的，由实际使用人纳税。
(3) 土地使用权共有的，由共有各方分别纳税。

四、城镇土地使用税适用税额

城镇土地使用税实行分级幅度税额。每平方米土地年税额规定如下：
大城市 1.5～30 元；
中等城市 1.2～24 元；
小城市 0.9～18 元；
县城、建制镇、工矿区 0.6～12 元。

上述大、中、小城市是以登记在册的非农业正式户口人数为依据，其中，市区及郊区非农业人口在 50 万以上的，称为大城市；市区及郊区非农业人口在 20 万～50 万的，称为中等城市；市区及郊区非农业人口在 20 万以下的称为小城市。

根据《城镇土地使用税暂行条例》的规定，各省、自治区、直辖市人民政府应当在法定税额幅度内，根据市政建设状况、经济繁荣程度等条件，确定所辖地区的适用税额幅度。

市、县人民政府应当根据实际情况，将本地区土地划分为若干等级，在省、自治区、直辖市人民政府确定的税额幅度内，制定适用税额标准，报省、自治区、直辖市人民政府批准执行。

经省、自治区、直辖市人民政府批准，经济落后地区的城镇土地使用税适用税额标准可以适当降低，但降低额不得超过规定的最低税额的 30%。经济发达地区城镇土地使用税的适用税额标准可以适当提高，但须报经财政部批准。

五、城镇土地使用税减免税优惠

城镇土地使用税的免税项目如下：

▶ 1. 国家机关、人民团体、军队自用的土地

(1) 人民团体，是指经国务院授权的政府部门批准设立或登记备案，并由国家拨付行政事业费的各种社会团体。

（2）国家机关、人民团体、军队自用的土地，是指这些单位本身的办公用地和公务用地。

▶ 2. 由国家财政部门拨付事业经费的单位自用的土地

（1）由国家财政部门拨付事业经费的单位，是指由国家财政部门拨付经费、实行全额预算管理或差额预算管理的事业单位。不包括实行自收自支、自负盈亏的事业单位。

（2）事业单位自用的土地，是指这些单位本身的业务用地。

（3）企业办的学校、医院、托儿所、幼儿园，其自用的土地免征城镇土地使用税。

▶ 3. 宗教寺庙、公园、名胜古迹自用的土地

（1）宗教寺庙自用的土地，是指举行宗教仪式等的用地和寺庙内的宗教人员生活用地。

（2）公园、名胜古迹自用的土地，是指供公共参观游览的用地及其管理单位的办公用地。

公园、名胜古迹中附设的营业场所，如影剧院、饮食部、茶社、照相馆等用地，应征收城镇土地使用税。

▶ 4. 市政街道、广场、绿化地带等公共用地

非社会性的公共用地不能免税，如企业内的广场、道路、绿化等占用的土地。

▶ 5. 直接用于农、林、牧、渔业的生产用地

指直接从事种植、养殖、饲养的专业用地。农副产品加工厂占地和从事农、林、牧、渔业生产单位的生活、办公用地不包括在内。

▶ 6. 开山填海整治的土地

自行开山填海整治的土地和改造的废弃土地，从使用的月份起免缴城镇土地使用税5～10年。开山填海整治的土地是指纳税人经有关部门批准后自行填海整治的土地，不包括纳税人通过出让、转让、划拨等方式取得的已填海整治的土地。

▶ 7. 由财政部另行规定免税的能源、交通、水利用地和其他用地

此外，个人所有的居住房屋及院落用地，房产管理部门在房租调整改革前经租的居民住房用地，免税单位职工家属的宿舍用地，集体和个人举办的各类学校、医院、托儿所、幼儿园用地等的征免税由各省、自治区、直辖市税务局确定。

知识拓展：
减免税优惠的
特殊规定

六、城镇土地使用税计税依据和应纳税额的计算

（一）计税依据

城镇土地使用税以纳税人实际占用的土地面积（平方米）为计税依据。

纳税人实际占用的土地面积，以房地产管理部门核发的土地使用证书与确认的土地面积为准；尚未核发土地使用证书的，应由纳税人据实申报土地面积，据以纳税，待核发土地使用证以后再作调整。

(二) 应纳税额的计算

城镇土地使用税的应纳税额依据纳税人实际占用的土地面积和适用单位税额计算。计算公式为

$$年应纳税额 = 计税土地面积(平方米) \times 适用税额$$

土地使用权由几方共有的,由共有各方按照各自实际使用的土地面积占总面积的比例,分别计算缴纳土地使用税。

【例 8-6】某市一商场坐落在该市繁华地段企业土地使用证书记载占用土地的面积为 6 000 平方米,经确定属一等地段;该商场另设两个统一核算的分店均坐落在市区三等地段,共占地 4 000 平方米;一座仓库位于市郊,属五等地段,占地面积为 1 000 平方米;另外,该商场自办托儿所占地面积 2 500 平方米,属三等地段。计算该商场全年应纳城镇土地使用税税额。(一等地段年税额 4 元/平方米,三等地段年税额 2 元/平方米,五等地段年税额 1 元/平方米;当地规定托儿所占地免税)

(1) 商场占地应纳税额 = 6 000 × 4 = 24 000(元)
(2) 分店占地应纳税额 = 4 000 × 2 = 8 000(元)
(3) 仓库占地应纳税额 = 1 000 × 1 = 1 000(元)
(4) 商场自办托儿所按税法规定免税。
(5) 全年应纳土地使用税额 = 24 000 + 8 000 + 1 000 = 33 000(元)

七、城镇土地使用税征收管理

(一) 纳税义务发生时间

(1) 购置新建商品房,自房屋交付使用之次月起计征城镇土地使用税。
(2) 购置存量房,自办理房屋权属转移、变更登记手续,房地产权属登记机关签发房屋权属证书之次月起计征城镇土地使用税。
(3) 出租、出借房产,自交付出租、出借房产之次月起计征城镇土地使用税。
(4) 以出让或转让方式有偿取得土地使用权的,应由受让方从合同约定交付土地时间的次月起缴纳城镇土地使用税;合同未约定交付土地时间的,由受让方从合同签订的次月起缴纳城镇土地使用税。
(5) 纳税人新征用的耕地,自批准征用之日起满 1 年时开始缴纳城镇土地使用税。
(6) 纳税人新征用的非耕地自批准征用次月起缴纳城镇土地使用税。
(7) 通过招标、拍卖、挂牌方式取得的建设用地,不属于新征用的耕地。纳税人应按照《财政部国家税务总局关于房产税城镇土地使用税有关政策的通知》(财税〔2006〕186 号)第二条规定,从合同约定交付土地时间的次月起缴纳城镇土地使用税,合同未约定交付土地时间的,从合同签订的次月起缴纳城镇土地使用税。

(二) 纳税期限

城镇土地使用税按年计算,分期缴纳。缴纳期限由省、自治区、直辖市人民政府确定。各省、自治区、直辖市税务机关结合当地情况,一般分别确定按月、季、半年或 1 年等不同的期限缴纳。

(三) 纳税申报

纳税人应依照当地税务机关规定的期限,填写《城镇土地使用税纳税申报表》,将其占

用土地的权属、位置、用途、面积和税务机关规定的其他内容，据实向当地税务机关办理纳税申报登记，并提供有关的证明文件资料。纳税人新征用的土地，必须于批准新征用之日起30日内申报登记。纳税人如有住址变更、土地使用权属转换等情况，从转移之日起，按规定期限办理申报变更登记。

（四）纳税地点

城镇土地使用税的纳税地点为土地所在地，由土地所在地的税务机关负责征收。纳税人使用的土地不属于同一省（自治区、直辖市）管辖范围内的，由纳税人分别向土地所在地的税务机关申报缴纳。在同一省（自治区、直辖市）管辖范围内，纳税人跨地区使用的土地，由各省、自治区、直辖市税务局确定纳税地点。

第六节 车辆购置税法

一、车辆购置税的概念和特点

（一）车辆购置税的概念

车辆购置税是以在中国境内购置规定的车辆为课税对象、在特定的环节向车辆购置者征收的一种税。就其性质而言属于直接税的范畴。

车辆购置税于2001年1月1日开始在我国实施，是一个新的税种，是在原交通部门收取的车辆购置附加费的基础上，通过"费改税"方式演变而来的。车辆购置税基本保留了原车辆购置附加费的特点。2014年12月2日，《车辆购置税征收管理办法》（国家税务总局令第33号）公布。

（二）车辆购置税的特点

车辆购置税作为一种特殊税，除具有税收的共同特点外，还有其自身特点。

（1）征收范围单一。车辆购置税以购置的特定车辆为课税对象，而不是对所有的财产或消费财产征税，范围窄，是一种特种财产税。

（2）征收环节单一。车辆购置税实行一次性课征制，它不是在生产、经营和消费的每个环节道道征收，而是在消费领域中的特定环节一次征收。

（3）征税具有特定目的。车辆购置税为中央税，它取之于应税车辆，用之于交通建设，其征税具有专门用途，可作为中央财政的经常性预算科目，由中央财政根据国家交通建设投资计划，统筹安排。这种特定目的的税收，可以保证国家财政支出的需要，既有利于统筹合理地安排资金，又有利于保证特定事业和建设支出的需要。

（4）价外征收，不转嫁税负。也就是说，征收车辆购置税的商品价格中不含车辆购置税税额，车辆购置税是附加在价格之外的，且税收的缴纳者即为最终的税收负担者，税负没有转嫁性。

二、车辆购置税纳税人

车辆购置税的纳税人，是指在中华人民共和国境内购置应税车辆的单位和个人。

▶ 1. 车辆购置税应税行为

车辆购置税的应税行为,是指在中华人民共和国境内购置应税车辆的行为。具体来讲,这种应税行为包括以下几种情况。

(1) 购买自用行为,包括购买使用国产应税车辆和购买自用进口应税车辆。当纳税人购置应税车辆时,就发生了应税行为,就要依法纳税。

(2) 进口自用行为,指直接进口或者委托代理进口的自用应税车辆的行为,不包括境内购买的进口车辆。

(3) 受赠使用行为,受赠是指接受他人馈赠。对馈赠人而言,在发生财产所有权转移后,应税行为一同转移,不再是纳税人;而作为受赠人在接受自用(包括接受免税车辆)后就发生了应税行为,就要承担纳税义务。

(4) 自产自用行为,自产自用是指纳税人自己生产的应税车辆作为最终消费品自己消费使用其消费行为已构成了应税行为。

(5) 获奖自用行为,包括从各种奖励形式中取得并自用应税车辆的行为。

(6) 其他自用行为,指除上述以外其他方式取得并自用应税车辆的行为,如拍卖、抵债、走私、罚没等方式取得并自用的应税车辆。

▶ 2. 车辆购置税征税区域

征税区域是指一个国家全面实施统一的税收法规的境域。我国车辆购置税的适用区域在"中华人民共和国境内",只要在中华人民共和国境内发生了车辆购置税的应税行为都要征收车辆购置税。

在中华人民共和国境内,是指应税车辆的购置或自用地在中华人民共和国境内。

购置应税车辆的行为发生地在"中华人民共和国境内"的,都属于车辆购置税的征税区域。应税车辆的购置地与应税行为的发生地是一致的。

▶ 3. 车辆购置税纳税义务人的具体范围

车辆购置税纳税义务人的范围包括"单位和个人",具体为:"单位"是指国有企业、集体企业、私营企业、股份制企业、外商投资企业、外国企业以及其他企业,事业单位、社会团体、国家机关、部队以及其他单位;"个人"是指个体工商业户及其他个人。泛指具有民事权利能力,依法享有民事权利,承担民事义务的自然人,包括中华人民共和国公民和外国公民。

三、车辆购置税的征税对象和征税范围

▶ 1. 征税对象

车辆购置税以列举产品(商品)为征税对象。所谓"列举产品",即指《车辆购置税暂行条例》规定的应税车辆。因此,应税车辆是车辆购置税的征税对象。

▶ 2. 征税范围

车辆购置税的征收范围包括汽车、摩托车、电车、挂车、农用运输车。

▶ 1. 汽车

汽车包括各类汽车。

▶ 2. 摩托车

① 轻便摩托车:最高设计车速不大于50km/h,发动机汽缸总排量不大于50cm³ 的两

个或三个车轮的机动车。

② 二轮摩托车：最高设计车速大于50km/h，或发动机汽缸总排量大于50cm^3的两个车轮的机动车。

③ 三轮摩托车：最高设计车速大于50km/h，或发动机汽缸总排量大于50cm^3，空车重量不大于400kg的三个车轮的机动车。

▶ 3. 电车

① 无轨电车：以电能为动力，由专用输电电缆线供电的轮式公共车辆。

② 有轨电车：以电能为动力，在轨道上行驶的公共车辆。

▶ 4. 挂车

① 全挂车：无动力设备，独立承载，由牵引车辆牵引行驶的车辆。

② 半挂车：无动力设备，与牵引车辆共同承载，由牵引车辆牵引行驶的车辆。

▶ 5. 农用运输车

① 三轮农用运输车：柴油发动机，功率大于7.4kW，载重量大于500kg，最高车速不大于40km/h的三个车轮的机动车（三轮农用运输车，自2004年10月1日起免征车辆购置税）。

② 四轮农用运输车：柴油发动机，功率不大于28kW，载重量不大于1 500kg，最高车速不大于50km/h的四个车轮的机动车。

车辆购置税征收范围的调整，由国务院决定，其他任何部门、单位和个人只能认真执行政策规定，无权擅自扩大或缩小车辆购置税的征税范围。

四、车辆购置税的税率

我国车辆购置税实行统一比例税率为10%。

自2017年1月1日起至12月31日止，对购置1.6升及以下排量的乘用车减按7.5%的税率征收车辆购置税。

乘用车，是指在设计和技术特性上主要用于载运乘客及其随身行李和（或）临时物品、含驾驶员座位在内最多不超过9个座位的汽车。具体包括：

（1）国产轿车："中华人民共和国机动车整车出厂合格证"（以下简称合格证）中"车辆型号"项的车辆类型代号（车辆型号的第一位数字，下同）为"7"，"排量和功率（mL/kW）"项中排量不超过1 600mL，"额定载客（人）"项不超过9人。

（2）国产专用乘用车：合格证中"车辆型号"项的车辆类型代号为"5"，"排量和功率（mL/kW）"项中排量不超过1 600mL，"额定载客（人）"项不超过9人，"额定载质量（kg）"项小于额定载客人数和65kg的乘积。

（3）其他国产乘用车：合格证中"车辆型号"项的车辆类型代号为"6"，"排量和功率（mL/kW）"项中排量不超过1 600mL，"额定载客（人）"项不超过9人。

（4）进口乘用车。参照国产同类车型技术参数认定。

五、车辆购置税的计税依据

车辆购置税计税价格按照以下情形确定：

（一）纳税人购买自用的应税车辆计税价格的确定

纳税人购买自用的应税车辆，计税价格为纳税人购买应税车辆而支付给销售者的全部价款和价外费用，不包含增值税税款；价外费用是指销售方价外向购买方收取的基金、集资费、违约金（延期付款利息）和手续费、包装费、储存费、优质费、运输装卸费、保管费以及其他各种性质的价外收费，但不包括销售方代办保险等而向购买方收取的保险费，以及向购买方收取的代购买方缴纳的车辆购置税、车辆牌照费。

$$计税价格=（全部价款+价外费用）\div（1+增值税税率或征收率）$$

（二）进口自用应税车辆计税依据的确定

纳税人进口自用的应税车辆以组成计税价格为计税依据。计税价格的计算公式为

$$计税价格=关税完税价格+关税+消费税$$

这里的"进口自用的应税车辆"，是指纳税人直接从境外进口或委托代理进口自用的应税车辆，即非贸易方式进口自用的应税车辆。

式中，关税完税价格是指海关核定的此类车型关税计税价格；关税是指由海关课征的进口车辆的关税。应纳关税计算公式为

$$应纳关税=关税完税价格\times 关税税率$$

消费税是指进口车辆应由海关代征的消费税。应纳消费税计算公式为

$$应纳消费税=组成计税价格\times 消费税税率$$

$$组成计税价格=（关税完税价格+关税）\div（1-消费税税率）$$

进口自用应税车辆的计税价格，应根据纳税人提供的、经海关审查确认的有关完税证明资料确定。

（三）其他自用应税车辆计税依据的确定

按现行政策规定，纳税人自产、受赠、获奖和以其他方式取得并自用的应税车辆的计税价格，按购置该型号车辆的价格确认不能取得购置价格的，由主管税务机关参照国家税务总局规定的相同类型应税车辆的最低计税价格核定。

（四）以最低计税价格为计税依据的确定

现行政策规定：纳税人购买自用或者进口自用应税车辆，申报的计税价格低于同类型应税车辆的最低计税价格，又无正当理由的，按照最低计税价格征收车辆购置税。也就是说，纳税人购买和进口自用的应税车辆，首先应分别按前述计税价格、组成计税价格计税，当申报的计税价格偏低，又提不出正当理由的，应以最低计税价格为计税依据，按照核定的最低计税价格征税。

$$核定计税价格=车辆进价\times（1+成本利润率）$$

成本利润率由省级国家税务局确定。

最低计税价格，是指国家税务总局依据车辆生产企业提供的车辆价格信息，并参照市场平均交易价格核定的车辆购置税计税价格。

申报的计税价格低于同类型应税车辆的最低计税价格，又无正当理由的，是指纳税人申报的车辆计税价格低于出厂价格或进口自用车辆的计税价格。

根据纳税人购置应税车辆的不同情况，国家税务总局对以下几种特殊情形应税车辆的最低计税价格规定如下：

（1）底盘（车架）发生更换的车辆，计税依据为最新核发的同类型车辆最低计税价格的

70%。同类型车辆是指同国别、同排量、同车长、同吨位、配置近似的车辆。

(2) 免税条件消失的车辆,自初次办理纳税申报之日起,使用年限未满10年的,计税依据为最新核发的同类型车辆最低计税价格按每满1年扣减10%;使用10年(含)以上的计税依据为零。未满1年的应税车辆计税依据为最新核发的同类型车辆最低计税价格。

(3) 对于国家税务总局未核定最低计税价格的车辆,计税依据为已核定的同类型车辆最低计税价格。同类型车辆是指:同国别、同排量、同车长、同吨位、配置近似等。

(4) 进口旧车、因不可抗力因素导致受损的车辆、库存超过3年的车辆、行驶8万公里以上的试验车辆、国家税务总局规定的其他车辆,凡纳税人能出具有效证明的,计税依据为纳税人提供的统一发票或有效凭证注明的计税价格。

六、车辆购置税税收优惠

(一) 车辆购置税减免税的具体规定

我国车辆购置税实行法定减免税。减税免税范围的具体规定如下。

(1) 外国驻华使馆、领事馆和国际组织驻华机构及其外交人员自用车辆免税。

(2) 中国人民解放军和中国人民武装警察部队列入军队武器装备订货计划的车辆免税。

(3) 设有固定装置的非运输车辆免税(自卸式垃圾车不属于设有固定装置非运输车辆);设有固定装置的非运输车辆,是指用于特种用途的专用作业车辆须设有为实现该用途并采用焊接、铆接或者螺栓连接等方式固定安装在车体上的专用设备或装置,不包括载运人员和物品的专用运输车辆。

生产(改装)或进口的车辆符合固定装置的非运输车辆免税的按《国家税务总局工业和信息化部关于设有固定装置非运输车辆信息采集的公告》(国家税务总局工业和信息化部公告2015年第96号)规定提交信息、照片及资料扫描件。

国家税务总局定期对生产企业或纳税人提交的信息及资料进行汇总,符合固定装置的非运输车辆免税的,编列免税图册。

(4) 购置列入《新能源汽车车型目录》的新能源汽车免征车辆购置税。

列入《新能源汽车车型目录》的新能源汽车须同时符合以下条件。

① 获得许可在中国境内销售的纯电动汽车、插电式(含增程式)混合动力汽车、燃料电池汽车。

② 使用的动力电池不包括铅酸电池。

③ 纯电动续驶里程须符合规定的要求。

④ 插电式混合动力乘用车综合燃料消耗量(不含电能转化的燃料消耗量)与现行的常规燃料消耗量国家标准中对应目标值相比小于60%;插电式混合动力商用车综合燃料消耗量(不含电能转化的燃料消耗量)与现行的常规燃料消耗量国家标准中对应限值相比小于60%。

⑤ 通过新能源汽车专项检测,符合新能源汽车标准要求。

(5) 城市公交企业购置的公共汽电车辆免征车辆购置税。根据《财政部国家税务总局关于城市公交企业购置公共汽电车辆免征车辆购置税的通知》(财税〔2016〕84号)规定,对城市公交企业自 2016 年 1 月 1 日起至 2020 年 12 月 31 日止购置的公共汽电车辆免征车辆购置税。

城市公交企业为新购置的公共汽电车辆办理免税手续后，因车辆转让、改变用途等原因导致免税条件消失的，应当到税务机关重新办理申报缴税手续。未按规定办理的，依据相关规定处理。

城市公交企业购置公共汽电车辆免征车辆购置税政策的起止时间，以《机动车销售统一发票》开具日期为准。

（二）车辆购置税的退税

（1）已缴纳车辆购置税的车辆，发生下列情形之一的，准予纳税人申请退税。

① 车辆退回生产企业或者经销商的。

② 符合免税条件的设有固定装置的非运输车辆但已征税的。

③ 其他依据法律法规规定应予退税的情形。

（2）纳税人申请退税时，应如实填写《车辆购置税退税申请表》，由本人、单位授权人员到主管税务机关办理退税手续，按下列情况分别提供资料。

① 车辆退回生产企业或者经销商的，提供生产企业或经销商开具的退车证明和退车发票未办理车辆登记注册的，提供原完税凭证、完税证明正本和副本；已办理车辆登记注册的，提供原完税凭证、完税证明正本、公安机关车辆管理机构出具的机动车注销证明。

② 符合免税条件的设有固定装置的非运输车辆但已征税的，未办理车辆登记注册的，提供原完税凭证、完税证明正本和副本；已办理车辆登记注册的，提供原完税凭证、完税证明正本。

③ 其他依据法律法规规定应予退税的情形，未办理车辆登记注册的，提供原完税凭证、完税证明正本和副本；已办理车辆登记注册的，提供原完税凭证、完税证明正本、公安机关车辆管理机构出具的机动车注销证明或者税务机关要求的其他资料。

知识拓展：车辆购置税的计算、申报与缴纳

车辆退回生产企业或者经销商的，纳税人申请退税时，主管税务机关自纳税人办理纳税申报之日起，按已缴纳税款每满 1 年扣减 10% 计算退税额；未满 1 年的，按已缴纳税款全额退税。

其他退税情形，纳税人申请退税时，主管税务机关依据有关规定计算退税额。

第七节 印花税法

一、印花税的法规

印花税法是指国家制定的用以调整印花税征收与缴纳权利及义务关系的法律规范。现行印花税法的基本规范，是 1988 年 8 月 6 日国务院发布并于同年 10 月 1 日实施的《中华人民共和国印花税暂行条例》(以下简称《印花税暂行条例》)。

印花税是以经济活动和经济交往中，书立、领受应税凭证的行为为征税对象征收的一种税。印花税因其采用在应税凭证上粘贴印花税票的方法缴纳税款而得名。征收印花税有利于增加财政收入，有利于配合和加强经济合同的监督管理，有利于培养纳税意识，也有利于配合对其他应纳税种的监督管理。

(一) 纳税义务人

印花税的纳税义务人，是在中国境内书立、使用、领受印花税法所列举的凭证并应依法履行纳税义务的单位和个人。

所称单位和个人，是指国内各类企业、事业、机关、团体、部队以及中外合资企业、合作企业、外资企业、外国公司和其他经济组织及其在华机构等单位和个人。

上述单位和个人，按照书立、使用、领受应税凭证的不同，可以分别确定为立合同人、立据人、立账簿人、领受人、使用人和各类电子应税凭证的签订人。

▶ 1. 立合同人

指合同的当事人。当事人是指对凭证有直接权利义务关系的单位和个人，但不包括合同的担保人、证人、鉴定人。各类合同的纳税人是立合同人。各类合同包括购销、加工承揽、建设工程承包、财产租赁、货物运输、仓储保管、借款、财产保险、技术合同或者具有合同性质的凭证。

所称合同，是指根据原《中华人民共和国经济合同法》《中华人民共和国涉外经济合同法》和其他有关合同法规订立的合同。所称具有合同性质的凭证，是指具有合同效力的协议、契约、合约、单据、确认书及其他各种名称的凭证。

《中华人民共和国合同法》1999年10月1日起施行，《中华人民共和国经济合同法》《中华人民共和国涉外经济合同法》《中华人民共和国技术合同法》同时废止。有关合同的法律依据可参考《中华人民共和国合同法》的规定。

当事人的代理人有代理纳税的义务，他与纳税人负有同等的税收法律义务和责任。

▶ 2. 立据人

产权转移书据的纳税人是立据人，是指土地、房屋权属转移过程中买卖双方的当事人。

▶ 3. 立账簿人

营业账簿的纳税人是立账簿人。立账簿人是指设立并使用营业账簿的单位和个人。例如，企业单位因生产、经营需要，设立了营业账簿，该企业即为纳税人。

▶ 4. 领受人

权利、许可证照的纳税人是领受人。领受人是指领取或接受并持有该项凭证的单位和个人。例如，某人因其发明创造，经申请依法取得国家专利机关颁发的专利证书，该人即为纳税人。

▶ 5. 使用人

在国外书立、领受，但在国内使用的应税凭证，其纳税人是使用人。

▶ 6. 各类电子应税凭证的签订人

即以电子形式签订的各类应税凭证的当事人。

值得注意的是，对应税凭证，凡由两方或两方以上当事人共同书立的，其当事人各方都是印花税的纳税人，应各自就其所持凭证的计税金额履行纳税义务。

（二）税目

印花税的税目，指印花税法明确规定的应当纳税的项目，它具体划定了印花税的征税范围。一般地说，列入税目的就要征税，未列入税目的就不征税。印花税共有下列13个税目。

▶ 1. 购销合同

购销合同包括供应、预购、采购、购销结合及协作、调剂、补偿、贸易等合同。此外，还包括出版单位与发行单位之间订立的图书、报纸、期刊和音像制品的应税凭证，例如订购单、订数单等。还包括发电厂与电网之间、电网与电网之间（国家电网公司系统、南方电网公司系统内部各级电网互供电量除外）签订的购售电合同。但是，电网与用户之间签订的供用电合同不属于印花税列举征税的凭证，不征收印花税。

▶ 2. 加工承揽合同

加工承揽合同包括加工、定做、修缮、修理、印刷、广告、测绘、测试等合同。

▶ 3. 建设工程勘察设计合同

建设工程勘察设计合同包括勘察、设计合同。

▶ 4. 建筑安装工程承包合同

建筑安装工程承包合同包括建筑、安装工程承包合同。承包合同包括总承包合同、分包合同和转包合同。

▶ 5. 财产租赁合同

财产租赁合同包括租赁房屋、船舶、飞机、机动车辆、机械、器具、设备等合同，还包括企业、个人出租门店、柜台等签订的合同。

▶ 6. 货物运输合同

货物运输合同包括民用航空、铁路运输、海上运输、公路运输和联运合同，以及作为合同使用的单据。

▶ 7. 仓储保管合同

仓储保管合同包括仓储、保管合同，以及作为合同使用的仓单、栈单等。

▶ 8. 借款合同

借款合同是银行及其他金融组织与借款人（不包括银行同业拆借）所签订的合同，以及只填开借据并作为合同使用、取得银行借款的借据。银行及其他金融机构经营的融资租赁业务，是一种以融物方式达到融资目的的业务，实际上是分期偿还的固定资金借款，因此融资租赁合同也属于借款合同。

▶ 9. 财产保险合同

财产保险合同包括财产、责任、保证、信用保险合同，以及作为合同使用的单据。财产保险合同，分为企业财产保险、机动车辆保险、货物运输保险、家庭财产保险和农牧业保险五大类。"家庭财产两全保险"属于家庭财产保险性质，其合同在财产保险合同之列，应照章纳税。

▶ 10. 技术合同

技术合同包括技术开发、转让、咨询、服务等合同，以及作为合同使用的单据。

技术转让合同，包括专利申请权转让和非专利技术转让。

技术咨询合同，是当事人就有关项目的分析、论证、预测和调查订立的技术合同。但一般的法律、会计、审计等方面的咨询不属于技术咨询，其所立合同不贴印花。

技术服务合同，是当事人一方委托另一方就解决有关特定技术问题，如为改进产品结构、改良工艺流程、提高产品质量、降低产品成本、保护资源环境、实现安全操作、提高经济效益等提出实施方案，实施所订立的技术合同，包括技术服务合同、技术培训合同和技术中介合同。但不包括以常规手段或者为生产经营目的进行一般加工、修理、修缮、广告、印刷、测绘、标准化测试，以勘察、设计等所书立的合同。

▶ 11. 产权转移书据

产权转移书据包括财产所有权和版权、商标专用权、专利权、专有技术使用权等转移书据和专利实施许可合同、土地使用权出让合同、土地使用权转让合同、商品房销售合同等权利转移合同。

所称产权转移书据，是指单位和个人产权的买卖、继承、赠与、交换、分割等所立的书据。"财产所有权"转移书据的征税范围，是指经政府管理机关登记注册的动产、不动产的所有权转移所立的书据，以及企业股权转让所立的书据，并包括个人无偿赠送不动产所签订的"个人无偿赠与不动产登记表"。当纳税人完税后，税务机关（或其他征收机关）应在纳税人印花税完税凭证上加盖"个人无偿赠与"印章。

▶ 12. 营业账簿

营业账簿指单位或者个人记载生产经营活动的财务会计核算账簿。营业账簿按其反映内容的不同，可分为记载资金的账簿和其他账簿。

记载资金的账簿，是指反映生产经营单位资本金数额增减变化的账簿。其他账簿，是指除上述账簿以外的有关其他生产经营活动内容的账簿，包括日记账簿和各明细分类账簿。

但是，对金融系统营业账簿，要结合金融系统财务会计核算的实际情况进行具体分析。凡银行用以反映资金存贷经营活动、记载经营资金增减变化、核算经营成果的账簿，如各种日记账、明细账和总账都属于营业账簿，应按照规定缴纳印花税；银行根据业务管理需要设置的各种登记簿，如空白重要凭证登记簿、有价单证登记簿、现金收付登记簿等，其记载的内容与资金活动无关，仅用于内部备查，属于非营业账簿，均不征收印花税。

▶ 13. 权利、许可证照

权利、许可证照包括政府部门发给的房屋产权证、工商营业执照、商标注册证、专利证、土地使用证。

(三) 税率

印花税的税率设计，遵循税负从轻、共同负担的原则。所以，税率比较低；凭证的当事人，即对凭证有直接权利与义务关系的单位和个人均应就其所持凭证依法纳税。

印花税的税率有两种形式，即比例税率和定额税率。

▶ 1. 比例税率

在印花税的13个税目中，各类合同以及具有合同性质的凭证（含以电子形式签订的各类应税凭证）、产权转移书据、营业账簿中记载资金的账簿，适用比例税率。

印花税的比例税率分为4个档次,分别是0.05‰、0.3‰、0.5‰和1‰。

(1) 适用0.05‰税率的为"借款合同"。

(2) 适用0.3‰税率的为"购销合同""建筑安装工程承包合同""技术合同"。

(3) 适用0.5‰税率的为"加工承揽合同""建筑工程勘察设计合同""货物运输合同""产权转移书据""营业账簿"税目中记载资金的账簿。

(4) 适用1‰税率的为"财产租赁合同""仓储保管合同""财产保险合同"。

(5) 在上海证券交易所、深圳证券交易所、全国中小企业股份转让系统买卖、继承、赠与优先股所书立的股权转让书据,均依书立时实际成交金额,由出让方按1‰的税率计算缴纳证券(股票)交易印花税。

(6) 在全国中小企业股份转让系统买卖、继承、赠与股票所书立的股权转让书据,依书立时实际成交金额,由出让方按1‰的税率计算缴纳证券(股票)交易印花税。

香港市场投资者通过沪港通买卖、继承、赠与上交所上市A股,按照内地现行税制规定缴纳证券(股票)交易印花税。内地投资者通过沪港通买卖、继承、赠与联交所上市股票,按照香港特别行政区现行税法规定缴纳印花税。

▶ 2. 定额税率

在印花税的税目中,"权利、许可证照"和"营业账簿"税目中的其他账簿,适用定额税率,均为按件贴花,税额为5元。这样规定,主要是考虑上述应税凭证比较特殊,有的是无法计算金额的凭证,如权利、许可证照;有的是虽记载有金额,但以其作为计税依据又明显不合理的凭证,如其他账簿。采用定额税率,便于纳税人缴纳,便于税务机关征管。印花税税目、税率见表8-3。

表8-3 印花税税目、税率

税 目	范 围	税 率	纳税义务人	说 明
购销合同	包括供应、预购、采购、购销结合及协作、调剂、补偿、易货等合同	按购销金额的0.3‰贴花	立合同人	
加工承揽合同	包括加工、定做、修缮、修理、印刷、广告、测绘、测试等合同	按加工或承揽收入的0.5‰贴花	立合同人	
建设工程勘察设计合同	包括勘察、设计合同	按收取费用的0.5‰贴花	立合同人	
建筑安装工程承包合同	包括建筑、安装工程承包合同	按承包金额的0.3‰贴花	立合同人	

续表

税　目	范　围	税　率	纳税义务人	说　明
财产租赁合同	包括租赁房屋、船舶、飞机、机动车辆、机械、器具、设备等合同	按租赁金额的1‰贴花。税额不足1元按1元贴花	立合同人	
货物运输合同	包括民用航空运输、铁路运输、海上运输、内河运输、公路运输和联运的合同	按运输费用的0.5‰贴花	立合同人	单据作为合同使用，按合同贴花
仓储保管合同	包括仓储、保管合同	按仓储保管费用的1‰贴花	立合同人	仓单或栈单作为合同使用的，按合同贴花
借款合同	银行和其他金融组织与借款人（不包括银行同业拆借）所签订的借款合同	按借款金额的0.05‰贴花	立合同人	单据作为合同使用的，按合同贴花
财产保险合同	包括财产、责任、保证、信用等保险合同	按保费收入的1‰贴花	立合同人	单据作为合同使用的，按合同贴花
技术合同	包括技术开发、转让、咨询、服务等合同	按所载金额的0.3‰贴花	立合同人	
产权转移书据	包括财产所有权和版权、商标专用权、专利权、专有技术使用权等转移书据	按所载金额的0.5‰贴花	立据人	
营业账簿	生产经营用账册	记载资金的账簿，按实收资本和资本公积的合计金额的0.5‰贴花。其他账簿按件贴花5元	立账簿人	
权利、许可证照	包括政府部门发给的房屋产权证、工商营业执照、商标注册证、专利证、土地使用证	按件贴花5元	领受人	

二、印花税的计算

（一）计税依据的一般规定

印花税的计税依据为各种应税凭证上所记载的计税金额。具体规定如下。

（1）购销合同的计税依据为合同记载的购销金额。

（2）加工承揽合同的计税依据是加工或承揽收入的金额。具体规定为：

① 对于由受托方提供原材料的加工、定做合同，凡在合同中分别记载加工费金额和原材料金额的，应分别按"加工承揽合同""购销合同"计税，两项税额相加数，即为合同应贴印花；若合同中未分别记载，则应就全部金额依照加工承揽合同计税贴花。

② 对于由委托方提供主要材料或原料，受托方只提供辅助材料的加工合同，无论加工费和辅助材料金额是否分别记载，均以辅助材料与加工费的合计数，依照加工承揽合同计税贴花。对委托方提供的主要材料或原料金额不计税贴花。

（3）建设工程勘察设计合同的计税依据为收取的费用。

（4）建筑安装工程承包合同的计税依据为承包金额。

（5）财产租赁合同的计税依据为租赁金额；经计算，税额不足1元的，按1元贴花。

（6）货物运输合同的计税依据为取得的运输费金额（即运费收入），不包括所运货物的金额、装卸费和保险费等。

（7）仓储保管合同的计税依据为收取的仓储保管费用。

（8）借款合同的计税依据为借款金额。针对实际借贷活动中不同的借款形式，税法规定了下列不同的计税方法。

① 凡是一项信贷业务既签订借款合同，又一次或分次填开借据的，只以借款合同所载金额为计税依据计税贴花；凡是只填开借据并作为合同使用的，应以借据所载金额为计税依据计税贴花。

② 借贷双方签订的流动资金周转性借款合同，一般按年（期）签订，规定最高限额，借款人在规定的期限和最高限额内随借随还。为避免加重借贷双方的负担，对这类合同只以其规定的最高限额为计税依据，在签订时贴花一次，在限额内随借随还不签订新合同的，不再另贴印花。

③ 对借款方以财产作抵押，从贷款方取得一定数量抵押贷款的合同，应按借款合同贴花；在借款方因无力偿还借款而将抵押财产转移给贷款方时，应再就双方书立的产权书据，按产权转移书据的有关规定计税贴花。

④ 对银行及其他金融组织的融资租赁业务签订的融资租赁合同，应按合同所载租金总额，暂按借款合同计税。

⑤ 在贷款业务中，如果贷方系由若干银行组成的银团，银团各方均承担一定的贷款数额。借款合同由借款方与银团各方共同书立，各执一份合同正本。对这类合同借款方与贷款银团各方应分别在所执的合同正本上，按各自的借款金额计税贴花。

⑥ 在基本建设贷款中，如果按年度用款计划分年签订借款合同，在最后一年按总概算签订借款总合同，且总合同的借款金额包括各个分合同的借款金额的，对这类基建借款合同，应按分合同分别贴花，最后签订的总合同，只就借款总额扣除分合同借款金额后的余额计税贴花。

(9) 财产保险合同的计税依据为支付(收取)的保险费，不包括所保财产的金额。

(10) 技术合同的计税依据为合同所载的价款、报酬或使用费。为了鼓励技术研究开发，对技术开发合同，只就合同所载的报酬金额计税，研究开发经费不作为计税依据。但对合同约定按研究开发经费一定比例作为报酬的，应按一定比例的报酬金额贴花。

(11) 产权转移书据的计税依据为所载金额。

(12) 营业账簿税目中记载资金的账簿的计税依据为"实收资本"与"资本公积"两项的合计金额。

① 实收资本包括现金、实物、无形资产和材料物资。其中，现金按实际收到或存入纳税人开户银行的金额确定；实物指房屋、机器等，按评估确认的价值或者合同、协议约定的价格确定；无形资产和材料物资，按评估确认的价值确定。

② 资本公积包括接受捐赠、法定财产重估增值、资本折算差额、资本溢价等。如果是实物捐赠，则按同类资产的市场价格或有关凭据确定。

其他账簿的计税依据为应税凭证件数。

(13) 权利、许可证照的计税依据为应税凭证件数。

(二) 应纳税额的计算

纳税人的应纳税额，根据应税凭证的性质，分别按比例税率或者定额税率计算，其计算公式为

$$应纳税额 = 应税凭证计税金额(或应税凭证件数) \times 适用税率$$

【例 8-7】 某企业某年 2 月开业，当年发生以下有关业务事项：领受房屋产权证、工商营业执照、土地使用证各 1 件；与其他企业订立转移专用技术使用权书据 1 份，所载金额 100 万元；订立产品购销合同 1 份，所载金额为 200 万元；订立借款合同 1 份，所载金额为 400 万元；企业记载资金的账簿，"实收资本"和"资本公积"为 800 万元；其他营业账簿 10 本。试计算该企业当年应缴纳的印花税税额。

(1) 企业领受权利、许可证照应纳税额：

应纳税额 = 3×5 = 15（元）

(2) 企业订立产权转移书据应纳税额：

应纳税额 = 1 000 000×0.5‰ = 500（元）

(3) 企业订立购销合同应纳税额：

应纳税额 = 2 000 000×0.3‰ = 600（元）

(4) 企业订立借款合同应纳税额：

应纳税额 = 4 000 000×0.05‰ = 200（元）

(5) 企业记载资金的账簿中的应纳税额：

应纳税额 = 8 000 000×0.5‰ = 4 000（元）

(6) 企业其他营业账簿中的应纳税额：

应纳税额 = 10×5 = 50（元）

(7) 当年企业应纳印花税税额：

15+500+600+200+4 000+50 = 5 365（元）

(三) 税收优惠

对印花税的减免税优惠主要有：

(1) 对已缴纳印花税凭证的副本或者抄本免税。

凭证的正式签署本已按规定缴纳了印花税,其副本或者抄本对外不发生权利义务关系,只是留存备查。但以副本或者抄本视同正本使用的,则应另贴印花。

(2) 对无息、贴息贷款合同免税。

无息、贴息贷款合同,是指我国的各专业银行按照国家金融政策发放的无息贷款,以及由各专业银行发放,并按有关规定由财政部门或中国人民银行给予贴息的贷款项目所签订的贷款合同。

一般情况下,无息、贴息贷款体现国家政策,满足特定时期的某种需要,其利息全部或者部分是由国家财政负担的,对这类合同征收印花税没有财政意义。

(3) 对房地产管理部门与个人签订的用于生活居住的租赁合同免税。

(4) 对农牧业保险合同免税。

对该类合同免税,是为了支持农村保险事业的发展,减轻农牧业生产的负担。

(5) 对与高校学生签订的高校学生公寓租赁合同,免征印花税。

"高校学生公寓"是指为高校学生提供住宿服务,按照国家规定的收费标准收取住宿费的学生公寓。

(6) 对公租房经营管理单位建造、管理公租房涉及的印花税予以免征。

对公租房经营管理单位购买住房作为公租房,免征印花税;对公租房租赁双方签订租赁协议涉及的印花税予以免征。

在其他住房项目中配套建设公租房,依据政府提供的相关材料,可按公租房建筑面积占总建筑面积的比例免征建造、管理公租房涉及的印花税。

(7) 为贯彻落实《国务院关于加快棚户区改造工作意见》,对改造安置住房经营管理;开发单位、开发商与改造安置住房相关的印花税以及购买安置住房的个人涉及的印花税自2013年7月4日起予以免征。

三、印花税征收管理

(一) 纳税方法

印花税的纳税办法,根据税额大小、贴花次数以及税收征收管理的需要,分别采用以下三种纳税办法。

知识拓展:
印花税违章与处罚

▶ 1. 自行贴花办法

这种办法,一般适用于应税凭证较少或者贴花次数较少的纳税人。纳税人书立、领受或者使用印花税法列举的应税凭证的同时,纳税义务即已产生,应当根据应纳税凭证的性质和适用的税目税率自行计算应纳税额,自行购买印花税票,自行一次贴足印花税票并加以注销或划销,纳税义务才算全部履行完毕。值得注意的是,纳税人购买了印花税票,支付了税款,国家就取得了财政收入。但就印花税来说,纳税人支付了税款并不等于已履行了纳税义务。纳税人必须自行贴花并注销或划销,这样才算完整地完成了纳税义务。这也就是通常所说的"三自"纳税办法。

对已贴花的凭证,修改后所载金额增加的,其增加部分应当补贴印花税票。凡多贴印花税票者,不得申请退税或者抵用。

▶ 2. 汇贴或汇缴办法

这种办法,一般适用于应纳税额较大或者贴花次数频繁的纳税人。

一份凭证应纳税额超过500元的,应向当地税务机关申请填写缴款书或者完税证,将其中一联粘贴在凭证上或者由税务机关在凭证上加注完税标记代替贴花。这就是通常所说的"汇贴"办法。

同一种类应纳税凭证,需频繁贴花的,纳税人可以根据实际情况自行决定是否采用按期汇总缴纳印花税的方式,汇总缴纳的期限为1个月。采用按期汇总缴纳方式的纳税人应事先告知主管税务机关。缴纳方式一经选定,1年内不得改变。主管税务机关接到纳税人要求按期汇总缴纳印花税的告知后,应及时登记,制定相应的管理办法,防止出现管理漏洞。对采用按期汇总缴纳方式缴纳印花税的纳税人,应加强日常监督、检查。

实行印花税按期汇总缴纳的单位,对征税凭证和免税凭证汇总时,凡分别汇总的,按本期征税凭证的汇总金额计算缴纳印花税;凡确属不能分别汇总的,应按本期全部凭证的实际汇总金额计算缴纳印花税。

凡汇总缴纳印花税的凭证,应加注税务机关指定的汇缴戳记、编号并装订成册后,将已贴印花或者缴款书的一联粘附册后,盖章注销,保存备查。

经税务机关核准,持有代售许可证的代售户,代售印花税票取得的税款须专户存储,并按照规定的期限,向当地税务机关结报,或者填开专用缴款书直接向银行缴纳,不得逾期不缴或者挪作他用。代售户领存的印花税票及所售印花税票的税款,如有损失,应负责赔偿。

▶ 3. 委托代征办法

这一办法主要是通过税务机关的委托,经由发放或者办理应纳税凭证的单位代为征收印花税税款。税务机关应与代征单位签订代征委托书。所谓发放或者办理应纳税凭证的单位,是指发放权利、许可证照的单位和办理凭证的鉴证、公证及其他有关事项的单位。如按照印花税法规定,工商行政管理机关核发各类营业执照和商标注册证的同时,负责代售印花税票,征收印花税税款,并监督领受单位或个人负责贴花。税务机关委托工商行政管理机关代售印花税票,按代售金额5‰的比例支付代售手续费。

印花税法规定,发放或者办理应纳税凭证的单位,负有监督纳税人依法纳税的义务,具体是指对以下纳税事项监督:①应纳税凭证是否已粘贴印花;②粘贴的印花是否足额;③粘贴的印花是否按规定注销。

对未完成以上纳税手续的,应督促纳税人当场完成。

(二) 纳税环节

印花税应当在书立或领受时贴花。具体是指在合同签订时、账簿启用时和证照领受时贴花。如果合同是在国外签订,并且不便在国外贴花的,应在将合同带入境时办理贴花纳税手续。

(三) 纳税地点

印花税一般实行就地纳税。对于全国性商品物资订货会(包括展销会、交易会等)上所签订合同应纳的印花税,由纳税人回其所在地后及时办理贴花完税手续;对地方主办、不涉及省际关系的订货会、展销会上所签合同的印花税,其纳税地点由各省、自治区、直辖市人民政府自行确定。

(四) 纳税申报

印花税的纳税人应按照条例的有关规定及时办理纳税申报,并如实填写《印花税纳税申报表》。

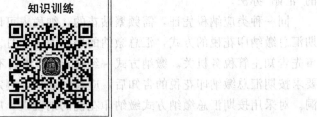

知识训练

第九章 税收征收管理法

> **学习目标**
> 1. 掌握税务登记管理、税款征收。
> 2. 了解税收征管法、税务检查、法律责任。

税收征收管理法是有关税收征收管理法律规范的总称，包括税收征收管理法及税收征收管理的有关法律、法规和规章。

《中华人民共和国税收征收管理法》于 1992 年 9 月 4 日第七届全国人民代表大会常务委员会第二十七次会议通过，1993 年 1 月 1 日起施行，1995 年 2 月 28 日第八届全国人民代表大会常务委员会第十二次会议修正。2001 年 4 月 28 日，第九届全国人民代表大会常务委员会第二十一次会议通过了修订后的《中华人民共和国税收征收管理法》（以下简称《征管法》），并于 2001 年 5 月 1 日起施行。2012 年和 2015 年全国人民代表大会常务委员会对《征管法》又进行过两次修订。

第一节 税收征收管理法概述

一、税收征收管理法的立法目的

《征管法》第一条规定："为了加强税收征收管理，规范税收征收和缴纳行为，保障国家税收收入，保护纳税人的合法权益，促进经济和社会发展，制定本法。"此条规定对《征管法》的立法目的作了高度概括。

（一）加强税收征收管理

税收征收管理是国家征税机关依据国家税收法律、行政法规的规定，按照统一的标准，通过一定的程序，对纳税人应纳税额组织入库的一种行政活动，是国家将税收政策贯彻实施到每个纳税人,有效地组织税收收入及时、足额入库的一系列活动的总称。税收征管工作的好坏,直接关系到税收职能作用能否很好地发挥。理所当然,加强税收征收管理,成为《征管法》立法的首要目的。

（二）规范税收征收和缴纳行为

《征管法》既要为税务机关、税务人员依法行政提供标准和规范,税务机关、税务人员必须依照该法的规定进行税收征收,其一切行为都要依法进行,违者要承担法律责任;同时也要为纳税人缴纳税款提供标准和规范,纳税人只有按照法律规定的程序和办法缴纳税款,才能更好地保障自身的权益。因此,在该法中加入"规范税收征收和缴纳行为"的目的,是对依法治国、依法治税思想的深刻理解和运用,为《征管法》其他条款的修订指明了方向。

（三）保障国家税收收入

税收收入是国家财政的主要来源,组织税收收入是税收的基本职能之一。《征管法》是税收征收管理的标准和规范,其根本目的是保证税收收入的及时、足额入库,这也是任何一部《征管法》都具有的目的。

（四）保护纳税人的合法权益

税收征收管理作为国家的行政行为,一方面要维护国家的利益;另一方面要保护纳税人的合法权益不受侵犯。纳税人按照国家税收法律、行政法规的规定缴纳税款之外的任何其他款项,都是对纳税人合法权益的侵害。保护纳税人的合法权益一直是《征管法》的立法目的。

（五）促进经济发展和社会进步

税收是国家宏观调控的重要杠杆,《征管法》是市场经济的重要法律规范,这就要求税收征收管理的措施,如税务登记、纳税申报、税款征收、税收检查以及税收政策等以促进经济发展和社会进步为目标,方便纳税人,保护纳税人。因此,在该法中加入"促进经济和社会发展"的目的,表明了税收征收管理的历史使命和前进方向。

二、税收征收管理法的适用范围

《征管法》第二条规定:"凡依法由税务机关征收的各种税收的征收管理,均适用本法。"这就明确界定了《征管法》的适用范围。

我国税收的征收机关有税务、海关、财政等部门,税务机关征收各种工商税收,海关征收关税。《征管法》只适用于由税务机关征收的各种税收的征收管理。

农税征收机关负责征收的耕地占用税、契税的征收管理,由国务院另行规定;海关征收的关税及代征的增值税、消费税,适用其他法律、法规的规定。

值得注意的是,目前还有一部分费由税务机关征收,如教育费附加。这些费不适用《征管法》,不能采取《征管法》规定的措施,其具体管理办法由各种费的条例和规章决定。

三、税收征收管理法的遵守主体

（一）税务行政主体——税务机关

《征管法》第五条规定:"国务院税务主管部门主管全国税收征收管理工作。"各地国家税务局和地方税务局应当按照国务院规定的税收征收管理范围分别进行征收管理《征管法》和《细则》规定："税务机关是指各级税务局、税务分局、税务所和省以下税务局的稽查局。稽查局专司偷税、逃避追缴欠税、骗税、抗税案件的查处。国家税务总局应明确划分税务局和稽查局的职责，避免职责交叉。"上述规定既明确了税收征收管理的行政主体（执法主体），也明确了《征管法》的遵守主体。

（二）税务行政管理相对人——纳税人、扣缴义务人和其他有关单位

《征管法》第四条规定："法律、行政法规规定负有纳税义务的单位和个人为纳税人。法律、行政法规规定负有代扣代缴、代收代缴税款义务的单位和个人为扣缴义务人。纳税人、扣缴义务人必须依照法律、行政法规的规定缴纳税款、代扣代缴、代收代缴税款。"第六条第二款规定："纳税人、扣缴义务人和其他有关单位应当按照国家有关规定如实向税务机关提供与纳税和代扣代缴、代收代缴税款有关的信息。"根据上述规定，纳税人、扣缴义务人和其他有关单位是税务行政管理的相对人，是《征管法》的遵守主体，必须按照《征管法》的有关规定接受税务管理，享受合法权益。

（三）有关单位和部门

《征管法》第五条规定："地方各级人民政府应当依法加强对本行政区域内税收管理工作的领导或者协调，支持税务机关依法执行职务，依照法定税率计算税额，依法征收税款。各有关部门和单位应当支持、协助税务机关依法执行职务。"这说明包括地方各级人民政府在内的有关单位和部门同样是《征管法》的遵守主体，必须遵守《征管法》的有关规定。

第二节 税务管理

一、税务登记管理

税务登记是税务机关对纳税人的生产、经营活动进行登记并据此对纳税人实施税务管理的一种法定制度。税务登记又称纳税登记，它是税务机关对纳税人实施税收管理的首要环节和基础工作，是征纳双方法律关系成立的依据和证明，也是纳税人必须依法履行的义务。

根据《征管法》和国家税务总局印发的《税务登记管理办法》，我国税务登记制度大体包括以下内容。

（一）开业税务登记

▶ 1. 开业税务登记的对象

根据有关规定，开业税务登记的纳税人分为以下两类。

（1）领取营业执照从事生产、经营的纳税人。

① 企业，即从事生产经营的单位或组织，包括国有、集体、私营企业，中外合资合作企业、外商独资企业，以及各种联营、联合、股份制企业等。

② 企业在外地设立的分支机构和从事生产、经营的场所。
③ 个体工商户。
④ 从事生产、经营的事业单位。
(2) 其他纳税人。
前款规定以外的纳税人，除国家机关、个人和无固定生产、经营场所的流动性农村小商贩外，也应该规定办理税务登记。

▶ 2. 开业税务登记的时间和地点
(1) 企业在外地设立的分支机构和从事生产、经营的场所，个体工商户和从事生产、经营的事业单位（以下统称"从事生产、经营的纳税人"），向生产、经营所在地税务机关申报办理税务登记：

从事生产、经营的纳税人领取工商营业执照的，应当自领取工商营业执照之日起30日内申报办理税务登记，税务机关发放税务登记证及副本；

从事生产、经营的纳税人未办理工商营业执照但经有关部门批准设立的，应当自有关部门批准设立之日起30日内申报办理税务登记，税务机关发放税务登记证及副本；

从事生产、经营的纳税人未办理工商营业执照也未经有关部门批准设立的，应当自纳税义务发生之日起30日内申报办理税务登记，税务机关发放临时税务登记证及副本；

有独立的生产经营权、在财务上独立核算并定期向发包人或者出租人上交承包费或租金的承包承租人，应当自承包承租合同签订之日起30日内，向其承包承租业务发生地税务机关申报办理税务登记，税务机关发放临时税务登记证及副本；

境外企业在中国境内承包建筑、安装、装配、勘探工程和提供劳务的，应当自项目合同或协议签订之日起30日内，向项目所在地税务机关申报办理税务登记，税务机关发放临时税务登记证及副本。

(2) 上述规定以外的其他纳税人，除国家机关、个人和无固定生产、经营场所的流动性农村小商贩外，均应当自纳税义务发生之日起30日内，向纳税义务发生地税务机关申报办理税务登记，税务机关发放税务登记证及副本。

▶ 3. 开业税务登记的内容
(1) 单位名称、法定代表人或业主姓名及其居民身份证、护照或者其他证明身份的合法证件。
(2) 住所、经营地点。
(3) 登记注册类型及所属主管单位。
(4) 核算方式。
(5) 行业、经营范围、经营方式。
(6) 注册资金（资本）、投资总额、开户银行及账号。
(7) 经营期限、从业人数、营业执照号码。
(8) 财务负责人、办税人员。
(9) 其他有关事项。

企业在外地的分支机构或者从事生产、经营的场所，还应当登记总机构名称、地址、法人代表、主要业务范围、财务负责人。

▶ 4. 开业税务登记程序

(1) 税务登记的申请

办理税务登记是为了建立正常的征纳秩序,是纳税人履行纳税义务的第一步。为此,纳税人必须严格按照规定的期限,向当地主管税务机关及时申报办理税务登记手续,实事求是地填报登记项目,并如实回答税务机关提出的问题。纳税人所属的本县(市)以外的非独立经济核算的分支机构,除由总机构申报办理税务登记外,还应当自设立之日起 30 日内,向分支机构所在地税务机关申报办理注册税务登记。在申报办理税务登记时,纳税人应认真填写《税务登记表》。

(2) 纳税人办理税务登记时应提供下列证件、资料。

营业执照或其他核准执业证件及工商登记表,或其他核准执业登记表复印件。

有关机关、部门批准设立的文件。

有关合同、章程、协议书。

法定代表人和董事会成员名单。

法定代表人(负责人)或业主居民身份证、护照或者其他证明身份的合法证件。

组织机构统一代码证书。

住所或经营场所证明。

委托代理协议书复印件。

属于享受税收优惠政策的企业还应提供的相应证明、资料,以及税务机关需要的其他资料、证件。

企业在外地的分支机构或者从事生产、经营的场所,在办理税务登记时,还应当提供由总机构所在地税务机关出具的在外地设立分支机构的证明。

根据 2014 年国家税务总局《关于创新税收服务和管理的意见》,纳税人申请办理税务登记时,税务机关应根据申请人情况,不再统一要求纳税人提供注册地址及生产、经营地址等场地的证明材料和验资报告,可不进行实地核查。

(3) 税务登记表的种类、适用对象。

内资企业税务登记表,适用于核发税务登记证的国有企业、集体企业、股份合作企业、国有联营企业、集体联营企业、国有与集体联营企业、其他联营企业、国有独资公司、其他有限责任公司、股份有限公司、私营独资企业、私营合作企业、私营有限责任公司、私营股份有限公司、其他企业填用。

分支机构税务登记表,主要适用于核发注册税务登记证的各种类型企业的非独立核算分支机构填用。

个体经营税务登记表,主要适用于核发税务登记证的个体工商业户填用。

其他单位税务登记表,主要适用于除工商行政管理机关以外,其他部门批准登记核发税务登记证的纳税人。

涉外企业税务登记表,主要适用于中外合资经营企业、合作经营企业和外国企业填用。

(4) 税务登记表的受理、审核。

受理，税务机关对申请办理税务登记的单位和个人所提供的《申请税务登记报告书》，及要求报送的各种附列资料、证件进行查验，只有手续完备、符合要求的，方可受理登记，并根据其经济类型发给相应的税务登记表。

审核，税务登记审核工作，既是税务机关税务登记工作的开始，也是税务登记管理工作的关键。为此，加强税务登记申请的审核十分必要。通过税务登记申请的审核，可以发现应申报办理税务登记户数，实际办理税务登记户数，进而掌握申报办理税务登记户的行业构成等税务管理信息。为此，税务机关对纳税人填报的《税务登记表》、提供的证件和资料，应当在收到申报的当日审核完毕。

(5) 税务登记证的核发。

纳税人提交的证件和资料齐全且税务登记表的填写内容符合规定的，税务机关应当日办理并发放税务登记证件；纳税人提交的证件和资料不齐全或税务登记表的填写内容不符合规定的，税务机关应当场通知其补正或重新填报。

(二) 变更、注销税务登记

变更税务登记，是纳税人税务登记内容发生重要变化时向税务机关申报办理的税务登记手续；注销税务登记，则是指纳税人税务登记内容发生了根本性变化，须终止履行纳税义务时向税务机关申报办理的税务登记手续。

▶ 1. 变更税务登记的范围及时间要求

(1) 适用范围。纳税人办理税务登记后，如发生下列情形之一，应当办理变更税务登记：发生改变名称、改变法定代表人、改变经济性质或经济类型、改变住所和经营地点（不涉及主管税务机关变动）、改变生产经营或经营方式、增减注册资金（资本）、改变隶属关系、改变生产经营期限、改变或增减银行账号、改变生产经营权属以及改变其他税务登记内容的。

(2) 时间要求。纳税人税务登记内容发生变化的，应当自工商行政管理机关或者其他机关办理变更登记之日起 30 日内，持有关证件向原税务登记机关申报办理变更税务登记。

纳税人税务登记内容发生变化，不需要到工商行政管理机关或者其他机关办理变更登记的，应当自发生变化之日起 30 日内，持有关证件向原税务登记机关申报办理变更税务登记。

▶ 2. 变更税务登记的程序、方法

(1) 申请。纳税人申请办理变更税务登记时，应向主管税务机关领取《税务登记变更表》，如实填写变更登记事项、变更登记前后的具体内容。

(2) 提供相关证件、资料。税务登记变更表的内容，主要包括纳税人名称、变更项目、变更前内容、变更后内容和上缴的证件情况。

(3) 受理。税务机关对纳税人填报的表格及提交的附列资料、证件要进行认真审阅，在符合要求及资料证件提交齐全的情况下，予以受理。

(4) 审核。主管税务机关对纳税人报送的已填登完毕的变更表及相关资料，进行分类审核。

（5）发证。对需变更税务登记证内容的，主管税务机关应收回原"税务登记证"（正、副本），按变更后的内容，重新制发"税务登记证"（正、副本）。

▶3. 注销税务登记的适用范围及时间要求

（1）适用范围。纳税人因经营期限届满而自动解散；企业由于改组、分立、合并等原因而被撤销；企业资不抵债而破产；纳税人住所、经营地址迁移而涉及改变原主管税务机关；纳税人被工商行政管理部门吊销营业执照；以及纳税人依法终止履行纳税义务的其他情形。

（2）时间要求。纳税人发生解散、破产、撤销以及其他情形，依法终止纳税义务的，应当在向工商行政管理机关办理注销登记前，持有关证件向原税务登记管理机关申报办理注销税务登记；按照规定不需要在工商管理机关办理注销登记的，应当自有关机关批准或者宣告终止之日起15日内，持有关证件向原税务登记管理机关申报办理注销税务登记。

纳税人因住所、生产、经营场所变动而涉及改变主管税务登记机关的，应当在向工商行政管理机关申请办理变更或注销登记前，或者住所、生产、经营场所变动前，向原税务登记机关申报办理注销税务登记，并在30日内向迁入地主管税务登记机关申报办理税务登记。

纳税人被工商行政管理机关吊销营业执照的，应当自营业执照被吊销之日起15日内，向原税务登记机关申报办理注销税务登记。

境外企业在中国境内承包建筑、安装、装配、勘探工程和提供劳务的，应当在项目完工、离开中国前15日内，持有关证件和资料，向原税务登记机关申报办理注销税务登记。

▶4. 注销税务登记的程序、方法

（1）纳税人办理注销税务登记时，应向原税务登记机关领取《注销税务登记申请审批表》，如实填写注销登记事项内容及原因。

（2）提供有关证件、资料。纳税人如实填写《注销税务登记申请审批表》，连同下列资料、证件报税务机关：注销税务登记申请书；主管部门批文或董事会、职代会的决议及其他有关证明文件；营业执照被吊销的应提交工商机关发放的注销决定；主管税务机关原发放的税务登记证件（《税务登记证》正、副本及登记表等）；其他有关资料。

（3）注销税务登记申请审批表的内容。由纳税人填写的项目主要包括纳税人名称（含分支机构名称）、注销原因、批准机关名称、批准文号及日期。

由税务机关填写的项目主要包括纳税人实际经营期限、纳税人已享受税收优惠、发票缴销情况、税款清缴情况、税务登记证件收回情况。

（4）受理。税务机关受理纳税人填写完毕的表格，审阅其填报内容是否符合要求，所附资料是否齐全后，督促纳税人做好下列事宜。

纳税人持《注销税务登记申请审批表》、未经税务机关查验的发票和《发票领购簿》到发票管理环节申请办理发票缴销；发票管理环节按规定清票后，在《注销税务登记申请审批表》上签署发票缴销情况，同时将审批表返还给纳税人。

纳税人向征收环节清缴税款；征收环节在纳税人缴纳税款后，在《注销税务登记申请审批表》上签署意见，同时将审批表返还纳税人。

(5)核实。纳税人持由上述两个环节签署意见后的审批表交登记管理环节；登记管理环节审核确认后，制发《税务文书领取通知书》给纳税人，同时填制《税务文书传递单》，并附《注销税务登记申请审批表》送稽查环节。

若稽查环节确定需对申请注销的纳税人进行实地稽查，应在《税务文书传递单》上注明批复期限内稽查完毕，在《注销税务登记申请审批表》上签署税款清算情况，及时将《税务文书传递单》和《注销税务登记申请审批表》返还给税务登记环节，登记部门在纳税人结清税款（包括滞纳金、罚款）后据以办理注销税务登记手续。

纳税人因生产、经营场所发生变化需改变主管税务登记机关的，在办理注销税务登记时，原税务登记机关在对其注销税务登记的同时，应向迁入地税务登记机关递交《纳税人迁移通知书》，并附《纳税人档案资料移交清单》，由迁入地税务登记机关重新办理税务登记。如遇纳税人已经或正在享受税收优惠待遇，迁出地税务登记机关应当在《纳税人迁移通知书》上注明。

（三）停业、复业登记

实行定期定额征收方式的纳税人，在营业执照核准的经营期限内需要停业的，应当向税务机关提出停业登记，说明停业的理由、时间、停业前的纳税情况和发票的领、用、存情况，并如实填写申请停业登记表。税务机关经过审核（必要时可实地审查），应当责成申请停业的纳税人结清税款并收回税务登记证件、发票领购簿和发票，办理停业登记。纳税人停业期间发生纳税义务，应当及时向主管税务机关申报，依法补缴应纳税款。

纳税人应当于恢复生产、经营之前，向税务机关提出复业登记申请，经确认后，办理复业登记，领回或启用税务登记证件、发票领购簿和领购的发票，纳入正常管理。

纳税人停业期满不能及时恢复生产、经营的，应当在停业期满前向税务机关提出延长停业登记。纳税人停业期满未按期复业又不申请延长停业的，税务机关应当视为已恢复营业，实施正常的税收征收管理。

（四）外出经营报验登记

(1) 纳税人到外县（市）临时从事生产经营活动的，应当在外出生产经营以前，持税务登记证向主管税务机关申请开具外出经营活动税收管理证明（以下简称外管证）。

(2) 税务机关按照一地一证的原则，核发外管证，外管证的有效期限一般为30日，最长不得超过180天。

(3) 纳税人应当在外管证注明地进行生产经营前向当地税务机关报验登记，并提交下列证件、资料：税务登记证件副本；外管证；纳税人在外管证注明地销售货物的，除提交以上证件、资料外，应如实填写《外出经营货物报验单》，申报查验货物。

(4) 纳税人外出经营活动结束，应当向经营地税务机关填报《外出经营活动情况申报表》，并结清税款、缴销发票。

(5) 纳税人应当在外管证有效期届满后10日内，持外管证回原税务登记地税务机关办理外管证缴销手续。

二、账簿、凭证和发票管理及纳税申报管理

账簿是纳税人、扣缴义务人连续地记录其各种经济业务的账册或簿籍。凭证是纳税人

用来记录经济业务,明确经济责任,并据以登记账簿的书面证明。账簿、凭证管理是继税务登记之后税收征管的又一重要环节,在税收征管中占有十分重要的地位。

(一) 账簿、凭证管理

▶ 1. 对账簿、凭证设置的管理

(1) 设置账簿的范围。根据《征管法》第十九条和《实施细则》第二十二条的有关规定,所有的纳税人和扣缴义务人都必须按照有关法律、行政法规和国务院财政、税务主管部门的规定设置账簿。

账簿是指总账、明细账、日记账以及其他辅助性账簿。总账、日记账应当采用订本式。

从事生产、经营的纳税人应当自领取营业执照或者发生纳税义务之日起15日内设置账簿。

扣缴义务人应当自税收法律、行政法规规定的扣缴义务发生之日起10日内,按照所代扣、代收的税种,分别设置代扣代缴、代收代缴税款账簿。

生产、经营规模小又确无建账能力的纳税人,可以聘请经批准从事会计代理记账业务的专业机构或者经税务机关认可的财会人员代为建账和办理账务;聘请上述机构或者人员有实际困难的,经县以上税务机关批准,可以按照税务机关的规定,建立收支凭证粘贴簿、进货销货登记簿或者使用税控装置。

(2) 对会计核算的要求。根据《征管法》第十九条的有关规定,所有纳税人和扣缴义务人都必须根据合法、有效的凭证进行账务处理。

纳税人建立的会计电算化系统应当符合国家有关规定,并能正确、完整核算其收入或者所得。

纳税人使用计算机记账的,应当在使用前将会计电算化系统的会计核算软件、使用说明书及有关资料报送主管税务机关备案。

纳税人、扣缴义务人会计制度健全,能够通过计算机正确、完整计算其收入和所得或者代扣代缴、代收代缴税款情况的,其计算机输出的完整的书面会计记录,可视同会计账簿。

纳税人、扣缴义务人会计制度不健全,不能通过计算机正确、完整计算其收入和所得或者代扣代缴、代收代缴税款情况的,应当建立总账及与纳税或者代扣代缴、代收代缴税款有关的其他账簿。

账簿、会计凭证和报表应当使用中文。民族自治地方可以同时使用当地通用的一种民族文字。外商投资企业和外国企业可以同时使用一种外国文字。如外商投资企业、外国企业的会计记录不使用中文的,应按照《征管法》第六十三条第二款"未按照规定设置、保管账簿或者保管记账凭证和有关资料"的规定处理。

▶ 2. 对财务会计制度的管理

(1) 备案制度。根据《征管法》第二十条和《实施细则》第二十四条的有关规定,凡从事生产、经营的纳税人必须将所采用的财务、会计制度和具体的财务、会计处理办法,按税务机关的规定,自领取税务登记证件之日起15日内,及时报送主管税务机关备案。

（2）财会制度、办法与税收规定相抵触的处理办法。根据《征管法》第二十条的有关规定，当从事生产、经营的纳税人、扣缴义务人所使用的财务会计制度和具体的财务、会计处理办法与国务院、财政部和国家税务总局有关税收方面的规定相抵触时，纳税人、扣缴义务人必须按照国务院制定的税收法规的规定或者财政部、国家税务总局制定的有关税收的规定计缴税款。

▶ 3. 关于账簿、凭证的保管

根据《征管法》第二十四条的有关规定："从事生产经营的纳税人、扣缴义务人必须按照国务院财政、税务主管部门规定的保管期限保管账簿、记账凭证、完税凭证及其他有关资料。账簿、记账凭证、报表、完税凭证、发票、出口凭证以及其他有关涉税资料不得伪造、变造或者擅自损毁。"

除另有规定者外，根据《实施细则》第二十九条，账簿、记账凭证、报表、完税凭证、发票、出口凭证以及其他有关涉税资料应当保存 10 年。

（二）发票管理

根据《征管法》第二十一条规定："税务机关是发票的主管机关，负责发票的印制、领购、开具、取得、保管、缴销的管理和监督。"

（1）根据《征管法》第二十二条规定：增值税专用发票由国务院税务主管部门指定的企业印制；其他发票，按照国务院税务主管部门的规定，分别由省、自治区、直辖市国家税务局、地方税务局指定企业印制。未经规定的税务机关指定，不得印制发票。

（2）发票领购管理。依法办理税务登记的单位和个人，在领取税务登记证后，向主管税务机关申请领购发票。对无固定经营场地或者财务制度不健全的纳税人申请领购发票，主管税务机关有权要求其提供担保人，不能提供担保人的，可以视其情况，要求其缴纳保证金，并限期缴销发票。对发票保证金应设专户储存，不得挪作他用。纳税人可以根据自己的需要申请领购普通发票。增值税专用发票只限于增值税一般纳税人领购使用。

（3）发票开具、使用、取得的管理。根据《征管法》第二十一条的规定："单位、个人在购销商品、提供或者接受经营服务以及从事其他经营活动中，应当按照规定开具、使用、取得发票。"普通发票开具、使用、取得的管理，应注意以下几点（增值税专用发票开具、使用、取得的管理，按增值税有关规定办理）。

销货方按规定填开发票。

购买方按规定索取发票。

纳税人进行电子商务必须开具或取得发票。

发票要全联一次填写。

发票不得跨省、直辖市、自治区使用。发票限于领购单位和个人在本省、自治区、直辖市内开具。发票领购单位未经批准不得跨规定使用区域携带、邮寄、运输空白发票，禁止携带、邮寄或者运输空白发票出入境。

开具发票要加盖财务印章或发票专用章。

开具发票后，如发生销货退回需开红字发票的，必须收回原发票并注明"作废"字样或取得对方有效证明；发生销售折让的，在收回原发票并证明"作废"后，重新开具发票。

(4) 发票保管管理。根据发票管理的要求,发票保管分为税务机关保管和用票单位、个人保管两个层次,都必须建立严格的发票保管制度。包括专人保管制度、专库保管制度、专账登记制度、保管交接制度和定期盘点制度。

(5) 发票缴销管理。发票缴销包括发票收缴和发票销毁。发票收缴是指用票单位和个人按照规定向税务机关上缴已经使用或者未使用的发票;发票销毁是指由税务机关统一将自己或他人已使用或者未使用的发票进行销毁。发票收缴与发票销毁既有联系又有区别,发票销毁首先必须收缴;但收缴的发票不一定都要销毁,一般都要按照法律法规保存一定时期后才能销毁。

2014年国家税务总局《关于创新税收服务和管理的意见》对发票发放领用的服务与监管提出了下列新的要求。

① 及时为纳税人提供清晰的发票领用指南。通过印发提示卡或涉税事项告知卡,引导纳税人快速办理发票领用手续。推行免填单、预填单、勾选等方式补充采集国标行业、登记注册类型等税务机关所需的数据,以核定应纳税种、适用的发票票种、版别及数量,让纳税人切实感受到税务机关的优质服务。

② 简化发票申领程序。税务机关应根据实际情况,设定统一、规范的发票申领程序,并将发票申领程序公开。申领普通发票原则上取消实地核查,统一在办税服务厅即时办结。一般纳税人申请增值税专用发票(包括增值税专用发票和货物运输业增值税专用发票)最高开票限额不超过10万元的,主管税务机关无须事前进行实地查验。可在此基础上适当扩大不需事前实地查验的范围,实地查验的范围和方法由各省国税机关确定。

③ 不断提高发票管理信息化水平。积极探索建立风险监控指标,通过比对分析纳税人的开票信息,及时调整纳税人申领发票的版别和数量。做好网络发票应用工作,推动网络发票数据分析利用,完善网络发票平台实时查询和日常监控管理功能,为社会提供便捷的网络发票信息查询服务。同时,探索电子发票的推广与应用。

(6) 增值税电子普通发票的推广与应用。2015年11月26日,国家税务总局发布了《关于推行通过增值税电子发票系统开具的增值税电子普通发票有关问题的公告》,对增值税电子发票的开具和使用提出具体规定。规定了增值税电子发票系统开具的增值税电子普通发票票样。

增值税电子普通发票的开票方和受票方需要纸质发票的,可以自行打印增值税电子普通发票的版式文件,其法律效力、基本用途、基本使用规定等与税务机关监制的增值税普通发票相同。

增值税电子普通发票的发票代码为12位,编码规则:第1位为0,第2~5位代表省、自治区、直辖市和计划单列市,第6~7位代表年度,第8~10位代表批次,第11~12位代表票种(11代表增值税电子普通发票)。发票号码为8位,按年度、分批次编制。

除北京市、上海市、浙江省、深圳市外,其他地区已使用电子发票的增值税纳税人,应于2015年12月31日前完成相关系统对接技术改造,2016年1月1日起使用增值税电子发票系统开具增值税电子普通发票,其他开具电子发票的系统同时停止使用。

(三) 税控管理

税控管理是税收征收管理的一个重要组成部分,也是近期提出来的一个崭新的概念。

它是指税务机关利用税控装置对纳税人的生产经营情况进行监督和管理，以保障国家税收收入，防止税款流失，提高税收征管工作效率，降低征收成本的各项活动的总称。

《征管法》第二十三条规定："国家根据税收征收管理的需要，积极推广使用税控装置。纳税人应当按照规定安装、使用税控装置，不得损毁或者擅自改变税控装置。"同时还在第六十条中增加了一款，规定："不能按照规定安装、使用税控装置，损毁或者擅自改动税控装置的，由税务机关责令限期改正，可以处以2 000元以下的罚款；情节严重的，处2 000元以上1万元以下的罚款。"这样不仅使推广使用税控装置有法可依，而且可以打击在推广使用税控装置中的各种违法犯罪活动。

三、纳税申报管理

纳税申报是纳税人按照税法规定的期限和内容，向税务机关提交有关纳税事项书面报告的法律行为，是纳税人履行纳税义务、界定纳税人法律责任的主要依据，是税务机关税收管理信息的主要来源和税务管理的重要制度。

（一）纳税申报的对象

根据《征管法》第二十五条的规定，纳税申报的对象为纳税人和扣缴义务人。纳税人在纳税期内没有应纳税款的，也应当按照规定办理纳税申报。纳税人享受减税、免税待遇的，在减税、免税期间应当按照规定办理纳税申报。

（二）纳税申报的内容

纳税申报的内容，主要在各税种的纳税申报表和代扣代缴、代收代缴税款报告表中体现，还可以在随纳税申报表附送的财务报表和有关纳税资料中体现。纳税人和扣缴义务人的纳税申报和代扣代缴、代收代缴税款报告的主要内容包括：税种、税目、应纳税项目或者应代扣代缴、代收代缴税款项目，计税依据，扣除项目及标准，适用税率或者单位税额，应退税项目及税额、应减免税项目及税额，应纳税额或者应代扣代缴、代收代缴税额，以及税款所属期限、延期缴纳税款、欠税、滞纳金等。

（三）纳税申报的期限

《征管法》规定纳税人和扣缴义务人都必须按照法定的期限办理纳税申报。申报期限有两种：一种是法律、行政法规明确规定的；另一种是税务机关按照法律、行政法规的原则规定，结合纳税人生产经营的实际情况及其所应缴纳的税种等相关问题予以确定的。两种期限具有同等的法律效力。

（四）纳税申报的要求

纳税人办理纳税申报时，应当如实填写纳税申报表，并根据不同的情况相应报送下列有关证件、资料：

财务会计报表及其说明材料。

与纳税有关的合同、协议书及凭证。

税控装置的电子报税资料。

外出经营活动税收管理证明和异地完税凭证。

境内或者境外公证机构出具的有关证明文件。

税务机关规定应当报送的其他有关证件、资料。

扣缴义务人办理代扣代缴、代收代缴税款报告时，应当如实填写代扣代缴、代收代缴税款报告表，并报送代扣代缴、代收代缴税款的合法凭证以及税务机关规定的其他有关证件、资料。

(五) 纳税申报的方式

《征管法》第二十六条规定："纳税人、扣缴义务人可以直接到税务机关办理纳税申报，或者报送代扣代缴、代收代缴税款报告表，也可以按照规定采取邮寄、数据电文或者其他方式办理上述申报、报送事项。"目前，纳税申报的形式主要有以下三种。

▶ 1. 直接申报

直接申报，是指纳税人自行到税务机关办理纳税申报。这是一种传统申报方式。

▶ 2. 邮寄申报

邮寄申报，是指经税务机关批准的纳税人使用统一规定的纳税申报特快专递专用信封，通过邮政部门办理交寄手续，并向邮政部门索取收据作为申报凭据的方式。

纳税人采取邮寄方式办理纳税申报的，应当使用统一的纳税申报专用信封，并以邮政部门收据作为申报凭据。邮寄申报以寄出的邮戳日期为实际申报日期。

▶ 3. 数据电文

数据电文，是指经税务机关确定的电话语音、电子数据交换和网络传输等电子方式。例如，目前纳税人的网上申报，就是数据电文申报方式的一种形式。

纳税人采取电子方式办理纳税申报的，应当按照税务机关规定的期限和要求保存有关资料，并定期书面报送主管税务机关。纳税人、扣缴义务人采取数据电文方式办理纳税申报的，其申报日期以税务机关计算机网络系统收到该数据电文的时间为准。

除上述方式外，实行定期定额缴纳税款的纳税人，可以实行简易申报、简并征期等申报纳税方式。"简易申报"是指实行定期定额缴纳税款的纳税人在法律、行政法规规定的期限内或税务机关依据法规的规定确定的期限内缴纳税款的，税务机关可以视同申报；"简并征期"是指实行定期定额缴纳税款的纳税人，经税务机关批准，可以采取将纳税期限合并为按季、半年、年的方式缴纳税款。

(六) 延期申报管理

延期申报是指纳税人、扣缴义务人不能按照税法规定的期限办理纳税申报或扣缴税款报告。

根据《征管法》第二十七条和《实施细则》第三十七条及有关法规的规定，纳税人因有特殊情况，不能按期进行纳税申报的，经县以上税务机关核准，可以延期申报。但应当在规定的期限内向税务机关提出书面延期申请，经税务机关核准，在核准的期限内办理。如纳税人、扣缴义务人因不可抗力，不能按期办理纳税申报或者报送代扣代缴、代收代缴税款报告表的，可以延期办理，但应当在不可抗力情形消除后立即向税务机关报告。

经核准延期办理纳税申报的，应当在纳税期内按照上期实际缴纳的税额或者税务机关核定的税额预缴税款，并在核准的延期内办理纳税结算。

第三节 税款征收

税款征收是税收征收管理工作中的中心环节，是全部税收征管工作的目的和归宿，在整个税收工作中占据着极其重要的地位。

一、税款征收的原则

（一）税务机关是征税的唯一行政主体

根据《征管法》第二十九条的规定："除税务机关、税务人员以及经税务机关依照法律、行政法规委托的单位和个人外，任何单位和个人不得进行税款征收活动。"第四十一条同时规定："采取税收保全措施、强制执行措施的权利，不得由法定的税务机关以外的单位和个人行使。"

（二）税务机关只能依照法律、行政法规的规定征收税款

根据《征管法》第二十八条的规定，税务机关只能依照法律、行政法规的规定征收税款。未经法定机关和法定程序调整，征纳双方均不得随意变动。税务机关代表国家向纳税人征收税款，不能任意征收，只能依法征收。

（三）税务机关不得违反法律、行政法规的规定开征、停征、多征、少征、提前征收或者延缓征收税款或者摊派税款

《征管法》第二十八条规定："税务机关依照法律、行政法规的规定征收税款，不得违反法律、行政法规的规定开征、停征、多征、少征、提前征收、延缓征收或者摊派税款。"税务机关是执行税法的专职机构，既不得在税法生效之前先行向纳税人征收税款，也不得在税法尚未失效时，停止征收税款，更不得擅立章法，新开征一种税。

在税款征收过程中，税务机关应当按照税收法律、行政法规预先规定的征收标准进行征税。不得擅自增减改变税目、调高或降低税率、加征或减免税款、提前征收或延缓征收税款以及摊派税款。

（四）税务机关征收税款必须遵守法定权限和法定程序

税务机关执法必须遵守法定权限和法定的程序，这也是税款征收的一项基本原则。例如，采取税收保全措施或强制执行措施时；办理减税、免税、退税时；核定应纳税额时；进行纳税调整时；针对纳税人的欠税进行清理，采取各种措施时；税务机关都必须按照法律或者行政法规规定的审批权限和程序进行操作，否则就是违法。

（五）税务机关征收税款或扣押、查封商品、货物或其他财产时，必须向纳税人开具完税凭证或开付扣押、查封的收据或清单

《征管法》第三十四条规定："税务机关征收税款时，必须给纳税人开具完税凭证。"第四十七条规定："税务机关扣押商品、货物或者其他财产时，必须开付收据；查封商品、货物或者其他财产时，必须开付清单。"这是税款征收的又一原则。

（六）税款、滞纳金、罚款统一由税务机关上缴国库

《征管法》第五十三条规定："国家税务局和地方税务局应当按照国家规定的税收征管范围和税款入库预算级次，将征收的税款缴入国库。"这也是税款征收的一个基本原则。

（七）税款优先

《征管法》第四十五条的规定，第一次在税收法律上确定了税款优先的地位，确定了税款征收在纳税人支付各种款项和偿还债务时的顺序。税款优先的原则不仅增强了税法的刚性，而且增强了税法在执行中的可操作性。

(1) 税收优先于无担保债权。这里所说的税收优先于无担保债权是有条件的，也就是说并不是优先于所有的无担保债权，对于法律上另有规定的无担保债权，不能行使税收优先权。

(2) 纳税人发生欠税在前的，税收优先于抵押权、质权和留置权的执行。这里有两个前提条件：其一，纳税人有欠税；其二，欠税发生在前，即纳税人的欠税发生在以其财产设定抵押、质押或被留置之前。纳税人在有欠税的情况下设置抵押权、质权、留置权时，纳税人应当向抵押权人、质权人说明其欠税情况。

欠缴的税款是指纳税人发生纳税义务，但未按照法律、行政法规规定的期限或者未按照税务机关依照法律、行政法规的规定确定的期限向税务机关申报缴纳的税款或者少缴的税款。纳税人应缴纳税款的期限届满之次日是纳税人欠缴税款的发生时间。

(3) 税收优先于罚款、没收非法所得。

① 纳税人欠缴税款，同时又被税务机关决定处以罚款、没收非法所得的，税收优先于罚款、没收非法所得。

② 纳税人欠缴税款，同时又被税务机关以外的其他行政部门处以罚款、没收非法所得的，税款优先于罚款、没收非法所得。

二、税款征收的方式

税款征收方式，是指税务机关根据各税种的不同特点、征纳双方的具体条件而确定的计算征收税款的方法和形式。税款征收主要有以下几种方式。

（一）查账征收

查账征收，是指税务机关按照纳税人提供的账表所反映的经营情况，依照适用税率计算缴纳税款的方式。这种方式一般适用于财务会计制度较为健全，能够认真履行纳税义务的纳税单位。

（二）查定征收

查定征收，是指税务机关根据纳税人的从业人员、生产设备、采用原材料等因素，对其产制的应税产品查实核定产量、销售额并据以征收税款的方式。这种方式一般适用于账册不够健全，但是能够控制原材料或进销货的纳税单位。

（三）查验征收

查验征收，是指税务机关对纳税人应税商品，通过查验数量，按市场一般销售单价计算其销售收入并据以征税的方式。这种方式一般适用于经营品种比较单一，经营地点、时

间和商品来源不固定的纳税单位。

（四）定期定额征收

定期定额征收，是指税务机关通过典型调查，逐户确定营业额和所得额并据以征税的方式。这种方式一般适用于无完整考核依据的小型纳税单位。

（五）委托代征税款

委托代征税款，是指税务机关委托代征人以税务机关的名义征收税款，并将税款缴入国库的方式。这种方式一般适用于小额、零散税源的征收。

（六）邮寄纳税

邮寄纳税，是一种新的纳税方式。这种方式主要适用于那些有能力按期纳税，但采用其他方式纳税又不方便的纳税人。

（七）其他方式

如利用网络申报、用IC卡纳税等方式。

三、税款征收制度

（一）代扣代缴、代收代缴税款制度

（1）对法律、行政法规没有规定负有代扣、代收税款义务的单位和个人，税务机关不得要求其履行代扣、代收税款义务。

（2）税法规定的扣缴义务人必须依法履行代扣、代收税款义务。如果不履行义务，就要承担法律责任。除按《征管法》及《实施细则》的规定给予处罚外，应当责成扣缴义务人限期将应扣未扣、应收未收的税款补扣或补收。

（3）扣缴义务人依法履行代扣、代收税款义务时，纳税人不得拒绝。纳税人拒绝的，扣缴义务人应当在1日之内报告主管税务机关处理。不及时向主管税务机关报告的，扣缴义务人应承担应扣未扣、应收未收税款的责任。

（4）扣缴义务人代扣、代收税款，只限于法律、行政法规规定的范围，并依照法律、行政法规规定的征收标准执行。对法律、法规没有规定代扣、代收的，扣缴义务人不能超越范围代扣、代收税款，扣缴义务人也不得提高或降低标准代扣、代收税款。

（5）税务机关按照规定付给扣缴义务人代扣、代收手续费。代扣、代收税款手续费只能由县(市)以上税务机关统一办理退库手续，不得在征收税款过程中坐支。

（二）延期缴纳税款制度

纳税人和扣缴义务人必须在税法规定的期限内缴纳、解缴税款。但考虑到纳税人在履行纳税义务的过程中，可能会遇到特殊困难的客观情况，为了保护纳税人的合法权益，《征管法》第三十一条第二款规定："纳税人因有特殊困难，不能按期缴纳税款的，经省、自治区、直辖市国家税务局、地方税务局批准，可以延期缴纳税款，但最长不得超过3个月。"

特殊困难的主要内容包括：一是因不可抗力，导致纳税人发生较大损失，正常生产经营活动受到较大影响的；二是当期货币资金在扣除应付职工工资、社会保险费后，不足以缴纳税款的。所谓"当期货币资金"，是指纳税人申请延期缴纳税款之日的资金余额，其中

不含国家法律和行政法规明确规定企业不可动用的资金;"应付职工工资"是指当期计提数。

纳税人在申请延期缴纳税款时应当注意以下几个问题。

(1) 在规定期限内提出书面申请。纳税人需要延期缴纳税款的,应当在缴纳税款期限届满前提出申请,并报送下列材料:申请延期缴纳税款报告、当期货币资金余额情况及所有银行存款账户的对账单、资产负债表、应付职工工资和社会保险费等税务机关要求提供的支出预算。

税务机关应当自收到申请延期缴纳税款报告之日起20日内做出批准或者不予批准的决定;不予批准的,从缴纳税款期限届满之次日起加收滞纳金。

(2) 税款的延期缴纳,必须经省、自治区、直辖市国家税务局、地方税务局批准,方为有效。

(3) 延期期限最长不得超过3个月,同一笔税款不得滚动审批。

(4) 批准延期内免予加收滞纳金。

(三) 税收滞纳金征收制度

《征管法》第三十二条规定:"纳税人未按照规定期限缴纳税款的,扣缴义务人未按照规定期限解缴税款的,税务机关除责令限期缴纳外,从滞纳税款之日起,按日加收滞纳税款万分之五的滞纳金。"

加收滞纳金的具体操作应按下列程序进行。

(1) 先由税务机关发出催缴税款通知书,责令限期缴纳或解缴税款,告知纳税人如不按期履行纳税义务,将依法按日加收滞纳税款万分之五的滞纳金。

(2) 从滞纳之日起加收滞纳金(加收滞纳金的起止时间为法律、行政法规规定或者税务机关依照法律、行政法规的规定确定的税款缴纳期限届满次日起至纳税人、扣缴义务人实际缴纳或者解缴税款之日止)。

(3) 拒绝缴纳滞纳金的,可以按不履行纳税义务实行强制执行措施,强行划拨或者强制征收。

(四) 减免税收制度

根据《征管法》第三十三条的有关规定,及《税收减免管理办法》办理减税、免税应注意下列事项。

(1) 减免税必须有法律、行政法规的明确规定(具体规定在税收实体法中体现)。地方各级人民政府、各级人民政府主管部门、单位和个人违反法律、行政法规规定,擅自做出的减税、免税决定无效,税务机关不得执行,并向上级税务机关报告。

(2) 纳税人申请减免税,应向主管税务机关提出书面申请,并按规定附送有关资料。

(3) 减免税的申请须经法律、行政法规规定的减税、免税审查批准机关审批。

(4) 纳税人在享受减免税待遇期间,仍应按规定办理纳税申报。

(5) 纳税人享受减税、免税的条件发生变化时,应当自发生变化之日起15日内向税务机关报告,经税务机关审核后,停止其减税、免税;对不报告的,又不再符合减税、免税条件的,税务机关有权追回已减免的税款。

(6) 减税、免税期满，纳税人应当自期满次日起恢复纳税。

(7) 减免税分为核准类减免税和备案类减免税。核准类减免税是指法律、法规规定应由税务机关核准的减免税项目；备案类减免税是指不需税务机关核准的减免税项目。

纳税人享受核准类减免税，应当提交核准材料，虽提出申请，经依法具有批准权限的税务机关按本办法规定核准确认后执行。未按规定申请或虽申请但未经有批准权限的税务机关核准确认的，纳税人不得享受减免税。

纳税人享受备案类减免税，应当具备相应的减免税资质，并履行规定的备案手续。

(8) 纳税人同时从事减免项目与非减免项目的，应分别核算，独立计算减免项目的计税依据以及减免税额度。不能分别核算的，不能享受减免税；核算不清的，由税务机关按合理方法核定。

(9) 纳税人依法可以享受减免税待遇，但未享受而多缴税款的，凡属于无明确规定需经税务机关审批或没有规定申请期限的，纳税人可以在《征管法》第五十一条规定的期限内申请减免税，要求退还多缴的税款，但不加算银行同期存款利息。

(10) 减免税审批机关由税收法律、法规、规章设定。凡规定应由国家税务总局审批的，经由各省、自治区、直辖市和计划单列市税务机关上报国家税务总局；凡规定应由省级税务机关及省级以下税务机关审批的，由各省级税务机关审批或确定审批权限，原则上由纳税人所在地的县（区）税务机关审批；对减免税金额较大或减免税条件复杂的项目，各省、自治区、直辖市和计划单列市税务机关可根据效能与便民、监督与责任的原则适当划分审批权限。

(11) 纳税人申请报批类减免税的，应当在政策规定的减免税期限内，向主管税务机关提出书面申请，并报送以下资料：减免税申请报告，列明减免税理由、依据、范围、期限、数量、金额等；财务会计报表、纳税申报表；有关部门出具的证明材料；税务机关要求提供的其他资料。

纳税人报送的材料应真实、准确、齐全。税务机关不得要求纳税人提交与其申请的减免税项目无关的技术资料和其他材料。

（五）税额核定和税收调整制度

▶ 1. 税额核定制度

根据《征管法》第三十五条的规定，纳税人（包括单位纳税人和个人纳税人）有下列情形之一的，税务机关有权核定其应纳税额：①依照法律、行政法规的规定可以不设置账簿的；②依照法律、行政法规的规定应当设置但未设置账簿的；③擅自销毁账簿或者拒不提供纳税资料的；④虽设置账簿，但账目混乱或者成本资料、收入凭证、费用凭证残缺不全，难以查账的；⑤发生纳税义务，未按照规定的期限办理纳税申报，经税务机关责令限期申报，逾期仍不申报的；⑥纳税人申报的计税依据明显偏低，又无正当理由的。

目前税务机关核定税额的方法主要有以下四种：①参照当地同类行业或者类似行业中，经营规模和收入水平相近的纳税人的收入额和利润率核定；②按照成本加合理费用和利润的方法核定；③按照耗用的原材料、燃料、动力等推算或者测算核定；④按照其他合理的方法核定。

采用以上一种方法不足以正确核定应纳税额时,可以同时采用两种以上的方法核定。

纳税人对税务机关采取规定的方法核定的应纳税额有异议的,应当提供相关证据,经税务机关认定后,调整应纳税额。

▶ 2. 税收调整制度

这里所说的税收调整制度,主要指的是关联企业的税收调整制度。《征管法》第三十六条规定:"企业或者外国企业在中国境内设立的从事生产、经营的机构、场所与其关联企业之间的业务往来,应当按照独立企业之间的业务往来收取或者支付价款、费用;不按照独立企业之间的业务往来收取或者支付价款、费用,而减少其应纳税的收入或者所得额的,税务机关有权进行合理调整。"

所称关联企业,是指有下列关系之一的公司、企业和其他经济组织。

(1) 在资金、经营、购销等方面,存在直接或者间接地拥有或者控制关系。

(2) 直接或者间接地同为第三者所拥有或者控制。

(3) 在利益上具有相关联的其他关系。

① 纳税人与其关联企业之间的业务往来有下列情形之一的,税务机关可以调整其应纳税额:购销业务未按照独立企业之间的业务往来作价;融通资金所支付或者收取的利息超过或者低于没有关联关系的企业之间所能同意的数额,或者利率超过或者低于同类业务的正常利率;提供劳务,未按照独立企业之间的业务往来收取或者支付劳务费用;转让财产、提供财产使用权等业务往来,未按照独立企业之间的业务往来作价或者收取、支付费用;未按照独立企业之间业务往来作价的其他情形。

② 纳税人有上述所列情形之一的,税务机关可以按照下列方法调整计税收入额或者所得额:按照独立企业之间进行的相同或者类似业务活动的价格;按照再销售给无关联关系的第三者的价格所应取得的收入和利润水平;按照成本加合理的费用和利润;按照其他合理的方法。

调整期限:纳税人与其关联企业未按照独立企业之间的业务往来支付价款、费用的,税务机关自该业务往来发生的纳税年度起3年内进行调整;有特殊情况的,可以自该业务往来发生的纳税年度起10年内进行调整。

上述所称"特殊情况"是指纳税人有下列情形之一:纳税人在以前年度与其关联企业间的业务往来累计达到或超过10万元人民币的;经税务机关案头审计分析,纳税人在以前年度与其关联企业的业务往来,预计需调增其应纳税收入或所得额达50万元人民币的;纳税人在以前年度与设在避税地的关联企业有业务往来的;纳税人在以前年度未按规定进行关联企业间业务往来的年度申报,或申报内容不实,或不提供有关价格、费用标准的。

(六)未办理税务登记的从事生产、经营的纳税人,以及临时从事经营纳税人的税款征收制度

《征管法》第三十七条规定:"对未按照规定办理税务登记的从事生产、经营的纳税人以及临时从事生产、经营的纳税人,由税务机关核定其应纳税额,责令缴纳;不缴纳的,税务机关可以扣押其价值相当于应纳税款的商品、货物。扣押后缴纳应纳税款的,税务机关必须立即解除扣押,并归还所扣押品、货物;扣押后仍不缴纳应纳税款的,经县以上税

务局(分局)局长批准,依法拍卖或者变卖所扣押的商品、货物,以拍卖或者变卖所得抵缴税款。"

根据上述规定,应特别注意其适用对象及执行程序两个方面。

(1) 适用对象:未办理税务登记的从事生产、经营的纳税人及临时从事经营的纳税人。

(2) 执行程序:

① 核定应纳税额。税务机关要按一定的标准,尽可能合理地确定其应纳税额。

② 责令缴纳。税务机关核定应纳税额后,应责令纳税人按核定的税款缴纳税款。

③ 扣押商品、货物。对经税务机关责令缴纳而不缴纳税款的纳税人,税务机关可以扣押其价值相当于应纳税款的商品、货物。纳税人应当自扣押之日起15日内缴纳税款。

对扣押的鲜活、易腐烂变质或者易失效的商品、货物,税务机关根据被扣押物品的保质期,可以缩短前款规定的扣押期限。

④ 解除扣押或者拍卖、变卖所扣押的商品、货物。扣押后缴纳应纳税款的,税务机关必须立即解除扣押,并归还所扣押的商品、货物。

⑤ 抵缴税款。税务机关拍卖或者变卖所扣押的商品、货物后,以拍卖或者变卖所得抵缴税款。

(七) 税收保全措施

税收保全措施,是指税务机关对可能由于纳税人的行为或者某种客观原因,致使以后税款的征收不能保证或难以保证的案件,采取限制纳税人处理或转移商品、货物或其他财产的措施。

《征管法》第三十八条规定:税务机关有根据认为从事生产、经营的纳税人有逃避纳税义务行为的,可以在规定的纳税期之前,责令限期缴纳税款;在限期内发现纳税人有明显的转移、隐匿其应纳税的商品、货物以及其他财产迹象的,税务机关应责令其提供纳税担保。如果纳税人不能提供纳税担保,经县以上税务局(分局)局长批准,税务机关可以采取下列税收保全措施:

(1) 书面通知纳税人开户银行或者其他金融机构冻结纳税人的金额相当于应纳税款的存款。

(2) 扣押、查封纳税人的价值相当于应纳税款的商品、货物或者其他财产。其他财产包括纳税人的房地产、现金、有价证券等不动产和动产。

纳税人在上款规定的限期内缴纳税款的,税务机关必须立即解除税收保全措施;限期期满仍未缴纳税款的,经县以上税务局(分局)局长批准,税务机关可以书面通知纳税人开户银行或者其他金融机构,从其冻结的存款中扣缴税款,或者依法拍卖或者变卖所扣押、查封的商品、货物或者其他财产,以拍卖或者变卖所得抵缴税款。

采取税收保全措施不当,或者纳税人在期限内已缴纳税款,税务机关未立即解除税收保全措施,使纳税人的合法利益遭受损失的,税务机关应当承担赔偿责任。

个人及其所扶养家属维持生活必需的住房和用品,不在税收保全措施的范围之内。个人所扶养家属,是指与纳税人共同居住生活的配偶、直系亲属以及无生活来源并由纳税人扶养的其他亲属。生活必需的住房和用品不包括机动车辆、金银饰品、古玩字画、豪华住宅或者一处以外的住房。税务机关对单价5 000元以下的其他生活用品，不采取税收保全措施和强制执行措施。

根据上述规定，采取税收保全措施应注意以下几个方面。

（1）采取税收保全措施的前提条件。税务机关采取税收保全措施的前提是，从事生产、经营的纳税人有逃避纳税义务行为。也就是说，税务机关采取税收保全措施的前提是对逃税的纳税人采取的。采取时，应当符合下列两个条件。

① 纳税人有逃避纳税义务的行为。没有逃避纳税义务行为的，不能采取税收保全措施。逃避纳税义务行为的最终目的是为了不缴或少缴税款，其采取的方法主要是转移、隐匿可以用来缴纳税款的资金或实物。

② 必须是在规定的纳税期之前和责令限期缴纳应纳税款的限期内。如果纳税期和责令缴纳应纳税款的限期届满，纳税人又没有缴纳应纳税款的，税务机关可以按规定采取强制执行措施，就无所谓税收保全了。

（2）采取税收保全措施的法定程序。

① 责令纳税人提前缴纳税款。税务机关有根据认为从事生产、经营的纳税人有逃避纳税义务行为的，可以在规定的纳税期之前，责令限期缴纳应纳税款。税务机关对有逃税行为的纳税人在规定的纳税期之前，责令限期缴纳税款时，主管税务机关应下达给有逃税行为的纳税人执行。同时主管税务机关填制由纳税人签章的《税务文书送达回证》。

执行时应注意的问题：

"有根据认为"是指税务机关依据一定线索做出的符合逻辑的判断，根据不等于证据。证据是能够表明真相的事实和材料，证据须依法定程序收集和取得。税收保全措施是针对纳税人即将转移、隐匿应税的商品、货物或其他财产的紧急情况下采取的一种紧急处理措施。不可能等到事实全部查清，取得充分的证据以后再采取行动，否则，纳税人早已将其收入和财产转移或隐匿完毕，到时再想采取税收保全措施就晚了。当然，这并不是说税务机关采取税收保全措施想什么时候采取就什么时候采取。

可以采取税收保全措施的纳税人仅限于从事生产、经营的纳税人，不包括非从事生产、经营的纳税人，也不包括扣缴义务人和纳税担保人。

② 责成纳税人提供纳税担保。在限期内，纳税人有明显转移、隐匿应纳税的商品、货物以及其他财产或者应纳税的收入迹象的，税务机关可以责成纳税人提供纳税担保。

纳税担保的具体内容。纳税担保是纳税人为按时足额履行纳税义务而向税务机关做出的保证。纳税担保人，是指在中国境内具有纳税担保能力的公民、法人或其他经济组织。国家机关不得作为纳税担保人。

纳税担保的提供。纳税担保人同意为纳税人提供纳税担保的，填写纳税担保书，写明担保对象、担保范围、担保期限和担保责任以及其他有关事项。担保书须经纳税人、纳税担保人和税务机关签字盖章后方为有效。纳税人以其所拥有的未设置抵押权的财产作为纳税担保的，应当填写作为纳税担保的财产清单，并写明担保财产的价值以及其他有关事项。纳税担保清单须经纳税人和税务机关签字盖章后方为有效。

③ 冻结纳税人的存款。纳税人不能提供纳税担保的，经县以上税务局(分局)局长批准，书面通知纳税人开户银行或者其他金融机构冻结纳税人的金额相当于应纳税款的存款。

税务机关在采取此项措施时，应当注意的问题：应经县以上税务局(分局)局长批准；冻结的存款数额要以相当于纳税人应纳税款的数额为限，而不是全部存款；注意解除保全措施的时间；如果纳税人在税务机关采取税收保全措施后，按照税务机关规定的期限缴纳了税款，税务机关当自收到税款或银行转回的完税凭证之日起1日内解除税收保全。

④ 查封、扣押纳税人的商品、货物或其他财产。纳税人在开户银行或其他金融机构中没有存款，或者税务机关无法掌握其存款情况的，税务机关可以扣押、查封纳税人的价值相当于应纳税款的商品、货物或其他财产。

查封、扣押应注意以下几个问题。

税务机关执行扣押、查封商品、货物或者其他财产时，必须由两名以上税务人员执行，并通知被执行人。被执行人是公民的，应当通知被执行人本人或成年家属到场；被执行人是法人或者其他组织的，应当通知其法定代表人或者主要负责人到场；拒不到场的，不影响执行。

税务机关按照前款方法确定应扣押、查封的商品、货物或者其他财产的价值时，还应当包括滞纳金和扣押、查封、保管、拍卖、变卖所发生的费用。

扣押、查封价值相当于应纳税款的商品、货物或者其他财产时，参照同类商品的市场价、出厂价或者评估价估算。

税务机关扣押商品、货物或者其他财产时，必须开付收据；查封商品、货物或者其他财产时，必须开付清单。

税务人员私分所扣押、查封的商品、货物或者其他财产的，必须责令退回并给予行政处分；情节严重、构成犯罪的，移送司法机关依法追究刑事责任。

(3) 税收保全措施的终止。税收保全的终止有两种情况：一是纳税人在规定的期限内缴纳了应纳税款的，税务机关必须立即解除税收保全措施；二是纳税人超过规定的期限仍不缴纳税款的，经税务局(分局)局长批准，终止保全措施转入强制执行措施，即书面通知纳税人开户银行或者其他金融机构从其冻结的存款中扣缴税款，或者拍卖、变卖所扣押、查封的商品、货物或其他财产，以拍卖或者变卖所得抵缴税款。

(八)税收强制执行措施

税收强制执行措施是指当事人不履行法律、行政法规规定的义务，有关国家机关采用法定的强制手段，强迫当事人履行义务的行为。

《征管法》第四十条规定，从事生产、经营的纳税人、扣缴义务人未按照规定的期限缴纳或者解缴税款，纳税担保人未按照规定的期限缴纳所担保的税款，由税务机关责令限期缴纳，逾期仍未缴纳的，经县以上税务局(分局)局长批准，税务机关可以采取下列强制执行措施。

(1) 书面通知其开户银行或者其他金融机构从其存款中扣缴税款。

(2) 扣押、查封、依法拍卖或者变卖其价值相当于应纳税款的商品、货物或者其他财产，以拍卖或者变卖所得抵缴税款。

税务机关采取强制执行措施时，对上款所列纳税人、扣缴义务人、纳税担保人未缴纳的滞纳金同时强制执行。

个人及其所扶养家属维持生活必需的住房和用品，不在强制执行措施的范围之内。

根据上述规定，采取税收强制执行措施应注意以下五个方面。

(1) 税收强制执行的适用范围。强制执行措施的适用范围仅限于未按照规定的期限缴纳或者解缴税款，经责令限期缴纳，逾期仍未缴纳的从事生产、经营的纳税人。需要强调的是，采取强制执行措施适用于扣缴义务人、纳税担保人，采取税收保全措施时则不适用。

(2) 税收强制执行应坚持的原则。税务机关采取税收强制执行措施时，必须坚持告诫在先的原则，即纳税人、扣缴义务人、纳税担保人未按照规定的期限缴纳或者解缴税款的，应当先行告诫，责令限期缴纳。逾期仍未缴纳的，再采取税收强制执行措施。如果没有责令限期缴纳就采取强制执行措施，也就违背了告诫在先的原则，所采取的措施和程序是违法的。

(3) 采取税收强制执行措施的程序。

① 税款的强制征收(扣缴税款)。纳税人、扣缴义务人、纳税担保人在规定的期限内未缴纳或者解缴税款或者提供担保的，经主管税务机关责令限期缴纳，逾期仍未缴纳的，经县以上税务局(分局)局长批准，书面通知其开户银行或者其他金融机构，从其存款中扣缴税款。

在扣缴税款的同时，主管税务机关应按照《征管法》第六十八条的规定，可以处以不缴或者少缴税款50%以上5倍以下的罚款。

② 扣押、查封、拍卖或者变卖，以拍卖或者变卖所得抵缴税款。按照《征管法》第四十条的规定，扣押、查封、拍卖或者变卖等行为具有连续性，即扣押、查封后，不再给纳税人自动履行纳税义务的期间，税务机关可以直接拍卖或者变卖其价值相当于应纳税款的商品、货物或者其他财产，以拍卖或者变卖所得抵缴税款。

(4) 滞纳金的强行划拨。采取税收强制执行措施时，对纳税人、扣缴义务人、纳税担保人未缴纳的滞纳金必须同时强制执行。对纳税人已缴纳税款，但拒不缴纳滞纳金的，税务机关可以单独对纳税人应缴未缴的滞纳金采取强制执行措施。

(5) 其他注意事项。

① 实施扣押、查封、拍卖或者变卖等强制执行措施时，应当通知被执行人或其成年家属到场，否则不能直接采取扣押和查封措施。但被执行人或其成年家属接到通知后拒不到场的，不影响执行。同时，应当通知有关单位和基层组织，他们是扣押、查封财产的见证人，也是税务机关执行工作的协助人。

② 扣押、查封、拍卖或者变卖被执行人的商品、货物或者其他财产，应当以应纳税额和滞纳金等为限。对于被执行人必要的生产工具，他本人及他所供养家属的生活必需品应当予以保留，不得对其进行扣押、查封、拍卖或者变卖。

③ 对价值超过应纳税额且不可分割的商品、货物或者其他财产，税务机关在纳税人、

扣缴义务人或者纳税担保人无其他可供强制执行财产的情况下，可以整体扣押、查封、拍卖，以拍卖所得抵缴税款、滞纳金、罚款以及扣押、查封、保管、拍卖等费用。

④ 实施扣押、查封时，对有产权证件的动产或者不动产，税务机关可以责令当事人将产权证件交税务机关保管，同时可以向有关机关发出协助执行通知书，有关机关在扣押、查封期间不再办理该动产或者不动产的过户手续。

⑤ 对查封的商品、货物或者其他财产，税务机关可以指令被执行人负责保管，保管责任由被执行人承担。

继续使用被查封的财产不会减少其价值的，税务机关可以允许被执行人继续使用；因被执行人保管或者使用的过错造成的损失，由被执行人承担。

⑥ 税务机关将扣押、查封的商品、货物或者其他财产变价抵缴税款时，应当交由依法成立的拍卖机构拍卖；无法委托拍卖或者不适于拍卖的，可以交由当地商业企业代为销售，也可以责令纳税人限期处理；无法委托商业企业销售，纳税人也无法处理的，可以由税务机关变价处理，具体办法由国家税务总局规定。国家禁止自由买卖的商品，应当交由有关单位按照国家规定的价格收购。

拍卖或者变卖所得抵缴税款、滞纳金、罚款以及扣押、查封、保管、拍卖、变卖等费用后，剩余部分应当在3日内退还被执行人。

(九) 税款的退还和追征制度

1. 税款的退还

《征管法》第五十一条规定，纳税人超过应纳税额缴纳的税款，税务机关发现后应当立即退还；纳税人自结算缴纳税款之日起3年内发现的，可以向税务机关要求退还多缴的税款并加算银行同期存款利息，税务机关及时查实后应当立即退还；涉及从国库中退库的，依照法律、行政法规中有关国库管理的规定退还。

根据上述规定，税务机关在办理税款退还时应注意以下几个问题。

(1) 税款退还的前提是纳税人已经缴纳了超过应纳税额的税款。

(2) 税款退还的范围包括：技术差错和结算性质的退税；为加强对收入的管理，规定纳税人先按应纳税额如数缴纳入库，经核实后再从中退还应退的部分。

(3) 退还的方式有：税务机关发现后立即退还；纳税人发现后申请退还。

(4) 退还的时限有：

① 纳税人发现的，可以自结算缴纳税款之日起3年内要求退还。

② 税务机关发现的多缴税款，《征管法》没有规定多长时间内可以退还。法律没有规定期限的，推定为无限期。因此，税务机关发现的多缴税款，无论多长时间，都应当退还给纳税人。

③ 对纳税人超过应纳税额缴纳的税款，无论是税务机关发现的，还是纳税人发现后提出退还申请的，税务机关经核实后都应当立即办理退还手续，不应当拖延。《实施细则》第七十八条规定："税务机关发现纳税人多缴税款的，应当自发现之日起10日内办理退还手续；纳税人发现多缴税款，要求退还的，税务机关应当自接到纳税人退还申请之日起30日内查实并办理退还手续。"

2. 税款的追征

《征管法》第五十二条规定:"因税务机关责任,致使纳税人、扣缴义务人未缴或者少缴税款的,税务机关在3年内可要求纳税人、扣缴义务人补缴税款,但是不得加收滞纳金。"

因纳税人、扣缴义务人计算等失误,未缴或者少缴税款的,税务机关在3年内可以追征税款、滞纳金;有特殊情况的追征期可以延长到5年。

所称特殊情况,是指纳税人或者扣缴义务人因计算错误等失误,未缴或者少缴、未扣或者少扣、未收或者少收税款,累计数额在10万元以上的。

对偷税、抗税、骗税的,税务机关追征其未缴或者少缴的税款、滞纳金或者所骗取的税款,不受前款规定期限的限制。

根据上述规定,税务机关在追征税款时应注意以下几个方面。

(1) 对于纳税人、扣缴义务人和其他当事人偷税、抗税和骗取税款的,应无限期追征。

(2) 纳税人、扣缴义务人未缴或者少缴税款的,其补缴和追征税款的期限,应自纳税人、扣缴义务人应缴未缴或少缴税款之日起计算。

(3) 应注意明确划分征纳双方的责任。

(十)税款入库制度

(1) 审计机关、财政机关依法进行审计、检查时,对税务机关的税收违法行为做出的决定,税务机关应当执行;发现被审计、检查单位有税收违法行为的,向被审计、检查单位下达决定、意见书,责成被审计、检查单位向税务机关缴纳应当缴纳的税款、滞纳金。税务机关应当根据有关机关的决定、意见书,依照税收法律、行政法规的规定,将应收的税款、滞纳金按照国家规定的税收征收管理范围和税款入库预算级次缴入国库。

(2) 税务机关应当自收到审计机关、财政机关的决定、意见书之日起30日内将执行情况书面回复审计机关、财政机关。

有关机关不得将其履行职责过程中发现的税款、滞纳金自行征收入库或者以其他款项的名义自行处理、占压。

第四节 税务检查

一、税务检查的形式和方法

(一)税务检查的形式

(1) 重点检查。重点检查指对公民举报、上级机关交办或有关部门转来的有偷税行为或偷税嫌疑的,纳税申报与实际生产经营情况有明显不符的纳税人及有普遍逃税行为的行业的检查。

(2) 分类计划检查。分类计划检查指根据纳税人历来纳税情况、纳税人的纳税规模及税务检查间隔时间的长短等综合因素，按事先确定的纳税人分类、计划检查时间及检查频率而进行的检查。

(3) 集中性检查。集中性检查指税务机关在一定时间、一定范围内，统一安排、统一组织的税务检查，这种检查一般规模比较大，如以前年度的全国范围内的税收、财务大检查就属于这类检查。

(4) 临时性检查。临时性检查指由各级税务机关根据不同的经济形势、偷逃税趋势、税收任务完成情况等综合因素，在正常的检查计划之外安排的检查。如行业性解剖、典型调查性的检查等。

(5) 专项检查。专项检查指税务机关根据税收工作实际，对某一税种或税收征收管理某一环节进行的检查。比如增值税一般纳税专项检查、漏征漏管户专项检查等。

(二) 税务检查的方法

(1) 全查法。全查法是对被查纳税人一定时期内所有会计凭证、账簿、报表及各种存货进行全面、系统检查的一种方法。

(2) 抽查法。抽查法是对被查纳税人一定时期内的会计凭证、账簿、报表及各种存货，抽取一部分进行检查的一种方法。

(3) 顺查法。顺查法与逆查法对称，是对被查纳税人按照其会计核算的顺序，依次检查会计凭证、账簿、报表，并将其相互核对的一种检查方法。

(4) 逆查法。逆查法与顺查法对称，指逆会计核算的顺序，依次检查会计报表、账簿及凭证，并将其相互核对的一种稽查方法。

(5) 现场检查法。现场检查法与调账检查法对称，指税务机关派人员到被查纳税人的机构办公地点对其账务资料进行检查的一种方法。

(6) 调账检查法。调账检查法与现场检查法对称，指将被查纳税人的账务资料调到税务机关进行检查的一种方法。

(7) 比较分析法。比较分析法是将被查纳税人检查期有关财务指标的实际完成数进行纵向或横向比较，分析其异常变化情况，从中发现纳税问题线索的一种方法。

(8) 控制计算法。控制计算法也称逻辑推算法，指根据被查纳税人财务数据的相互关系，用可靠或科学测定的数据，验证其检查期账面记录或申报的资料是否正确的一种检查方法。

(9) 审阅法。审阅法指对被查纳税人的会计账簿、凭证等账务资料，通过直观地审查阅览，发现在纳税方面存在问题的一种检查方法。

(10) 核对法。核对法指通过对被查纳税人的各种相关联的会计凭证、账簿、报表及实物进行相互核对，验证其在纳税方面存在问题的一种检查方法。

(11) 观察法。观察法指通过被查纳税人的生产经营场所、仓库、工地等现场，实地观察看其生产经营及存货等情况，以发现纳税问题或验证账中可疑问题的一种检查方法。

(12) 外调法。外调法指对被查纳税人有怀疑或已掌握一定线索的经济事项，通过向与其有经济联系的单位或个人进行调查，予以查证核实的一种方法。

（13）盘存法。盘存法指通过对被查纳税人的货币资金、存货及固定资产等实物进行盘点清查，核实其账实是否相符，进而发现纳税问题的一种检查方法。

（14）交叉稽核法。国家为加强增值税专用发票管理，应用计算机将开出的增值税专用发票抵扣联与存根联进行交叉稽核，以查出虚开及假开发票行为，避免国家税款流失。目前这种方法通过"金税工程"体现，对利用增值税专用发票偷逃税款行为起到了极大的遏制作用。

二、税务检查的职责

（1）税务机关有权进行下列税务检查。

① 检查纳税人的账簿、记账凭证、报表和有关资料，检查扣缴义务人代扣代缴、代收代缴税款账簿、记账凭证和有关资料。

因检查需要时，经县以上税务局（分局）局长批准，可以将纳税人、扣缴义务人以前会计年度的账簿、记账凭证、报表和其他有关资料调回税务机关检查，但是税务机关必须向纳税人、扣缴义务人开付清单，并在3个月内完整退还；有特殊情况的，经设区的市、自治州以上税务局局长批准，税务机关可以将纳税人、扣缴义务人当年的账簿、记账凭证、报表和其他有关资料调回检查，但是税务机关必须在30日内退还。

② 到纳税人的生产、经营场所和货物存放地检查纳税人应纳税的商品、货物或者其他财产，检查扣缴义务人与代扣代缴、代收代缴税款有关的经营情况。

③ 责成纳税人、扣缴义务人提供与纳税或者代扣代缴、代收代缴税款有关的文件、证明材料和有关资料。

④ 询问纳税人、扣缴义务人与纳税或者代扣代缴、代收代缴税款有关的问题和情况。

⑤ 到车站、码头、机场、邮政企业及其分支机构检查纳税人托运、邮寄、应税商品、货物或者其他财产的有关单据凭证和资料。

⑥ 经县以上税务局（分局）局长批准，凭全国统一格式的检查存款账户许可证明，查询从事生产、经营的纳税人、扣缴义务人在银行或者其他金融机构的存款账户。税务机关在调查税收违法案件时，经设区的市、自治州以上税务局（分局）局长批准，可以查询案件涉嫌人员的储蓄存款。税务机关查询所获得的资料，不得用于税收以外的用途。

上述所称的"经设区的市、自治州以上税务局局长"包括地（市）一级（含直辖市下设区）的税务局局长。

税务机关查询的内容，包括纳税人存款账户余额和资金往来情况。查询时应当指定专人负责，凭全国统一格式的检查存款账户许可证明进行，并有责任为被检查人保守秘密。

（2）税务机关对纳税人以前纳税期的纳税情况依法进行税务检查时，发现纳税人有逃避纳税义务的行为，并有明显的转移、隐匿其应纳税的商品、货物、其他财产或者应纳税收入的迹象的，可以按照批准权限采取税收保全措施或者强制执行措施。这里的批准权限是指县级以上税务局（分局）局长批准。

税务机关采取税收保全措施的期限一般不得超过6个月；重大案件需要延长的，应当报国家税务总局批准。

(3) 纳税人、扣缴义务人必须接受税务机关依法进行的税务检查，如实反映情况，提供有关资料，不得拒绝、隐瞒。

(4) 税务机关依法进行税务检查时，有权向有关单位和个人调查纳税人、扣缴义务人和其他当事人与纳税或者代扣代缴、代收代缴税款有关的情况，有关单位和个人有义务向税务机关如实提供有关资料及证明材料。

(5) 税务机关调查税务违法案件时，对与案件有关的情况和资料，可以记录、录音、录像、照相和复制。

(6) 税务人员进行税务检查时，应当出示税务检查证和税务检查通知书；无税务检查证和税务检查通知书的，纳税人、扣缴义务人及其他当事人有权拒绝检查。税务机关对集贸市场及集中经营业户进行检查时，可以使用统一的税务检查通知书。

税务机关对纳税人、扣缴义务人及其他当事人处以罚款或者没收违法所得时，应当开付罚没凭证；未开付罚没凭证的，纳税人、扣缴义务人以及其他当事人有权拒绝给付。

知识拓展：违反税法相关规定的法律责任

对采用电算化会计系统的纳税人，税务机关有权对其会计电算化系统进行检查，并可复制与纳税有关的电子数据作为证据。

税务机关进入纳税人电算化系统进行检查时，有责任保证纳税人会计电算化系统的安全性，并保守纳税人的商业秘密。

知识训练

参 考 文 献

[1] 中国注册会计师协会. 税法[M]. 北京：经济科学出版社，2017.
[2] 全国税务师职业资格考试教材编写组. 税法Ⅰ[M]. 北京：中国税务出版社，2017.
[3] 全国税务师职业资格考试教材编写组. 税法Ⅱ[M]. 北京：中国税务出版社，2017.
[4] 梁伟样. 纳税实务[M]. 上海：立信会计出版社，2010.
[5] 左卫青. 税法[M]. 北京：高等教育出版社，2011.
[6] 梁伟样. 税法[M]. 北京：高等教育出版社，2014.
[7] 王荃. 税费计算与申报[M]. 北京：高等教育出版社，2014.
[8] 傅凤阳. 税法实务[M]. 北京：中国铁道出版社，2013.
[9] 陈天灯. 企业纳税实务与筹划[M]. 北京：北京交通大学出版社，2012.
[10] 吴海霞. 税收实务[M]. 北京：中国人民大学出版社，2015.
[11] 朱亚平，李德春. 税收实务[M]. 成都：西南交通大学出版社，2015.
[12] 吕献荣. 税收实务[M]. 北京：清华大学出版社，2011.
[13] 国家税务总局. 中华人民共和国税法法规[M]. 北京：中国税务出版社，2015.
[14] 刘剑文. 财税法：原理、案例与材料[M]. 北京：北京大学出版社，2015.
[15] 邢玉敏，刘继红. 纳税实务[M]. 北京：清华大学出版社，2014.
[16] 张敏. 纳税实务[M]. 大连：东北财经大学出版社，2011.

教师服务

感谢您选用清华大学出版社的教材！为了更好地服务教学，我们为授课教师提供本书的教学辅助资源，以及本学科重点教材信息。请您扫码获取。

❯❯ 教辅获取

本书教辅资源，授课教师扫码获取

❯❯ 样书赠送

会计学类重点教材，教师扫码获取样书

 清华大学出版社

E-mail: tupfuwu@163.com
电话：010-83470332 / 83470142
地址：北京市海淀区双清路学研大厦 B 座 509

网址：http://www.tup.com.cn/
传真：8610-83470107
邮编：100084